Schröder/Pagenstecher
JUGOSLAWIEN

W0094135

VERLAG
MARTIN
VELBINGER

Bahnhofstr. 1o6, 8o32 Gräfelfing/München

Dieses vorliegende Buch erscheint als BAND 25 einer Reihe unkonventioneller Reiseführer im VERLAG MARTIN VELBINGER:

Weitere Titel in Vorbereitung. Bitte Anfrage an den Verlag.

Buchkonzept: Martin Velbinger
Layout: pd/Augsburg und Verlag M. Velbinger/Gräfelfing
Karten: Herbert A. Spiegl, Bettina von Hacke
Cover: Martin Velbinger, Bettina von Hacke, Herbert A. Spiegl

ISBN: 3-88316-018-0

ALLE ANGEGEBENEN PREISE sind Ca.-Preise, auch wenn sie nicht als solche bezeichnet sind. Für die Richtigkeit und Vollständigkeit aller Angaben, insbesondere der Abfahrtszeiten und Preise kann keine Gewähr übernommen werden.

DRUCK: Pressedruck Augsburg
COVER-LITHOS: Repro-Union Augsburg
SATZ: pd-Augsburg und Verlag Martin Velbinger
PRINTED IN WEST GERMANY   **4. AUFLAGE 1989**

Dirk Ursel
Schröder – Pagenstecher

JUGOSLAWIEN
REISE-TIPS

VERLAG
MARTIN
VELBINGER

*Erhältlich gegen Voreinsendung von 29,80 DM auf das Postscheckkonto
München – 2o 65 6o/8o8 oder gegen Verrechnungsscheck im Brief.*

VERLAG MARTIN VELBINGER, – Bahnhofstr. 1o6 – 8o32 Gräfelfing/München

INHALT:

INHALT:

INHALT:

ANREISE
nach JUGOSLAWIEN

① Das eigene **AUTO** steht immer noch an erster Stelle. Es bietet größtmögliche Unabhängigkeit und einen beliebig großen Aktionsradius am Urlaubsort. An einsame Stellen und abgelegene Strände kommt man eben nur mit dem eigenen Auto.

Weiterer Vorteil: man kann sein eigenes Surfbrett und Boot aufs Dach schnallen, denn in Jugoslawien gibt es nicht an jedem Strand einen Surfverleih. Schon auf der Anreise schöne Zwischenstops mit einbauen, damit der Urlaub am ersten Tag beginnt.

② Per **FLUGZEUG** reist man zweifellos eleganter, in nur 2 - 3 Stunden erreicht man die Sonnenfelsen seines Urlaubsortes. Für Mobilität in Jugoslawien sorgen die örtlichen Car- Rentals, sind allerdings nicht billig.

③ Per **BAHN** erreicht man die großen Küstenstädte in bequemen Kurswagen. Eine Bahnlinie parallel zur Küste gibt es nicht, dafür versorgt ein dichtes Bus- und Fährnetz die Küstenregion.

Die öffentlichen Verkehrsmittel sind in Jugoslawien zwar nicht die bequemste Fortbewegungsart, aber bestimmt die spannendste. In den gutbesetzten Zügen und Bussen bekommt man im Nu Kontakt zu den Einheimischen.

ANREISE-ROUTEN

Auto: Je nach Zielgebiet in Jugoslawien gibts 3 generelle Routen, die sich miteinander kombinieren und variieren lassen:

— DER AUTOPUT, die innerjugoslawische Schnellverbindung mit Querverbindungen zur Küste. Vorallem interessant für Leute, die schnell nach Mittel- und Südjugoslawien wollen. Runde 1.300 km zwischen Ljubljana im Norden und der griech. Grenze im Süden. Zwar schnell, aber gefährlich und landschaftlich meist wenig reizvoll.

> BESONDERS in den Sommermonaten ist der Autoput knallvoll. Langstreckenfahrende, heimkehrende Gastarbeiter (inkl. Streichholz zwischen den Augen, überladenen PKWs etc.) mischen sich mit dichtem Urlaubsverkehr , ebenfalls dick beladen und mit der Tendenz, möglichst viele Km hinter sich zu bringen, — und dem gesamten Balkan- LKW- Verkehr, — zusätzlich innerjugoslawischem Langstreckenverkehr, denn der Autoput ist die Hauptverkehrsachse des Landes!
>
> Einstiegspunkt für den Autoput im Norden ist LJUBLJANA via Loibl- oder Wurzenpass ab Österreich. Massivster Verkehr zwischen Ljubljana und ca. 150 km südlich Beograd, wo viel Verkehr über Sofia Richtung Türkei abzweigt, bzw. vorher sich an die jugoslawische Küste verteilt hat.
>
> Nur kurze Teilstücke des Autoputs sind als Autobahn ausgebaut. Das meiste ist eine mahr oder weniger holprige, zweispurige Beton/Asphalt-

piste, oft schnurgerade durch die Landschaft. Weiterer Ausbau geplant, bzw. im Bau.

VARIANTEN: durch Österreich via Graz/Maribor und parallel der jugoslawisch/ungarischen Grenze; trifft bei Beograd auf den Autoput und umgeht den wildesten Teil.

ODER: bequem ab BRD über die Autobahn München – Wien, rein nach Ungarn/Budapest, zusammen mit Wien eine der schönsten Hauptstädte Europas (lebendiges Geschäftsviertel, Boutiquen und preiswerte Buchhandlungen mit Bildbänden und Büchern aus DDR- Produktion, Jazz- und Zigeunerkneipen). Durch die ungarische Tiefebene über gut ausgebaute Landstraße und Kecskemet an die jugosl./ungarische Grenze (17o km). Von der Grenze nach weiteren 2oo km Anschluß an den Autoput kurz vor Belgrad.Lässt sich flott fahren, bringt viel Erlebnis und lohnt sich für den, der nach Südjugoslawien will, oder den großen Jugoslawien-Rundtrip fährt, z.B. retour über die Küstenstraße.

Von Budapest mit dem Ziel nördliche Adria/Zadar fährt man günstiger über den Plattensee (Balaton, ung.). Bade- und Surfstop. Viele Campingplätze, superseichtes Ufer und extrem billige Surfboards zu mieten. Weiter über Varaždin, Zagreb, Plitwitzer Seen zur Küste.

Details zum "Autoput" siehe Seite 262

– ADRIA–MAGISTRALE: die Straße entlang der jugoslawischen Küste. Landschaftlich streckenweise großartig mit Blick über die endlose Kette der vorgelagerten Karstinseln. Kurvig und im Sommer ähnlich dichter Verkehr. Zeitbedarf in etwa doppelt bis dreimal so lang wie der Autoput, aber jede Menge lohnender seitlicher Abstecher!

EINSTIEG im Norden: RIJEKA (bzw. Triest/Kop er), – Ausstieg im Süden: DUBROVNIK (bzw. Bar) mit der Inlandsstrecke um Albanien rum durch die Provinz Kosovo. Details Seite 253

– via ITALIEN. Kann ab Schweiz, aber auch BRD die Anreise nach Jugoslawien/etwa Höhe südl. Split erheblich bequemer machen bei nur geringfügig teureren Anreisekosten!

Günstigster Fährhafen ist Venedig, zu erreichen über die durchgehende Brennerautobahn ab München bzw. die Rheinautobahn

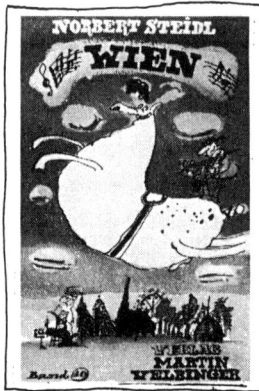

via Basel und weiter über Zürich — Gotthard — Mailand. Alle
Details siehe "Fährverbindungen nach Jugoslawien"!

NACH NORD–JUGOSLAWIEN:

Ⓐ über'n Loibl bzw. Wurzenpass nach Ljubljana und weiter nach
Istrien ans Meer.

Ⓑ über'n Großglockner bzw. Felbertauerntunnel nach Triest und
Istrien.

Ⓐ Ziel Nordjugoslawien über Ljubljana nach Istrien

Bequemste Route: Nürnberg — München — Salzburg — Villach
(durchgehend Autobahn) — für Gespanne die sinnvollste Alpenstrecke.

Falls jede Menge Staus in Bayern 3 angekündigt sind: Ausweichmöglichkeit auf die Bahnverladung zwischen Ingolstadt nach Raubling/Inntaldrei-
eck. In den Sommermonaten stündl. Abfahrt. Information bei der Raststätte Köschinger Forst.

In Österreich hat man dann ab Salzburg folgende Varianten:

— TAUERNAUTOBAHN: problemlose Strecke, bis 4o km vor Villach Autobahn,
keine Passkurbelei, sanfte Kurven und maxim. 4,5 % Steigung. — Allerdings
zur Hauptreisewelle kilometerlange Staus vor der Mautstelle. Gebührenpflichtig:
einfache Fahrt für Auto und Motorrad 27 DM (im Vorverkauf beim ADAC
26 DM). Auf Rückfahrt keine Ermäßigung.

Achtung: die 2o Punkte- Karte spart 67 %: gilt ein Jahr lang für alle Pass-
strecken Österreichs. Übertragbar auf andere Fahrzeuge, aber keine gleichzeitige
Verwendung durch mehrere Fahrzeuge! Kostenpunkt knapp 1oo DM, erhältlich
an den Mautstellen (z.B. Tauernautobahn 2 Pkte., Großglocknerhochalpen-
straße 6 Pkte.) Bei zusätzlich einmal Skifahren in den Dolomiten hat man die
Karte wieder raus.

— TAUERNPASS: gebührenfreie Alternative zur Tauernautobahn. Landschaftlich
sehr schöne, aber steile, schmale Strecke, – nichts für Leute, die es eilig haben.
Für Motorradfahrer eine helle Freude.

Route: Autobahn bei Eben verlassen, Richtung Radstadt, zuerst über den Tauernpass 1.738 m, dann über'n Katschberg 1.641 m mit mehreren Steigungen
von 16 %, insgesamt ca. 3o km Umweg.

— AUTOVERLADUNG BÖCKSTEIN–MALLNITZ: aufwendige Eisenbahnverladung.
Kommt wohl nur noch als Ausweichmöglichkeit bei langen Staus auf der Tauernautobahn in Frage. Verkehrsfunk hören!

Etwas billiger als die Tauernautobahn, dafür längere Anfahrt über Landstraße
bis zum Verladebahnhof Böckstein.

Gebühr: PKW bis 9 Sitzplätze 23 DM einfach, im Vorverkauf für PKW beim
ADAC nur ca. 12 DM; Motorräder 7 DM. Für Gespanne nicht empfehlenswert.

Route: Autobahnausfahrt Werfen, Landstraße Nr. 319 bis Lend, weiter die 167
bis Böckstein. — Bahnverladung von Juni bis September, stündlich zwischen
6.3o Uhr und 22.3o Uhr. Nur an Wochenenden auch nachts. Fahrzeit ca. 1o
Min. Weiter gehts über Spittal auf bequemer Landstraße nach Villach.

Grenzübergänge nach Jugoslawien:

— LOIBLPASS/LOIBLTUNNEL: im Sommer stark frequentierter Grenzübergang
max. 17 % Steigung. Für Caravanfahrer kein Vergnügen. Als sinnvolle Alternative die Strecke über Tarvis. Ab Klagenfurt 28 km Anfahrt zum Tunnel (1,6 km
lang). Tankstelle und Infostand an der Zollstelle.

Zusätzliches Verkehrsaufkommen bei Kranj, hier mündet die Route über den Wurzenpass. Ausweichstrecke über den Seebergsattel. 26 km Umweg, dafür schnellere Abfertigung. Maximal 12 % Steigung.

— WURZENPASS (1.o73 m). Steilster Grenzübergang, bis zu 18 % Steigung Deshalb für Gespanne gesperrt! Im Sommer stark befahren, oft schleichender Verkehr, Staus, kochender Kühler! 3 Landrover im Einsatz, um kapitulierende Fahrzeuge hochzuschleppen. Karawankentunnel im Bau — parallel zur Eisenbahn, soll in den nächsten Jahren fertig sein. Beim ADAC neusten Zustand erfragen.

— TARVISIO/Italien – RATEČE/Jugoslawien: Alternativroute zum Wurzenpass, besonders für Caravan Gespanne und PKWs mit sensibler Kupplung. Ist zwar 25 km länger als die Wurzenpass Route, beinhaltet aber keine nennenswerten Steigungen!

Zunächst von Villach über gut ausgebaute Landstraße nach Italien/Tarvisio. Dort einen Cappucino schlürfen und über den großen Markt bummeln, preiswerte Lederjacken, Taschen .... viele Kärntner kommen hierher zum Einkaufen. Zugleich billiger Dieselsprit. Dann über die schnelle Landstraße zum Grenzübergang Rateče, Straße trifft wie die Wurzenpass- Route auf Kranjska Gora.

Die kürzeste Route ab Villach führt via Wurzenpass - Kranjska Gora-Ljubljana mit Autobahn bis Postoj na und weiter über die Landstraße nach Rijeka/Istrien. Bringt zugleich die Möglichkeit des Abstechers zum Bleder See und über die Stichstraße zum Bohinjsko See (Superwandergebiet im Triglav Massiv, idyllischer Bergsee, Details siehe dort!)

Landschaftlich ebenfalls sehr lohnend, aber an Km länger ist die Variante via Vršič- Sattel (1.611 m). Zwar viel Kurbelei, aber großartig: durch schroffes Hochgebirge an der sprudelnden Soča entlang (Bergwanderungen vom Pass aus, Details siehe dort!). Über Bovec. Tolmin nach Postojna.

POSTOJNA sollte man in jedem Fall auf der Anreise, egal ob Nord- oder Mitteljugoslawien einbauen. Eine der

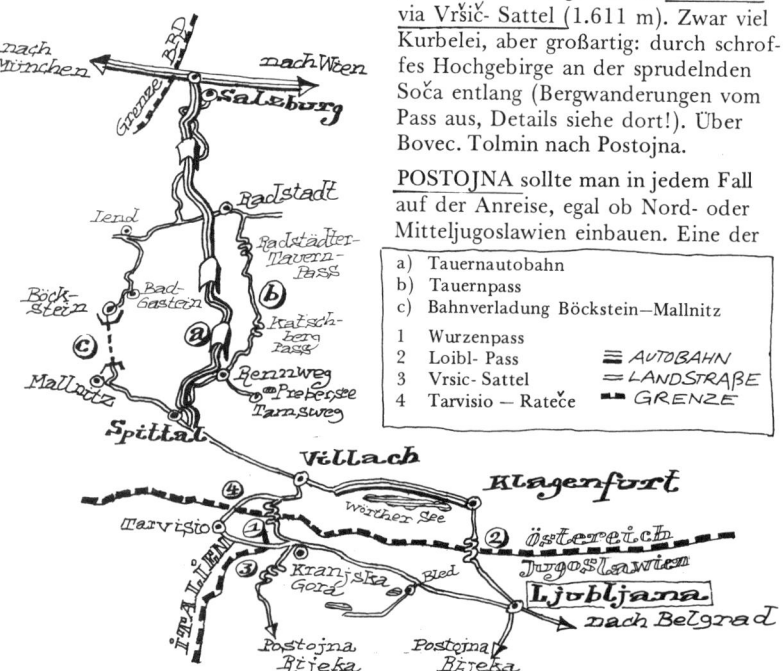

a)	Tauernautobahn
b)	Tauernpass
c)	Bahnverladung Böckstein—Mallnitz

1	Wurzenpass	
2	Loibl- Pass	≡ AUTOBAHN
3	Vrsic- Sattel	= LANDSTRAßE
4	Tarvisio — Rateče	■▬ GRENZE

größten Tropfsteinhöhlen der Welt. Gigantisches Höhlenlabyrinth, durch eine Minibahn unterirdisch erschlossen.

⑧ Ziel Nordjugoslawien über Triest nach Istrien:
Route: München — Kufstein — Kitzbühel– Großglockner bzw. Felbertauerntunnel — Plöckenpass — Udine — Triest.

Landschaftlich streckenweise sehr lohnend und spart zudem ab Inntaldreieck ca. 1oo km gegenüber der Tauernautobahn.

Bei klarem Wetter Superpanorama vom Großglockner, aber Nachteil: ab Kufstein gehts über Landstraßen, die zwar bis Kitzbühel sehr gut ausgebaut und schnell befahrbar sind. Dann aber kurvige Serpentinenstrecke rauf zum Großglockner, runter nach LIENZ und wieder über Pass Kötschach; weiter übern Plöckenpaß zur italienischen Grenze.

Die GROSSGLOCKNER–HOCHALPENSTRASSE mit bis zu 12 % Steigung, Serpentinen und Haarnadelkurven. Maut: PKW mit und ohne Anhänger 33 DM, 26 DM ermäßigt vorher beim ADAC besorgen. 6 Punkte, werden von der 2o-er Karte abgezwickt.

FELBERTAUERN–TUNNEL: die km- kürzere und schnellere Alternative ab Kitzbühel nach Lienz. Maxim. Steigung 9 % auf den Zufahrtsstraßen zum Tunnel. MAUT: 27 DM, ermäßigt sich durch Vorkauf beim ADAC auf 26 DM. Damit gleich teuer wie die Großglockner Hochalpenstraße, die landschaftlich die bessere Wahl ist!

Beide Routen (Großglockner Hochalpen und Felber Tauerntunnel) treffen nach einigen KM Landstraße in Italien bei TOLMEZZO auf die Autobahn via Udine nach TRIEST. Zumindest ab Tolmezzo flott und zügig zu fahren, allerdings auch gebührenpflichtige Autobahn.

Grenzübergänge nach Jugoslawien:
- TRIEST nach KOPER : größter Übergang, direkt parallel zur Küste
- TRIEST nach SEŽANA: günstigste Möglichkeit, um das Gestüt Lipica und die vielen Tropfsteinhöhlen im Umkreis um Postojna zu erreichen.

via Dolomiten: die Anreise von München via Dolomiten nach Triest ist kilometermäßig genauso weit wie die Strecke via Tauernautobahn. Route: München — Brenner- bei Fortezza/Brixen ab, ins Pustertal bis Toblach, vorbei an den 3 Zinnen, Cadini Gruppe — herrliche Klettersteige, auch für Kurzaufenthalt. Der Marmolata Gletscher: das bekannteste Sommerskigebiet. Bei Amara wieder auf die Autobahn Udine- Triest.

NACH SÜD–JUGOSLAWIEN:

Ab Ziel südlich von Split, — insbesondere aber Dubrovnik/Bar ist der innerjugoslawische Autoput der schnellere Zubringer. Gilt sowieso für das südjugoslawische Inland (Tara Schlucht, Kosovo etc.) .

Einstieg für den AUTOPUT: entweder die im vorhergehenden Kapitel beschriebene Anreise ab München via Villach nach LJUBLJANA. Vorteile: bis fast Villach Autobahn. Mit einer Reihe von Variationsmöglichkeiten je nach Verkehrsaufkommen (unterwegs in Österreich den Ö-3 Verkehrsfunk einschalten!).

ODER: Route Nürnberg — Passau — Wels — Graz — Spielfeld (Grenze) — Maribor — Zagreb am Autoput.

Durchgehende Autobahn bis Passau fertig, ab österreichischer Grenze dann überwiegend stark befahrene Landstraße, die nur im Bereich 8o km um Graz über eine Autobahn verfügt. Während der Saison im Sommer saftige Staus an der österr. /jugosl. Grenze- Spielfeld. Insgesamt eine der Hauptverkehrsrouten von Mitteleuropa in den Balkan. Von Staus durch Verkehrsunfälle auf der Landstraße abgesehen...

Alternativen:

— ab LINZ/Österreich über die Autobahn nach WIEN (sehr lohnend für Zwischenstop, jede Menge gemütlicher Beisln, Cafehäuser, reichhaltig an Szene und Aktivitäten,— siehe unser "Wien"- Band Nr. 1o/Norbert Steidl, 448 Seiten, 19,8o DM).

Weiter entweder via GRAZ (5o % sind Autobahn) und Anschluß zum Grenzübergang Spielfeld/Maribor, siehe oben.

Oder ab Wien durch Ungarn, Budapest und über ungarische Landstraßen flott und zügig zum Grenzübergang/Jugoslawien bei Szeged oder dem Grenzübergang/Jugosl. bei Mohacs/Udvar. Je nach Zielgebiet in Südjugoslawien.

Die Ungarn- Variante ist nur geringfügig länger als die Strecke via Maribor, beim Plus, daß der Sprit erheblich billiger als in Jugoslawien ist, ebenfalls das Essen und die Unterkunft. Zudem wird der gefährlich und dicht befahrene "Autoput" weitgehend ausgeklammert. — VISUM für Ungarn erhalten Österreicher problemlos an der Grenze. Deutsche besorgen sich Visum oder Transitvisum entweder vorab in der BRD oder beim ungarischen Konsulat in Wien (Bearbeitungszeit dort einen Vormittag). Geht auch an der Grenze, dauert aber lang und daher in Wien bequemer! — Als Variante der Direktroute Wien—Budapest: sehr lohnend: Wien—Sopron — Budapest via Neusiedler See, viele Campingplätze entlang des Sees, besonders hübsch das Grenzstädtchen Sopron mit seinen alten Patrizierhäusern und guten Weinkellern.

— Für Österreicher/Bereich Mittel- und Ostösterreich/Wien- Graz ist die wohl schönste Anreise via Zagreb — Karlovac, die die PLITWITZER SEEN einbaut. Für Deutsche und Schweizer jedoch kürzer und bequemer via jugoslawischer Küstenstraße ("Adria- Magistrale") und als Abstecher von dort zu erreichen.

— interessante Alternative: die EILFÄHRE DER JADROLINIJA zwischen Rijeka und Dubrovnik. Details siehe "Fähren". Mit den Vorteilen: bequeme Autobahnverbindung (Tauernautobahn) ab Deutschland bis fast Rijeka. Man gewinnt einen ganzen Urlaubstag (überwiegend Nachtfahrt). Lohnt sich, wenn man Spritkosten, Übernachtung und Unfallrisiko mit berücksichtigt.

FÄHRVERBINDUNGEN NACH JUGOSLAWIEN:

Auf den ersten Blick vielleicht plausibler, die Anreise über Land zu fahren. Der Taschenrechner dokumentiert folgende Fährverbindungen jedoch als lukrative Alternative, — die in der Regel Zeit, — häufig auch Geld sparen hilft!

Die italienische Fährgesellschaft ADRIATICA besorgt mit den 3 strahlend weißen Linern "Tiziano", "Tiepolo" und "Tintoretto" fast den gesamten Fährtransport von Italien nach Jugoslawien. Die Schiffe transportieren 1oo bis 24o Fahrzeuge, je nach Schiffstyp, und zwischen 7oo und 9oo Passagieren. "Tiziano" und "Tintoretto" sogar mit Swimmingpool. Einen Duty-free Shop, Selfservice und Bar haben alle.

VENEDIG – SPLIT: spart 6oo km Adria- Küstenstraße. Dafür Entspannung und Abwechslung an Bord.. Preislich wirds garnicht so viel teurer. PKW bis 4,25 m kosten zur Hauptsaison ca. 13o DM, Wohnmobile bis 5 m ca. 2oo DM. Pro Person/Deckspassage ca. 11o DM, in der Kabine ab ca. 17o DM.

Wichtig: Anreise genau timen, denn die Fähre verkehrt in der Saison nur 1 x wöchentlich, bzw. außerhalb ca. alle 1o Tage. Neueste Infos vor der Abreise vom Reisebüro einholen!

VENEDIG–LOŠINJ : PKW bis 4,25 m zur Hauptsaison ca. 8o DM, einfache Deckspassage ca. 7o DM.

VENEDIG–DUBROVNIK: diese Fähre verkehrt nur während der Hauptsaison, alle 1o Tage. Überfahrt dauert 23 Std. Gleicher Preis wie Venedig–Split.

TRIEST–VENEDIG–SPLIT–DUBROVNIK: verkehrt nur während HS und dann nur alle 1o Tage. Überfahrt dauert ab Triest bis Split ca. 22 Std, bzw. bis Dubrovnik 31 Std. Gleicher Preis wie Venedig–Split.

TRIEST–ZADAR: nur in der Vor- und Nachsaison. Dann alle 1o Tage. Überfahrt 9 Std. gleicher Preis wie Rimini–Zadar (siehe dort!).

Folgende südlicher gelegene Fährhäfen bedienen zwar vorwiegend den Verkehr zwischen Italien und Jugoslawien, – kommen aber teils auch für mitteleuropäische Touristen als Anreise in Frage. Bei Vorteil, daß die italienischen Häfen alle per Autobahn (allerdings gebührenpflichtig) erreichbar sind:

RIMINI – ZADAR: von Juni bis September. 1 mal pro Woche. Überfahrt (Tagesfahrt) ca. 8 Std. Preis zur HS.: Deckspassage 8o DM, Kabine ab ca. 14o DM. PKW bis 4,25 m ca. 1oo DM.

RIMINI– SPLIT: von Juni bis September. 1 mal pro Woche, Überfahrt (Tagesfahrt) dauert 12 Std. Preis zur HS.: Deckspassage ca. 9o DM, Kabine ab ca. 15o DM. Der PKW bis 4,25 m ca. 11o DM.

RIMINI – DUBROVNIK: via Split, von Juni bis Sept., 1 mal/Woche, Überfahrt 21 Std. Gleicher Preis wie Venedig– Split.

ANCONA – ZADAR: wird zur HS von der Jadrolinija bedient (siehe unten!), in der "toten Zeit" allerdings von der Adriatica. 1 - 2 mal in der Woche. Überfahrt: ca. 6 Std.

ANCONA – SPLIT: von Juni bis Sept. 1 mal in der Woche. In der übrigen Zeit nur alle 1o Tage. Überfahrt dauert ca. 1o Std. (Nachtfahrt). Preis wie Rimini–Split.

ANCONA – DUBROVNIK: von Juni bis Sept. 1 - 2 mal/Woche. Sonst alle 1o Tage. Die Nachtfähre dauert ca. 14 Std., Preis wie Venedig–Split.

PESCARA – SPLIT: im Juli und August fast täglich. In den Wintermonaten (Nov. - März) gar nicht.In der übrigen Zeit 3 mal/Woche. Überfahrt 8 Std., Preis wie Rimini–Split.

BARI – DUBROVNIK: Juni bis Sept. 4 mal/Woche. Überfahrt 9 Std., Nachtfahrt. In der übrigen Zeit alle 1o Tage. Preis wie Rimini - Split.

BARI – SPLIT (über Dubrovnik): Juni bis Sept. 1 mal/Woche. Sonst alle 1o Tage. Die Nachtfähre braucht 19 Std., Preis wie Venedig – Split.

Eine Strecke Rimini– Zadar ist bei einem Deckspassagenpreis von runden 8o DM bzw. 1oo DM PKW- Kosten plus Autobahngebühren in Italien bei der Anreise für Deutsche und Schweizer uninteressant Erheblich billiger die Anreise via Alpenpässe nach Triest oder Rijeka und Küstenstraße.

Interessant werden die Italien—Jugoslawienfähren aber bei Routen wie Ancona nach Dubrovnik (Deckspassage ca. 11o DM/PKW ab ca. 13o DM). Beim absoluten zeitlichen Plus der schnellen Anreise via Brennerautobahn! Spart Nerven und Sprit, schont das Auto und gewinnt einen Urlaubstag. Wer nicht mit Urlaubstagen knausern muß, baut vielleicht noch ein paar Tage Italien ein , — z.B. die TOSCANA.

Ermäßigungen:

bei der "Adriatica": bei gleichzeitiger Buchung von Hin- und Rückfahrt 5o % Ermässigung auf den Rückfahrpreis des "begleiteten Fahrzeuges". Kinder bis 12 Jahren dürfen für die Hälfte mit, unter 2 Jahren gratis.

Motorräder kosten in der HS je nach Strecke zwischen ca. 3o und 4o DM. Fahrräder sind kostenlos. Wohnmobile bis 5 m Gesamtlänge zwischen ca. 17o und 2oo DM, darüber zwischen ca. 2oo und 25o DM.— Hunde und Katzen kosten pro Richtung um 12 DM, wobei Hunde an Bord im Zwinger untergebracht sind, Maulkorb nicht vergessen. Für Katzen muß Korb bzw. Käfig mitgebracht werden.

Buchung:

"Adriatica" in Deutschland über "Seetours International", Weissfrauenstraße 3, 6ooo Frankfurt/M. Weitere Büros in den jeweiligen Fährhäfen. Für die Hochsaison empfiehlt sich für PKW- und Wohnmobilbesitzer sehr frühzeitige Buchung. Die Schiffe sind dann oft auf Wochen hinaus ausgebucht!! —

Jadrolinija:

die jugoslawische Fährlinie bedient zur Saison zwischen Juni und Sept. die Strecke Ancona — Zadar. Dabei verkehrt das Fährschiff "Balkanija" zur Spitzensaison fast täglich., sonst 3 mal/Woche. Überfahrt 6 Std. Deckspassage bis zu ca. 7o DM, die Kabine um 95 DM. PKW bis 4,25 m um 9o DM.

Zur Spitzensaison Mitte Juli bis Ende Aug. gibts bei der "Jadrolinija" die interessante Verbindung: Ancona — Split — Insel Hvar — Insel Korčula. Verkehrt 1 mal pro Woche. Von Ancona über Nacht (9 Std.) nach Split, mittags in Hvar/Stari Grad und am frühen Nachmittag in Korčula/ Vela Luka Preis für die Deckspassage Ancona nach Split ca. 8o DM. Ancona nach Hvar ca. 85 DM. Ancona nach Korcula ca. 9o DM. Kabinenzuschlag jeweils ca. 3o DM. PKW bis 4,25 m je ca. 1oo DM.

ERMÄSSIGUNGEN bei der Jadrolinija: für den PKW bei gleichzeitiger Buchung von Hin- und Rückfahrt 5o% Rabatt auf das Rückfahrticket! Kinder bis 4 Jahre gratis. Ab 4 bis 12 Jahre 5o%. Gruppen ab 1o Personen 1o%, bei Hin&Rückfahrt 2o%.

BUCHUNG: in den Fährhäfen oder vorab ab BRD über den Generalagenten Eschersheimer Landstraße 25 - 27, 6ooo Frankfurt/M. 1.

★ **ADRIA—UMRUNDUNG:** ausgefallene Urlaubsroute für Leute mit genügend Zeit. 1 Monat dürfte angemessen sein, bei Abstechern entsprechend mehr. Landschaftliche Bonbons sowohl auf italienischer- wie auch jugoslawischer Seite!

Alle Details siehe unser "Süditalien- Band"/Hans Bausenhard Band 12. Die billigste Überfahrt zwischen BARI und BAR, zur Saison 2 mal in der Woche mit "Prekookeanska Plovidba", Deckspassage ca. 5o DM, der PKW bis 4,5 m ca. 6o DM. — Retour über die jugoslawische Küstenstraße mit Abstechern auf die Inseln. Details siehe Text! Für den Italien- Teil die Benzin- und Autobahngutscheine vom ADAC oder an der ital. Grenze des ACI besorgen! —

★ **ANREISE AB SCHWEIZ:** für Schweizer bieten sich die bequemen Fähren von Italien geradezu an. Spart viele Autokilometer, — schnellste Route über Como—Milano zu den Fährhäfen Venedig, Rimini und Ancona.

Die gebührenfreie Gotthardstrecke ist allerdings zur Saison satt voll von Verkehr, man muß mit Staus und Wartezeiten am Grenzübergang Chiasso rechnen. Alternative über den Großen St. Bernhard.Fast durchgehend Autobahn, daher günstiges Distanz- Zeitverhältnis. Gebühr für den großen St. Bernhard-Tunnel zwischen 16 und 27 DM je nach Radstand. Benzintip: am Grenzübergang nochmals volltanken, um preiswert durch Italien zu kommen. Spart rund 4o Pfennig pro Liter.

Autobahngebühren: Como nach Venedig: ca. 25 DM, — Como nach Rimini ca. 3o DM. Die Landstraße ist zeitraubend mit viel LKW- Verkehr und zudem landschaftlich wenig reizvoll.

★ **AUTOREISEZUG:** interessante, aber kostspielige Alternative: für Leute, die es gern bequem haben, auf eigenen Wagen im Urlaub aber nicht verzichten mochten. Nachtzüge mit Schlaf- und Liegewagen rollen während der Sommermonate 1 mal pro Woche auf folgenden Strecken:

— HAMBURG nach KOPER (19 Std.)

— DUSSELDORF (Köln/Deutz, Frankfurt/Neu Isenburg, Stuttgart/Kornwestheim) nach Ljubljana. Preisbeispiel: einfache Fahrt 2. Klasse für PKW und 2 Erwachsene kostet ca. 63o DM für die Strecke Frankfurt/Neu Isenburg nach Ljubljana.

TIP: wer die Kurverei durch Österreich scheut, kann sein Auto am Abend in Frankfurt nach Villach verladen lassen (2 Erw., 1 PKW, einfach ca. 58o DM) und am nächsten Morgen frisch und munter in Jugoslawien starten = 1 Tag Urlaubsgewinn!

— STUTTGART/Kornwestheim,(München) nach RIJEKA. Kostet für die Strecke ab München bis Rijeka ca. 39o DM für 2 Erw., 1 PKW, einfach. Fahrzeit 8 1/2 Std

— MÜNCHEN nach RIMINI/Italien: die luxuriöseste Anreise per Auto. Kostet bis Rimini einfach, 2 Erw., 1 PKW ca. 48o DM. In Rimini das Auto eben auf das

Schiff fahren und eine gemütliche Überfahrt nach Jugoslawien (Zadar, Split, etc. siehe Fährkapitel!)

Autoreisezüge sind nicht billig, sparen aber Sprit, Staufahren, viel Nerven und 1 Urlaubstag. — TIP: für die Rückreise aus Jogoslawien gibts an bestimmten Tagen 5o % Ermäßigung auf der Strecke Koper und Ljublijana! Neueste Preise und Termine bei der DB einholen. — Wichtig: unbedingt rechtzeitig vorbuchen, der Andrang auf die Autoreisezüge ist groß! STOPPRESS: es soll neuerdings einen Autoreisezug der Jugoslawen geben, von Ljublijana nach Nis und zudem preisgünstig. Spart den lästigen "Autoput" und bringt zudem im Schlafwagen einen zusätzlichen Urlaubstag. Infos von der DB!

 # Anreise: Bahn

Erfordert schon ein gesundes Sitzfleisch, ca. 2o Stunden braucht der Zug von München bis Split. Im Hochsommer gestopft volle Züge, sicher kein Vergnügen. Andererseits aber gute Chancen für Kontakte.

Günstig sind direkte Kurswagen, z.B. auf der Strecke München — Rijeka oder Mü. — Split. Wenn man sich dann einen Liegewagen (22 DM) oder Schlafwagen nimmt (ab 8o DM), kann es eine ganz gemütliche Fahrerei werden. PREIS: reguläre Rückfahrkarte Mü. — Rijeka 2. Klasse ca. 17o DM, bzw. nach Split retour ca. 23o DM.

TIP für Leute unter 26 Jahre sind die Bahntickets von "Transalpino" und "Twentours" Spart ne Menge Geld! So kostet z.B. die Rückfahrkarte München — Split nur ca. 175 DM, bzw. München — Ancona/Italien nur ca. 125 DM! In Verbindung mit einer billigen Deckspassage auf der Fähre z.B. nach Dubrovnik ungemein attraktiv. Retour z.B. mit dem Küstenbus der Jugoslawen auf der Adria Magristrale.

Interessant ist eine kombinierte Bahn & Schiffsreise, — also z.B. München nach Rijeka per Bahn, weiter per Schiff (Jadrolinija) entlang der Küste und zwischen den vielen Karstinseln nach SPLIT. (Deckspassage ca. 36 DM einfach), preislich fast kein Unterschied zum Direktzug! Aber viel mehr Spaß, Abwechslung und mehr Bewegungsfreiheit an Bord, als 2o Std. eingeklemmt im Zug schwitzen. Empfehlung: für die Hinreise eine kombinierte Bahn/ Schiffsreise planen — die Rückreise, wenn die Zeit knapp wird — im Kurswagen.

ALTERNATIVE über Italien: Kombination von Zug- und Schiffsreise. Wenn man mit einer einfachen Deckspassage zufrieden ist, macht es preislich keinen großen Unterschied zum Direktzug durch Jugoslawien, ist aber interessanter und weniger strapaziös. Die italienischen Eisenbahnen sind immer noch sehr günstig. Wer viel Zeit hat, plant vielleicht einen kurzen Italien-Urlaub ein (Toscana, Rom, Neapel etc.)

ERMÄSSIGUNGEN IN ITALIEN: das "3.000 km- Heft", Rabatt lo %, dies bei den sowieso supergünstigen italienischen Zugpreisen. Kann von bis zu 5 Personen gemeinsam benutzt werden, gilt für 2 Monate und kostet in der 2. Klasse nur 18o DM. — Die "Touristenkarte", eine Netzkarte, die für gesamt- Italien gilt, kostet in der 2. Klasse für 8 Tage ca. 17o DM, für 15 Tage ca. 2oo DM.

ANREISE ZU ITAL. FÄHRHÄFEN:
- München nach Venedig: kostet per Bahn einfach 2. Kl. ca. 65 DM, ab Venedig kann man für ca. 11o DM/Deckspassage und HS nach Dubrovnik oder Split übersetzen.
- München nach Ancona: ca. 8o DM, die Schiffsüberfahrt nach Split ca. 9o DM in der Deckspassage, bzw. nach Dubrovnik (Überfahrt ca. 14 - 2o Std. je Schiff kostet ca. 11o DM).
- München nach Pescara: ca. 9o DM, die Überfahrt nach Split (ca. 6 1/2 Std.) kostet an Deck ca. 9o DM (Aufenthaltsraum mit Flugzeugsitzen).
- München nach Bari: ca. 1o5 DM, die Überfahrt nach Split (ca. 8 1/2 Std.) kostet in der Deckspassage ca. 11o DM.

WICHTIG: Fährpassagen vorbuchen. Neueste Infos zu den Abfahrtszeiten und Preisen vom Reisebüro einholen. — Ermäßigungen sind unterschiedlich, Kinder zwischen 2 und 12 Jahren erhalten 5o % Ermäßigung, 1 Kind unter 2 Jahren frei. Weiteres Bonbon: Fahrräder werden kostenlos auf der Fähre transportiert! Das Fahrrad im Italien im Zug mitzunehmen kostet 15 DM (in Verbindung mit der Zugfahrkarte). Als Reisegepäck ansonsten 1 Tag vorher aufgeben, Gepäckschein und Zollerklärung ausfüllen.

ACHTUNG: die Hafenbüros der Adriatica in Jugoslawien nehmen keine Dinare!
ADRESSEN: Adriatica: Seetours International, Abtl. Adriatica. Weissfrauenstr. 3, 6ooo. Frankfurt/M.

EUROPABUS: etwas strapaziöse, aber billige Direktverbindung nach Jugoslawien. Stark von Gastarbeitern frequentiert. Der Europabus wird von Europäischen Eisenbahnen als Ergänzung zum Schienennetz unterhalten. Komfortable Doppelstöcker mit Toilette und kleiner, bzw. winziger Bordküche.

ROUTE: München — Maribor — Zagreb kostet einfach ca. 6o DM, Hin und Rückfahrt ca. 1oo DM. Fährt die Nacht durch (11 Std.). Für München bis Belgrad zahlt man knapp 1oo DM einfach (18 1/2 Std.). Studenten unter 26 Jahren erhalten 1o% Rabatt.

RESERVIERUNGSSTELLEN:
- Deutscher Touring GmbH, Büro Stuttgart, Arnulf Klett Platz 2, im Hauptbahnhof. 7ooo Stuttgart 2 — Tel.: (o711) - 22 58 81/ 82

    Zweigbüros München, Arnulfstraße 3, im Starnberger Bahnhof, 8ooo München 2 Tel.: (o89) — 59 18 24
- Deutscher Touring GmbH, Am Römerhof 17, Postfach 9o o2 44, 6ooo Ffm 9o Tel.: (o69) — 79o 3o

ROUTE: München nach Rijeka ganzjährig. Platzreservierung in Deutschland durch "Touring"/München. In Rijeka: "Autotrans", Tel.: o51/25 37o und 3o 771 auch Opatja.

Anreise: Flug

Die schnellste und bequemste Möglichkeit, ans Meer und auf sonnige Felsen zu kommen.

1.) Linienflüge: der reguläre Linienflug mit der Lufthansa von München nach Dubrovnik und retour kostet ca. 9oo DM. Kein Direktflug, sondern Umsteigen in Zagreb oder Belgrad; weiter mit der JAT, da die Lufthansa

die Küstenorte nicht anfliegt. München — Dubrovnik — München ca. 1.1oo
DM. Weitere Umsteigeflüge nach Pula, Zadar, Split und Tivat möglich.
Das Ticket gilt 1 Jahr, Abflüge täglich, entweder mit Lufthansa oder der
jugoslawischen JAT.
Flugzeit: ca. 2 Std. Mü. — Dubrovnik. SONDERTARIF: ne ganze Ecke
billiger wird der Flug, wenn man mindestens ein Wochenende und maximal
3 Monate bleibt. München - Dubrovnik (über Zagreb) Retour ca. 69o DM.
Das Ticket kann wie jedes normale andere Ticket umgebucht werden.

ERMÄSSIGUNGEN: Jugendliche bis 22. Geburtstag bekommen 25 % Rabatt, Kinder
zwischen 2 und 12 Jahren zahlen nur die Hälfte. Unter 2 Jahren: 1o % des Erwachsenen-
preises. — Leute bis zum 26. Geburtstag in Ausbildung erhalten 25 % Ermäßigung, allerdings nur auf den normalen Tarif (gilt nicht für den 69o- DM Sondertarif). Immatriku-
lationsbescheinigung bzw. Bescheinigung der Ausbildungsstätte vorlegen.

2.) günstige Spezialflüge von verschiedenen Reiseveranstaltern im Angebot.
Preisvergleich anstellen! München — Dubrovnik Retour ist in der Haupt —
saison für ca. 48o DM zu haben. Angeflogen werden Pula, Dubrovnik und
Split — ab gehts von fast allen größeren Flughäfen (München, Frankfurt,
Stuttgart etc.) Die deutschen Reiseveranstalter arbeiten meist mit Hapag
Lloyd, Air Jugoslavia oder Condor zusammen.

3.) Flug mit Pauschalarrangement: der Markt ist groß. Hier können genaue
Preisvergleiche einige fünfzig Mark sparen.Allerdings ist bekanntlich das
Billigste nicht immer das Beste.

DIREKTFLÜGE ab:
  Hamburg, Hannover, München, Frankfurt, Düsseldorf, Köln/Bonn, Stuttgart, Nürnberg, Berlin

  nach: Pula, Split, Dubrovnik und Tivat

Flugzeit beträgt 2 bis 2 1/2 Std. Das billigste Angebot: Flug mit Arrangement (einfaches Hotel mit Ü/Frühstück) lag bei unserer Suchaktion bei 29o DM die Woche.
Bedingung: man überläßt dem Veranstalter die Hotelauswahl. Die Preise richten sich
natürlich nach Saison und Hotelkategorie und liegen im Normalfall zwischen 5oo und
1.ooo DM pro Woche für Flug und Hotel mit Halbpension. Bzw. 2 Wochen bei 6oo bis
1.2oo DM. Vor- und Nachsaison sind günstiger, nicht nur vom Preis: leere Strände, das
Hotelpersonal ist nicht so gestresst, die Mittagssonne ist noch angenehm.

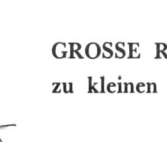

Innerjugosl. Verbindungen:

Die ÖFFENTL. VERKEHRSMITTEL innerhalb Jugoslawiens sind enorm billig. (Rijeka — Dubrovnik per Bus z.B. ca. 2o DM!).

Per Bus kommt man praktisch überall hin, Eisenbahnverbindungen dagegen an die Küste reichlich mager, — für weite Distanzen das billige Flugzeug, sowie dichtes Fährverbindungsnetz zu den Inseln.

Auch ohne eigenes Auto ein bequemes und billiges Reisen in Jugoslawien, das die Urlaubskasse nicht unnötig belastet.

Transportmittel Nr. 1 bleibt jedoch das eigene Auto, da bequemere Transportmöglichkeit der Urlaubs- Utensilien (Surfbrett, Campingausrüstung, Tauchsachen etc.). Es ist an Beweglichkeit und Flexibilität nicht zu übertreffen.

 ## Auto:

Autofahren ist in Jugoslawien kein Abenteuer mehr. Die Hauptstrecken sind durchgehend geteerte Landstraßen, — Autobahnen dagegen eine Seltenheit und zudem gebührenpflichtig.

"Makkerdam" - Pisten (Schotter/Erdpisten) nur noch auf abgelegenen Inlandstrecken. Auch die meisten Inselstraßen sind heute geteert.

✱ Hauptverbindung an der Küste ist die ADRIA- MAGISTRALE (Details siehe Seite 135).

INTERESSANTE ALTERNATIVE zur Adriamagistrale ist Inselspringen. So z.B. ab Rijeka statt der Magistrale rüber nach Insel Krk, die mit dem Festland mit einer Brücke verbunden ist und von Baška/Insel Krk rüber nach Lopar/Insel Rab (Autofähre, Überfahrt ca. 1 Std., ca. 16 DM für 2 Personen und Auto). Von Rab dann rüber auf die Nachbarinsel Pag, die nähe Zadar durch eine kurze Brücke mit dem Festland verbunden ist.

Eine Alternativroute, die zwar etwas mehr Zeit braucht, als die parallele Magistrale, dafür aber mehr Abwechslung und bessere Badestrände bringt. Lange Kiesbucht in Baška auf Krk, seichter Sandstrand in San Marino auf der Nachbarinsel Rab. Die Insel Krk hügelig und mit Macchia bewachsen, das ganze Gegenteil zur kahlgefegten, knochenbleichen Insel Pag. Von allen drei Inseln hat Rab das schönste Inselstädtchen, langgezogen auf einem Sporn mit venezianischem Flair.

ÄHNLICHE PARALLEL—ROUTEN lassen sich beispielsweise von Split über die Inseln Brac - Hvar, sowie via Halbinsel Peljesac legen. Details siehe dort!

Interessant auch die Küstenfähre der "Jadrolinija", die gegen Abend in Rijeka ablegt (statt Küstenkurbelei über die Adria- Magistrale: bequem in der Kabine schlafen) und gegen Mittag des nächsten Tages in Korčula. Mit der häufig verkehrenden Kurzfähre über den Kanal rüber zur benachbarten Halbinsel Peljesac und runter nach Dubrovnik (ca. 1oo km, 2 Std. im Auto). Weitere Details siehe "innerjug. Fährverbindungen"!

✱ Hauptverbindung im Landesinneren ist der AUTOPUT, — die große Nord-Südverbindung Jugoslawiens (Ljubljana — Zagreb — Beograd — Skopje)

von der österreichischen Grenze im Norden zur griechischen im Süden.
Autofahrertips zu diesen beiden Hauptverbindungsstrecken siehe dort!

✦ Bei INLANDS—FAHRTEN sollte sich der Autofahrer auf folgendes einstellen: Zentraljugoslawien ist weniger auf Touristen eingerichtet, als der
Küstenstreifen, dafür viel ursprünglicher. Kurvige Straßen mit Pässen, denn
Jugoslawien besteht zu 2/3 aus Gebirge. Makkerdam (-Schotter) Straßen
nur noch abseits der Hauptrouten. Leitplanken mit Katzenaugen sind Seltenheit. Viel LKW- Verkehr, teilweise abenteuerliche Vehikel, vor denen es
einem TÜV .Beamten grausen würde. Minitraktoren, Pferdefuhrwerke gehören zum Straßenbild, an Markttagen beherrschen sie das Stadtbild wie
zu alten Zeiten.

Abends besondere Vorsicht: die Fuhrwerke sind meist unbeleuchtet,
Fahrräder nachts grundsätzlich ohne Licht, viele Menschen auf der Straße.
Die Fahrbahn gehört im jugoslaw. Inland mit zum Lebensraum.

✦ GENERELL in Gesamt- Jugoslawien: riskante Überholvorgänge! Ob es die
langgestreckte und enge Brücke bei Banja Luca ist, wo uns ein überholender
PKW entgegenkam (keinerlei Ausweichmöglichkeiten rechts und links), —
ob es Gebirgsstrecken im Landesinneren sind, wo selbst in unübersicht-
lichen Kurven überholt wird, — ob es der Autoput ist, mit seinen oft
komplett in 2o- Stück- Kolonnen zum Überholen ausscherenden Fahrzeugen, — oder die Adriamagistrale. Viele der "Problemstrecken" wurden von
den Jugoslawen zwischenzeitlich ausgebaut (z.B. Petrovac rüber zum Skutari See). Wenns kracht, war seltener überhöhte Geschwindigkeit die Ursache,
sondern meist riskante Überholmanöver. . .

Eine jugoslawische Eigenart, die vielleicht ihren Grund in den meist
schwach-PS-bestückten jugoslawischen PKW's hat, deren Fahrer den
stinkenden Brummi statt vor sich, lieber im Rückspiegel sehen. Verbunden
mit dem festen Willen voran zu kommen und einem unerschütterlichen
Vertrauen in den positiven Gang der Dinge.

Abhilfe: eigene, defensive Fahrweise. Das andere große Problem im jugoslawischen Straßenverkehr ist der oft technisch schlechte Zustand der Fahrzeuge, insbesondere was die Beleuchtung betrifft. Ein einzelner, nachts
entgegenkommender Scheinwerfer ist nicht automatisch einem Motorrad
gleichzusetzen. Während vorne zumindest 1 Scheinwerfer brennt, weil der
Fahrer ja selber sehen muß, — kann es durchaus sein, daß hinten garnichts
mehr brennt. . .

Liegengebliebene Fahrzeuge werden nicht unbedingt mit dem Warndreieck
abgesichert. Ein kleines Steinhäufchen am Straßenrand (die Ersatzlösung)
sollte daher ernst genommen werden! Andererseits: große Hilfsbereitschaft
—besonders im Inland, wo die Werkstätten dünner gesät sind und man
auf Improvisation bei Pannen angewiesen ist.

Sowohl im Landesinneren auf Gebirgsstrecken, wie auch an der Küste mit
Steinschlag hinter Kurven rechnen, — im Landesinneren insbesondere nach
stärkeren Regenfällen!

Besondere Verkehrsbestimmungen:

Höchstgeschwindigkeit:
Ortschaften   6o km/h
Landstraßen   8o km/h
Schnellstraßen   1oo km/h
Autobahn   12o km/h
PKW mit Anhänger generell max. 8o km/h

Alkohol   max. o,5 Promille
Motorradfahrer Helmpflicht

Generelle Gurtpflicht für PKW
Motorradfahrer müssen auch tagsüber
das Abblendlicht einschalten!

Bei Pannen helfen deutschsprachige ADAC- Notrufzentralen. Sie vermitteln Werkstätten, Abschleppdienst etc. Büros nur zur Saison:

BELGRAD: Mo.- Sa. 9 - 17 Uhr und So.: 9 - 13 Uhr unter Tel.: (o11)- 4o.11.11

PULA/MEDULIN: Mo. - Sa.: 9 - 17 Uhr, Tel.: (o52) - 76.o53, - 1o8, - o68

SPLIT: Mo. - Sa.: 9 - 17 Uhr, Tel.: (o58) - 41.646

DURCHWAHL zur ADAC- Notrufzentrale/München: Tel.: 9949-89-22.22.22

Der jugoslawische Pannenhilfsdienst AMSJ kann zwischen 8 und 2o Uhr angerufen werden, Tel.: 987

Unfall mit Blechschäden unbedingt von der Polizei aufnehmen und bestätigen lassen, um bei der Ausreise keine Schwierigkeiten zu bekommen. Das gleiche gilt auch für die Einreise mit verbeultem Auto. Art und Umfang der Beschädigung bei der Einreise vom Grenzposten schriftlich bestätigen lassen!

Sprit: mit Benzingutscheinen bekommt der Tourist den Benzinpreis um ca. 1o % ermäßigt. Gutscheine im Gegenwert von 1.3oo Din. pro Scheck sind beim ADAC und an den Grenzübergängen erhältlich.

Seit 1985 sind Benzingutscheine nicht mehr obligatorisch, sodaß man auch Sprit gegen Dinare und Devisen bekommen kann. Den neuesten Stand beim ADAC erfragen!

Zwischen SUPER und NORMALBENZIN kein großer Preisunterschied. Besser Super tanken, sonst klingelt der Motor oder zieht nicht mehr richtig durch. DIESEL ist allerdings erheblich billiger!

Wer abseits der Hauptrouten Jugoslawien entdecken will, sollte sich unbedingt einen Reservekanister (mind. 1o l) mitnehmen. Im Küstenbereich, sowie entlang des Autoput jedoch dichtes Tankstellennetz.

Ersatzteile: kleinere Verschleißteile bringt man besser von zuhause mit, denn in Jugoslawien kann es viele Urlaubsstunden kosten (Keilriemen, Ersatzbirnen, zweites Paar Scheibenwischer etc.)

(B) AUTOVERMIETUNG:

Alternative , wer bequem mit Flugzeug oder Zug ins Zielgebiet will, dort aber nicht auf den fahrbaren Untersatz verzichten möchte.

Problemlos möglich in den Touristengebieten an der Küste, in den Flughäfen sowie größeren Städten des Inlandes (z.B. Ljubljana, Zagreb, Belgrad, Sarajevo etc.). Abrechnungsbasis ist der US- Dollar.

Die großen Gesellschaften wie Avis, Hertz, Inter Rent bieten von R 4 bis Mercedes alle Fahrzeugtypen an, die Preise sind allerdings saftig: ca. 4o US pro Tag für einen R 4, rauf bis ca. 11o US $ /Tag. Die Anmietung wochenweise ist günstiger. Für Termine in der HS sollte man rechtzeitig vorreservieren! Wer "one-way" mietet, also z.B. Anmiete des Fahrzeuges bei Avis/Rijeka und Rückgabe bei Avis/Dubrovnik zahlt saftige Rückholgebühren!

Bedingungen: je nach Gesellschaft unterschiedlich: Mindestalter zwischen 18 und 21

Jahren. 1 bis 2 Jahre Führerscheinpraxis wird vorausgesetzt, kein Internat. Führerschein notwendig. Mindestmietdauer: 24 Stunden.

Kaution: Minimum 1oo US $, bis rauf 25o US $. Credit- Kartenbesitzer (Diners, American Express) brauchen keine Kaution in Bar zu hinterlegen; die Credit- Card wird in der Maschine "durchgeratscht". Vorreservierung ist kostenlos und auch ab BRD, Österreich, Schweiz möglich. Angeblich günstiges Angebot von Avis (Big Saver), das bei einer Reservierung in der BRD bis zu 5o % billiger als in Jugoslawien ist! Nachchecken!

INNERJUG. FÄHRVERBINDUNGEN:

Einer der Hauptreize Jugoslawiens, — ohne Frage — ist die Fülle der vorgelagerten Inseln. Im Tiefblau der Adria: kleine Hügelkuppen oder riesige Felsgebirge wie Peljesac (Höhen bis zu 1.ooo m, fast senkrecht aus dem Meer!!). Kahlgefegte, knochenbleiche Karstinseln wie Pag, — dicht mit Macchia bewachsene Inseln wie Krk.

Landschaftlicher Hochgenuß: zunächst anschnuppern via Panoramastraße der ADRIA—MAGISTRALE (schönster Streckenabschnitt Karlobag — Zadar — Makarska, der schönste Streckenabschnitt ist die Makarska Riviera). Und dann rein ins Vergnügen: egal, ob man von Insel zu Insel springt, — oder ab entsprechendem Fährhafen an der Adria- Magistrale zur ausgewählten Urlaubsinsel übersetzt: in jedem Fall ein Urlaubsvergnügen, das die Reisekasse nicht belastet. Dichte, häufige und ungemein billige Verbindungen!

Monopol hat die staatliche Fähr- Reederei "JADROLINIJA". Autofähren (nennen sich "Trajekt") zu 15 Inseln, — Personenfähren zu mehr als einem Dutzend weiterer.

Die Überfahrten sind relativ kurz. In der Regel 3o - 6o Min. Am längsten dauert die Strecke Split — Insel Hvar (ca. 2 Std.) und Split—Insel Korčula (ca. 3 1/2 Std.). Die weit draußen in der Adria und Italien vorgelagerten Inseln Vis und Lastovo sind militärisches Sperrgebiet und für Touristen nicht zugänglich.

Trajekte: bei den beliebtesten Inseln, — Rab — Lošinj und Hvar muß man zu Stoßzeiten (Wochenenden zu Ferienbeginn) mit stundenlangen Warteschlangen rechnen. Die Kurzfähren (ca. 2o Min.) pendeln dann bis tief in die Nacht.

Auf die größten Fähren passen ca. 3o Autos. Allerdings haben LKW's, Versorgungsfahrzeuge und Linienbusse generell Vorrang. Platzreservierung gibt es nicht; wer zu erst kommt, mahlt zuerst. Ausnahmen sind die Küsteneilfähre Rijeka—Dubrovnik und die Fähre Rijeka —Cres(Porozine), wo Vorreservierung möglich ist.

Die Fährhäfen sind ab Adria- Magistrale klar ausgeschildert. Ebenso die Wartespuren im Hafen. Zur Saison sollte man rechtzeitig (mind. 1 Std. vor Abfahrt) da sein. Verkauf der Schifftickets in Buden direkt am Hafen bei der Abfahrtsstelle der Fähre. Caravanfahrer sollten gut rangieren können, da es von vielen Fährschiffen nach Ankunft im Zielhafen wieder rückwärts vom Schiff runtergeht.

TRAJEKTE gibt es zu folgenden Inseln: Cres, — Lošinj — Krk — Rab — Pag — Ugljan — Pašman — Šolta — Brač —Hvar — Halbinsel Peljesac — Mljet — Korčula

BRÜCKENVERBINDUNGEN nach Krk — Pag — Murter und Ciovo, sowie zwischen Cres und Lošinj und zwischen Ugljan und Pašman

Preise: die Fährgesellschaft "Jadrolinija" veröffentlicht ein kleines Heftchen "Lokaler Fährdienst" mit genauem Fahrplan und Preisen, — jede Saison neu. Erhältlich bei der Jadrolinija.

Die Preise liegen je nach Länge der Strecke bei im Normalfall 1,5o bis 3 DM/Person und 8 bis 12 DM/PKW über 1.ooo ccm. Nur ausgesprochen lange Strecken (z.B. die

3 1/2 stündige Überfahrt von Split zur Insel Korčula) sind "erheblich" teurer, nämlich pro Person ca. 6,5o DM und das Fahrzeug ca. 37 DM.

Motorräder kosten ungefähr so viel wie 2 Personen, Fahrräder die Hälfte. Trailer bis 3 m fast der gleiche Preis wie PKW über 1.ooo ccm, Trailer über 3 m das Doppelte.

Jadrolinija- Generalagent BRD: Deutsches Reisebüro, Eschersheimer Landstraße 25 - 27, 6ooo Frankfurt/M.

Jadrolinija Hauptbüro in Jugoslawien: Rijeka, Obala Jugoslovenske Mornarice 16, am Hafen nähe Bahnhof.

Personenfähren gemütliche "Dampferchen" ergänzen die Trajektstrecken. Teilweise die einzige Verbindung zu den autofreien Inseln. Sie verbinden auch die Inseln untereinander. Recht preiswert, allerdings verkehren manche Linien zu unchristlichen Zeiten. Fahrpläne bei den Fährbüros ausgehängt!

Tragflügelboote: für Gruppen und Charterreisen.

Küsteneilfähre (Jadrolinija) interessante, bequeme und praktische Alternative zur Küstenstraße. Bringt einen Tag mehr Urlaub und Entspannung. Ganzjährige Verbindung, zur Saison die Strecke Rijeka —Dubrovnik, Split täglich, sowie Rijeka—Bar 1 x/Woche. Zur Hauptreisezeit unbedingt rechtzeitig einen Platz fürs Auto reservieren (mindestens 1 - 2 Monate vorher).

ROUTE: Rijeka — Rab — Zadar — Šibenik — Split — Hvar — Korčula — Dubrovnik — Bar. Achtung Autofahrer: in Rab und Hvar keine Auto Entladung. Passagiere können in jedem Hafen zu und aussteigen.

PREISBEISPIELE: ca.- Preise für die Hochsaison (16. Juni bis 3o. September) und die Strecke Rijeka — Dubrovnik : einfache Deckspassage 5o DM/Person, Kabine mit Verpflegung ab 115 DM/Person. Der PKW bis 4 m und 1,9o m Höhe (R 4, Golf) 14o DM, Motorräder 5o DM, Wohnmobile, Wohnwagen, Bootsanhänger bis 6 m 245 DM.
Man spart also 6oo km Küstenstraße, Sprit, Nerven und riskante Überholmanöver.

ERMÄßIGUNGEN: Kinder unter 4 Jahren frei, zwischen 4 und 1o Jahren zahlen sie die Hälfte: gilt für die Deckspassage. — Kabine: Kinder bis 1 Jahr frei, 1 bis 4 jährige zahlen die Hälfte, 4 - 1o jährige 75 %.

Für Fahrzeuge gibts auf bestimmten Schiffen zwischen Zadar und Rijeka 5o % Rabatt.

VORBUCHEN: in Reisebüros oder direkt bei der Jadrolinija. — Wichtig: Zur Einschiffung mindestens 2 Std. vorher da sein!

GRIECHENLAND- VERBINDUNG: in der Hochsaison geht die Jadrolinija 3 mal/Wo. von Dubrovnik und 1 x/Woche von Bar entlang der albanischen Küste runter nach Nordgriechenland/Korfu und Igoumenitsa. Bei einem Deckspassagepreis von 55 bis 65 DM/Person (je nach Saison) ungemein billig!Der PKW kostet je Größe und Saison zwischen ca. 12o und 16o DM. Auch hier gilt: für die Hochsaison unbedingt rechtzeitig vorbuchen!

Außerhalb der Saison keine Fähre ab Bar und nur 1 mal/Woche ab Dubrovnik.

EISENBAHN:

Das jugoslawische Streckennetz kann sich mit seinen beachtlichen knapp 12.ooo km sehen lassen! Das mit Abstand wichtigste Gleis ist die von München, Salzburg, Klagenfurt kommende Strecke für die "Balkan- Express- Züge", runter via Beograd und Bulgarien nach Istanbul, Ankara/Türkei,— bzw. via Grenzübergang Gevgelija nach Athen/Griechenland.

Die Eisenbahnverbindungen in Nordjugoslawien (Region Ljubljana, Zagreb,

Rijeka), sowie in der Tiefebene rüber zur ungarisch, rumänischen Grenze sind recht gut.

Der landschaftlich interessanteste und touristisch wichtigste Teil Jugoslawiens, – die Küste, – verfügt dagegen nur über superdünnes Gleisnetz. Es gibt wegen der gebirgigen Geographie der Küste kein Parallelgleis zur Adriamagistrale, sondern nur Stichverbindungen .

Folgende Küstenorte sind vom Inland aus zu erreichen:
Koper – Pula – Rijeka – Zadar – Šibenik – Split – Kardeljevo – Bar.
Zur Saison gibts Kurswagen. Eisenbahnfahren in Jugoslawien ist sehr billig:
Zagreb – Rijeka (ca. 24o km) nur ca. 5 DM !!

Das Transportmittel "Zug" bietet sich daher für den Jugoslawien- Urlauber vorwiegend als preisgünstiges und bequemes Anreisemittel an. Vor Ort greift man notgedrungen besser auf Bus, Schiff oder Flug zurück.

Besonderer Stolz der Jugoslawen ist die Strecke Beograd – Bar/Küste. Seit 1976 in Betrieb, Bauzeit 25 Jahre! Landschaftlich eine der reizvollsten Eisenbahnstrecken Europas. Durch Serbien und Montenegro, teilweise in schwindelnder Höhe, mehr als 25o Tunnels, über gewagte Brückenkonstruktionen. Für die 524 km ist man gut 7 Std. unterwegs, die aber gut investiert sind. Zudem eine preisgünstige Anreise in die Region Bar und Dubrovnik (häufig tägl. Busse ab Bar), – wer ohne eigenes Auto unterwegs ist.

MIT DEM BEOGRAD–BAR- GLEIS lässt sich unter Umständen eine interessante Jugoslawien- Rundtour (ohne eigenen PKW) legen. Zeitbedarf 2 - 4 Wochen. Ab Mittel-Europa südwärts mit dem Zug über Beograd nach Bar. Dort per Bus Abstecher für Wanderungen im Durmitor- Massiv/Žabljak, eventuell auch die landschaftlich großartige Floßfahrt auf der Tara durch den Canyon (Details siehe dort!)

Wer Zeit hat, unterbricht die Zugfahrt von Beograd an die Küste nach Bar in VIRPAZAR am Skutari- See, um mit dem Boot durch die Schilfgürtel des Grenzsees nach Albanien zu fahren.

Von Bar dann per Bus via Kotor- Fjord nach DUBROVNIK, was auch trotz Touristen-Massen im Hochsommer unbedingt seinen Abstecher wert ist. Je nach Zeit dann entweder mit der "Jadrolinija" - Eilfähre von Dubrovnik rauf nach Rijeka (Deckspassage ` ca. 5o DM) mit der Möglichkeit, unterwegs auf den angelaufenen Inseln zu unterbrechen. Besonders lohnend: Korčula und Hvar, sowie Rab. Von dort dann Abstecher mit den Regionalfähren zu Nachbarinseln.

Noch billiger wird's , wenn man den Küstenbus auf der Adriamagistrale nimmt, ca. 2o DM von Dubrovnik bis Rijeka. In Etappen fahren, lohnende Stops sind Split, Šibenik, Zadar, sowie Kardeljevo (für den 6o km- Abstecher Ri. Inland nach Mostar, Busse, Zug), Senj (für die Plitzwitzer Seen), Pirovac/Murter für Bootstrips auf die Kornaten etc, etc. Details siehe Text!

Unter'm Strich an reinen Reisekosten für runde 2oo DM ab/bis österreichische Grenze zu realisieren. Wer superknapp bei Kasse ist, trampt bis zur österr./jugosl. Grenze. Trampen in Jugoslawien lohnt sich nicht mehr bei den superbilligen Preisen öffentl. Transportmittel.

PÜNKTLICHKEIT und Komfort auf innerjugoslawischen Zugstrecken lassen zwar zu wünschen übrig. Es "riecht" nicht nur nach Balkan,– man befindet sich im Balkan! Aber 5 DM für 24o- Zug-Km und viel Flair, was will man mehr!

Busse: Transportmittel Nr. 1 im öffentlichen Verkehr des Landes/ Bereich Zentraljugoslawien und Küste.

Ausgezeichnetes Busnetz. Man erreicht jeden Küsten- und Inselort, dazu noch spottbillig! Die Busse sind zwar knackig voll, dafür bekommt man aber schnell Kontakt zu den Einheimischen. Auch im Inland sprechen viele deutsch, als ehemalige Gastarbeiter .

Für weite Strecken besser die EXPRESSBUSSE nehmen. Sie halten nur in großen Orten. Entlang der Adriamagistrale gibts von Rijeka bis Dubrovnik 5 x/tägl. durchgehende Busverbindung, 2o DM. Die 13 Std.- Fahrzeit im Nonstop allerdings anstrengend, besser in 2 oder 3 Etappen und Abstecher einbauen!

In den Städten gibts BUSTERMINALS ("Kolodvor") mit nummerierten Perons (Bahnsteigen). Um die Wartezeiten zu überbrücken, ist immer eine Snackbar oder ein Cafe in der Nähe. Für längere Stops kann man das Gepäck in den "Garderoben" (Gepäckaufbewahrung) abgeben. Sind meist rund um die Uhr offen.

TICKETS für die Expressbuslinien am jeweiligen Schalter im Busterminal. Platzreservierung für weite Strecken sind 2 - 3 Tage vorab möglich.

Parallel zu den "Expressbuslinien" gibts ein dichtes Netz LOKALER BUS-LINIEN. Optisch sind die Fahrzeuge nicht immer in bestem Zustand. Zwischen den Küstenorten gute Busverbindungen, teilweise stündlich. Abgelegene Orte werden seltener, aber in der Regel auch mehrmals am Tag angefahren.

Auf die INSELN gehts per Busticket (inkl. Fährüberfahrt-Passage) und zudem noch schneller als mit dem PKW, da Busse auf den Fähren Vorrang haben.

BEZAHLT wird beim Fahrer. Busfahren ist superbillig. Z.B. Rijeka nach Punat/Insel Krk ca. 3 DM, oder Rijeka nach Veli Lošinj/Insel Lošinj ca. 6 DM!!

ALLES ZUSAMMEN ASPEKTE, — wo man überlegt, ob man nicht doch besser seinen geliebten, "fahrbahren Untersatz" in der heimischen Garage abstellt und schont.

Egal, ob es die in der HS unvermeidlichen Wartezeiten bei den Fähren sind (wo der Fußgänger oder Bus- Passagier sofort an Bord kommt), — ob es die verwinkelten Küstenstädtchen sind, wo man mit dem eigenen PKW sowieso nicht reinkommt und Parkplatzprobleme hat, — oder ob es die erheblich günstigeren Personen- Passagepreise auf der Jadrolinija- Küsteneilfähre sind:

wer nicht mit umfangreichem Urlaubsgepäck (Surfbrett, Tauchausrüstung etc.) reist, ist u.U. mit Bus & Fähre im Küstenbereich besser bedient und flexibler.

BUSHALTESTELLE nennt sich "Stanica" und ist in der Regel mit Schildern eines Autobus Symbols gekennzeichnet. Die Busabfahrt- Stelle liegt in kleineren Orten auf dem Hauptplatz des Ortes, — in Inselorten am Hafen. Die ABFAHRTSZEITEN sind beim Busterminal auf großen Tafeln angeschlagen:

Polazak
Odlazak = Abfahrt   Dolazak = Ankunft

In der Regel bedeutet: Zeiten in weiß = täglich
                      "   "   grün = nur werktags
                      "   "   rot = Sonn- und Feiertags

Wenn keine Abfahrtszeiten angegeben sind, wissen es die Einheimischen, oder in der nächsten "Slastičarna"/"Ca fe" erfragen. Damit man auch verstanden wird: nach "Autoóoóobus" fragen!

Ⓕ Flüge:

Auch im Bereich der Inlandsflüge ist Jugoslawien sehr billig: Rijeka nach Dubrovnik via Beograd kostet z.B. nur ca. 12o DM,   Dubrovnik—Beograd 6o DM und Beograd — Ohrid (nähe griech. Grenze) ca. 65 DM. Sehr gut ausgebautes Flugnetz der jugoslawischen "JAT" (Jugoslavenske Aerotransport), die mit Jets, Typ Boeing 727, 737 das Inland bedient.

Fliegen lohnt sich, bei den großen Entfernungen und günstigen Flugpreisen. Direktverbindungen entlang der Küste nur zwischen Pula und Zadar, sowie Split nach Dubrovnik. Ansonsten Umsteigflüge via Zagreb oder Beograd.

FOLGENDE AIRPORTS werden angeflogen: Dubrovnik, Ljubljana, Maribor, Ohrid, Osijek, Priština, Pula, Rijeka, Sarajevo, Skopje, Split, Titograd, Tivat, Zadar und Zagreb.

Auf allen Flughäfen gibts Anschluß mit AIRPORTBUSSEN ins Stadtzentrum. Die internat. Car-Rent- Autovermieter, sowie Taxis direkt am Flughafen.

FLUGHÄUFIGKEIT je nach Strecke unterschiedlich. Verbindungen mit Beograd und Zagreb sehr häufig bedient. Details siehe Text!

Langfristiges VORBUCHEN ist auch zur Hauptsaison nicht unbedingt nötig. Buchung und Infos in den JAT- Büros in den jeweiligen, angeflogenen Städten.

MAXIMALES FLUGGEPÄCK: 15 kg, sonst Aufpreis. — Mindestens 2o Min. vor dem Abflug einchecken, sonst ist die Reservierung unter Umständen weg.

ERMÄSSIGUNGEN: 5o % des Flugpreises für Kinder zwischen 2 und 12 Jahren. Kinder unter 2 Jahren zahlen nur 1o %, wenn für sie kein eigener Sitzplatz beansprucht wird, sonst 5o %.

KLIMA

KÜSTE — Das warme Klima ist ein riesiger Pluspunkt für Jugoslawien. Die meiste Sonne bekommt die Insel Hvar ab: ca. 2700 Sonnenstunden im Jahr, gut 1,5 mal mehr als in München.

Die Küste ist im Frühling zur Macchiablüte besonders schön, zum Baden allerdings noch sehr kalt, erst im Juni überschreitet das Meer die „Gänsehauttemperatur" von 19° — dafür bis Oktober Badesaison. Unerträglich heiße Tage sind auch im Juli relativ selten (Durchschnittstemperatur 27°). Auf ein paar Regentage sollte man sich schon einstellen, gelegentliche Wärmegewitter im Juli/August (im Durchschnitt 6 Regentage). Auf den Inseln sieht es noch günstiger aus.

Im LANDESINNERN herrscht kontinentales Klima; das Dinarische Gebirge wirkt als Klimascheide — heiße trockene Sommer, sehr kalte Winter mit viel Schnee (Wintersport) — (Sarajevo: −2,6° im Januar; 19,4° im Juni).

Reisezeiten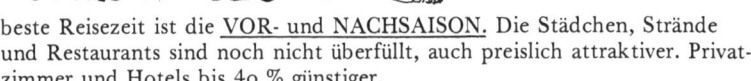

beste Reisezeit ist die VOR- und NACHSAISON. Die Städchen, Strände und Restaurants sind noch nicht überfüllt, auch preislich attraktiver. Privatzimmer und Hotels bis 4o % günstiger.

Auf den INSELN ist im Mai/Juni und September/Oktober kaum was los, manchen Leuten vielleicht zu ruhig. Wandern in Slowenien am besten vom Frühsommer bis September. Im Hochsommer kann's im Landesinnern brütend heiß werden, deshalb auch besser zur Vor- oder Nachsaison.

Reise-Kosten

Jugoslawien ist ein portemonnaiefreundliches Reiseland. Extrem preiswert zur Vor-/Nachsaison, außerdem viel angenehmer — keine Massenabfertigung, keine übervollen Campingplätze und Strände. Privatzimmer sind schon für ein paar Mark zu haben. Bei den schonenden Restaurantpreisen macht Essengehen wieder richtig Spaß. Für 20 DM wird man zu zweit gut satt und leicht beschwingt. Preiswerte Short-Drinks — Istra Bitter, Vermouth, Prosek — knapp 1 DM.

Die Preise für Doppelzimmer im Hotel schwanken stark, zwischen 40 und 100 DM (siehe Text), Privatzimmer zur Saison ca. 15 DM p.P.

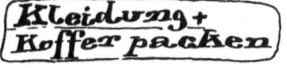

Baden, Plantschen und Schnorcheln ist in Jugoslawien ganz groß geschrieben. TAUCHERBRILLE, SCHNORCHEL UND FLOSSEN von zu Hause mitbringen, gibt's kaum zu kaufen oder zu leihen. Beim Schnorchel auf ein glattes

Mundstück achten, in den Gummigelenken sammelt sich leicht das Wasser. Unbedingt BADESCHUHE mitnehmen (Seeigel und Felsen), am besten mit Riemen und sehr eng — sonst verliert man sie beim Schwimmen. Billige Badeschlappen sind goldwert, damit man sich in den Duschen (Campingplätze) keinen Fußpilz holt. Für die vielen Fels- und Kiesstrände dicke Bademate, eventuell Isoliermatte mitnehmen.

SONNENBRILLEN gibt's fast nirgendwo bzw. sind vor Ort sehr teuer. Eine PINZETTE einpacken, falls man doch mal in einen Seeigel tritt. Genügend FILME schon zu Hause besorgen, in Jugoslawien sehr teuer!

DEUTSCHE ZEITSCHRIFTEN von Brigitte übern Spiegel, Bildzeitung, Süddeutsche, Frankfurter ... gibt's in allen größeren Touristenorten. Deutschsprachige Bücher selten.

WASCHPULVER ist praktisch nicht zu bekommen, ebenso wenig "o.b.'s", genügend Vorrat mitnehmen.

BOHNENKAFFEE ist auch begehrte Mangelware, in Geschäften gibt's nur Kaffeeverschnitt — auch keinen löslichen Kaffee. Laut Jugosl. Fremdenverkehrsverein dürfen p.P. 700 g Kaffee eingeführt werden, der Zoll ist da recht pingelig.

VERSCHLEISSTEILE für Surfboards, Boote etc. in doppelter Ausführung mitnehmen — in dieser Richtung bekommt man nichts.

Ein WÖRTERBUCH nimmt kaum Platz weg, kann unterwegs aber Berge versetzen.

TIPS FÜR CAMPER UND SELBSTVERSORGER — die kleinen Campinggaskartuschen sind nirgends aufzutreiben, deswegen genügend Vorrat einpacken; problemloser die nachfüllbaren Gasflaschen, Füllstationen auf größeren Campingplätzen. Viele Campingplätze haben 220 V Stromanschluß, eine Kühlbox ist eine feine Sache bei der Hitze.

Campingtisch mit verstellbaren Beinen, für Wohnmobile Aufbockvorrichtung, sehr praktisch (oft schräges Gelände).

MÜCKENSPRAY, -stift (Autan o.ä.), Mückenkerze haben sich recht gut bewährt.

An LEBENSMITTELN gibt's in Jugoslawien prinzipiell alles — nur nicht unbedingt dann, wenn man einen Heißhunger darauf hat und nicht in unserem Überangebot. Touristengebiete — besonders an der Küste — sind recht gut versorgt. Engpässe gibt's gelegentlich bei Frischmilch und Joghurt; Kaffee, Zucker und Waschmittel sind in Jugoslawien rationiert (also besser von zu Hause mitbringen). Leckere (!!!) Schokolade konnten wir nie entdecken.

An der Küste können Obst und Gemüse knapp werden, bzw. schwierig erhältlich sein, im Inland, also z.B. in der fruchtbaren Tiefebene entlang des Autoputs oder im Kosovo im Prinzip erhältlich.

Dafür gibt's generell in Jugoslawien ganz prima Weißbrot und Schinken. Auf den Märkten (vormittags) an der Küste und auf den Inseln gutes Fischangebot und natürlich generell die guten jugoslawischen Weine.

Importwaren, z.B. Bananen, findet man fast nie in den Regalen.

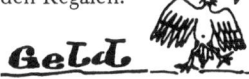

Geld

Zahlungsmittel in Jugoslawien ist der Dinar, Kleingeld die Para (100 Para = 1 Dinar). Scheine gibt's zu 10, 20, 50, 100 und 1000 Dinar.

Ein- und ausführen darf man max. 1.500 Dinar (in kleinen Scheinen, 100 Dinar und darunter) beim ersten Mal. Bei jeder weiteren Ein- und Ausreise im Kalenderjahr nur 200 Dinar erlaubt. Ausländische Zahlungsmittel können in unbeschränkter Höhe eingeführt werden.

<u>GELDWECHSELN</u> ist kein Problem. Banken, Touristenbüros, Hotels und Postämter wechseln bis spät abends; Öffnungszeiten siehe Text.

<u>BARGELD</u> — natürlich Hauptzahlungsmittel. Achtung: Dinar-Bargeld wird nicht zurückgetauscht! Wir haben für Notfälle immer DM-Reserven dabei.

<u>DINARSCHECKS</u> — neues Zahlungsmittel in Jugoslawien mit 2 Vorteilen—

1) Man bekommt 10 % Rabatt bei Scheckzahlung in touristischen Einrichtungen (Campingplatz, manche Restaurants, Car Rent ...)
2) nicht verbrauchte Schecks kann man problemlos wieder zurücktauschen.

Dinar-Schecks gibt's gegen Devisen (bar oder Travellerschecks) bei Wechselstuben, Touristenbüros, teilweise auch in Hotels (Schecks zu 100, 200, 500 oder 1000 Dinar).

In Touristengebieten eine gute Sache — spricht sich immer mehr rum. Nur: private Restaurants akzeptieren zwar Schecks, geben aber keinen Rabatt. Wer abseits vom Haupttourismus unterwegs ist, sollte sich auf jeden Fall auch mit Dinaren in bar eindecken. Der Portier eines Hotels in Skopje hatte noch nie so ein buntes Zettelchen gesehen.

So funktioniert's: Ein Glas Wermut in der Bar kostet z.B. 40 Dinar, man zahlt mit einem 500er Scheck und bekommt 510 Dinar wieder — da schmeckt der Wermut gleich doppelt so gut!

Postsparbuch: Sichere und preiswerteste Möglichkeit, an Dinare zu kommen. In 30 Tagen darf man bis zu 2 000 DM — in Hunderterbeträgen,(Höchstbetrag 1 ooo DM täglich) abheben. Auszahlung in Dinaren nach Tageskurs ohne Spesen oder Gebühr. Postsparbuch und Ausweiskarte getrennt aufheben! Personalausweis mitnehmen!

Travellerschecks: sichere Sache, denn bei Verlust gibt's Ersatz. Banken, Touristenbüros und Hotels lösen Schecks gegen geringe Gebühr ein. Als Reserve zu empfehlen!

Eurochecks: bequemes Zahlungsmittel, besonders für Unvorhergesehenes wie Autopannen etc. Scheck in jugoslawischer Währung ausstellen, bis max. 10 000 Dinar. Umgerechnet wird nach dem Tageskurs in Deutschland. Kostet 1,75 % Gebühr, mindestens 2,50 DM.

Creditcards: praktisch, da man kaum Bargeld mit rumträgt. Größere Hotels, Restaurants akzeptieren die Plastikkarten. Vorteil z.B. beim Automieten: 5 % Rabatt, keine Kaution hinterlegen.

Falls das Geld unterwegs ausgeht: per **telegraphischer Postanweisung** kann man Nachschub kommen lassen. Ausweis zum Abholen nicht vergessen!

 POSTÄMTER : erkennbar am gelben Schild PTT, oft auch stilisiert in Form eines Flugzeuges.

POSTE RESTANTE (postlagernde Sendungen) funktioniert sehr gut, geht automatisch zum Hauptpostamt. Ausweis mitnehmen. Tip: Unter Vor- und Nachnahmen suchen lassen, minimale Gebühr.

BRIEFMARKEN: bei der Post; auch an Zeitungskiosken, die Postkarten verkaufen.

EINSCHREIB-SENDUNGEN (Päckchen): müssen beim Postschalter vorgezeigt werden, erst dann zukleben.

BRIEF / KARTE: ca. 7 Tage unterwegs, Postverkehr von und nach Jugoslawien recht zuverlässig.

TELEFONIEREN: In Postämtern oft lange Warteschlangen, bes. abends, wenn alle zu Hause anrufen wollen — man muß sein Gespräch mit Nummer, Stadt oder Land — ja nachdem — anmelden, kommt auf eine Warteliste und wird dann aufgerufen. Die Systematik der Reihenfolge blieb uns allerdings oft schleierhaft.

Direkt durchwählen: Vorwahl nach Deutschland 9949 — Ortswahl ohne 0, nach Österreich 9943, Schweiz 9941.

PREIS nach BRD/Schweiz: 1 Min ca. 2 DM, Österreich, Italien, Griechenland: 1 Min. ca. 1 DM.

Keine vergünstigten Telefonzeiten!

 **DEUTSCHSPRACHIGE RUNDFUNKSENDUNGEN**

Als besonderen Service für Urlauber gibt es während der Saison (Mitte Juni bis Mitte September) Sendungen in deutsch, englisch, französisch, italienisch und holländisch mit wichtigen Tagesnachrichten, Verkehrsfunk und Urlaubswetterbericht, spezielle Wettervorhersagen für Nautiker. Notruf in dringenden Fällen.

RL 6 .35 Uhr Nachrichten, Wetter
RL 9.35 Uhr—10 Uhr Mo—Sa Touristische Informationen
RL9.55 Uhr Nachrichten, Wetterbericht
RZ 11—11.30 Uhr Nachrichten, touristische Infos, Mo—Fr
RJ 15.30 Uhr (GMT) Nachrichten in Deutsch
RJ 19.30 Uhr (GMT) Nachrichten in Deutsch
RL 22.30 Uhr Nachrichten
RL 1.30 Uhr Nachrichten

RJ = Radio Jugoslawien auf den Wellenlängen 31,19 m; 44 m; 49,18 m.
RL = Radio Ljubljana auf Mittelwelle 918 KHz, UKW 88,5; 92,9; 94,1; 95,3; 96,9; 97,7; 97,9 MHz.
RZ = Radio Zagreb auf Mittelwelle 189; 202; 221; 347; 392; 407 und 458 m oder

UKW auf 89,9; 90,5; 96,1; 96,9; 97,2; 98,1; 99,7 und 100,1 MHz.

Gesundheit

Vor der Abreise den <u>AUSLANDSKRANKENSCHEIN YU - 6</u> von der Krankenkasse besorgen; er ermöglicht kostenlose Behandlung (für Österreicher OY-3).

<u>KRANKENHÄUSER</u> gibt's in den größeren Städten. Die Inselversorgung sieht schlechter aus, nur auf Brac eine „Bolnica" (= Krankenhaus). Einen Arzt fast in jedem Ort, auch ärztliche Hotelsprechstunden, d.h. Arzt kommt ins Hotel.

Die Dienstleistungen in den <u>AMBULANZEN (AMBULANTA)</u> sind recht billig.

Wer auf Nummer sicher gehen will, schließt vorher eine <u>URLAUBS-KRANKENVERSICHERUNG</u> ab. Genau vergleichen, teilweise sehr unterschiedliche Leistungen.

<u>ADAC-TELEFONARZT</u> (ADAC Notruf München 99 49 89/22 22 22). In dringenden Fällen vermittelt er Anschrift und Telefonnummer eines deutschsprachigen Arztes (falls dem ADAC bekannt), kontaktiert den behandelnden Arzt oder Klinik, organisiert bei Notfällen Rücktransport und Bereitstellung eines Krankenhausbettes in Deutschland.

<u>APOTHEKEN (LJEKARNA)</u> gibt's in jeder Stadt. Eine gut ausgestattete Reiseapotheke ist in jedem Fall goldwert:

- Schmerzmittel, fiebersenkende Mittel, Grippetabletten,
- Medikamente gegen Magen- und Darmstörungen, Seekrankheitstabletten
- elastische Binde, Schnellverband, entzündungshemmende Salbe, Tinktur zum Desinfizieren, Spraypflaster, praktisch für kleinere Wunden, Pflaster
- Creme gegen Sonnenbrand und Insektenstiche
- Sicherheitsnadeln, Pinzette – falls man doch mal in einen Seeigel tritt.

<u>Besondere Vorsicht</u>, – wer "frisch- bleich" aus Mitteleuropa an Jugoslawiens Strände kommt und sich auf die stark relflektierenden Kalkfelsen zur Bräunung legt. Besonders fatal, wenn hüllenlos! Bereits nach 1o Min. rot wie ein Hummer im Kochtopf; dann ist nichteinmal Sitzen mehr möglich. Abhilfe: "after sun- lotion", die kühlt und zu schnellerem Ableben des Sonnenbrandes hilft, was trotzdem seine Zeit braucht.

Vorsicht auch bei Wanderungen im Küsten- sowie verkarsteten Gebirgs- und Inselbereich vor <u>Giftschlangen:</u>

In Jugoslawien muß man sich vor 2 Giftschlangen in Acht nehmen, die **Kreuzotter** und die hochgiftige **Hornviper.**

Den Namen gibt ihr das unverkennbare Hörnchen auf der Nase. Die Männchen dunkelgrau, Weibchen in verschiedenen braun-grau-Färbungen; beide mit dem markanten dunklen Rückenstreifen (zick-zack- bis rautenförmig); sie erreichen ca. 60–90 cm Länge.

Die Hornviper ist eine spezielle Balkanschlange, liegt gern zusammengerollt auf Sonnenfelsen (Karst), aber auch im Unterholz. Ihr Lebensraum erstreckt sich bis auf 2500 m im Gebirge.

Kommt man in ihre Nähe, macht sie sich durch lautes Zischen bemerkbar und greift auch an. Im Juli-August bringen die Schlangen 5–18 Junge zur Welt.

Schon vom Biß einer jungen fingerlangen Viper wird es einem Erwachsenen schlecht, Fieberanfälle etc. Hornvipern ernähren sich von Mäusen, Eidechsen und Vögeln. Einen gewissen Schutz vor Schlangenbissen erreicht man durch hohe, feste Schuhe, in unwegsamem Gelände sollte man sich mit einem Stock vortasten, um sie frühzeitig aufzustöbern.

Anderes Problem sind die "hübschen" schwarzen Seeigel, die es insbesondere im felsigen Küstenbereich Jugoslawiens oft gibt. Zum Glück im meist glasklaren Wasser deutlich zu sehen. Die Stacheln, wenn man reintritt, führen zu eitrigen, schmerzhaften Entzündungen. ABHILFE: mit Badeschuhen oder Flossen einsteigen. Wenn's einen erwischt hat: mit der Stecknadel und Pinzette rechtzeitig rausfummeln. (Freundin oder Freund assistiert!)

HAIFISCHE: zwar halb so gefährlich, wie immer wieder durch die Presse geistert. Immerhin : Haifische gibt es vor Jugoslawiens Küsten und es hat mehrfach Unfälle gegeben. ABHILFE: Küstenbereiche meiden, wo Abwässer oder Abfälle ins Meer eingeleitet werden und nicht weit aufs Meer rausschwimmen! Bei den Millionen, die vor Jugoslawiens Küsten baden jedoch kein größeres "Risiko" wie vor den italienischen oder griechischen Mittelmeerküsten.

WARNUNG: Miesmuschel- Tauchen macht zwar mit Schnorchelbrille viel Spaß, kann aber insbesondere in Hafennähe oder der Nähe von Siedlungen zu erheblichen Magenverstimmungen wenn nicht Schlimmerem führen.Gilt insbesondere für die istrische Küste!!

TRINKWASSER: wer auf Nummer Sicher gehen will, meidet den Wasserhahn und greift auf Mineralwasser zurück. Gibts in 1 Liter- Flaschen, zudem billig.

TOILETTEN: wie in südeuropäischen Ländern üblich, hat auch Jugoslawien häufig noch die orginellen, wenn auch lästigen "Hocke- Dusch-Dich- Klos". Klartext: nach erledigtem Geschäft Hand an die Türklinke. Erst dann den Wasserabzug ziehen und schnell raus!!Sonst gibts nasse Füße oder mehr. . .

Muški, Moški = Männer (oder Symbol Herrenschuh)
Zenske, dame = Frau (oder Symbol Stöckelschuh)

Allgemeine Tips

✶ EINREISEBESTIMMUNGEN:

Wer bis zu 3 Monaten bleibt, braucht einen gültigen REISEPASS. Langzeiturlauber benötigen ein Visum.

PERSONALAUSWEIS nur als Ausnahme in Verbindung mit einem Touristenpassierschein (wird an der Grenze gegen Gebühr ausgestellt, nur für 1 Monat!!).

Es ist praktisch, zu dem Reisepaß einen Personalausweis mitzunehmen, denn in der Regel behalten Campingwarte ein Dokument für die Dauer des Aufenthaltes ein, manche Campingplatzbesitzer machen Schwierigkeiten, wenn man die Papiere kurzfristig braucht (z.B. fürs Geldwechseln, Bank etc.).

Normaler <u>NATIONALER FÜHRERSCHEIN</u> und <u>FAHRZEUGSCHEIN</u> genügen, — unbedingt die <u>GRÜNE VERSICHERUNGSKARTE</u> mitbringen (stellt die KFZ- Versicherung kostenlos aus). An der Grenze wirds sonst teuer (für 15 Tage ca. 12 DM, 1 Monat ca. 2o DM).

Zwar nicht Einreisebestimmung, so doch für Leute mit eigenem Fahrzeug sehr nützlich: <u>AUSLANDSSCHUTZBRIEF</u> des ADAC oder von anderen Versicherungsgesellschaften. Bei rund 2o DM billig und zudem eine beruhigende Sache: Ersatzteileversand fürs Fahrzeug, sowie Rücktransport gemäß Versicherungsbestimmungen von Fahrzeug und Personen, Übernahme der fälligen Zollkosten, Abschleppkosten etc.

Einreisebestimmungen für Vierbeiner:

Für Tiere ist ein amtstierärztliches Impfzeugnis gegen Tollwut nötig, seit dieser Impfung müssen mindestens 14 Tage, maximal 6 Monate vergangen sein.

ZOLLBESTIMMUNGEN:

Personen über 16 Jahren können zollfrei nach Jugoslawien einführen:

2oo Zigaretten oder 25o gr. Tabak bzw. 5o Zigarren. Weiterhin:
1 Liter Wein und 1 l Spirituosen
700 g Kaffee
1/4 l Eau de Cologne
kleine Mengen Parfüm
Mitgeführte Geschenke müssen verzollt werden!

Folgende Waren sind für den persönlichen Gebrauch zollfrei:

persönlicher Schmuck
2 Fotoapparate mit Filmen
1 Filmkamera (bis 16 mm) mit Filmen
1 Fernglas
1 tragbares Musikinstrument
1 tragbarer Plattenspieler
10 Platten
1 Kofferradio
1 tragbares Tonbandgerät
1 tragbarer Fernsehapparat bis 48 cm Bildschirm
1 Reiseschreibmaschine
1 elektron. Taschenrechner
1 Kinderwagen
Campingausrüstung
1 Fahrrad mit/ohne Motor
1 Sportboot mit/ohne Motor
je ein Sportrequisit verschiedener Art (z.B. Angel, 1 Paar Ski)
Kfz-Ersatzteile von geringem Wert.
Videogerät muß deklariert werden, wird im Paß eingetragen.
Funkgeräte, Waffen, Munition müssen deklariert werden, außerdem Bewilligung einer jugoslawischen diplom. Vertretung nötig.

Zollbestimmungen bei der Rückreise nach Österreich/Deutschland:

2oo Zigaretten, bzw. 5o Zigarren oder 25o gr. Tabak.

2 Liter Wein
1 Liter Spirituosen.

HINWEIS: wer auf "Plavac" oder anderen jugoslawischen Weinen steht, die vor Ort sehr billig sind: brav am Zoll deklarieren. Kostet oft nur Pfennigbeträge und lohnt sich, wer eigenes Fahrzeug zum Transport hat! —

Antiquitäten, Kunstgegenstände sowie Gold und Silber dürfen nur mit behördlicher Genehmigung aus Jugoslawien ausgeführt werden.

ZOLLFREI bei der Einreise BRD/bzw. Österreich sind Reiseandenken, sofern sie den EWG Wert nicht übersteigen.

Im Zweifelsfall, — insbesondere was die neuesten Bestimmungen zur Einfuhr von Tauchausrüstung betrifft, — vorab an das jugoslaw. Fremdenverkehrsbüro wenden, um Ärger an der Grenze zu vermeiden.

Öffnungszeiten:

Öffnungszeiten der Geschäfte: unterschiedlich geregelt, viele Geschäfte schließen über Mittag 12—16 Uhr. Besonders an der Küste sind Supermärkte nonstop bis spät abends offen. Warenhäuser Sa. meist bis 15 Uhr geöffnet.

 22o Volt/ 5o Hz. Wechselstrom. Europa- Zwischenstecker im allgemeinen nicht nötig.

Feiertage
Generelle Feiertage am 1., 2. Januar
1., 2. Mai
29., 30. November

Je nach Republik
   7. Juli   in Serbien
  13. Juli   in Montenegro
  22. Juli   in Slowenien
  27. Juli   in Kroatien, Bosnien-Herzegowina
  27. Juli / 11. Oktober in Mazedonien

Fotografieren nicht überall erlaubt !!!
1) Unbedingt beachten: militärische Objekte bzw. größere Konstruktionen, die auch nur im entferntesten damit in Verbindung gebracht werden könnten, dürfen nicht fotografiert werden (Brücken, Schleusen, Häfen ...) Verbotsschilder unbedingt beachten !!! um üble Konsequenzen zu vermeiden.

2) Muslimische Frauen dürfen nicht in der Öffentlichkeit fotografiert werden (besonders im Kosovo), sonst gibt's Ärger mit den Ehemännern. Besser gutes Tele oder unauffällige Pocket-Kamera.

NÜTZLICHE ADRESSEN UND TELEFONNUMMERN

Jugoslawisches Fremdenverkehrsamt
6000 Frankfurt am Main
Goetheplatz 7
Telefon (o69) — 28 56 85

4000 Düsseldorf
Hüttenstraße 6
Telefon (0211) 37 06 75

8000 München
Sonnenstraße 14
Telefon (089) 59 55 45

Jugoslawisches Verkehrsbüro
8011 Zürich
Limmatquai 70
Telefon (01) 252 12 70

Jugoslawische Fremdenverkehrswerbung
1010 Wien
Mahlerstraße 3
Telefon (0222) 52 54 81

Deutsche Botschaft
11000 Beograd
Ulica Kneza Miloša 74—76
Telefon (003811) 64 57 55
Konsularischer Amtsbezirk:
Mazedonien, Montenegro, Serbien

Generalkonsulat

41000 Zagreb
Proleterskih Brigada 64
Telefon (003841) 51 92 00/
51 74 21 (Visa, Pässe)
Amtsbezirk: Bosnien- Herzogowina,
Kroatien, Slowenien

Österreichische Botschaft
11000 Beograd
Kn. Sime Markovića 2
Telefon 635 955

Schweizer Botschaft
11000 Beograd
Bircaninova 27
Telefon 646 899

Generalagent der Jadrolinija in Deutschland
Deutsches Reisebüro GmbH (DER)
Postfach 2671
Eschersheimer Landstraße 25–27
6000 Frankfurt 1
Telefon: (o69) — 15.66.371/373

Wichtige Telefonnummern in Jugoslawien
— Polizei 92
— Feuerwehr 93
— Rettung 94
— ADAC Belgrad 011/40 11 11
— Info über Telefonnummern in Jugoslawien 988
— Pannenhilfe des jugoslawischen AMSJ 987

ADAC Notrufzentrale München (rund um die Uhr)
Telefon 9949 / 89 / 22 22 22

DRK Flugdienst Bonn
Telefon 99 49 / 22 21 / 23 00 23

Vorwahlen von Jugoslawien nach:
Deutschland 9949
Österreich   9943
Schweiz   9941

Von Deutschland, Österreich, Schweiz nach Jugoslawien:
0038

✻ HOTELS

Meistens leider phantasielose Großhotels. Die offizielle Kategorieeinteilung unterscheidet Luxus, A, B, C, D-Kategorie; diese Einstufung ist jedoch kein Indiz für Qualität und preislich ebenfalls kaum bemerkbar, deswegen haben wir die Kategorie nicht mit erwähnt.

Im Juli/August zahlt man für's Doppelzimmer zwischen 40 und 100 DM. In der Vor-/Nachsaison liegen die Preise oft 40—50% niedriger. Wer weniger als drei Tage bleibt, berappt zusätzlich.

Unsere Doppelzimmerangaben (DZ) sind meist reine Übernachtungspreise zur Hauptsaison, Frühstück extra — es wird das typische Marmeladenfrühstück (abgepackte Portionsbutter, Weißbrotscheiben) serviert. Wer kein Mukkefuckfreund ist, bringt sich besser Nescafe mit und bestellt heißes Wasser.

Fast in jedem Hotel Life-Bands, die bis Mitternacht spielen — viele Oldies. Am besten macht man freiwillig mit oder versorgt sich mit Ohropax und Toleranz.

✻ MOTELS

meist am Autoput bzw. Zubringerstraßen, dadurch praktisch, allerdings wenig reizvoll und oft laut. Mit Restaurant, Tankstelle und meistens Reparaturwerkstatt. DZ um die 50 DM.

✻ APPARTEMENTS / FERIENWOHNUNGEN

vermittelt das Touristenbüro. Sicherer ist eine Vorbestellung von Deutschland aus — dazu einfach das örtliche Touristikbüro anschreiben.

✻ PRIVATZIMMER (SOBE):

Fast in jedem Ort, vermittelt das Touristenbüro. Oft weisen auch Schilder an der Straße auf Privatquartiere hin. Am besten anschauen, mit der Wirtin reden, denn es gibt große Unterschiede: Beim einen wird man offen aufgenommen, darf Küche und Kühlschrank mitbenutzen, beim anderen gibt's nur ein Bett und abgepackte Butter zum Frühstück.

Preise schwanken zwischen 10 und 20 DM/Pers., Frühstück meistens extra.

Enorm günstige Preise in der Vor- und Nachsaison, da bekommt man die Zimmer um die Hälfte (z.B. auf Pag zur Hochsaison 1o DM/Pers. ab 1.

Oktober für dasselbe Zimmer 4 DM).

Die Preise sind amtlich festgelegt und nach Kategorien gestaffelt. Kategorieeinteilung erfolgt im jeweiligen Ort nach Lage und Komfort. Eine Privatpension darf bis zu 20 Betten vermieten. Teurer wird's, wenn man weniger als 3 Nächte bleibt. Einzelzimmer sind relativ schwierig zu bekommen.

✶ JUGENDHERBERGEN

gibt's in größeren Orten, oft auch Studentenwohnheime, s. Text. Nicht unbedingt billiger als Privatzimmer.

✶ CAMPING

Jugoslawien ist ideal für Campingurlaub und im Vergleich zu Italien noch billig. Die schönsten Stellen am Meer haben Campingplätze reserviert, viele mit Bootsanlegesteg, Stromanschluß, manche vermieten auch Kühlfächer (ca. 3,50 DM/Tag).

Im Juli/August sind natürlich viele Camps überfüllt; Vor-/Nachsaison unbedingt zu empfehlen! Die meisten haben bis Ende September, einige bis in den Oktober geöffnet.

Komfort wie in Deutschland darf man nicht erwarten, heiße (!) gekachelte Duschen sind selten. Fast alle Camps mit Supermarkt und Restaurant.

An der Küste und auf den Inseln gibt's Plätze jeder Größe und Ausstattung – im Inland weniger Camps, aber entlang des Autoputs genügend.

Die Preise schwanken je nach Gebiet, Lage und Ausstattung. Im Durchschnitt 10–15 DM/Nacht für 2 Personen, Auto und Zelt (zusätzlich wird eine Aufenthaltstaxe (täglich) und eine Registrierungsgebühr (einmalig) berechnet). Private Plätze fast immer billiger, gepflegter, kleiner und damit persönlicher.

Wild Campen verboten, besonders im Juli/August sollte man das ernst nehmen.

Die Milicija ist da recht aktiv – kann bis zu 1 000 Dinar Strafe kosten.

Essen und Trinken

GRILL ist Trumpf in Jugoslawiens Küche – ob klein oder groß, jedes Restaurant hat seinen Holzkohlegrill.   Alles wird frisch zubereitet, Fleisch meist reichlich und preiswert.

Mixed Grill, Kotelet, Leber, Ražnjići (2 Fleischspieße) oder Fisch. Nationalspeise sind und bleiben die Čevapčićis-kleine Hackfleischröllchen garniert mit rohen Zwiebeln und Ajvar (ein scharfes rotes Mus aus passierten Paprika, Auberginen, Knoblauch, Zwiebeln etc.). Die Beilagen muß man nach Geschmack extra ordern.

MENÜS werden manchmal von Hotelrestaurants angeboten — preiswert, schon ab 8 DM. Die Küche ist sensiblen Zungen angepaßt. Scharfe Gerichte sind die Ausnahme.

Wie überall gilt auch hier: Je touristischer der Ort und je nobler das Restaurant, desto größer die Auswahl.
Speisekarten überall mehrsprachig, hängen allerdings selten aus.
Zur Orientierung unsere Restauranttips. Service im Preis inbegriffen.

TRINKGELD kann man geben, erhöht aber nur in Ausnahmen die Liebenswürdigkeit der Bedienung.

FISCH gibt's an der Küste in großer Auswahl — frisch, fast immer gegrillt — allerdings teurer als Fleisch.
Unser Lieblingsfisch ist die Zahnbrasse mit leckerem beißigen Fleisch, sehr verzehrfreundlich mit dicken Gräten — über Holzkohle gegrillt, mit Zwiebeln und Knoblauch serviert. Preise werden generell pro kg angegeben. Eine durchschnittliche Zahnbrasse bringt gut 400 g auf die Waage. Preiswerter die Makrele — ein beliebter Grillfisch oder Tintenfisch.

Eine Delikatesse sind STEINBOHRERMUSCHELN — nicht auf jeder Karte zu finden, schmecken würziger, kräftiger als normale Miesmuscheln.

HAMMEL ODER LAMM AM SPIESS gibt's hauptsächlich im Inland — wenn sich gerade ein knuspriger Spieß dreht, sollte man zuschlagen.

Im Inland — besonders natürlich in Nähe von Flüssen und Seen gibt's köstliche FORELLEN zu zivilen Preisen. Spezialität: die gefüllten Forellen vom Ohrid-See — dafür fahren wir meilenweit!

EINTÖPFE — eine Spezialität in Bosnien. Keine Speisekartenprobleme, man schaut in die großen Töpfe und stellt sich seine Mahlzeit zusammen.

MUĆKALIZA gibt's in vielen Varianten. Am besten nach Leskovac'er Art: Schweinefleischstückchen mit Paprika, Tomaten, Zwiebelgemüse (siehe Rezepte).

DJUVEČ — bunter Gemüse-Reis-Fleisch-Eintopf.

PUNJENE PAPRIKE — Gefüllte Paprikaschoten — mit Reis, Hackfleisch und Tomatensoße.

SARMA — ähnlich wie Krautwickel oder Kohlrouladen — aber selten.

PLJESKAVIĆA — flaches, rundes Hacksteak vom Rost.

PILAW — Reiseintopf mit verschiedenen Fleischstückchen, gelegentlich auch Fisch.

Die BEILAGEN-Auswahl ist inzwischen geschrumpft auf die internationalen Pommes frites und gemischten Salat. Erbsen aus der Dose — Gemüse nur in Suppenform — und natürlich das leckere Weißbrot.

✱ VORSPEISEN

Leckerbissen: PRŠUT — der dalmatinische Räucherschinken.

PAŠKI SIR — würziger Hartkäse von der Insel Pag — der sein besonderes Aroma dem salzigen Boden der Insel Pag verdankt, auf dem die Schafe weiden.

Süßer Nachtisch: Die Nachtischauswahl der Restaurants beschränkt sich meist auf PALATČINKE — süßer Pfannkuchen.

Für was Süßes hinterher, zwischendurch oder vorher gibt's die SLASTIČAR-NA — von Istrien bis ins Kosovo: große Eis- und Kuchentheke — verschiedene Bisquitrollen, Baklavas, klebrig süße Riesenschaumschnitten, Puddingteilchen, viele süße Köstlichkeiten.

DOBAR TEK — GUTEN APPETIT

✱ SNACKS

BUREKS — warme herzhafte Blätterteigpastete mit Käse, Fleisch, Gemüse oder Apfel gefüllt. Ziemlich fettige Angelegenheit — dazu trinkt man Joghurt.

ČEVAPČIĆI — meist gefutterter Snack der Einheimischen: großes rundes Fladenbrötchen, gefüllt mit gegrillten Hackfleischröllchen und Zwiebeln. Besonders im Inland gibt's massenweise Čevapčinića-Buden.

KAFFEE ("KAVA"):

In Slowenien und Istrien gibts guten Espresso und Capuccino, je weiter man gen Süden fährt, desto malziger wird der Kaffee. Im Inland gibts nur noch den TÜRKISCHEN KAFFEE (auch generell an der Küste), in den hübschen türkischen Kännchen aufgebraut, den aufschwimmenden Satz filtert man mit dem Löffel ab. Genau hier scheiden sich die Geister: die einen schwören auf das süßliche Gebräu in den hübschen "Čezvas" (Kupferkännchen), — uns erinnert nur noch die Farbe an Kaffee. . .

Türkischer Kaffee:

Der Kaffee muß scharf gebrannt und ganz fein gemahlen sein. Das Kaffeepulver vermischt man mit Zucker und Wasser, läßt es kurz aufkochen — wartet, bis sich das Pulver gesetzt hat und läßt es ein zweites Mal aufkochen. Beim Eingießen wird der Satz ganz geschickt mit dem Löffelchen zurückgehalten — will gekonnt sein.

✱ ALKOHOLISCHES
(Wein, Bier, Drinks etc.)

BIER (Pivo) wird viel getrunken, verbreitet das Karlovacer Bier, uns hat das Nikšićer aus Montenegro am besten geschmeckt — ca. 1,20 die Halbe. Importbier gibt's auch, aber teurer.

ISTRA BITTER: Campari-ähnlich, nur viel billiger.

SLIVOVICA (Pflaumenschnaps): Aushängeschild und Nationalgetränk der Jugoslawen. Ein guter Slibowitz reift jahrelang in Eichenfässern und bekommt eine gelbliche Farbe. Je älter der Schnaps, desto besser; mindestens 4 Jahre sollte ein guter alt sein, der beste Slibowitz hat ein stolzes Alter von 16 Jahren. Am besten schmeckt der Selbstgebrannte – manchmal so scharf, daß einem die Luft wegbleibt.

WERMUT: ein Glas ca. 1 DM.

PROŠEK: hervorragender Dessertwein, süß und schwer, 15,2 Vol.%. Große Qualitätsunterschiede – den besten gibt's direkt von den Bauern an den Obst-/Gemüseständen. Problem aber hier die Transportfähigkeit des Weines.

MARASKINO: Spezialität aus Dalmatien, klebrig süßer Likör aus der Maraskakirsche.

TRAVARICA: Kräuterschnaps

VINJAK: Weinbrand

BRESKOVAČA: Pfirsichschnaps

✶ WEINE

Wein gibt's in riesiger Auswahl, gut und preiswert. Die lokalen offenen Karaffenweine sind immer gut trinkbar – bijelo vino: Weißwein; črno vino: Rotwein.

PLAVAC: bekannter dalmatinischer Rotwein, der auf der Halbinsel Pelješac und Mimice angebaut wird.

DINGAČ: schwerer Rotwein vom Pelješac, recht teuer!

GRK: schwerer Weißwein mit leichtem Harzgeschmack – erinnert an Retsina – kommt von der Insel Korčula.

Aus Istrien kommt der Weißwein MALVAZIJA und der schwere TERAN.

Der AMSELFELDER aus dem Kosovo – in Deutschland kein Fremdwort mehr – als Rot-, Rosé- und Weißwein.

TRAMINEC: halbsüßer, aromatischer Traminer.

Na dann NAZDRAVLJE (Prost)!

Istrische Weine

MALVAZIJA – Istriens bekanntester Weißwein. Helle, goldgelbe Farbe, kräftig im Geschmack. Paßt zu jedem Essen.

PINOT – erstklassiger Weißwein, feines Buket. Paßt gut zu Fischgerichten.

TERAN – meistgetrunkener Rotwein Istriens, dunkelrote Farbe, kräftiger Geschmack, wird gern zu Fleischgerichten serviert.

BORGONJA – rubinrot, angenehm mild.

MISTELA – kräftiger Dessertwein, goldgelbe Farbe, süß und schwer.

REZEPTE

Leskovac'er Mučkalica:

500 g Schweinefleisch, 1 Zwiebel, 3–4 Tomaten, 1 Paprika, Pfeffer, Petersilie.
Schweinefleisch in kleine Stücke schneiden und braten. Zwiebel rösten, Paprika, Tomaten
dazu, würzen und dünsten. Fleisch auf dem Gemüse anrichten.

Bosnisches Mučkalica:

Eine Lammfleischkeule (600 g), 1 kg Weißkohl, Knoblauch, Pfeffer, Salz, saure Sahne.
Lammfleischstückchen braten, Weißkohl dünsten, Knoblauch dazu, würzen, saure Sahne
dazu und anrichten.

Ćevapčići:

Jeder Koch hat sein eigenes Geheimrezept, gemeinsam ist ihnen:
Hackfleisch, mehrmals durch den Fleischwolf gedreht, damit es ganz fein wird und gut
bindet (denn Semmelbrösel oder eingeweichte Brötchen sind hier verpönt), Zwiebel und
Knoblauch ganz fein hacken, mit Salz, Pfeffer, Paprika würzen; alles gut vermischen und
kleine, abgerundete Würstchen rollen. Eine Stunde stehen und ziehen lassen. Leicht mehlen, dann grillen oder in der Pfanne bei minimaler Hitze braten, immer wieder mit Öl be-
pinseln.

Istrische Fischsuppe („Istrski Brodet")

Fische, Tintenfische, Öl, Weißwein, Knoblauch, Zwiebel, Oliven und Gewürze, Tomaten-
mark.
Fische ausnehmen, säubern, kleinschneiden, mehlen und in heißem Öl anbraten. Öl abgie-
ßen, darin gehackte Zwiebel anbraten, Knoblauchzehe hinein, Weißwein darübergießen,
einen Schuß Essig, mit Salz, Pfeffer, Rosmarin, Wacholderbeeren und etwas Tomaten-
mark würzen.
In dieser Sauce die Fische eine gute halbe Stunde dünsten, mit Oliven und Petersilie
garnieren.

Literatur:

Merian über Istrien/Slowenien, Montenegro, Dalmatien – jeder Band 12,80.
Gute Fotos mit viel Info über Land und Leute, allerdings etwas altertümlich.

Jugoslawien in Farbe mit verlockenden Fotos (75 Seiten Farbfotos). Von
George Jor Editions J.A. Geocenter, 39,80 DM.

Du Mont Kunst-Reiseführer Jugoslawien. Für Leute, die Spaß am Detail haben, von Frank Rother, 32,00 DM.

Lyrisch-amüsante Reisebeschreibung **Jugoslawien von J.A. Cuddon**, mit viel
Hintergrundinformationen. Prestelverlag München, ca. 36,– DM

6mal Jugoslawien, 1mal Albanien von K. Liebe. Piper-Verlag München. Sehr
informative Charakteristik der jugoslawischen Teilrepubliken und Albaniens.
Geschichtliche Zusammenhänge, viel Hintergrund über Wirtschaft, Politik
und Kultur. 38,– DM.

Geschichte Jugoslawiens: Für zeitgeschichtlich Interessierte. Sundhaussen
Holm, Kohlhammerverlag, 49,– DM.

Etwas trocken liest sich die **Tito Biographie** rororo rm 199, 6,80 DM.

Jugoslawische Küstengewässer: Helmut Krummel — für Wassersportler, Verlag Busse.

Hafenhandbuch „Mittelmeer" Teil III, Adria, Deutscher Segelverband München.

Kanuführer: DKV Auslandsführer Südosteuropa 1b, 35, DM.

Für Wanderer: Europäischer Fernwanderweg E6 (nur der letzte Abschnitt relevant) Kompass Wanderführer 24,80 DM

Spezielle Touren: Julische Alpen von H. Schöner, Bergverlag Rudolf Rother München, 26,80 DM.

Hemingway „In einem anderen Land", spielt im ersten Weltkrieg an der Isonzo-Front, u.a. auch in Kobarid (Caporetto im ersten Weltkrieg)

Jules Verne: Matija Sandore, spielt in Istrien: Pazin, Limkanal.

Ivo Andric: Nobelpreis für Literatur '61, beschreibt das Leben zur Osmanenzeit in Travnik (s.d.) im Roman „Konsuln und Wesire" und „Die Brücke über die Drina".

KARTEN:

Straßenkarte mit dem günstigen Maßstab 1:600 000 von Freytag und Berndt

Die Generalkarte: Dalmatinische Küste 1,2 und 3 / 1:200 000 (Mayrs Geographischer Verlag)

Wanderkarten in den jeweiligen Gebieten angeführt.

SPORT

① BADEN 6.000 km Küste (inkl. Inseln) locken zum Reinspringen; taucherbrillen klares Wasser ist normalerweise die Regel. — Überwiegend Felsküsten mit dem Vorteil, daß sie meist über geschützte Buchten verfügen. Im Gegensatz zu den oft fußballfeldgroßen Stränden des Teutonengrills an Italiens Adriaküsten hat man die Chance, sich beim "Bräunen" rechtzeitig in den Schatten zu verziehen. SUPER-VORSICHT: wer sich in Jugoslawien (frisch angekommen aus Mitteleuropas Breiten und entsprechend bleich) auf die jugoslawischen weißen Karstfelsen legt: oft bereits nach nur 1o Min. durch die starke Relfektion der Karstfelsen —rot wie ein Hummer im Kochtopf—Besonders häßlich, wenn der erste Sonnenkontakt per FKK stattfand. . .

Das Adria- Wasser hat im Sommer Swimmingpool- Temperatur von 22 — 26 Grad, — allerdings wird die Gänsehaut- Temperatur erst ab Anfang Juni überschritten, dafür warm bis in den Beginn des Herbstes hinein, wenn man sich in Breitengraden wie Dubrovnik aufhält.
Wassertemperatur im Winter: 13 - 15 Grad (35 % Salzgehalt).
Quallen, die einen piesacken, gibt's kaum, dafür aber umso mehr Seeigel.

Unbedingt Badeeinstieg vorher abchecken und Badeschuhe anziehen, dann kann nichts passieren.

Gute Kieselstrände an der <u>Makarska Riviera</u>. Sandstrände sind rar, kleine Sandstrände in Portorož und Pelješac, teilweise auch extra aufgeschüttete Hotelstrände; km-langer Sand erst in Montenegro.

<u>Tip</u>: Aufblasbares Schlauchboot mitnehmen, damit man eine ruhige Nachbarbucht oder eine der unzähligen Miniinseln ansteuern kann.

Gelegentlich sollen Haie in der Adria auftauchen, meist entpuppt sich aber der gefährliche Hai als ein harmloser Delphin.

Durch die Wasser-Reflexion besonders intensive Sonneneinstrahlung. Sonnenhut und -creme mit hohem Lichtschutzfaktor schützen vor bösen Überraschungen. Gilt auch für Sonnenbaden auf weißen Karstfelsen.

<u>FKK-Strände und Badeinseln</u> gibt's in Hülle und Fülle; „oben ohne" hat sich aber nur in größeren Touristikzentren durchgesetzt.

<u>Schnorcheln</u>: Superklares Wasser, Sichtweite bis zu 50 m, Felsküste mit Steilabstürzen unter Wasser, deswegen viel zu sehen. Schnorchel, Brille und Flossen besser aus Deutschland mitbringen, in Jugoslawien schwierig zu bekommen.

<u>FKK hat lange Tradition</u> in Jugoslawien. Schon in den 3o-er Jahren ließ der britische König Edward VIII auf Rab alle Hüllen fallen . . .

Über 1/3 aller FKK- Anlagen Europas befinden sich an Jugoslawiens Küsten. Die <u>FKK- Hotels und - Bungalow Anlagen</u> verfügen oft über großes Sportangebot, — zur Saison unbedingt vorbuchen!

<u>FKK-CAMPINGPLÄTZE</u> oft gepflegter als die „normalen", dafür teurer. Riesige Campingstädte à la Koversada mit 10 000 Nackedeis — nicht jedermanns Geschmack. Die meisten FKK-Zentren liegen in Istrien, bei Porec, Vrsar, Umag, Rovinj etc.

Die Spielregeln fürs Nacktsein variieren.

— In manchen Hotels darf man nicht als Adam und Eva ins Restaurant, während manche Anlagen ab einer bestimmten Temperatur Nacktsein vorschreiben!

Außerdem gibt's an jedem Ort FKK-Strände, oder FKK und Textil geht lässig ineinander über; viele FKK-Inseln, mit Bootstaxi erreichbar.

— Nacktbaden wird bei weitem nicht so prüde gehandhabt wie in Griechenland oder an Korsikas Westküste.

An jugoslawischen Familienstränden wirkt „oben ohne" recht provokativ. Wir haben uns gefragt, ob das sein muß, wenn's einen FKK-Strand um die Ecke gibt.

<u>TAUCHER- und UNTERWASSER- FOTOGRAPHEN</u> benötigen eine Genehmigung, die es bei der Polizei bzw. im Tourist- Büro gibt. Hier auch Infos, welche Gebiete gesperrt sind (militärische Objekte, Naturschutzgebiete unter Wasser,

Häfen etc.) — Wichtig: Tauchstelle muß deutlich mit Boje (gelb) gekennzeichnet werden! — Sperrgebiete z.B. Pula (Marinebasis), Vis, Lastovo . . Es gibt nur wenig Nachfüllstationen, am besten bringt man den eigenen Kompressor mit.

UNTERWASSERJAGD mit Preßluft ist verboten. Es kann schon Schwierigkeiten geben, wenn Harpune und Preßluftflaschen zusammen im Kofferraum liegen.

HARPUNIEREN   mit Schnorchel erlaubt, aber genehmigungspflichtig. Verboten in: Sperrgebieten, Häfen, Badestränden und Fischreservaten.

Archäologische Fundgegenstände sind Staatseigentum und dürfen nicht geborgen werden.

④ Wasserski:

In den Tourismusgebieten /Küste und Inseln möglich. Wer Wasserski mit eigenem Boot praktiziert: Motor erst in genügender Entfernung vom Strand auf "Touren" bringen. Als Mindestabstand zum Strand sind für Wasserski 150 m vorgeschrieben, in Badegebieten ist Motorbootfahren generell verboten. Weitere Vorschrift: mindestens 1 Beifahrer muß im Motorboot zur Beobachtung des Wasserskiläufers sein.

Die unzähligen Buchten an der jugoslawischen Adria sind optimal geeignet für WINDSURFEN. Für Anfänger die wellengeschützten Buchten, — für Könner das freiere Meer.

⑤ Windsurfen

SURFSCHULEN und SURFBRETT- VERLEIH bei den größeren Hotels in Touristenorten. Mit dem eigenen Board ist man natürlich viel unabhängiger, kann sich einsame Buchten suchen und kennt sein Gerät.

Ersatzteile gibt's praktisch nicht, deswegen lieber Reserveschwert und Mastfuß mitnehmen, sonst kann der Spaß ein jähes Ende haben.

VORSICHT: die rupfige und plötzlich auftretende Bora wird immer wieder unterschätzt (tritt besonders in der nördlichen Adria auf, siehe "Winde")

⑥ Motorboote, Segeln:

Jugoslawien ist ein optimales Bootsrevier. Eines der liberalsten Länder für Wassersportler, minimale Auflagen und Vorschriften. Reizvoll durch hunderte von Inseln, viele unbewohnt, jede Menge einsame Buchten, die nur mit dem Boot erreichbar sind. Besonders attraktiv ist das Kornati Archipel. Stark zerfranste Küste. Inklusiv Inseln rund 6.000 km lang. Wegen seiner geschützten Ankerplätze und gut ausgebauten Häfen gilt Jugoslawien als ein sehr sicheres Gewässer.

Gefahr für die Schiffahrt bringt die Bora (siehe "Winde"), — vorallem in der nördlichen Adria mit kurzer, steiler See.

Gewitter können besonders im Hochsommer stark und plötzlich auftreten, meist aus NW. Vorsicht: nachts sind oft unbeleuchtete Fischerboote unterwegs.

Bestimmungen

Fahrgenehmigung (Permit of Navigation) für Motorboote und für Boote über 3 m ohne Motor nötig (Gebühr!). Anmeldung beim HAFENAMT LUČKA KAPETANIJA). Bei Einreise per Seeweg (Hoheitsgewässer beginnen im 12 sm-Bereich) muß der nächstmögliche Einklarierungshafen angelaufen werden — und zwar auf dem kürzesten Weg.

Fürs PERMIT OF NAVIGATION braucht man folgende Unterlagen:
(gilt für 1 Jahr, mehrmaliges Ein-/Ausklarieren möglich)
— Pässe des Bootsführers und der Crew
— technische Bootsdaten, Angaben zum Motortyp etc.
— für Funk- und Navigationsgeräte Postzulassung erforderlich.
— Führerschein
— gültiges Bootsdokument — internationales Verbandszertifikat oder amtliches Schiffszertifikat.

Zollanmeldung:

Bei Einreise per Land mündliche Deklaration an der Grenze; bei Einreise übern Seeweg Anmeldung beim Zoll im Hafenamt. Für Crewmitglieder besteht Anmeldepflicht — betrifft alle Personen, die an Bord schlafen. Beim Touristenbüro oder einer Hotelrezeption bekommt man die Anmeldebestätigung.

Abmeldung:

Bei Ausreise per See oder Land muß das Boot und die Crew abgemeldet werden (Pässe und Permit of Navigation vorlegen).
Haftpflichtversicherung unbedingt zu empfehlen, aber nicht Pflicht in Jugoslawien.
Vercharterung von privaten Booten verboten!
Crew und Bootsführer dürfen zweimal in einer Saison gewechselt werden.

Achtung:

Es gibt eine ganze Anzahl von Sperrgebieten — meist militärische Zonen und Objekte — sie sind im Permit of Navigation genau bezeichnet. Unbedingt beachten !!!

Funkgeräte:

Für transportable Funkgeräte ist eine Genehmigung des jugoslawischen Bundesamts für Fernmeldewesen erforderlich. Deutsche Postgenehmigung ist Voraussetzung dafür. Rechtzeitig beantragen — kann 1 Monat dauern. Formulare bei einer diplomat. Vertretung Jugoslawiens in Deutschland — fest installierte Funkgeräte sind problemlos einzuführen.

Literatur:

— Amtliches deutsches Seehandbuch Nr. 2030
— Hafenhandbuch Adria (Teil Nord und Teil Süd)
— Seekarten

ca. 20 Marinas mit geschützten Liegeplätzen, Sanitäranlagen, Reparaturwerkstätten, Kran etc. Liegegebühren für 9 m Boote zwischen 2o und 25 DM/Nacht.t.

Trinkwasserversorgung kann auf kleinen Inseln problematisch sein, häufig nur Zisternenwasser; rechtzeitig volltanken.

Treibstoff nur gegen Gutscheine (beim ADAC oder an der Grenze). Sicherheitshalber Benzinkanister mitnehmen, denn nicht immer ist eine Tankstelle direkt am Hafen. Zollfreien Treibstoff gibt's an manchen Tankstellen gegen Devisen.

Wetterberichte in deutscher Sprache siehe „Deutschsprachige Rundfunksendungen".

<u>Charteryachten:</u>

Yacht Agentur Heinrich
Haydnstr. 1
8011 München-Vaterstetten
Tel. 08106—42 42

Kornati Yachting: bei Illirija Hotels
YU-57210 Biograd na moru.

Wochenweise Motoryachten und Sportboote auch mit Wasserski) zu mieten, allerdings nur mit Bootsführerschein.

über ADAC Reise GmbH
Westpark 8
8000 München 70

<u>Weitere Informationen über Wassersport:</u>

Kreuzer Abteilung des DSV
Informationsstelle Mittelmeer
Vorhoelzstr. 3
8000 München 71
Tel. 089/791 65 75

★WINDE

Maestral — Schönwetterboote und häufigster Sommerwind. Weht aus SSW bis WNW; der Wind kommt zwischen 9 und 10 Uhr auf und legt sich vor der Dämmerung.

Jugo (Scirocco) — feucht-warmer SO-Wind, dem meist ein Tiefdruckgebiet folgt. Er kündet sich durch hohe, grobe See an, setzt allmählich ein und bläst gleichmäßig. Er dauert selten länger als 3 Tage. Der Jugo weht besonders im Frühjahr und Herbst.

Bora — der berüchtigte kalte Fallwind aus dem Gebirge (von NO). Die kahlrasierten Hänge der nördlichen Adria sprechen Bände. Wenn die Bora mit voller Wucht einfällt, kann sie Häuser abdecken und Autos in die Luft schleudern. Wegen ihrer Böen eine Gefahr für die Schiffahrt; ohne Vorwarnung setzt sie plötzlich mit hohen Windstärken ein, am heftigsten früh morgens.

Die Bora entsteht durch große Luftdruckunterschiede, besonders stark im Winter — und dann eiskalt, da kann sie tagelang anhalten. Im Sommer bläst die Bora wegen geringerer Temperaturunterschiede schwächer. Berühmtberüchtigt ist die Bora bei Senj — durch die Bergschneise bläst sie mit unvorstellbarer Gewalt. Streifige Haufenwolken (Cumuluswolken) über den Gebirgskämmen sind die besten Erkennungsmerkmale.

Sportfischen:

Jugoslawien gilt in Anglerkreisen als DAS Angelrevier. Glasklare Gebirgsbäche, viele Seen mit reichem Fischbestand; im Meer kann jeder kostenlos seine Angel auswerfen.

<u>Süßwasserfischen:</u>

Manche Gewässer besonders schwierig, fordern viel Erfahrung und Fingerspitzengefühl. Geangelt wird mit Fliege oder Blinker. Die meisten Flüsse sind bequem zu erreichen.

Angellizenzen gibt's in Tourist-Büros, Gasthäusern, Hotels oder Camps. Schwarzanglern drohen saftige Strafen. Preise variieren nach Fischbestand und Gebieten.

Als besonders schwieriges Äschengewässer gilt der UNEC (Slowenien zwi-

schen Ljubljana und Postojna mit kapitalen Äschen bis zu 50 cm, „Princ"
nennen ihn die Slowenen). Bekannt und überlaufen der Bleder See, ruhiger
die Wocheiner Save nebenan. Ein wahres Anglerparadies ist der Skutarisee.
Im Ohridsee an der albanischen Grenze lebt eine seeigene Forellenart und
Aale.

Deutsche Bezeichnung	jugosl. Schreibweise	Aussprache
Karpfen	Šaran	Scharan
Hecht	Štuka	Schtuka
Zander	Šmudj	Schmutch
Wels	Som	Soom
Karausche	Karasi	Karasi
Barsch	Grgečs	Gergetsch
Schleie	Linjak	Linjak
Brassen	Deverika	Dewerika
Sterlet	Kečiga	Ketschiga
Giebel	Babuška	Babuschka

Schonzeiten beachten:
Karpfen: 1.4. bis 31.5. – Zander: 1.3. bis 5.5. – Wels 16.4. bis 31.5. Der Hecht hat in
der Donau keine Schonzeit – alle anderen Fischarten ohne Schonzeit.

Beste Angelzeit im Frühjahr, speziell zur Maifliegenzeit. Die Angelsaison dauert bis
Ende September.

Angeln im Meer
Die erfolgreichste Methode ist die der Einheimischen – mit Vorfächer.
Als Köder wird das Fleisch der Miesmuschel verwendet. Am besten: den
Fischern zusehen!

Netze und Schleppangel vom Boot aus sind nur mit Genehmigung erlaubt
(Gebühr) – eine sinnvolle Methode bei langsamer Fahrt. Fischverkauf ist
verboten!

VORFÄCHER kann leicht selber gebastelt werden. Genügend Vorrat einpak-
ken, denn das Blei verhakt sich oft und reißt ab.

 **Wandern:**
Jugoslawien ist reich an schönen Wandermöglichkeiten, –
wenn auch nur ungenügend promocioniert. Am bekanntesten
wohl die

Die Julischen Alpen / Slowenien
(nahe der österreichischen Grenze) sind das besterschlossenste Wandergebiet Jugoslawiens, denn die Slowenen sind sehr wanderfreudig.

Großer Vorteil der Julischen Alpen ist das meist gute Wetter, zugleich vorbildlich markierte Wege, die für jeden etwas bieten. Leichte Wanderungen,
Klettersteige sowie schwierigere alpine Bergtouren. Höhepunkt ist das Trig-
lav-Massiv und die Sieben-Seen-Wanderung.

Klettersteige: ein Mittelding zwischen Wandern und Klettern. Man braucht nicht unbedingt extrem gut klettern können und kommt doch in den Genuß der Felswanderun-
gen.

Gut angelegte Steige verschiedener Schwierigkeit. Markierte Wege mit einfachen

Kletterstellen. Gut gesichert durch Drahtseile, Eisen-Tritte und Haken.

VORAUSSETZUNG: trittsicher und schwindelfrei. Brustgurt, 2 m Seil, Klettersteig-Karabiner, feste Schuhe, ev. Kletterhelm.

Das schwere 4o m- Seil und die Bergsteigerausrüstung kann man zu Hause lassen.

Relativ unbekannt sind die ausgezeichneten Wandermöglichkeiten Jugoslawiens an der Küste, — z.B. im **Velebit** und im **Paklenica Nationalpark,** allerdings mit dem Nachteil, daß es im Hochsommer sehr heiß wird und es wenig Trinkwasser gibt. Alpine Wanderungen im **Durmitormassiv/Montenegro** und um **Sarajevo.**

Die Inseln mit viel Macchia — ein piksiges Gestrüpp und oft recht unwegsam sind zum Wandern nur bedingt zu empfehlen. Nicht auf allen Inseln gibt's markierte Wanderwege. Die besten Möglichkeiten auf **Mljet** und den **Elafitischen Inseln** (vor Dubrovnik).

Berghütten (DOM) in Slowenien sind in der Regel nur im Sommer bewirtschaftet mit Übernachtungsmöglichkeiten. Vereinzelt auch zur Skitourenzeit offen. — Alpenvereins-Ausweis nützlich!

Im Internationalen Hüttenatlas vom DSV (Nelles Verlag München) sind alle Anschriften, Bettenzahl, Bewirtschaftunszeitraum etc. verzeichnet. An Wochenenden trifft man sehr viele Slowenen im Gebirge, viele können deutsch und geben auch gerne Tips.

Speziallitteratur:
— „Julische Alpen" von Hellmut Schöner. Mühsam trocken aber nützlich — mit Wanderkarte. Bergverlag Rudolf Rother, München.
— Gutes Kartenmaterial über Sloweniens Wandergebiete in den örtlichen Touristenbüros. Maßstab 1:50 000.

Die Slowenische Bergtransversale:

Anspruchsvoller als die letzte Etappe des Fernwanderweges (E 6). 8oo km quer durch alle Berggruppen Sloweniens bis ans Meer. START in Maribor, dann durch die Bacher- und Steineralpen, die Karawanken und Julischen Alpen bis zur Endstation KOPER in Istrien.

Übernachtung und Verpflegung auf Hütten. Für Ehrgeizige gibts eine Erinnerungsplakette. Die 8oo km dürfen auch in Etappen erwandert werden. Genauestens beschrieben im Heft "Die slowenische Bergtransversale"/Herausgeber: Slowenischer Bergsteiger Verband Ljubljana.

⑨ Drachenfliegen :

Trotz des vielen Gebirges ist Jugoslawien kein gutes Drachenfliegerland. Organisierte Flugreisen zur Insel Brac. Der Hausberg Vidova Gora bei Bol ist offiziell als Flugberg zugelassen — die Strandlandung auf dem geliebten Zlatni Rat — ein krimineller „Menschenhindernislauf".

Drachenfliegen an der Küste nur bedingt möglich, schlechte Zufahren und ungünstige Landeflächen nehmen den Spaß am Fliegen. Attraktiver in Slowenien, hier wurden schon Streckenflüge von 100 km geflogen.

Fluggebiete bei Kranj, Kranjska Gora, Nova Gorica etc. Teilweise guter Transport per Seilbahn oder Auto zum Startplatz.

Die meisten Tennisplätze gehören zu größeren Hotels, können aber stundenweise gemietet werden. Wir haben oft Unerschrockene bewundert, die bei 3o° Hitze noch dem weißen Ball nachjagen konnten. Racket besser von zu Hause mitnehmen, wird nur selten verliehen.

Reitmöglichkeiten gibts gelegentlich an der Küste; stundenweise Pferde zu mieten. Eseltrips sind auf HVAR möglich (siehe dort). Tip für Reiterferien: Gestüt Lipica in Slowenien, herrliche Landschaft, Reitstunden und Ausritte auf Lipizzanern zu erschwinglichen Preisen, Details siehe "Lipica".

Spätestens seit der Winterolympiade 1984 hat es sich herumgesprochen, daß Jugoslawien nicht nur Sommersonne bietet. Schneesichere und gut erschlossene Skigebiete vorallem in SLOWENIEN nahe der österr. Grenze mit dem Plus: Skipass kostet nur um die 15 DM, keine stundenlangen Warteschlangen an den Liften, das Drum und Dran auch erschwinglich.

In KRANJSKA GORA (Slowenien) ca. 20 Abfahrtskilometer, allerdings kaum „schwarze". Im Kanin bei Bovec Lifte bis auf 2300 m. Pisten aller Schwierigkeitsgrade, für jeden etwas dabei, die längste gut 6 km. Relativ abgelegen, deswegen fast nie überlaufen.

Skifahren auch bei Rijeka (PLATAK, 1100 m) möglich oder natürlich bei SARAJEVO: Die Jahorina ist zwar nur 1913 m hoch, aber schneesicher bis April, Bjelašnica (2067 m), Igman (1502 m) mit Sprungschanze. Allerdings sind Jugoslawiens Wintersportgebiete nicht mit den Superskischaukeln a la Frankreich zu vergleichen.

Jugoslawien ist ein Kanuparadies: vom sanften Wanderfluß bis zum reißenden Wildwasser für Experten. Besonders schöne Strecken oben in SLOWENIEN, sowie unten in MONTENEGRO (Details siehe Text!), unter anderem der Tara- Canyon zwischen Moikovac und (kurz vor) Foča/Südjugoslawien, Montenegro), der in seinem aufregensten Teil, bis zu 1.ooo m aufsteigende Felswände hat.

Viele der jugoslawischen Flüsse sind nur wenig befahren. Weiterhin gibt es schöne Strecken im Küstenbereich wegen der Vielzahl vorgelagerter Inseln.

ORGANISIERTE TOUREN oder KANU-VERLEIH gibt's praktisch nicht. Man muß sich daher das Kanu incl. des Abholdienstes selber mitbringen.

Wildwasser- und Kanuwandern im Inland:
Viele Gebirgsflüsse, wobei nur wenige zur Adria fließen. Die Unterläufe sind in der Regel „Zahm-Wasser" für Kanu-Wanderungen. Im Oberlauf fast ausnahmslos gutes Wildwasser, mit vielen interessanten Schluchten: Morača,

Neretva etc., – der Tara-Canyon dabei der längste Europas.

Gute Abholmöglichkeiten, sofern die Straße parallel zum Fluß verläuft; im Beispiel des „Tara-Canyons" wird jedoch ein rd. 150 km Umweg nötig, über Schotterpisten, durch einsame Balkan-Landschaften, der dem Abholdienst nicht minder Spaß macht wie dem Kanu-Fahrer die Fahrt auf dem Fluß. (Alle Details für den Abholdienst siehe Text).

Kanuwandern an der Küste:

Durch die vorgelagerten Inseln oft fjordartige Landschaften und buchtenreiche Küste. Daraus ergeben sich reizvolle Inselumrundungen oder Inselwandern per Kanu, z.b. von Cres bis Dugi Otok.

Beste Kanuzeit: Im Frühjahr und Sommeranfang haben die Oberläufe noch genügend Fahrwasser. Die großen Flüsse sind ganzjährig befahrbar.

Achtung: Sperrgebiete und Fotografierverbot (siehe dort) beachten. Paddeln über die Staatsgrenze ist verboten.

Die schönsten Kanustellen sind im Text beschrieben. Es gibt leider nur wenig brauchbare Kanu- Literatur. Empfehlenswert: "DKV- Auslandsführer/ Südosteuropa 1 b", erschienen im Deutschen Kanuverband e.V., Berta Allee 8, 41oo Duisburg. Kostenpunkt 35 DM.

⑭ *Floßfahrten:*

Das Touristenbüro in Foča organisiert Touren auf der Drina und Tara unter der Führung erfahrener Flößer.

Zweitagestour für 25 Personen auf der sanften Drina mit Hotelübernachtung. Abenteuerliche Viertagestour durch die wilde, einsame Taraschlucht; mit Zeltübernachtung und Lagerfeuer (mehr im Text s. Foča und Tara).

⑮ *Höhlen:*

Jugoslawien ist reich an Höhlen. Die berühmtesten sind die ADELSBERGER GROTTEN in Slowenien. Ein riesiges Höhlennetz mit unterirdischen Gängen, Hallen, Tropfsteinen (in denen Konzerte veranstaltet werden), aber auch unterirdische Flußläufe. Mit eine der berühmtesten Höhlen Europas, tip- top für den Massentourismus erschlossen durch unterirdische Eisenbahnen etc. Details siehe "Adelsberg".

Viele weitere, meist für den Tourismus noch unerschlossen und Eldorado für den Speleologen. Infos über das Jugoslawische Fremdenverkehrsbüro.

KARST – Höhlen im Karst

Jugoslawien besteht zu 30 % aus zerklüftetem Kalkstein. Karstphänomene wurden zuerst in Slowenien erforscht. Der Name Karst stammt von einem Kalkgebirge im Triestiner Hinterland. Die Bezeichnung dieses Gebirgszuges wurde später als geologischer Fachbegriff übernommen.

AN DER KÜSTE überwiegend NACKTER KARST: eine grau-weiße Steinwüste, mit angeknabberten Kalkblöcken. Ursprünglich war der ganze Küstenstreifen mit üppig grünen Laubwäldern bedeckt, diente jedoch seit der Antike als Holzlieferant für den Schiffsbau. Besonders die Venezianer betrieben im 15.—16. Jhd. einen brutalen Raubbau an der Natur und holzten die Küsten rücksichtlos für Venedigs Pfahlfundament und ihren Flottenbau ab.

Die Weidewirtschaft mit Ziegen verhinderte eine Wiederaufforstung; schließlich wurde die Erde bis auf den bloßen Kalkstein weggespült.

IM HINTERLAND ist der Karst grün bewaldet mit Laub- und besonders vielen Buchenwäldern; bei den Plitwitzer Seen z.B. noch urwaldartig.

Besonderheit im Karst:
Kilometerlange UNTERIRDISCHE FLUSSLÄUFE, oberirdisch können sich trotz Regenfällen nur wenige halten. Tausende von HÖHLEN besonders im slowenischen Karst, ein Dutzend von ihnen sind für Touristen erschlossen. Für Speleologen ein reiches Betätigungsfeld.

Die ENTSTEHUNG DER HÖHLEN beruht auf der Löslichkeit des Kalkes. Der Regen versickert in Rissen und Spalten, die das Gestein durchziehen. Durch Korrosion = chemische Lösung werden die Fugen und Klüfte erweitert.

Je zerklüfteter der Kalkstein und je kohlensäurereicher das Wasser, umso intensiver ist der Korrosionsprozeß. Fugen werden zu Gängen, in denen sich das Wasser sammelt.

Durch Erosion schafft sich der Höhlenfluß unterirdische Hohlräume, die teilweise verstürzen, so daß er sich neue unterirdische Ausweichgänge suchen muß. Es entstehen weitverzweigte unterirdische Gewässernetze.

Wenn die Flüsse auf undurchlässige Schichten stoßen, treten sie als Karstquelle aus, z.B. die BUNAQUELLE im NERETVATAL. Nur wenige Flüsse erreichen überhaupt die Adria: z.B. Neretva, Krka, Cetina, Zrmanja.

Im Inland findet man massenweise trichterförmige Vertiefungen. Diese Einbrüche im Karst — sogenannte DOLINEN — können bis zu 300 m Tiefe und 1500 m Durchmesser erreichen. Brechen mehrere Dolinen dicht nebeneinander ein, entstehen riesige schüsselförmige Poljen, in denen sich die rote Schwemmerde (Terra Rossa) abgelagert hat. Paljen bieten ertragreiche Anbauflächen, allerdings nur im Sommer, zum Herbst werden viele überflutet.

GESCHICHTE

DIE jugoslawische Geschichte gibt es nicht, es ist die Geschichte einzelner Slawenstämme und deren Gegensätze, die durch die abwechselnde Unterdrückung durch das Osmanische und das Habsburger Reich immer wieder verschärft wurden.

Ursprünglich war Jugoslawien von den Thrakern im Osten und den Illyrern im Westen besiedelt, Küstenbewohnern, die als Seeräuber gefürchtet waren.

Ab 77o v.: Griechische Kolonien an der Küste.

ca. 2oo-3oo v.: Das mächtige Königreich der Illyrer wurde durch Philipp und Alexander von Makedonien besiegt.

ca. 2oo v.: Römer führen Krieg gegen die Illyrer - unter Tiberius wurde es dem römischen Reich angegliedert. Durch die Trennung in Westrom und Ostrom unter Diokletian 285 (endgültig 395) wird eine bis heute bestehende Kulturgrenze gezogen vom SKUTARISEE nach Norden zur SAVE.

6. - 8. Jhd.: Im Zuge der Völkerwanderung dringen die Südslawen, Slowenen und Kroaten in die westlichen Gebiete vor.

✱ KROATIEN:

Mitte des 9. Jhd. entsteht in Kroatien eine Dynastie, die sich gegen die Franken, Byzanz u.a. behaupten kann. 924 proklamiert Tomislav ein Königreich Kroatien.

Spannungen zwischen Romanen und Slawen (s. Glagoliza) machen dem Königreich innenpolitisch zu schaffen, zudem wird es von außen durch Venedig und Byzanz bedroht.

Um 1o9o stirbt die Dynastie aus - Kroatien muß eine Personalunion mit Ungarn eingehen (Koloman I wird König von Kroatien).

Venedig hatte schon lange auf die dalmatinische Küste samt Inseln gelauert, 14o9 verkauft Ladislaus von Neapel seine Rechte auf Dalmatien an Venedig. Die Venezianer nisten sich für die nächsten 4oo Jahre an der Küste ein (bis 1797).

Seit 15oo ist Kroatien unter Habsburgischem Einfluß, trotzdem relativ eigenständig (Feudalstruktur und schwaches Bürgertum). Ferdinand von Österreich wird 1527 König Kroatiens. Seit Anfang des Jhd's. bedrohen die Türken auch Kroatien und haben schon große Landesteile unter ihrer Kontrolle. Gegen die Osmanen richten die Österreicher eine "Militärgrenze" ein. Abenteurer, Flüchtlinge etc. , besonders Deutsche und Serben sollten das Grenzgebiet besiedeln und verteidigen.

Mit dieser Ansiedlung wurde der Grundstein für das spätere Minderheiten-Nationalitätenproblem gelegt.

✱ SLOWENIEN:

steht seit 8oo unter mitteleuropäischem Einfluß - erst bayrische, dann fränkische Oberhoheit. Slowenien wird römisch-katholisch. Bis Ende des 1. Weltkrieges bestimmt das Deutsche Reich bzw. Habsburg die slowenische

Geschichte, dadurch wurde Slowenien stark mitteleuropäisch-westlich geprägt.

★ SERBIEN:

kann sich im 11. Jhd. von Byzanz lösen; unter der Nemanjiden Dynastie (s.d.) entsteht ein einheitliches serbisches Königreich, das durch eine gemeinsame Kirche zusätzlich zusammengehalten wurde (serb.-orthodoxe Kirche). Das Nemanjiden-Reich bewirkt eine Vermischung von abendländischer, byzantinischer und balkanischer Kultur.
Der Sieg auf dem Amselfeld (1389) schafft den Türken freie Bahn für ihr Vordringen nach Zentral-Europa. 1459 nehmen sie die Festung SMEDERE-VO ein und Serbien gelangt in türkischen Besitz. Im 17. Jhd. beginnt das osmanische Reich auseinanderzubröckeln. Russen und vor allem Habsburger drängen die türkischen Linien allmählich zurück (Siege des Prinzen Eugen). Aufstände der Serben gegen die brutale Türkenherrschaft (1804 - 1817), Guerillakrieg unter KARADJORDJE ("Schwarzer Georg"), PETROVIC und MILOS OBRENOVIC - der zeitweise von Rußland unterstützt wird.

1882 wird Serbien ein selbständiges Königreich, Putschversuche und Rivalitäten zwischen den Dynastien Karadjordjevía und Obrenovíci bestimmen die Politik. Das Königreich dehnt sich allmählich auf Kosten der Türken aus. In Serbien gab es Pläne für einen großen südslawischen Staat unter serbischer Führung, die eine große Gefahr für den Vielvölkerstaat (vor allem Slawen) Habsburg darstellten. Serbien beansprucht u.a. Mazedonien und läßt sich deswegen auf einen Krieg mit Bulgarien ein. Außerdem fordert es einen Zugang zur Adria - was Österreich-Ungarn jedoch verhindert. Die Balkankriege lassen das Gebiet zum Pulverfaß Europas werden.

Das Attentat von Sarajevo (s.d.) löste den 1. Weltkrieg aus. Hinter dem Attentat standen radikale Gruppen wie 'JUNGES BOSNIEN', 'SCHWARZE HAND' etc. Welche Rolle die serbische Regierung dabei spielte, bleibt ziemlich unklar. Für Wien ein willkommener Anlaß, um Serbien für immer unschädlich zu machen, Wien erhält einen 'Blankoscheck' von Deutschland, Rußland unterstützt Serbien - der erste Weltkrieg ist voll entbrannt.

1915 erobern die sog. Mittelmächte - Österreich, Deutschland und Bulgarien - die Hauptstadt Belgrad; am 20.10.1918 löst sich die Donaumonarchie auf, 9 Tage später befreien sich die jugoslawischen Völker aus dem k.u.k. Verband. Schon im 1. Weltkrieg hatte die serbische Regierung die Bildung eines gemeinsamen Königreiches der Serben, Kroaten und Slowenen gefordert.

Dieser neue Staat wurde am 1.12.1918 ausgerufen und 1929 in ein Königreich Jugoslawien umgewandelt.

★ BOSNIEN (Herzegowina):

In Bosnien kann im 13. Jhd. eine christliche Sekte, die BOGUMILEN Fuß fassen und einen Bogumilenstaat bilden, der allerdings von der West (Kroatien) und Ostkirche (Serbien) heftig angefeindet wird. Die türkische Eroberung 1463 hat eine Islamisierung zur Folge, denn die Osmanen locken mit Privilegien beim Übertritt zum Islam.

Bosnien ist die einzige türkische Provinz mit einem einheimischen islamischen Adel (Wesire, Offiziere, Janitscharen). Der Islam spielt bis heute in Bosnien eine wichtige Rolle, ist fast noch radikaler als in der Türkei. Die Österreicher bekommen im Berliner Kongreß 1878 die Verwaltung über Bosnien für 3o Jahre zugesprochen, 19o8 annektieren sie es widerrechtlich, was den Haß und Widerstand gegen die Österreicher in der Bevölkerung schürte.

Am 28.6.1914 (525 Jahre nach der Amselfeldniederlage) besucht der österreichische Thronfolger Franz Ferdinand Sarajevo, die Hauptstadt des annektierten Bosniens. Dieser Besuch provoziert das Attentat der Geheimorganisation "Schwarze Hand" durch den bosnischen Studenten Princip - der Auslöser des 1. Weltkrieges.

✶ MONTENEGRO:

gehört zunächst zu Serbien, nach der Schlacht auf dem Amselfeld (1389) flüchten viele aus Angst vor den Türken in die unwegsamen, praktisch uneinnehmbaren "schwarzen Berge".

Die Türken unternehmen mehrere Strafexpeditionen, um Montenegro zu besetzen. Montenegro wird theokratisch von verschiedenen Großfamilien beherrscht, ab 17oo von den Petrovići, die eng mit dem russischen Zaren zusammenarbeiten.

Unter Petar II NJEGOŠ (siehe Cetinje) wird Montenegro zu einem "zivilisierten" Staat. Montenegro laviert zwischen Österreich und Rußland, kann 1858 die Türken besiegen und erreicht 1878 völlige Unabhängigkeit. Nikita erhebt sich 191o zum König seines Zwergenstaates (siehe Cetinje).

✶ MAZEDONIEN:

unter byzantinischer Herrschaft. Um 1ooo unter dem Zar Samnilo ein selbstständiges Reich (Zar von Mazedonien und Bulgarien). Von der Schlacht auf dem Amselfeld bis 1912 unter türkischen Einfluß.

✶ KÖNIGREICH JUGOSLAWIEN und die TITO- ÄRA (1929 - 198o):

Hitlers Überfall auf Jugoslawien - USTAŠA BEWEGUNG:

Seit 1929 ist das serbisch dominierte KÖNIGREICH JUGOSLAWIEN ("Karadjordjevic- Dynastie") ein autoritärer Staat. Nach der Ermodung König Aleksanders versucht der Prinzregent Paul (Aleksanders Sohn war minderjährig) zwischen den Mächten zu lavieren und sich mit Hitler zu arrangieren.

Jugoslawien tritt dem DREIMÄCHTEPAKT am 25.3.1941 bei. Gleichzeitig werden Bemühungen um einen Ausgleich mit Kroatien unternommen, denn die Spannungen zwischen Serben und Kroaten verschärfen sich unter der Königsdiktatur immer mehr. Der kroatische Radikalismus wächst jedoch zunehmend und führt der Ustaša-Bewegung verstärkt Anhänger zu.

Der Beitritt zu Hitlers Dreimächtepakt löste 2 Tage später einen Putsch serbischer Offiziere gegen den König und seinen deutschfreundlichen Kurs aus, die allgemeine Erregung und Ziellosigkeit benutzte Hitler, um für "Ruhe" zu sorgen.

Bei seinem geplanten Angriff auf Griechenland lag Jugoslawien praktisch auf dem Weg. Am 6.4.1941 wird Belgrad bombardiert. Deutsche, italienische, ungarische und bulgarische Truppen marschieren ein. Am 17.4.1941 kapituliert Jugoslawien bedingungslos. Es folgt eine Aufteilung Jugoslawiens. In Serbien wird ein Militärgouverneur eingesetzt. In Kroatien entsteht eine "unabhängige" Regierung von Hitlers Gnaden: die Ustaša Regierung.

Die Ustaša ,eine katholische nationalistische, faschistoide Bewegung existierte seit 1930 unter dem Führer Ante Pavelić. Ziel der Ustaša war ein eigenes Großkroatien, unabhängig von Serbien. Unterstützung fand Pavelić u.a. bei Mussolini.
Unter dem "kleinen" Führer Ante Pavelić sind besonders die vielen dort lebenden Nichtkroaten einem unvorstellbar brutalem Terror ausgesetzt. KZ's werden eingerichtet, durch Vertreibungen und Ermordungen von Serben verliert die Ustaša immer mehr an Ansehen und treibt Tito Anhänger zu.

Konkurrierende Partisanenbewegungen im 2. Weltkrieg (Četnići- und Tito- Partisanen):

Die Četnići leisteten als erste Partisanengruppe Widerstand gegen die Besetzer. Die Četnići waren zum großen Teil Bauern, unter dem Anführer DRAŽA MIHAILOVAĆ, die hinter der Monarchie standen und sehr traditionalistisch eingestellt waren.Ihr politisches Ziel war ein Jugoslawien, das einem großserbischen Reich entsprach, – also eine nationale Lösung mit eindeutig serbischem Schwerpunkt – im Gegensatz zu Tito (siehe dort!).

Ihre Kampfstrategie war eher defensiv und weniger brutal, denn sie schreckten vor einer Provokation der Besatzer zurück, um eine allzu große Dezimierung der serbischen Bevölkerung durch Vergeltungsakte zu verhindern (anders Tito). Sie orientierten sich mehr am Westen und "warteten" auf eine Invasion der Alliierten auf dem Balkan, um dann mit Verständnis in Einsatz zu treten.

Insgesamt waren die Četnići schlecht organisiert und nur dürftig ausgerüstet mit Waffen. Durch ihre unterschiedliche Zielsetzung mit Tito gerieten sie in immer stärkeren Gegensatz zu Tito. Rivalisierten und kämpften gegen die Tito- Partisanen und kollaborierten später mit der deutschen Besatzung.

Titos Partisanenkrieg

Die andere Partisanengruppe entstand um Tito, als eine kommunistische Bewegung, die anfangs völlig auf Stalins Kurs lag. Die Titopartisanen hatten eine ganz andere Zielsetzung als die Četnići: sie waren antifaschistisch, wollten eine kommunistische Revolution gegen die bürgerliche Monarchie und ein Gesamt-Jugoslawien - einen förderalistischen Nationalitätenstaat. Diese politischen Gegensätze verschärften die Auseinandersetzung zwischen den beiden Partisanengruppen. Die kommunistischen Partisanen begannen ihren Widerstand erst nach Hitlers Überfall auf die Sowjetunion, denn dadurch war der Hitler-Stalin-Pakt gebrochen und Stalin förderte Titos Guerrillakrieg.

Tito provozierte die Besatzungsmächte bewußt zu Terror- Akten. Geisel - erschießungen 1 : 100 (für einen, durch Hand von Partisanen gefallenen Soldaten wurden 100 Geiseln aus der Zivilbevölkerung umgebracht), was den Widerstand der Bevölkerung gegen die Besatzer ungeheuer anheizte.

Durch die bewußte Auswahl der Geiseln wurde so die Oberschicht dezimiert und dadurch der späteren Revolution der Weg geebnet.

Die erste große Krise erlitten die Partisanen Ende 1941, als die Deutschen die kommunistische "Republik von Uzice" einkreisten und "säuberten". Nur 2ooo Partisanen entkamen und errichteten in Foca (bei Sarajevo) ein neues Hauptquartier.

Tito konnte bei den Partisanen eine strenge Disziplin durchsetzen: keine Plünderungen, keine Vergewaltigungen!
Durch Zurückstellung der Ideologie warb Tito um die Bauern, seine Volksbefreiungsarmee wuchs schließlich bis auf 3oo.ooo - 5oo.ooo Mann.

Hitler versuchte im Winter '42/43 mehrfach die Kommunisten einzukreisen und zu vernichten, scheiterte aber jedesmal knapp. Nur um ein Haar entging Tito im Mai '44 einer geplanten Entführung: Unternehmen " Rösselsprung".

Parallel zu dem Partisanenkampf begann Tito eine zivile Verwaltung aufzubauen und legte damit die Grundlage für die spätere Regierungsübernahme.

Am 27.11.1942 bildete der Antifaschistische Rat der Volksbefreiung Jugoslawiens (Avnoj)in Bihać ein Exekutivkomitee. Ein Jahr darauf wurde in Jajce in der Nacht vom 29. auf 3o.11.1943 eine offizielle Regierung gebildet. Hier wurde der Beschluß einer späteren Föderation gefaßt: aus Slowenien, Kroatien, Serbien, Bosnien,Herzegowina, Mazedonien, Montenegro, dem Kosovo und der Vojvodina.

Zu dieser Nachttagung kamen die Teilnehmer auf abenteuerlichsten Wegen, durch feindliche Besatzungsgebiete, übers Gebirge, mehrere Hundert Kilometer zu Fuß. Diese Nacht gilt als die Geburtsstunde des neuen Jugoslawiens unter Tito.

Befreiung Jugoslawiens von der Deutschen Besatzung

Titos neugebildete Regierung erklärte die Exilregierung von König Peter in London für abgesetzt: Großbritannien sah in Tito die stärkste Kraft Jugoslawiens im Kampf gegen Hitler; denn die militärische Schlagkraft, offensive Kriegführung und sein Führungstalent hatten sich rumgesprochen und brachten ihm Unterstützung durch die Großmachte, die dann für Tito die Königstreuen Četnići fallen ließen.

Während des Jahres 1944 arbeitete Tito mit der Roten Armee zusammen und konnte Jugoslawien befreien. Massaker an kroatischen und Ustasa-Soldaten, die von den Aliierten an Tito ausgeliefert worden waren.
Insgesamt hatte Jugoslawien im 2. Weltkrieg enorme Verluste zu erleiden Partisanenaktionen und Vergeltungsmaßnahmen der Besatzungstruppen kosteten Millionen Menschenleben, besonders unter der Zivilbevölkerung, und verursachten immense Zerstörungen.

Hinter Tito stand eine junge selbstbewußte Kommunistische Partei mit breiter Basis im Volk, die fast ganz aus eigener Kraft die politische Macht in Jugoslawien erobert hatte. Als weiterer stärkender Faktor kam hinzu, daß die Parteiführer ihre politischen Erfahrungen in ihrer Heimat gesammelt hatten und nicht in Moskau, wie die anderen Ostblockführer.

Wichtige Mitstreiter Titos waren Kardelj, ein Slowene, der Theoretiker des jugoslawischen Sozialismus (er starb 1979) und Djilas, ein Montenegriner, gehörte auch zu den progressiven Theoretikern um Tito. Seine provokativen Äußerungen und Forderungen nach mehr Demokratie paßten 1953/54 nicht in Titos Konzept und brachten ihm 12 Jahre Haft ein (im Gefängnis schrieb er radikale Schriften wie "Die neue Klasse", 1958 in Deutschland erschienen).

Machtübernahme Titos

Auf Bemühungen von Großbritannien hin kam es zu einer Verständigung zwischen Tito und der Exilregierung. Es wurde eine Volksfront aller Parteien gebildet, in der sich allmählich die Kommunisten durchsetzten und die anderen Gruppierungen ausschalteten. Am 3o.1.1946 wurde eine Verfassung nach sowjetischem Vorbild angenommen: offiziell föderalistisch mit Rücksicht auf ethnische Unterschiede in der Praxis jedoch mit einer deutlichen zentralistischen Tendenz.

Schon während des Krieges wurden "Kollaborateure" (ein sehr dehnbarer Begriff) und Volksdeutsche enteignet und vertrieben, so daß bis Ende 1945 80 % des Eigentums Staatsbesitz war. Bis zum Frühjahr 1948 war alles verstaatlicht, — bis auf die Landwirtschaft, — denn aus Rücksicht auf seine Glaubwürdigkeit und Popularität mußte Tito seine Versprechen, mit denen er die Bauern im Krieg geworben hatte, einhalten.
Eine 1951 durchgeführte Zwangskollektivierung wurde wieder rückgängig gemacht. Heute gehören ca. 8o % der Anbaufläche privaten Bauern.
Allerdings ist Privatgrundbesitz auf 1o Ha. beschränkt, so daß die meisten landwirtschaftlichen Betriebe unrentabel wirtschaften.

Titos Bruch mit Stalin

Differenzen zwischen Tito und Stalin wurden schon nach den Beschlüssen in Jajce deutlich: Tito stellte Stalin vor vollendete Tatsachen, teilte ihm seine neue Regierung und die Ausrufung der Revolution erst nachträglich mit.

Eine besondere Bedrohung für Stalin war Titos Popularität, nicht nur bei seinen Mitkämpfern, sondern bei sämtlichen kommunistischen Parteien. Titos "Kampf des David mit dem   Goliath" erregte überall Bewunderung und hatte ihn zu einem Idol werden lassen. Stalin sah seinen Allmachtsanspruch (seinen wundesten Punkt) gefährdet, deswegen war ihm an einer Zerstörung des Partisanen mythos gelegen.

Die russisch- jugoslawischen Beziehungen wurden zusätzlich durch die Rote Armee belastet, die sich in Serbien durch Plünderungen und Vergewaltigungen unbeliebt gemacht hatte.

Außerdem hatte Tito kaum Unterstützung von der Sowjetunion bei seinen Expansionsbestrebungen bekommen, bzgl. Griechenlands, oder Triests (Tito beanspruchte Triest und Umgebung für Jugoslawien, während sich die Westmächte für einen Anschluß Triests an Italien aussprachen).
Viele weitere Spannungen belasteten das sowjetisch- jugoslawische Verhält-

nïs. Die SU hatte Jugoslawien lange Zeit als billigen Rohstofflieferanten benutzt. Tito versuchte sich gegen diese wirtschaftliche Ausbeutung zu wehren.

Ferner gab es verschiedene jugoslawische Pläne zur Bildung von Balkanföderationen, z.b. mit Bulgarien. Dies hätte zu einer Stärkung der Volksdemokratien geführt,somit in krassem Widerspruch zu Stalins Hegemonie-Anspruches.

Am 28.6.48 wurde Jugoslawien daher aus dem KOMINFORM*ausgeschlossen. Das Datum (der Gedenktag der Schlacht auf dem Amselfeld, der folgenschwersten Niederlage in der Geschichte des serbischen Volkes) war bestimmt nicht zufällig gewählt. Dem Ausschluß Jugoslawiens aus dem Kominform folgte in Osteuropa eine allgemeine Pressekampagne mit dem Aufruf zum Sturz Titos.

Titos Autorität konnte sich jedoch behaupten, wurde allerdings durch den allmählichen Beginn einer Wirtschaftsblockade durch den Comecon auf eine harte Probe gestellt. Die sowjetischen Drohgebärden nahmen immer deutlichere Formen an: Abbruch der diplomatischen Beziehungen, "Säbelrasseln" im Grenzgebiet (Manöver an der ungarischen und rumänischen Grenze). In dieser Krise bekam Tito Rückendeckung durch die USA, die die sowjetischen Expansionsstrebungen verhindern wollte (Containment-Politik, z.B. auch Berlin), – mit dem Erfolg, daß Stalin keinen Angriff auf Jugoslawien riskierte.

Weitere Verschärfung der Spannungen zwischen SU und Jugoslawien: Jugoslawien fühlte sich durch den Überfall der SU auf Südkorea 195o bedroht. Deshalb stimmte es in der UNO für die UN- Intervention gegen das kommunistisch gestützte Nordkorea. Tito jonglierte Jugoslawien somit immer deutlicher in eine Situation zwischen den Blöcken der Großmächte.

Blockfreies Jugoslawien

Tito gründete die Blockfreien- Bewegung, unterstützte Befreiungsbewegungen in der 3. Welt (z.B. in Indien und Ägypten, Treffen mit Nehru und Nasser). Die Wirtschaftsblockade des Ostblocks zwang Tito zu einem Ausgleich mit dem Westen: Jugoslawien stellt die Unterstützung kommunistischer Rebellen im Griechischen Bürgerkrieg ein und erhält dafür starke ökonomische und militärische Unterstützung von den USA.

Auch nach Stalins Tod (1953) verfolgt Jugoslawien "seinen eigenen Weg" zum Kommunismus weiter. Chruschtschow und Bulganin (SU) lenken im Mai 1955 ein und erkennen Titos eigenen Weg an. 1958 - 1961 erneute ideologische Krise und Wiederannäherung an die Sowjetunion.

Als 1957 Jugoslawien die DDR anerkennt und die Oder- Neiße- Grenze, bricht die Bundesrepublik Deutschland die diplomatischen Beziehungen zu Jugoslawien ab.

Um die eigene Wirtschaft des Landes zu stärken, intensiviert Jugoslawien

---

* Kominform = kommunistisches Informationsbüro, als Nachfolgeorganisation der
Komintern, eine Gründung Lenins mit dem Ziel, den Weltkommunismus
und die Weltrevolution zu fördern.

seine Wirtschaftskontakte mit dem COMECON und der EWG, besonders mit der Bundesrepublik (Gastarbeiter aus Jugoslawien, die dem Land beacht liche Devisenmengen zuführen); diplomatische Beziehungen wurden erst wieder mit der großen Koalition (CDU/CSU & SPD) 1968 aufgenommen.

Eine neue schwere Krise erschüttert die sowjetisch- jugoslawischen Beziehun gen (1968), als die SU der abtrünnigen CSSR Ostblocktruppen (außer Rumänien) ins Land schickt. Von Tito scharf kritisiert, da er ähnliches auch für Jugoslawien befürchtet. (Siehe auch "Breschnew- Doktrin"*)

Insgesamt konnte sich Jugoslawien— trotz eines eingehenden Scheiterns der Blockfreien Bewegung — seine Unabhängigkeit von West und Ost erhalten und nimmt eine strategisch wichtige Lage zwischen den Großmächten ein (US-Beistandsversprechen 1949, 1968, 1980).

Titos „eigener Weg"

Nach dem Bruch mit Stalin wurde versucht, die Distanz zu den sowjetischen Verhältnissen zu einem „eigenen Weg" auszuformen.

In den Betrieben werden zusätzlich zu den staatlich beaufsichtigten Direktoren Arbeiterräte gebildet. Statt detaillierter Wirtschaftspläne werden nur Rahmenrichtlinien vorgegeben; wirtschaftlich wird also eine Dezentralisierung angestrebt, während politisch immer noch streng autoritär von Belgrad aus regiert wird. Ab 1961 können die Arbeiterräte auch über Betriebsgewinne verfügen.

Die ungenügende Vorbereitung der Arbeiterräte auf diese neuen Aufgaben führte zu wirtschaftlichen Schwierigkeiten und Gegensätzen in der Parteispitze. Deshalb wurden 1964/65 Wirtschaftsreformen durchgeführt und der Begriff „sozialistische Marktwirtschaft" geprägt. Gleichzeitig kam es innerhalb der Partei zu einer Rückbesinnung auf den Föderalismus — 1966 wurde der Chef des Geheimdienstes Ranković gestürzt und seine brutalen Praktiken aufgedeckt. In den folgenden Jahren wird eine Reihe von nationalen Pro -

---

*Leonid I. Breschnew, Ministerpräsident der UDSSR seit 1964. Während seiner Regierungszeit einerseits Entspannungspolitik (z.B. Abrüstungsverträge, Berlinabkommen),— andererseits aber starke militärische Aufrüstung der SU, sowie militärische Hilfe an kommunistische Untergrundbewegungen zur Ausweitung des Einflußbereiches der SU in der 3. Welt.

1968 auf Anordnung Breschnews Einmarsch der Ostblocktruppen in die Tschechoslowakei, die sich im Rahmen des "Prager Frühlings" unter Führung Dubcek in Reformkurs auf von Moskau abweichendem Kurs befand.

Der Einmarsch der Ostblocktruppen wurde nachträglich von Breschnew in der sogenannten "Breschnew- Doktrin" gerechtfertigt. Sie basiert auf der Theorie des "proletarisch sozialist. Internationalismus" (bereits von Stalin angewandt). Klartext: die Ostblock- SatellitenStaaten besitzen nur eine beschränkte Staats- Souveränität, die sich den Zielen der kommunistischen Weltrevolution anzupassen hat.

Hieraus wird das Recht des Eingreifens der UDSSR (und der Ostblockstaaten) abgeleitet, wenn sich ein Mitglied vom generellen Kurs wegbewegt. Somit verschlüsselter Hegemonie- Anspruch der UDSSR.

Verständlich, daß Tito sich Sorgen in Bezug Jugoslawiens machte, insbesondere, als bereits 1948 Truppen in Ungarn einmarschiert waren und 1952 in die DDR.

blemen deutlich: Demonstrationen im Kosovo im Herbst '67, Studentenunruhen '68 mit der Forderung nach mehr Demokratie. In Kroatien entwickelten sich starke nationalistische Tendenzen, die zunächst von der regionalen Partei geduldet werden, 1971 aber der Regierung völlig entgleiten (Unruhen, Streiks, Straßenschlachten). Tito greift erst relativ spät ein und erzwingt in Kroatien Ruhe durch Parteiausschlüsse und Verhaftungen.

Die Vorgänge in Kroatien haben den Abbruch des etwas liberalen ideologischen Kurses zur Konsequenz. Es wurde wieder verschärft gegen „Abweichler" (z.B. Künstler) vorgegangen.

Gleichzeitig wurde jedoch das Selbstverwaltungsmodell weiterentwickelt, die Kompetenzen der Arbeiterräte wurden erweitert, sie bestimmen auch den Geschäftsführer. Die Schwierigkeiten liegen allerdings klar auf der Hand: Wahl und Beschlußmechanismen sind ungeheuer aufwendig, außerdem fehlte vielen Arbeitern die erforderliche Sachkennnis; daher entstand in den Betrieben eine eigene Bürokratenschicht. Großen Einfluß nimmt auch die Parteizelle im Betrieb. Die Solidarität der Beschäftigten bewirkt eine Arbeitsplatzsicherung, die einerseits sehr human ist, andererseits wirtschaftlich nicht immer rentabel. Private Betriebe gibt's im wesentlichen nur auf dem touristischen Sektor: Pensionen, Eisdielen und Restaurants. Sie werden im kleinen Stil als Familienbetriebe geführt.

Bilanz

Jugoslawien ist heute ein Land mit vielen Gegensätzen und Widersprüchlichkeiten. Einerseits ein Industriestaat mit Problemen wie Umweltverschmutzung und Arbeitslosigkeit, andererseits ein Agrarstaat mit Landflucht und Analphabetismus (1971: 21 %, im Kosovo sogar 44 % Analphabeten). Außerdem besteht in Jugoslawien selbst ein sehr großes Nord-Süd-Entwicklungsgefälle. Das Bruttosozialprodukt (pro Kopf) ist in Slowenien 7mal so hoch wie im Kosovo — dies verstärkt natürlich die ohnehin brisanten nationalen Probleme.

Jugoslawien hat als einziges Land eine radikale Demokratisierung der industriellen Arbeitswelt versucht. Trotz vieler Rückschläge und Probleme erreicht es schließlich nach vielen Experimenten eine Dezentralisierung und weitgehende Selbstverwaltung im Wirtschafts- und Arbeitsbereich. Dieser Selbstverwaltungspluralismus sowie enge Beziehungen zum Westen (mehr als 1 Million Gastarbeiter und Millionen von Touristen) bewirken eine allgemeine Tendenz zur Demokratisierung speziell im politischen Bereich, was von ·der Partei durchaus anerkannt wird (Aufwertung des Parlaments), trotzdem bleibt das Einparteiensystem von der Partei unangefochten.

Jugoslawien manövriert einen schwierigen Kurs zwischen kommunistischen Einheitsquellen und kapitalistischen Demokratien. Die auftauchenden Widersprüche, zusammen mit dem Nationenproblem und dem äußeren Druck konnten nur durch die absolute, alles umfassende Autorität Titos überstanden werden. Nach Titos Tod (Mai 1980) scheint jedoch eine genügende Stabilität vorhanden zu sein, die Bildung einer kollektiven Führung war unter den Umständen die sinnvollste Lösung.

Josip Broz Tito

wurde am 7. bzw. 25. Mai 1892 in Kumrovec geboren (Zagorje n-w von Zagreb), im Grenzland zu Slowenien. Sein Vater ein kroatischer Kleinbauer, seine Mutter eine streng katholische Slowenin. Als 7. von 15 Kindern hat er weder von seinen Eltern noch von seiner Kindheit und Jugend viel gehabt. Er verdiente sich als Schlosser und Metallarbeiter sein Geld in den verschiedensten Ländern: in Kroatien, Böhmen, in Österreich, Süd- und Norddeutschland und in Wien.

Im 1. Weltkrieg wurde er 1915 schwer verwundet und geriet als 23jähriger Unteroffizier der österreichisch-ungarischen Monarchie in russische Gefangenschaft. In Rußland erlebte er die Oktoberrevolution und war seit seiner Rückkehr 1920 aktiv in der Metallarbeitergewerkschaft und in der KPJ (kommunistische Partei Jugoslawiens) tätig — arbeitete im Untergrund, denn die KPJ war illegal — und wurde mehrfach verhaftet. 1937 wurde er Generalsekretär der KPJ — im selben Jahr entging er knapp einer drohenden Säuberung durch Stalin. Er sah die Lösung des Problems der Südslawen in einem neuen kommunistischen Gesellschaftssystem und in einer gleichberechtigten Föderation aller Nationalitäten in diesem Vielvölkerstaat.

Tito starb am 4. Mai 1980.

Geographischer Steckbrief

Größe: ca. 256 000 km^2
Bevölkerung: ca. 22,2 Millionen Menschen
Höchster Berg: Triglav (2 864 m) in den Ostalpen
längster Fluß: Save
Donau: fließt 591 km in Yugoslawien
Küstenlänge: ca. 628 km
Seen: ca. 220 (die bekanntesten: Plitwitzer, Bleder, Wocheiner, Skutari, Ohrid, Prespa See)
Hauptstadt: Belgrad mit 1,3 Mill. E., zweitgrößte Stadt: Zagreb (566.000 E.), drittgrößte Stadt: Skopje (312.000 E.)
fast die Hälfte Jugoslawiens liegt über 500 m hoch
2/3 Jugoslawiens besteht aus Gebirge (Dinarischer Gebirgsblock, parallel zur Küste, schwer zugänglich

Jugoslawien — ein Vielvölkerstaat

Die ca. 22 Mill. Einwohner verteilen sich auf folgende Nationalitäten:

ca.: 42 % Serben	3 % Montenegriner
22 % Kroaten	7 % Bosnier
9 % Slowenen	12 % Minderheiten: Albaner, Magyaren,
5 % Makedonier	Türken, Slowaken, Bulgaren, Rumänen

Die sozialistische Föderative Republik Ju. besteht aus 6 sozialistischen Teilrepubliken: Kroatien, Slowenien, Bosnien und Herzegowina, Serbien mit den beiden autonomen Gebieten Kosovo und Vojvodina, Montenegro und Mazedonien.

Religionen:

ca. 34 % gehören der serbisch-orthodoxen Kirche an (Patriarchat von Serbien), 29 % der katholischen Kirche, 12 % Muslime — besonders in Bosnien — Herzegowina und im Kosovo, ebenfalls 12 % gehören keiner Glaubensgemeinschaft an, die übrigen verteilen sich auf die Evangelische Kirche, orthodoxe Kirche von Makedonien etc.

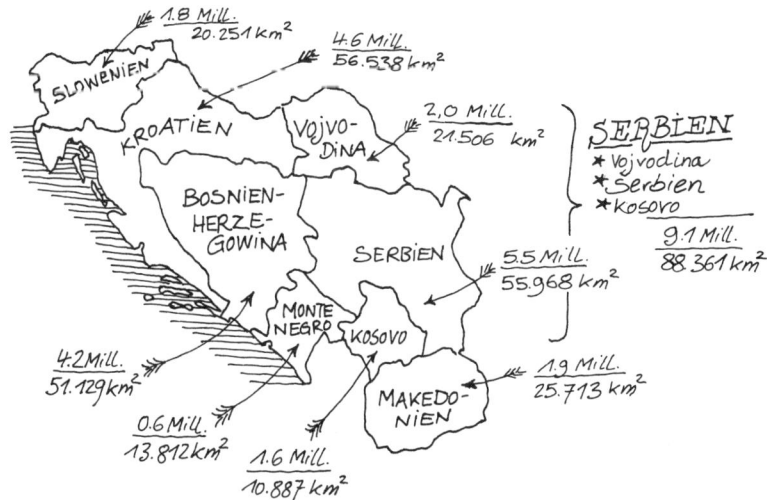

Sprache — Schrift:

Die jugoslawische Sprache gibt es nicht, kein Wunder, bei der Vielfalt der Nationen. Es wird serbokroatisch, slowenisch, makedonisch, albanisch und ungarisch gesprochen. Gleichberechtigte Amtssprachen sind Serbokroatisch, Slowenisch und Makedonisch. Armeesprache ist nur Serbokroatisch — was den serbischen und kroatischen Schwerpunkt charakterisiert.

Die gemeinsame serbokroatische Sprache wird unterschiedlich geschrieben. Die Serben verwenden das kyrillische Alphabet, die Kroaten das lateinische. Außerdem wird die lateinische Schrift in Slowenien und Teilen von Bosnien — Herzegowina benützt. Die kyrillische Schrift auch in Montenegro, Makedonien und dem übrigen Bosnien-Herzegowina.

Die ersten Slawenschriften: Glagoliza und Kyrilliza

Die Christianisierung der Slawen ging von 2 griechischen Mönchen aus: Kyrill und Method. *

Um den makedonischen Serben die Bibel verständlich zu machen, mußten sie natürlich deren Sprache sprechen. Dazu haben sie die griechischen liturgischen Texte in die Sprache der Einheimischen übertragen und eine neue, eben die glagolitische Schrift geschaffen — also der slawischen Sprache ein Alphabet gegeben.

* Die beiden Slawenapostel waren ursprünglich angesehene Griechen namen Konstantin und Michael aus Thessaloniki.   Kyrill starb in Rom 869, Method 16 Jahre später in Mähren. Ihre Schüler und Nachfolger waren Kliment und Naum.

Die kyrillische Schrift ist ein zweites Kirchenslawisches Alphabet: Es entstand wenig später in Anlehnung an die griechischen Großbuchstaben, war einfacher und leichter verständlich als die Glagoliza. Die kyrillische Schrift stammt wahrscheinlich nicht vom Slawenapostel Kyrill selbst, wie der Name vermuten lässt, sondern von seinem Schüler Kliment. Die Kyrilliza hat sich bis heute im russischen, bulgarischen, serbischen und makedonischen Alphabet erhalten.

Die Sprache der Slawen fand dann schnell ihren festen Platz im kirchlichen Bereich, in Kroatien hielt sie sich am längsten.

In der römisch-katholischen Kirche gab es heftige Streitigkeiten, ob das Altkirchenslawisch das Latein ersetzen sollte. Der kroatische Klerus an der Dalmatinischen Küste kritisierte die Verwendung der slawischen Sprache in der Kirche. Er bemühte 3 Konzilien in Split, um das Slawische aus der Kirche zu verbannen, was ein Schlag gegen die slawischen Bauern war. Hinter diesem Sprachenstreit steckten handfeste politische Interessenskonflikte. Die Oberschicht, in der Hauptsache Kaufleute, beargwöhnten die zunehmende ,Emanzipation' der Bauern. Bischof Grgur Ninski (aus Nin) versuchte den Bauern Rückendeckung zu geben und die Beibehaltung des Slawischen im Gottesdienst durchzusetzen. Doch er wurde vom damaligen kroatischen König Tomislav nicht gestützt. Es wurde also weiterhin in Latein gepredigt; die Bauern, die natürlich weder lesen noch schreiben konnten, geschweige denn Latein, bleiben weiter ausgeschlossen.

Das Verbot führte zu bürgerkriegsähnlichen Unruhen, in denen die unbewaffneten Bauern jedoch keine Chance hatten. Die letzten Spuren der Verwendung der Glagoliza finden sich auf der Insel Krk (hier wurde die berühmte Baska-Tafel gefunden) — eine steinerne Schenkungsurkunde mit glagolitischen Schriftzeichen). Der Papst beendete den Sprachenstreit schließlich mit Waffengewalt; ein Wiederbelebungsversuch 1248 hatte jedoch keinen Erfolg, das Latein hatte sich vollends durchgesetzt.

Partisanendenkmäler

gibt's wie Inseln im Meer. Bombastische Mammutstatuen, kraftprotzende Muskelmänner und Walkürenfrauen — Darstellungen der ,,sozialistischen Kunst".

Die Denkmäler sollen an die Partisanenbewegung im 2. Weltkrieg erinnern, die unter Tito den Jugoslawen zu einem gemeinsamen Staat verholfen hat (s. Tito-Ära). Im 2. Weltkrieg verlor Jugoslawien ca. 10 % der Bevölkerung (!) im Krieg gegen deutsche und italienische Besatzungstruppen, im Kampf der beiden rivalisierenden Partisanengruppen und in nationalistischen Auseinandersetzungen zwischen Kroaten und Serben.

Mittelmeerstädtchen à la Klein-Venedig

Sie stammen aus einer Epoche, überall mit dem Stempel des geflügelten Markuslöwen. Von Istrien bis Dubrovnik sind die Mittelmeerstädtchen fast alle nach dem gleichen Muster aufgebaut:

Viele liegen auf einer Insel, nur über einen Damm mit dem Festland verbunden, mit Hafen und Stadtmauern. Um den großen Stadtplatz im Zentrum gruppieren sich Dom, Loggia, Rektorenpalast und Uhrturm.

> König Ladislaus von Neapel verkaufte 1409 seine Rechte auf Dalmatien an Venedig, das auf den Inseln und an der Küste schnell Fuß faßte. In den nächsten 4 Jhd. verwandelte sich Dalmatien in ein „venezianisches Abziehbild" voller Kunstschätze. 1797 verblaßt Venedigs Stern.

Die Städtchen waren in einem gewissen Grade selbständig — kommunale Selbstverwaltung. Den größten Spielraum konnte sich Dubrovnik (Ragusa) schaffen (s. dort).

In der Stadtloggia, ein Zeichen ihrer Selbstverwaltung, hielten die „Stadtväter" Rats- und Gerichtssitzungen. Nach venezianischem Vorbild regierten Aristokraten (Patrizier und Stadtadel) die Stadt, Oberhaupt war der Rektor — (Rektorenpaläste am prächtigsten ausgestattet). Bei den Bürgerhäusern, vielfach mit Innenhöfen, wurde an kunstvollen Verzierungen eher gespart — ein effektvolles Portal und einige gotische Fensterbögen genügten. Das Geld wurde lieber in die Stadtmauerbefestigung gesteckt.

Besonders schön: Trogir, Hvar und natürlich Dubrovnik.

Klöster im Inland Südjugoslawiens (serbische und makedonische Klöster)

Die kleinen Klosterkirchen in abgelegenen Tälern wurden nicht von der Kirche, sondern von serbischen Fürsten gegründet und finanziert; daher die Stifterbildnisse. Die Kirchenstifter wollten darin begraben werden. Das Besondere der Kirchen liegt in der einmaligen Freskenausstattung; ganze Bilderbuchbibeln — bis in die Kuppeln wurde jeder Fleck ausgemalt. Die meisten Kirchen entstanden in der Blütezeit des serbischen Königsreichs (Nemanjidenherrschaft im 12.—14. Jhd.) noch vor den Türkeneinfällen. Die serbischen Klöster kennzeichnet eine neue Mischung aus byzantinisch-romanischen Elementen.

3. Schulen werden unterschieden:

RAŠKA-Schule: im 12./13. Jhd. Die ersten Klöster entstanden im Kernland des serbischen Nemanija Fürstenreiches — im Raškatal. Kennzeichen der Raška-Schule: Einschiffige Basiliken mit Kuppel, Reliefs und Verzierungen der Fassade, Freskenmalerei und Ikonen im Innernen.
z.B. STUDENICA, GRADAČ, PATRIARCHAT von PEĆ.
Zeitlich endet die Raška-Schule mit der Herrschaft Stefan Uros I. 1276.

mittlere Schule Makedoniens und des Kosovo: im 13./14. Jhd. besonders König Milutin und Dušan (Uros IV) waren eifrige Kirchenstifter. Die Klöster werden größer, die Fresken lebendiger, nicht nur rein religiöse Motive — alles wird dekorativer. Milutin und Dušan vergrößerten das Nemanijdenreich erheblich — entsprechend wirkungsvoller wurden ihre Kirchenbauten. Kreuzkuppelkirchen, pyramidenartig abgestufte Dächer charakterisieren die mittlere Schule.
z.B. DEČANI, GRAČANICA, LJEVIŠKA, NAGORIČANO und MATEJČA (bei Skopje).

Morava-Schule: im 14./15. Jahrhundert.
Im Moravatal konnten sich die Serben relative Freiheit unter der Türkenherr-

schaft bewahren — deshalb findet man hier serbische Klöster aus dieser späten Zeit.

Aus der Morava-Schule stammen reich verzierte Backsteinbauten, viel Ornamentik an der Außenfront. Teilweise festungsartig gebaute Klöster — denn es waren recht unruhige Zeiten.

z.B. RAVANICA, MANASIJA

Die Nemanjiden-Dynastie — Großserbisches Reich (1169—1369)
Dem mächtigsten Stammesfürsten Stefan Nemanja gelang es, die sich gegenseitig bekämpfenden Stämme im Raška-Tal zu einem neuen serbischen Staat zu einigen; er konnte sich von Byzanz unabhängig machen.

Sein Sohn Stefan II. — eher westlich orientiert — ließ sich mit päpstlichem Segen zum König krönen — daher der Beiname Provenčani: der Erstgekrönte.

Sein anderer Sohn, Sava, organisierte die serbisch-orthodoxe Nationalkirche — unabhängig vom griechischen Patriarchat; diese einigende Kirche hielt die Serben auch unter türkischer Herrschaft zusammen. Sava wurde der erste serbische Erzbischof und Nationalheilige der serbisch-orthodoxen Kirche.

Der vorletzte Nemanjiden-Herrscher, Stefan Dušan Uros IV., vergrößerte sein Reich um Makedonien, Albanien und Teile Griechenlands und ließ sich in Skopje 1346 zum Zar der Serben und Griechen krönen. Er hätte wohl gerne Konstantinopel und die Kaiserkrone gehabt, starb aber vorher.

Die Nemanjiden wurden zur mächtigsten Dynastie des Balkans; sie finanzierten durch Bergbau und Handel ihr Reich. Aus dem ehemaligen Stammesstaat entwickelte sich ein Feudalstaat nach westlichem Vorbild; es bildete sich eine Adelsschicht, die ehemals freien Bauern verfielen in Abhängigkeit.

Unter der Nemanjidenherrschaft entstanden die serbisch-makedonischen Klosterkirchen mit phantastischem Freskenschmuck. Die Klöster waren gleichzeitig Bildungszentren der damaligen Zeit.

Slowenien

Nördlichster Zipfel von Jugoslawien mit Gebirgen bis zu 2800 m Höhe, Almweiden, unten in den Tälern die Heuharfen. Wildwasserkanufahrten auf dem Oberlauf der Soča.

Bonbon für Bergsteiger, das TRIGLAVMASSIV mit verschiedenen Schwierigkeits-graden – teils mehrtägige Touren auf gesicherten Wegen, teils Klettersteige und Extrembesteigungen. Schöne Wanderungen im Bereich des Wocheiner und Bleder Sees.

Bei POSTOJNA eine der interessantesten Tropfsteinhöhlen Europas (Adelsberger Grotte) mit unterirdischen Flußläufen und dem farb- und augenlosen Grottenolm. SLOWENIEN ist die Hauptdurchfahrtsroute in das übrige Jugoslawien und viel zu schade, um schnell in den Süden ans Meer durchzurauschen.

Bei der **ANREISE** von Mitteleuropa landet man in Österreich, entweder in VIL-LACH (München–Salzburg–Tauern) oder in MARIBOR (München–Salzburg–Graz).

Während Maribor nur interessant ist für Leute, die den Autoput als flotten Weg nach Südjugoslawien wollen, erschließt die Route über Villach, das Gebiet Slo-wenien und die Direktverbindung ans Meer.

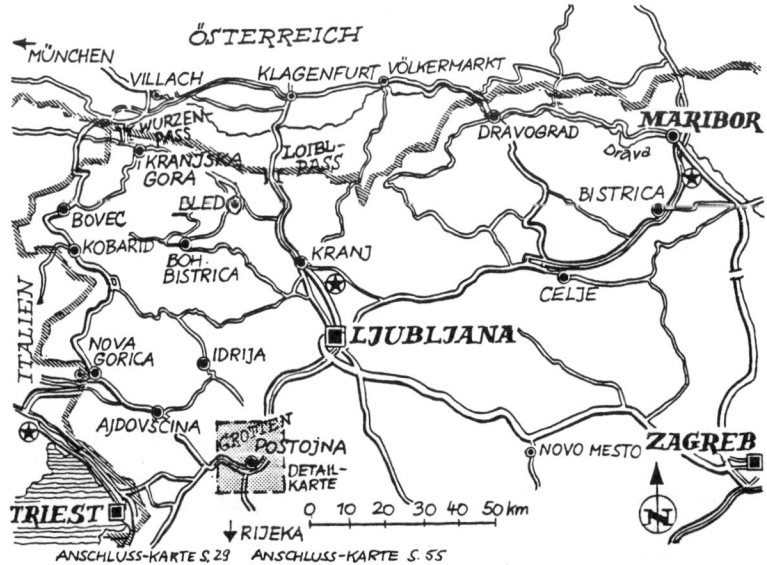

ANSCHLUSS-KARTE S. 29   ANSCHLUSS-KARTE S. 55

Ab VILLACH 2 Varianten:

a) Direkt über den WURZENPASS nach Kranjska Gora/Jugoslawien, landschaftlich sehr lohnend. Achtung: für Wohnwagengespanne und Bootsanhänger gesperrt, Steigung bis 18%.

b) Ab Villach über die flott befahrbare Autobahn nach Klagenfurt und entlang der landschaftlich schönen Kärntner Seen über Landstraße zum LOIBLPASS (17%) direkt auf die Hauptstraße nach Ljubljana.

Kranjska Gora   1200 E., 800 m

Über eine Serpentinenstraße vom Wurzenpaß runter ins grüne, ausgedehnte Savatal.

Kranjska Gora, der erste jugoslawische Ort nach der Grenze zu Füßen der schroffen, kalkgrauen Julischen Alpen. Guter Ausgangspunkt für Bergtouren und ein preiswertes Wintersportgebiet.

Der Ortskern wirkt immer noch ländlich, viele Bauernhöfe mit den behäbigen Krüppelwalmdächern, zum Teil noch mit Holzschindeln gedeckt. Gemüsegärtchen und Heuschober neben der Hauptstraße Borovška Cesta.
Die modernen, großen Skihotels plazieren sich am Ortsrand. Der Touristen- und Verkehrsstrom verläuft in kaum hörbarer Entfernung am Ort vorbei.

 Tourist-Büro Kompas am Ortseingang, neben Hotelkomplex Kompas. Offen Mo.–Sa. 7–20 Uhr.

 Post am Ortseingang links. Offen Mo.–Fr. 8–18 Uhr, Sa. 8–12 Uhr.

Ljubljanska Banka am Ortseingang rechts, im Gebäudekomplex des Hotel garni. Offen Mo.–Fr. 7–18 Uhr, Sa. 8–12 Uhr.

RESTAURANTS

Sehr zu empfehlen **Gostilna Bor,** die gemütlichste Kneipe im Ort, klein, rustikal und preiswert. Frische Forellen für nur 2,50 DM/100 g. Châteaubriand nur 16 DM für 2 Personen. Leicht zu finden an der Kreuzung zum Vršič.

UNTERKUNFT

Kranjska Gora ist das größte WINTERSPORTGEBIET Jugoslawiens mit entsprechender Bettenkapazität. (1500 Hotelbetten und jede Menge Privatzimmer.)

Skisaison von Ende Dezember bis Anfang März. Hotelreservierung insbesondere zwischen Weihnachten und dem 7. Januar dringend zu empfehlen, da bei Kärntnern beliebt und billiger als österreichische Skigebiete. Unsere Hotelpreise beziehen sich auf die Sommersaison, im Winter kräftiger Zuschlag.

Die großen Hotels am Fuß des Hausbergs Vitranc haben den Lift gleich vor der Haustür.

Die Spitze, auch vom Preis her, hält **Hotel »Kompas«** am Ortseingang. Ca. 75 DM fürs Doppel. Die Zimmer sind freundlich eingerichtet, aber nicht sehr groß. Wer Glück hat, ergattert ein Zimmer mit Blick auf die Julischen. Im Hotel ein Hallenbad, Sauna und

Massageraum. Für den Sommer 2 Tennisplätze.

Schräg gegenüber das ebenfalls riesige **Hotel »Larix«** mit über 260 Betten. Meist pauschal gebucht, mit perfektem Après-Ski-Service. DZ ab ca. 60 DM.

Hotel »Lek« in schöner Lage an der Straße zum Vršič. Balkonzimmer mit Blick übern Fluß. 2 Tennisplätze. Eigenes Hallenbad im Erdgeschoß. DZ ab ca. 50 DM.

Hotel »Kranjska Gora«, etwas im Schatten des wuchtigen Hotels Alpin. Wirkt mit seiner Holzfassade freundlicher und ist das billigste, mit Zimmern ab 35 DM. Bei nur 60 Betten nicht ganz so anonym wie beim Nachbarn Hotel Alpin (180 Betten, DZ ab 65 DM).

Hotel »Razor«, etwas altertümlicher Bau im Zentrum, entsprechend laut. Wir würden die Pension »Mojca« am Waldrand vorziehen. Beide ab 45 DM/DZ.

Kleine **Pension »Kotnik«** in der Hauptstraße Borovška Cesta 75. Äußerlich unscheinbar grau, die Zimmer dafür nicht so steril wie in den Großhotels. Freundliche Wirtsleute, die etwas deutsch sprechen. Übernachtung mit Frühstück ca. 20 DM/Person. Zu der Pension gehört die Pizzeria Pino im Blockhausstil gleich daneben.

Preiswerte Alternativen zu den Hotels sind die **Privatzimmer.**
Preise ab 10 DM/Person, Frühstück extra. Vermittlung im Tourist-Büro.

Am besten hat uns das schnuckelige Häuschen Nr. 46 in der Borovška Cesta gefallen. Tief runtergezogenes Dach, Holzbalkon und Blumenvorgarten.

Ganz ruhig wohnt man im Bauernhof am Waldrand Borovška Cesta 37, gleich neben der Brücke rechts.
Wer zur Saison in Kranjska Gora nicht unterkommen sollte, findet im Nachbarort Gozd bestimmt noch ein Quartier (3 km entfernt).

Camping Špik, ca. 3 km östlich von Kranjska Gora am Ortsende von Gozd Martuljek. Ebene Wiese, durch Kieswege »portioniert«. Hohe Nadelbäume sorgen für Schatten. Winterfeste Duschen und WCs im Natursteingebäude. Kühlboxen und

Stromanschluß. Das Freibad nebenan ist im Sommer optimal, natürlich entsprechend rummelig. Wintercamping möglich!

Daneben **Hotel »Špik«**, altertümlicher, 3stöckiger Bau direkt am Waldrand. Ohne Zimmerbalkons, dafür Tennisplätze gleich vor der Haustür. 77 Betten, 80 weitere in der Dependance (etwas billiger). DZ ab 50 DM.

Pension »Špik«, architektonisch sympathischer, aber direkt an der stark befahrenen Hauptstraße. DZ ab 45 DM.

SPORT

Fahrräder mieten, eine schöne Sache, um die nächste Umgebung zu erkunden. Das Tourist-Büro vermietet Klappräder, nicht die von der kleinsten Sorte und gut in Schuß. Stunden- (ca. 2 DM) bzw. besser gleich tageweise (ca. 7 DM).

TENNISPLÄTZE beim Hotel Kompas. Pro Stunde ca. 3 DM. Weitere Felder mit Flutlicht beim Hotel Lek, an der Straße zum Vršič.
HALLENBÄDER im Hotel Lek, Kompas und Larix. Auch für Nichthotelgäste. Ca. 2 DM Eintritt.

FREIBAD beim Campingplatz in Gozd. Ca. 3 km außerhalb Richtung Jesenice.

Ein TRIMMPFAD für ganz Aktive beginnt am Fluß bei der Gostilna Mojca.

WINTERSPORT

Kranjska Gora ist das größte Skigebiet Jugoslawiens und gerade für Deutsche und Österreicher wegen des zivilen Preisniveaus interessant. Tagesskipaß nur 11 DM. Wochenskipaß nur ca. 75 DM.

Die Lifte konzentrieren sich am Hausberg Vitranc (1570 m). Insgesamt 19 Lifte, davon 3 Sessel- und 1 Doppelsessellift. Die meisten starten gleich hinter den Hotels. Leichte Abfahrten für Anfänger, mittlere und sogar einige Schwarze. Trotz Weltcuprufs und 500 m Slalompiste reißt das Gebiet passionierte Abfahrtsläufer jedoch nicht vom Hocker.

Skischulen mit deutschsprachigen Siklehrern. Komplette Skiausrüstung verleiht das Tourist-Büro für nur ca. 11 DM/Tag.

Für Langläufer insgesamt ca. 30 km gespurte Loipen durchs Tal. Eine Loipe führt nach Planica zu den Sprungschanzen.

Natureislaufplatz am Waldrand bei der Gostilna Mojca (ausgeschildert).

VERBINDUNGEN

Die nächste Eisenbahnstation in Jesenice. Hier halten auch die Fernschnellzüge von Deutschland. Stündliche Busverbindung nach Kranjska Gora.

Busse

Stündliche Busverbindungen nach Ljubljana. Die 85 km einfache Fahrt kostet nur ca. 2 DM.

Bus nach Zagreb (2 × täglich).
Bus nach Bled, Bleder See (1 × täglich).
Bus nach Jesenice (stündlich).
Bus übern Vršič-Sattel nach Bovec (45 km) nur in der Saison, nur 1 × täglich.
Abfahrt im Ort direkt vor der Kirche!
Busse nach Planica und Ratece (ital. Grenze) mehrmals täglich.
Abfahrt im Ort neben Hotel Razor.

Taxi

ist telefonisch unter der Nummer 8 86 36 erreichbar. Es »parkt« in der Borovška Cesta 52.

Ausflüge

Schöne Wanderungen über Waldwege und Almwiesen direkt vom Ort aus. Z. B. schöner kurzer Spaziergang von der Brücke bei der Gostilna Mojca am Pišnica-Fluß entlang mit Blick auf den Ort. Ausgeschildert nach Jasna, ca. 20 Min., markiert.

Auf den Hausberg Vitranc (1570 m) per Sessellift (Juni–August). Topaussicht übers Savatal, Karawankenhauptkamm und Triglavmassiv. Zur Talstation am Ortseingang rechts abbiegen.

An die Küste

Von KANJSKA GORA über den VRŠIČ-SATTEL zwar ein Umweg, wenn man an die Küste will, aber landschaftlich sehr lohnend mit interessanten Touren für sportlich Ambitionierte (Wandern, Klettern, Kanu- und Skifahren). Allerdings keine Route für Nonstopfahrer, kurvig schmale Schlängelstraße.

Von KRANJSKA GORA flott und bequemer im TAL DER SAVA Richtung Ljubljana mit Abstecherbonbon Bleder See.

In KRANJSKA GORA zweigt eine Asphaltstraße ab, ins Seitental rauf zum VRŠIČ-SATTEL. Die gut 12 km lange Paßstraße windet sich von 810 m in 25 Kehren rauf auf 1612 m. Nichts für Wohnwagen, bei 14% Steigung, nur von Mai bis November befahrbar.
Die Straße wurde im Ersten Weltkrieg als Nachschubweg von russischen Gefangenen unter österreichischer Knute gebaut. Die Russenkapelle bei der Paßauffahrt links als Denkmal für 110 Russen, die beim Straßenbau von einer Lawine verschüttet wurden.

Der Isonzofluß (jug. Soča) war ein heißumkämpftes Grenzgebiet. E. Hemingway beschreibt in seinem Roman »In einem anderen Land« die Isonzoschlacht. Kasernengerippe und mehrere überwucherte Bunker erinnern an die Kämpfe.

Landschaftliches Phänomen: ein 100-m-Riesenloch im felsigen Prisojnik-Gipfel, der sich am Vršič-Sattel anschließt. Mehrere Parkbuchten für Fotostops an der Auffahrt zum Sattel; danach ist das »Fenster zu«.

Zwei bewirtschaftete Berghütten auf der Paßhöhe bieten sich als Stützpunkte für Bergtouren an. Die Tičarjev-Hütte liegt direkt an der Straße, deshalb oft überfüllt. Einige Minuten zu Fuß weiter, die Poštarska-Hütte (1720 m).

Von den vielen Wanderungen hat uns am besten die Fenstertour zum PRISOJNIK (2547 m) gefallen: Der gemütlichste Aufstieg von der Tičarjev-Hütte über einen Ausläufer auf der Südseite (Sonne!) zum Felsloch hinauf (Schilder an der Weggabelung!) ca. 1 Std. Ab hier aussichtsreiche Gratwanderung in 3½ Std. zum Gipfel.

Die Route durchs Fenster nur mit Klettersteigerfahrung zu empfehlen:

1. Ein reizvoller, aber sehr ausgesetzter Steig beginnt am Vršič und verläuft über die Westwand (macht viel Spaß für alte Klettersteighasen!).

2. Angenehmer und bequemer der längere Steig von der Na-Gozdu-Hütte (1226 m) an der Paßstraße (von Kranjska Gora kommend nach einigen Haarnadelkurven rechts. Zu Fuß ca. 2 Std., auch per Linienbus). Klettersteigausrüstung erforderlich, d. h. Brustgurt, mind. 1 m Reepschnur und Schraubkarabiner, evtl. Helm und natürlich Bergschuhe mit guter Profilsohle.

Zum Einstieg: nach wenigen Metern die Straße queren, runter zum Bachbett und die Geröllhalde wieder hoch (Miniwasserfall). Ab hier gut markierter Steig (langer Aufstieg), einige Kletterstellen, Geröll- bzw. Schneefeld queren.

Weit unterhalb des Fensters (Okno) stößt der exponierte Steig vom Vršič hinzu. Durch das riesige Fenster scheinen die ersten Sonnenstrahlen, denn der Steig ist ein schattiger NO-Hang. Der überhängende Fels wirkt hier wie eine Grotte. Auf Steinschlag achten! Steighaken führen wie Leitern durch die steile Öffnung im »Fenster«.

Mit ca. 4 Std. rechnen; weiter etwa 3½ Std. zum Gipfel oder Direktabstieg zum Vršič möglich.

Viele weitere Routen im Wanderführer: »Julische Alpen«, Rother Verlag, München.

DIE PASSSTRASSE

VOM VRŠIČ-SATTEL in Spitzkehren runter ins Trentatal, viel Kurbelei, anfangs noch Schotter, später Asphalt. Bei der letzten Kehre ausgeschilderter Abstecher zur Soča-Quelle – auf italienisch Isonzo. Das Tal wird allgemein als Trentatal bezeichnet. In der Nähe der Quelle eine kleine Berghütte mit einfacher Übernachtungsmöglichkeit (nur zur Sommersaison bewirtschaftet).

Tiefer unten im Tal liegt der interessante Alpengarten Juliana, beschildert. Sämtliche Alpenpflanzen der Julischen Alpen sind hier zusammengetragen, in möglichst natürlicher Umgebung mit den richtigen Licht- und Schattenverhältnissen.

Die Straße verläuft nun entlang der grün-blau schäumenden Soča. Gewagte Hängebrücken zu den einzelnen Bauernhöfen im typisch slowenischen Stil.

Für Kanufahrer ist der Soča-Oberlauf eine echte Herausforderung. Durch felsige Schluchten mit wechselnden Schwierigkeiten zwischen WW II und VI. Einstieg bei der Ortschaft Na Logu. Flußaufwärts schwieriges Wildwasser (WW VI). Literatur: DKV Auslandsführer, Südosteuropa 1b, Deutscher Kanuverband e. V., Bertaallee 8, 41 Duisburg 1.

Kanuwanderer kommen ab Kobarid auf ihre Kosten, bis hierhin hat sich die Soča augetobt – 20 km schöne Flußwanderung ohne Schwierigkeiten. Gute Rückholmöglichkeit.

Weiter über holprige Straße Richtung Bovec, kurz vorm Ort kommt die Straße vom Predil-Paß hinzu (ital. Grenze).

BOVEC (2700 E.) entwickelt sich immer mehr zu einem Sommer- und Wintersportgebiet. Die Bergbahn am Ortsausgang bringt die Touristen auf 2200 m ins Kaningebirge. Weiter Rundblick vom Bergrestaurant bei der Seilbahnstation über die Gipfel der Julischen Alpen bis zum Triglav. Die Schlepplifte beginnen gleich beim Restaurant. Als Skigebiet kann es mit Kranjska Gora aber noch nicht konkurrieren.

Übernachtung im Hotel »Kanin« (240 Betten) oder im etwas kleineren Alphotel (130 Betten). Preisgünstige Privatzimmer im Ort. Campingplatz Polovnik außerhalb Richtung Bergbahn.

Von Bovec weiter über zeitraubende Landstraße Richtung Nova Gorica, Ajdovscina nach Postojna (ca. 140 km). Details zu den Grotten um Postojna siehe Seiten 87 bis 91

 Von KRANJSKA GORA schlängelt sich die Landstraße im Tal der Wurzener Save entlang Richtung LJUBLJANA.

Links und rechts bewaldete Berghänge und Almwiesen mit den typisch slowenischen Heu»harfen«, die wie Sprossenwände mitten auf der Wiese stehen. Wer Zeit hat, sollte unbedingt den kurzen Abstecher zum Bleder See fahren (Abzweig ca. 40 km nach Kranjska Gora ausgeschildert).

Bleder See 500 m

Attraktiv wegen seiner unterirdischen Thermalquellen, mit 24° Wassertemperatur im Sommer der wärmste Badesee der Alpen, mit einer Saison bis Ende September. Entsprechend viele gesetztere Herrschaften, die hier kuren; breites Angebot an Ruderbooten und Pferdekutschen, Kurkonzerte in den gepflegten Parkanlagen.

Vielgeknipstes Fotomodell ist das Inselchen im See mit Barockkirche und Wunschglocke.

Ruderboote zur Insel mit Chauffeur oder eigener Kraft. Motorboote sind glücklicherweise verboten.

Kleines Restaurant und Snackbar mit Inselpreisen, abends Tanzmusik.

Besonderer Gag – Appartements »Gostišče Pribernik« auf der Insel. Tagsüber ziemlich rummelig, abends richtig romantisch. Zur Saison Appartement mit Frühstück ca. 135 DM.

Die andere große Attraktion ist das Schloß auf dem 100 m hohen Felsen gegenüber von Bled. Die Bamberger hatten unter Kaiser Heinrich II. das Bleder Landgut dem Bischof von Brixen geschenkt (1004), der das Gebiet missionierte. Aus dieser Zeit stammt der Turm, der älteste Teil des Schlosses.

Die große Burgterrasse mit Blick übern See bis zum Triglav und einige Räume wurden zum Schloßrestaurant »Krim« umfunktioniert. Die Atmosphäre muß allerdings mitberappt werden.

Kleines Museum in den übrigen Schloßräumen, alte Waffen und später ergänztes Mobiliar. Romantiker lassen sich mit der Pferdekutsche zum Schloß fahren, zu Fuß (¼ Std.) oder per Auto geht's aber auch.

Wegen des milden KLIMAS (Karawanken halten N-Winde ab) waren Schloßberg und Insel schon zur Hallstattzeit 800–600 v. Chr. besiedelt. 1860 wurde der See für den Bade- und Kurbetrieb entdeckt und entwickelte sich zu einem Nobeltouristenzentrum; der jugoslawische König Alexander I. (1822–1834) und Tito kurten hier. Jetzt das bedeutendste Touristenzentrum Sloweniens. Bei knapp 5000 Einwohnern werden um die 400 000 Übernachtungen pro Jahr verzeichnet – halb soviel wie am Tegernsee!

ALPETOUR in der Hauptdurchfahrtsstraße Ljubljanska Cesta 13/Zentrum offen von 8–19 Uhr, Wanderkartenverkauf.

GENERALTOURIST, schräg gegenüber vom Park Hotel am See, mit Fahrradvermietung (6 DM/Tag) und Car Rent. Offen von 8–20 Uhr.

KOMPAS im Hotel Krim an der Ljubljanska Cesta. Offen von 7.30–20 Uhr.

Bank: Ljubljanska Banka 7–18 Uhr neben Park-Hotel.

Post: mit Telefonzellen 7–19 Uhr Mo–Fr, Sa 7–12 Uhr in der Hauptdurchgangsstraße Ljubljanska Cesta.

UNTERKUNFT

in großen feudalen Hotels, das Doppel zwischen 80 und 130 DM zur Saison, Zimmer in den Dependancen der Hotels um einiges billiger.

»**Grand Hotel Toplice**«, ein altehrwürdiger Kasten, mit viel Stuck und Stilmöbeln. Toplage direkt am See. Phantastischer Blick von Balkonzimmern aufs Schloß. Mit Thermalpool (35°), Trimmraum und Sauna. DZ ab ca. 130 DM.

»**Hotel Park**«, modern und groß, über 300 Betten mit schöner Seeterrasse. Zum Ufer allerdings über die Straße. DZ ca. 125 DM.

»**Dependance Mezakla**«, etwas unfreundlicher gelber Palast im Ort, nur 73 Betten, wesentlich preiswerter, DZ ca. 70 DM.

Camping Zaka am anderen Seeufer, 2 km von Bled, großes Wiesenareal, wenig Schatten, nicht direkt am See. Zum Baden über die Straße, Kiesstrand und Liegewiese, Supermarkt. 15 DM für 2 Personen.

Camping »Sobec«, ca. 3 km außerhalb von Bled Richtung Lesce. Nur 2 km vom Bahnhof. Der Platz liegt abseits der Hauptstraße, dick beschildert und ist ziemlich groß. Ebene Wiese, Kiefernwald, im Sommer angenehm schattig, mehrere Wasserstellen, Tiptop-Sanitäranlagen, Stromanschluß und Supermarkt.
Erfreulich gepflegter Platz. Um sich zu erfrischen, braucht man nicht bis zum Bleder See zu fahren, kleiner Badesee mit langer Wasserrutsche gleich am Platz.

Viel günstiger übernachtet man in **Privatzimmern** ab 10 DM/Person.

Große **Restaurants** bei den Hotels in ungemütlichen Speiseräumen. Nobel, mit Atmosphäre und entsprechenden Preisen oben auf der Burg im »Restaurant Krim«.

Preiswertes und einfaches Restaurant »Rikli«, nach dem Erfinder des Bleder Kurbetriebes, Arnold Rikli, benannt. Hier gibt's gute Forellen um die 10 DM. Ca. 200 m am Busbahnhof vorbei (ausgeschildert).

An **Unterhaltung** wird in Bled jede Menge geboten. Folkloreabende, organisierte Bauernhochzeit, Konzerte in der Inselkirche, Discos und Busausflugsfahrten. Infos und Buchen übers Touristbüro.

SPORT

FAHRRADVERMIETUNG beim Generaltourist-Büro 6 DM/Tag.

BOOTSVERMIETUNG beim Schloßbad unterhalb des Burgfelsens oder Hotel »TOPLICE«, Ruderboot 3 DM/Std.

TENNIS »Savica« – ca. 5 DM/Std. und beim Ruderzentrum am Südende des Sees.

REITEN auf Lipizzanern, auch Unterricht (Std. ca. 7,50 DM). Reitclub »Triglav« am Hippodrom, bei Lesce.

Attraktion von Bled: GOLFPLATZ mit 18 Löchern. Karten gibt's tageweise (23 DM) oder wochenweise (140 DM). Saison von April bis Oktober. Ca. 2,5 km außerhalb. Die Hauptstraße Richtung Lesce nehmen, dann links den Berg hoch.

Die THERMALQUELLEN von Bled sind im Hotel »Toplice« und im »Golf Hotel« gefaßt, beide am See, Ortszentrum. Baden auch für Nichthotelgäste möglich (ca. 3 DM), ebenfalls Sauna und Massage.

SURFBOARD-VERMIETUNG/Surfschule für Leute mit und ohne Board. Board 6 DM/Std., im Surfing-Zentrum Zaka, Info im Kompas-Büro.

FISCHEN im See: Angelgenehmigung im Kompas-Büro. »Kleine« Karte: Angeln nur vom Ufer 12 DM, »große« Karte: auch vom Boot aus 36 DM.

Im Winter natürlich SKIFAHREN, SCHLITTSCHUHLAUFEN auf dem See und LANGLAUFEN.

1979 fand hier die RUDERWELTMEISTERSCHAFT statt. Die 2-km-Regattastrecke paßt genau in den See. – In Bled heute das modernste Ruderzentrum ganz Jugoslawiens.

TRANSPORTE

Die BAHNSTATION zu Bled liegt 4 km außerhalb im Ort Lesce an der Hauptroute München–Beograd.

BUSSE fahren direkt gegenüber vom Bahnhof ab. Nach Bled gehen stündlich bis halbstündlich Busse. Nach Bohinj (Wocheiner See) fast stündl. Nach Rateče (ital. Grenze) stündlich. Nach Bovec nur zur Saison 1 × am Tag ein Bus.

Der BUSBAHNHOF in Bled ist direkt neben dem Marktplatz.

Verbindungen nach Banja Luka: ein Bus am Tag, in aller Frühe; Bohinj: stündlich ein Bus; Jesenice: 7 × täglich; Kranjska Gora: 1 × am Tag; Ljubljana: stündlich; Radovljica: mehrmals am Tag; Zagreb: 2 × am Tag

TOURISTENBUS: zum Campingplatz am See-Ende, Schloß, Golfplatz und in die Vintgarklamm. Abfahrt beim Hotel Jelovica, Parkhotel, Krimhotel, 3 × tgl.

TAXISTAND an der Autobushaltestelle.

Kutschfahrten um den See ca. 18 DM, zum Schloß 21 DM; weitere Ziele nach Lust und Laune – Preis vorher ausmachen.

Automieten: Car Rent im Generaltourist-Büro, Tel.: 77-9 09, und im Kompas-Büro, Tel.: 77-2 35.

Rundflüge ab Alpenflugzentrum Lesce/Bled: ein nicht gerade billiges Vergnügen, macht aber viel Spaß, sich eine Sportmaschine zu mieten und eine Runde über den Wocheiner See, den Vogelberg und die Julischen Alpen zu drehen. Ins Flugzeug passen außer dem Piloten noch 3 Personen, Kostenpunkt für die kleine Runde über den Bleder See (15 Min.) pro Person ca. 45 DM. Große Runde ca. 150 DM. »Tower« und Landewiese liegen direkt neben der Landstraße Jesenice–Ljubljana.

Ausflüge

– Spaziergang durch die VINTGARKLAMM (ca. 4 km von Bled, ausgeschildert, Touristenbus 4 × tägl. ab Bled). Die Klamm ist ca. 2 km lang. Holzstege führen an der Felswand über den wildesten Teil der Klamm; darunter der reißende Bach, massenweise Forellen, Angeln aber verboten! Schattig und feucht – Jacke nicht vergessen.

– Kurze Wanderung zum Fotoberg OSOJNICA (685 m), schöner Blick übern See, Schloß, Insel und Umgebung, der Karawankenhauptkamm im Hintergrund. Abzweig am südlichen Seeufer nahe beim Campingplatz, ausgeschildert; dauert ca. eine Dreiviertelstunde.

– zur POKLJUCA, ein Hochplateau auf 800 m mit dichtem Nadelwald; Sporthotel, Skilift etc. Von hier leichte Wanderung zur Lipanca-Alm (1633 m), ca. 9 km, und weiter Aufstieg zum Lipanski-Gipfel (1983 m). Die Pokljuca erreicht man über Autostraße ca. 9 km westlich von Bled.

Über eine 30-km-Schlängelstraße geht's tiefer in die Berge, vorbei an saftigen Almwiesen, guten Angelstellen und Kanurevieren. Bewaldete Hänge flankieren das Tal. Die Route führt durch einige Bauerndörfer zum

Wocheiner See (Bohinjsko Jezero)   523 m Höhe

Dicht eingewachsen von Laub- und Nadelwäldern bis ans Ufer. 1000 m senkrecht aus dem Wasser aufsteigende Felswände geben dem See seinen wilden Charakter.

Der Wocheiner See ist größer, abgeschiedener und ursprünglicher als der Bleder See, aber bei seiner Nahlage zu Österreich und bei seiner Schönheit längst entdeckt. Erfreulicherweise ist das Ufer überhaupt nicht verbaut. Die Hotels verstecken sich im Wald.

Ruhige Standquartiere für Spaziergänge und Bergtouren in den Julischen Alpen und Sprungbrett für die Triglavbesteigung.

Kein kompakter Ort direkt am Ufer wie beim Bleder See, die Häuser verteilen sich im Tal. Hauptort des Tales ist Bohinjska Bistrica, 6 km vom See entfernt, zurück Richtung Bled.

 Tourist Info am Seeanfang, neben Hotel Jezero, offen 7–20 Uhr, Angelgenehmigung und gute Wanderkarten.

Post: Direkt daneben, offen Montag–Freitag 8–18 Uhr, Samstag 8–12 Uhr.

 Bank und **Tankstelle** in Bohinjska Bistrica.

UNTERKUNFT

Hotel „Jezero", modernes 70-Betten-Hotel am Anfang des Sees, aber direkt an der Straße. DZ zur Saison ca. 70 DM.

Hotel „Bellevue" thront weiter oberhalb am Hang. Etwas steile und kurvige Zufahrt. Den Namen trägt es zu Recht! Besonders schön sind die Balkonzimmer im Haupthaus, eine gelungene Kombination aus Naturstein und Holz. Die flachere Dependance „Savica" ist auch zu empfehlen. Doch ein Zimmer nach vorne raus verlangen, sonst sieht man nur auf den Parkplatz. DZ um die 50 DM. Fußweg von 15 Minuten durch den Wald zum See.

Hotel „Zlatorog" hat uns am besten gefallen. Ruhig und idyllisch am See-Ende. Zimmer teilweise mit Balkon. Alle mit eigener Dusche und WC. Unpersönlicher Speiseraum für Hotelgäste, für Nichthotelgäste separate Gaststube mit riesigem Kachelofen. Der ausgestopfte Auerhahn und der Gamskopf verweisen dezent auf Wildspezialitäten der Speisekarte. Wirklich empfehlenswert, delikat zubereitet und zivile Preise. Gemse mit Kloß für ca. 12 DM.

Großer beheizter Swimmingpool – allerdings hätten die Duschen mal einen Klempner nötig, Sauna und Tennisplatz dürfen auch von Nichthotelgästen gegen ein paar Mark benutzt werden. DZ in der Saison um die 80 DM (auch zur Skisaison geöffnet). In der Dependance gegenüber etwas billiger.

Privatzimmer ab ca. 7 DM/Person. Frühstück natürlich extra.

Billiger Übernachtungstip: Dom Savica am Parkplatz bei dem Savica-Wasserfall. Direkt am Ausgangspunkt für Bergtouren, allerdings nur drei Doppelzimmer. Um die 6 DM pro Person. Durch den großen Parkplatz nicht ganz ruhig.

Camping „Zlatorog" beim Hotel Zlatorog besticht durch seine wunderschöne Lage am See. Der Wald geht bis ans seichte Ufer. Teils Wiesenboden, teils Schotter. Insgesamt aber ein einfacher Platz.

TRANSPORTE

EISENBAHN: Nächster Bahnhof sechs km vom See entfernt in Bohinjska Bistrica. Züge nach Jesenice (Grenze) siebenmal täglich, nach Nova Gorica sechsmal täglich. (In beide Richtungen nur werktags.) Busverbindung zum Bahnhof achtmal täglich.

BUSSE fahren vom See (Haltestelle Bohinjsko Jezero, gegenüber Touristbüro) nach Boh. Bistrica, Bled, Ljubljana 13mal täglich, zum westlichen See-Ende (Zlatorog) 15mal täglich. Zum Wasserfall Savica geht zur Saison zweimal am Tag ein Bus.

SPORT

BADEN im See, knapp 20 Grad, gut erfrischend, keine Umkleidekabinen, Duschen und ähnlicher Schnickschnack.
RUDERBOOTE kann man beim Bootshaus an der Brücke beim Campingplatz (Stunde 2,50 DM) mieten.

Benzinmotorboote verboten!
FAHRRAD mieten beim Touristbüro oder bei den Hotels (7,50/Tag).
TENNIS: Hotel Zlatorog und Bellevue vermieten Courts für ca. 5 DM Stunde.
HALLENBAD und Sauna beim Hotel Zlatorog.
ANGELN im See nur von April bis Ende September, Tageskarte ca. 25 DM, alle Köder erlaubt.
FLUSSANGELN in der Sava von Mai bis Ende September nur mit künstlichen Fliegen. Tageskarte 75 DM!

Kanufahren
auf der Wocheiner Save

Eine der abwechslungsreichsten und schönsten Kanufahrten in Slowenien geht vom Wocheiner See durch grüne Bergtäler Richtung Bleder See.

Anpaddeln auf dem Wocheiner See, die nächsten 16 Kilometer zum Landschaftsgenießen mit WW I-II. Fluß und Straße verlaufen oft parallel bzw. kreuzen sich, dadurch gibt's genügend Ein- und Ausstiegsmöglichkeiten. Das Wasser ist ganz klar und grünlich mit kieseligem Untergrund.

Achtung: Äußerst gefährliche Stelle 16 km nach dem Wocheiner See mit Stromschnellen und tückischen Unterwasserfelsen. Kanu raus aus dem Wasser, die Stelle umtragen, danach die Fahrt genüßlich fortsetzen (weitere zehn Kilometer WW I-II). Nach den Staustufen verläuft der Fluß tief unten, kaum Rückholmöglichkeiten mehr.

Wintersport:
Alpinskifahren ist auf dem Vogel möglich. Die Gondel bringt einen auf 1538 m, beim Skihotel Vogel starten die Schlepper. Acht Lifte insgesamt, maximal bis auf 1800 m rauf.
Langlaufloipe zwischen dem Ort Polje und Bohinjska Bistrica.
Schlittschuhlaufen auf dem Wocheiner See.

Ausflüge
– Schöner, bequemer WANDERWEG um den See. Am Nordufer entlang großteils durch Wald. Am Südufer entlang führt ein schmaler Waldpfad oberhalb der Straße. Ausgeschildert ist jeweils Hotel Zlatorog.

– Leichte Wanderung vom Hotel Zlatorog durchs Tal zum SAVICA-HAUS. Das letzte Stück durch dichten Buchenwald. Breiter Weg, dauert ca. 45 Minuten. Restaurant neben dem Savica-Haus.

– Zum 60 m hohen SAVICA-WASSERFALL (slap Savica).

Die Lage des Wasserfalls in der Felsnische lohnt den Weg unbedingt. Aus einer gut 600 m hohen grauen Felswand stürzt die Savica in ein hellgrünes Becken. Phantastischer Farbkontrast. Den Wasserfall erreicht man per Auto oder Bus. Vom Hotel Zlatorog vier km gut befahrbare Schotterstraße zum Savica-Haus. Die Straße endet auf dem Parkplatz. Gut 15 Minuten etwas mühsam über Hunderte von Treppenstufen durch den Wald hinauf. Das letzte Stück durch Geländer gesichert, denn es geht fast 100 m zum Bach senkrecht runter.

Auf den AUSSICHTSBERG VOGEL (1535 m) per Gondel oder per pedes. Superpanoramablick über die Julischen Alpen bis zum Triglav. An der Bergstation der Gondel das Skihotel Vogel (DZ um die 60 DM), das mehr durch Lage und Blick begeistert als durch die Bausubstanz. Liftanlagen und rasierte Skipisten direkt vorm Hotel. Die Gondel fährt alle halbe Stunde. Berg- und Talfahrt ca. 5 DM. Zur Talstation geht's am Ende der Seeuferstraße links ab. Zu Fuß braucht man ca. drei Stunden rauf, 1000 Meter Höhenunterschied! Einstieg beim Hotel Bellevue bzw. nach dem Ort Polje links ab, gut ein km vorm See. Markiert mit weißem Kreis im roten Ring.

– Wanderung ab Stara Fužina ca. 1,5 Stunden ins VOJE-TAL. Gleich hinter dem Dorf die 20 m hohe Teufelsbrücke über die tiefe Schlucht. Bis zum Talende an der Mostnica entlang zum Wasserfall.

 Wanderung zur Sieben-Seen-Hütte
Eine abwechslungsreiche, aber anstrengende Tour. Insgesamt ca. 1000 Höhenmeter, besonders haarig der Anfang mit steilen Serpentinen, teilweise geht's senkrecht daneben runter. Deswegen nur eine Sache für erfahrene Bergwanderer mit guter Kondition. Angenehm schattig durch Buchen- und Nadelwälder. Bergschuhe mit guter Profilsohle wegen der steinigen Wege unbedingt nötig!

Für Klettersteigerfahrene guter Anstieg zum TRIGLAV, dem höchsten Gipfel Jugoslawiens – markierter Weg.

Vom Parkplatz beim SAVICA-HAUS geht's über die Brücke in den Buchenwald. Nach etwa 100 m links ab zur Sieben-Seen-Hütte, Markierung roter Kreis mit weißem Punkt. Die angegebenen drei Stunden kamen uns etwas knapp vor, besser vier Stunden plus Pausen einplanen.

Durch Buchenwald steigt der Weg in Serpentinen an, immer wieder schöne Aussicht auf das Tal und den letzten Zipfel des Wocheiner Sees. Die Höhenangaben zwischendurch sind eine gute Motivationsspritze. Im oberen Teil wird's felsiger, die Serpentinen steiler, die schmalsten Stellen durch Drahtseile gesichert – nur für Schwindelfreie. Nach einigen treppenförmigen Steigen steht auf 1267 m ganz unerwartet eine Bank zum Verschnaufen. Wunderschöner Blick zum gegenüberliegenden Berg Vogel mit Hotel. Senkrecht unten der Ausgangspunkt Savica-Haus.

Das war der schwierigste Teil. Auf sanftem Waldweg weiter zum Schwarzen See (Crno Jezero), ein kleiner Bergsee in der engen Talschneise. Schöne Picknickstelle und Biwakplatz unter hohen Kiefern. Ab dem See noch eine gute Stunde zur Hütte, erst durch einen urwüchsigen Tannenwald mit entwurzelten Bäumen und weiß-grauen Felsbrocken. Dann noch mal 200 Höhenmeter steil rauf. In einer Mulde an dem kleinen Doppelsee liegt die Sieben-Seen-Hütte, mit hohen Lärchen und einzelnen Tannen umgeben. Eine total alpine Landschaft mit nackten schroffen Felswänden und gleißend hellen Gipfeln. Wie ein grüner Teppich kriechen die Zwergtannen die Geröllhänge hinauf.

Die SIEBEN-SEEN-HÜTTE (Koča pri sedmerih Triglavskih Jezerih), Baujahr 1912, hat 50 Betten und 50 Matratzenlager. Nur zur Sommersaison geöffnet. Außerhalb der Saison bleibt der Vorraum geöffnet, Notunterkunft für zwei bis drei Leute. Harte Bettstatt mit dünnen Wolldecken.

Die Hütte ist ein guter Stützpunkt für weitere Touren im Triglavmassiv.

a) Durch den schönsten Teil des Triglav-Nationalparks an fünf weiteren Seen vorbei zur Prehodavci-Hütte (2071 m), ca. 2,5 Stunden talaufwärts, zu Füßen der zerklüfteten Felswände, nach gut einer Stunde der nächste größere See. Das Tal wird immer enger und endet schließlich in einem schroffen Felskessel. Vier weitere kleine Seen auf dem letzten Stück zur Hütte.

b) Als Rundwanderung lohnt sich die Tour zur Komna-Hütte (1525 m; ganzjährig bewirtschaftet), gut 2,5 Stunden fast immer durch Wald. Von der Hütte 2,5 Stunden Abstieg ins Tal zum Savica-Haus. Steile Serpentinen, an der Materialseilbahn entlang, durch Buchenwald.

c) Für Leute ohne Auto bietet sich der Fünf-Stunden-Abstieg ins Trentatal an. Der markierte Weg kommt im Ort Soča aus. Von dort geht zur Saison einmal am Tag ein Bus übern Vršič-Sattel (weitere lohnende Touren) nach Kranjska Gora.

d) Für Leute mit Klettersteigerfahrung ist es eine lohnende Tour über die Dolic-Hütte (2120 m, nur Sommerbewirtschaftung) den Triglav zu besteigen. Durchs Sieben-Seen-Tal bis zum übernächsten See (zelenojezero), dort Abzweig zur Dolic-Hütte. Von Hütte zu Hütte ca. drei bis vier Stunden, weiter siehe Triglavbesteigung.

Der TRIGLAV (Dreiköpfige) – ein schwieriger Gipfel, mit 2863 Meter der höchste jugoslawische Berg, Superaussicht zu den Karawanken, Steineralpen, zur schneeweißen Marmolata, bei glasklarem Wetter sogar bis zum Großglockner. Etwa acht Routen führen zur Spitze vom Klettersteig bis zur Sechser-Klettertour. Also nichts für Turnschuhwanderer und Spaziergänger.

AUSRÜSTUNG: Brustgurt, Klettersteigkarabiner, Bergschuhe etc. Vier Hütten rund um den Triglav sind gute Stützpunkte für die Gipfelbesteigung – durch kurze markierte Wege miteinander verbunden. STANIC-HÜTTE (2332 m), 48 Betten, von hier ca. eine Stunde zum TRIGLAVSKI DOM (2515 m), 69 Betten, ca. eine halbe Stunde zum PLANIKA-HAUS (2408 m), 24 Betten, 38 Matratzenlager, ca. eine Stunde zur DOLIC-HÜTTE (2120 m), 24 Betten, 20 Matratzenlager.

Alle nur im Sommer bewirtschaftet!

Kürzester Anstieg vom VRATA-TAL zum TRIGLAVSKIDOM für Leute mit eigenem Auto (sonst vom Trentatal oder Wocheiner See und Sieben-Seen-Tal über die Dolic-Hütte).

Autoendstation das ALJAZ-HAUS (1015 m, Übernachtung 150 Betten und Matratzen). Hier beginnt die Tour zum TRIGLAV-HAUS.

Ca. fünfeinhalb Stunden oft steiler Aufstieg, die schwierigsten Stellen gesichert. Anfangs durch Buchenwald, dann rot markiert, übern Pragweg (= Schwelle) mit gesicherten Steilstufen und über Geröll zur Hütte.

Zum Gipfel noch ca. eine Stunde, 350 Höhenmeter. Der markierte Einstieg problemlos zu finden. Gut gesicherte Tour, eingemeißelte Tritte, auch der Ostgrat durch Drahtseile prima entschärft. Genaue Wanderbeschreibung in entsprechender Spezialliteratur. Wanderkarten 1:50 000 im Wocheiner Touristbüro, in Kranjska Gora etc.

Unmittelbar an der **HAUPTROUTE JESENICE – LJUBLJANA** liegt der Ort **RADOVLJICA** (7 km Nähe Bled). Ein Stop lohnt sich für Bienenfans.

Im Barockpalast an der alten Dorfstraße wurde ein Bienenmuseum eingerichtet, einmalig in seiner Art in Europa.
Eine slowenische Besonderheit sind die bunt bemalten Bienenstockbrettchen, lustig naive Motive, satirische Szenen und religiöse Motive. Am Fenster ein Bienenschaukasten in Aktion; viele traditionelle Werkzeuge, Wabenschleudern, alte Bienenkästen bis zurück zum ausgehöhlten Baumstamm.

Interessante medizinische Heilwirkung des Propolis, ein von Bienen produziertes Blütenharzspeichelgemisch. Öffnungszeiten Dienstag – Sonntag 10–12 und 15–18 Uhr.
(Über 1000 weitere Bienenstockbrettchen im Nationalmuseum Ljubljana).

Schräg gegenüber wurde eines der alten Häuser wiederhergerichtet. Die Bauernstube aus dem 16. Jahrhundert dient jetzt als Standesamt. Galerie im Erdgeschoß.

Wer schon den Schlenker fährt, sollte unbedingt noch kurz das kleine SCHMIEDE-MUSEUM IN **KROPA** besuchen, zwölf Kilometer südlich von Radovljica über Seitenstraße. Kropa ist eine Kleinstadt mit alter Eisenhütten- und Schmiedetradition. Das Museum ist von 9–13 und 15–18 Uhr geöffnet.

An der Hauptstrecke 2,5 km nach **Radovljica,** Übernachtungstip für die Leute, die für eine ruhige Nacht auch tiefer in die Tasche greifen und nicht auf moderne, sterile Hotels stehen. Ruhig am Waldrand HOTEL »GRAD PODVIN«. Von der mittelalterlichen Burg ist nichts mehr zu sehen, das Hotel erinnert eher an einen Palazzo, bonbonfarben gelb-grün getüncht. Saubere, ordentliche Zimmer, alle mit Bad, WC und Telefon.
Swimmingpool, Tennis und Minigolf direkt vorm Hotel. DZ um die 90 DM.

CAMPINGTIP »SMLEDNIK« – egal ob man vom Wurzenpaß/Kranjska G. oder via Loiblpaß kommt. Schönster Platz zwischen Kranj und Ljubljana (10 km

südlich von Kranj). Idylische Campwiese mit Buchenwäldchen am Fluß. Angelerlaubnis gibt's beim Nachbarn.
Picknickbänke, ordentliche Sanitärs. Der Platz liegt vier Kilometer abseits der Hauptroute und ist gut beschildert.

Gut 25 km vor Ljubljana schöner Kaffeestop in **SKOFJA LOKA,** etwas abseits der Hauptroute. Tiptop erhaltener Stadtkern aus dem 16. Jahrhundert, Stadtmauer bis rauf zur Burg (Museum). Seit '63 steht der Ort unter Denkmalschutz. Die wuchtige Burg Loški (600 Jahre alt) thront über der Stadt. Das Burgmuseum lohnt weniger wegen der Gemäldesammlung, als wegen der Architektur und der schönen Möbelantiquitäten. Der frühere Burgturm im Innenhof nur durch seine Grundmauern angedeutet (Museum von 10–18 Uhr geöffnet).

An Übernachtungsmöglichkeiten gibt's im Ort nichts Gemütliches. Die abgeblätterte, etwas spartanische Pension in der Fußgängerzone lockt ebensowenig wie das Großhotel Transtourist am Ortseingang. Kleine Zimmer mit 08/15-Einrichtung. DZ ab 50 DM.

Ljubljana 300 000 E.

Geschäftige Hauptstadt Sloweniens mit imposanter Burg hoch über der Ljubljanica. Der Altstadtkern um die Drillingsbrücke ist gemütlich und überschaubar. Es macht viel Spaß, in den schmalen Gassen mit ihren hohen Häusern aus der Habsburgerzeit rumzubummeln.
Großer, lebendiger MARKT am Flußufer (Vodnikov Trg), viele Obst- und Gemüsestände, Souvenirs und Klamotten.

Beim Marktplatz beginnt der Fußweg zur Burg (Autozufahrt außen rum – STRELISKA ULICA). Vom Turm Top-Aussicht über die Stadt bis zu den Hochhäusern an der Peripherie. Die Burgbefestigung wurde im 14. Jh. aus Angst vor Türkeneinfällen angelegt. Z. Zt. wird sie modernisiert. Wir waren etwas skeptisch, was dabei rauskommt.

TIP: Für Imker und Bieneninteressierte: Imkereiabteilung im Nationalmuseum. Große Sammlung von niedlich-naiv bemalten Bienenstockbrettchen mit Fluglöchern. (Montags ist das Museum geschlossen.)

In den Randbezirken viel Industrie – in Ljubljana wird ca. ⅔ des slowenischen Bruttosozialproduktes erarbeitet.

Um Ljubljana gibt's eine Autobahnumgehung. Gut ausgeschildert als Autobahn nach Postojna (E 93). Später gabelt es sich: Richtung Zagreb, Autoput, E 94 links ab, nach Postojna, Rijeka rechts ab.

 Tourist in der breiten Hauptstraße Titova Ulica 11, offen von Mo. bis Sa. von 8 bis 21 Uhr, So. und Feiertag 8 bis 12 und 17 bis 20 Uhr.

 Post in der Cigaletova 15.

 Bank Ljubljanska Banka, werktags geöffnet von 8 bis 18 Uhr, Sa. 8 bis 14 Uhr. Als Sonderservice hat die Zweigstelle in der Cigaletova Ulica 4 auch Sa. von 8 bis 19 Uhr, So. und Feiertag von 8 bis 11 Uhr geöffnet.

AUTOMIETEN: Hertz beim Kompas-Reisebüro in der Miklošičeva 11.

RESTAURANTS

Gostilna »Pri Vitezu« (Beim Ritter). Gediegenes Restaurant in der Nähe vom Zentrum. Das angedeutete Gewölbe und rotkarierte Tischdecken machen's gemütlich. Eine komplette Ritterrüstung darf bei dem Namen natürlich nicht fehlen. Große Karte: Forelle oder Wildschwein für ca. 13 DM. Der flammende Ritterspieß für 2 Pers. erregt jedesmal Aufsehen (12 DM). Das Lokal ist leicht zu finden, an der Uferstraße Breg 18–20.

Eine Ecke weiter, am Ende der Seitenstraße, **Gostilna »Pod Skalco«**. Heller, etwas moderner, mit abgeteilten Sitzecken. Mit interessanten Schwarzweißkarikaturen dekoriert. Gleiches Preisniveau wie im Ritter. Gosposka Ulica 19.

Restaurant »Šestica« (Die 6). Total zentral in der Hauptstraße Titova 16. Ein einfaches Lokal, lebendig, am Wochenende gestopft voller Jugoslawen. Reichhaltige Speisekarte, deftige Gerichte und wirklich preiswert. Zwiebelrostbraten für ca. 5 DM oder Szegediner Gulasch für ca. 4 DM. Das Lokal ist ziemlich groß, verteilt sich aber auf verschiedene Räume; Gewölbe mit Holzvertäfelung, etwas weniger verräuchert ist der luftige Pavillonraum mit Grünpflanzen.

Restaurant »Ivan Cankar«, im 9. Stock des Kulturhauses Ivan Cankar. Lohnt wegen des Panoramablicks über Ljubljana. Das Restaurant selbst ungemütlich und riesengroß. Am Trg Revolucije 2 im neuen Teil der Stadt.

Kneipen und Bistros in der Altstadt. Um eben »auf ein Bier« zu gehen, hat uns Bistro Romeo am besten gefallen, vom Ambiente und Publikum her. In Stari Trg 6, Parallelstraße zur Uferstraße.

UNTERKUNFT

Ljubljana ist eine beliebte Messe- und Kongreßstadt, dann ist kilometerweit kein Bett mehr zu bekommen.

»Holiday Inn«, mitten im Zentrum, 7 Stockwerke. Mit dem üblichen Holiday-Inn-Komfort und Preis. DZ ca. 220 DM. Miklošičeva Cesta 3.

Beim Nachbarn **»Grand Hotel Union«** kostet das DZ nur ca. 100 DM. 270 Zimmer mit Dusche, WC und Telefon. Appartements, geräumig mit Clubsesseln und TV. Miklošičeva 1.

Hotel »Lev«, Hotelhochhaus, direkt an der befahrenen Ausfallstraße. DZ um die 100 DM. Vošnjakova 1.

Hotel »Turist« ist von den zentral gelegenen Hotels das preisgünstigste mit Zimmern ab 60 DM. Für die Zentrumslage relativ ruhig. Die Optik jedoch nicht allzu verlockend. Von einigen Zimmern Blick zur Burg. In der Dalmatinova 13.

Hotel »Bellevue«, relativ ruhig am Waldrand, aber doch zentral zu Stadt und Bahnhof. Es liegt etwas oberhalb der Einfahrtsstraße von Kranj kommend. Eine ältere, gelbe Villa, die schon bessere Zeiten gesehen hat. Der Putz bröckelt von den Wänden. Zimmer ohne Bad und ohne Luxus, mit Preisen ab 45 DM aber billig. In der Pod Gozdom 12, an der Hauptstraße ausgeschildert.

Hotel »Ilirija«, gleiches Preisniveau wie Bellevue. Häßlichergrauer Betonklotz im Vorstadtwohnviertel. Busverbindung in die Stadt. Von der Einfahrtsstraße (aus Kranj) rechts ab, ausgeschildert.

Privatzimmer kosten um die 15 DM. Vermittlung im Turist-Büro.

Studentenheim, nahe beim Campingplatz Ježica, in der Kardeljeva Ploščad 27. Nur im Sommer für Touristen. Pro Person ca. 8 DM.

Camping Ježica (stadtnächster), in der Titova-Straße 260a. Etwa 6 km vom Zentrum Richtung Maribor fahren (häufige Busverbindung). Großer Platz mit Bäumen, Stromanschluß, Supermarkt und Freibad.

TRANSPORTE

Zugbahnhof am Trg Osvobod Fronte 6, 10 Minuten zu Fuß vom Zentrum.

Züge nach		Fahrzeit
Postojna	(76 km)	12 × tgl., ca. 1 Std.
Rijeka	(155 km)	8 × tgl., ca. 2,5 Std.

Koper	(165 km)	6 × tgl.,	ca. 2,5 Std.
Pula	(258 km)	10 × tgl.,	

Verbindung über Divača, dort teilweise längerer Aufenthalt.

Zagreb	(160 km)	16 × tgl.,	ca. 2,5 Std.

Riesen-Busterminal neben dem Bahnhof. 30 Buslinien direkt vor der Bahnstation, deutlich beschildert, für jede Nummer eine Spur. Der Airportbus (JAT-Bus) fährt ebenfalls hier los.

Der **Flughafen** von Ljubljana liegt in Brnik, ca. 27 km außerhalb. Airportbus.
Von Ljubljana geht 1 bis 2 × tägl. eine Maschine nach Beograd. Der Flug dauert eine knappe Stunde. Nach Split geht 4 × / Woche ein Flug, dauert ca. eine Dreiviertelstunde. Nach Sarajevo 1 × / Woche, dauert eine knappe Stunde. Nach Skopje 4 × / Woche, dauert 2¼ Stunden.
JAT-Büro in der Miklošičeva 34.

Von Ljubljana ca. 50 Kilometer über eine schnelle und bequeme Autobahnverbindung (gebührenpflichtig) nach Postojna.

Postojna – Adelsberg 6300 E.

Niemand würde diese Stadt kennen, wenn sie nicht die weltberühmten Tropfsteinhöhlen hätte. Keine Altstadt, ein profilloses Zentrum mit Hochhäusern aus den letzten Jahrzehnten. Alles strömt direkt zu den bekannten Adelsberger Grotten, 1 Kilometer außerhalb.

 Tourist Info in der Hauptstraße Trzaska Cesta 4, zur Saison von 8 bis 21 Uhr offen. Hier Bus- und Zugauskunft.

 Post in der Ulica 1 Maja 2, offen von 7.30 bis 19 Uhr, Mo. bis Sa.

UNTERKUNFT

Hotel »Jama«, langgestrecktes Gebäude direkt bei den Grotten, 267 Betten, mit Swimmingpool und Disco. DZ ca. 90 DM.

Hotel »Kras«, im Stadtzentrum an der lauten Durchgangsstraße. Großer Hotelkasten, 108 Betten. DZ ca. 70 DM.

Pension »Erazem«, kleinere Pension im Bauernhausstil, 5 km außerhalb, schön ruhig gelegen, mit großer sonniger Terrasse. Auf halbem Weg zum Predjamaschloß. DZ ca. 60 DM.

Privatzimmer, DZ ca. 33 DM.

Camping »Pivka Jama«, direkt neben der Pivka-Höhle. Großer (15 000 m²), gepflegter Platz im Nadelwald, auch im Sommer schön kühl. Parkbuchten für Wohnmobile recht eng, aber Stromanschluß. Winzige Holzbungalows für 2 bis 4 Personen, mit Stockbetten. Restaurant, kleiner Lebensmittelladen – allerdings erst nachmittags offen –, Wechselstube. Campingplatz vom 1. Mai bis Ende September geöffnet. Kostenpunkt pro Person ca. 7,50 DM (Zelt und Auto sind dabei), dafür Dusche, Kurtaxe und Strom extra. Ca. 5 Kilometer von Postojna entfernt, Camp Pivka Jama ausgeschildert, gute Zufahrtsstraße.
Keine Busverbindung nach Postojna!

TRANSPORT

Zugbahnhof in der Kolodvoška Ulica/Ortsrand Postojna.

Züge nach			Fahrzeit
Ljubljana	(76 km)	18 × tgl.,	ca. 1 Std.
Rijeka	(79 km)	12 × tgl.,	ca. 1,5 Std.
Koper	(89 km)	4 × tgl.,	ca. 1,5 Std.

Großer Busbahnhof 200 m vom Hauptplatz entfernt, durch die Prešernova Ulica.
Verbindungen nach Ljubljana stündlich; Koper: alle 1–2 Stunden; Pula: 2 bis 3 × am Tag; Porec: 3 × am Tag; Rijeka: 4 × am Tag; Split: 1 × am Tag; Zadar: 2 × am Tag; Zagreb: 6 × am Tag; Triest: 2 × am Tag, nur werktags.

Von Postojna führen 2 Wege ans Meer:

Wer nach Rijeka und weiter nach Süden will, fährt am besten die kurvige Land-straße über Pivka, Ilirska Bistrica nach Rijeka (ca. 75 km).

Landschaftlich reizvoller ist die Strecke über Divača nach Koper an die Küste, mit schönen Abstechern zum Gestüt Lipica (siehe dort) und zu interessanten Karsthöhlen direkt an der Route.

Karsthöhlen um Postojna

Außer dem bekannten Touristenspektakel in den gigantischen Adelsberger Grot-ten gibt's eine Menge kleinerer Tropfsteinhöhlen mit individueller Führung.

Phantastische Tropfsteingebilde, die der Phantasie auf die Sprünge helfen, un-terirdische Wasserläufe, Sintergalerien und ein Unikum der Tierwelt: den be-rühmten Grottenolm.

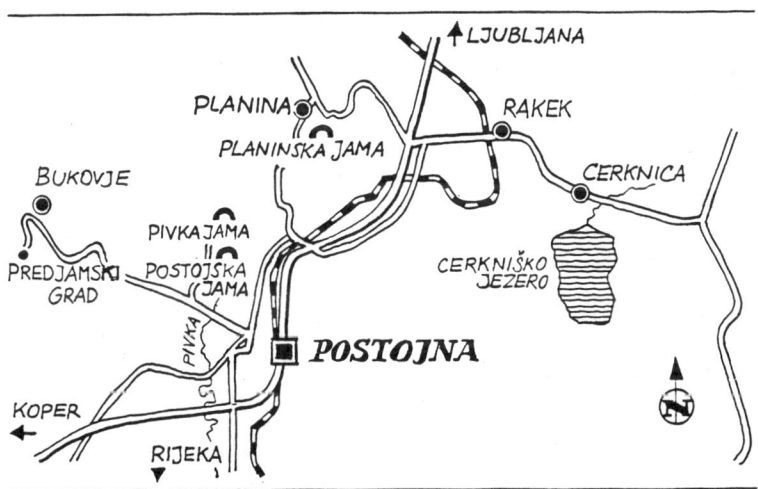

Postojna Jama – Adelsberger Grotten

Längstes Höhlenlabyrinth der Welt, riesige Säle mit gut beleuchteten Tropfstei-nen: meterdicke Säulen, Orgelpfeifen, Faltenvorhänge, dünne Spaghettistalakti-ten – eine Höhlenbahn schlängelt sich 4 km an Tropfsteinriesen und Sintervor-hängen vorbei –, dann 1,5 km Besichtigungsrundgang nach Sprachgruppen aufgeteilt. Über die russische Brücke in die 540 m langen »Schönen Höhlen«, 1891 entdeckt. Im Bassin die einzigartigen Grottenolme zu sehen.

Grottenolm: lat. Proteus anguineus, eine farblose bis leicht rötliche Amphibie, deren Augen verkümmerten. Die Olme werden ca. 25 cm lang und ernähren sich im Bassin von Mikroorganismen und Mineralien, im Fluß – ihrem eigentlichen Lebensraum – von Plankton. Diese Karsthöhlen sind die einzigen Stellen der Welt, wo man diese Schwanzmolche zu Gesicht bekommt. Der Grottenolm kann sowohl mit Kiemen als auch mit der Lunge atmen, er vermehrt sich durch Eier, das Weibchen bringt aber auch lebende Junge zur Welt.

Bei der Ausfahrt U-Bahn-ähnliche Haltestelle mit Bar und Souvenirständen. Dauer der Führung 1,5 Stunden. Warme Lodenmäntel für die 8° kalte Grotte gibt's am Eingang für wenig Geld zu leihen – besser als unten frieren. Großer Besucherandrang: Zu Rekordzeiten strömen 11 000 Menschen am Tag hinein.

Führungen zur Saison alle halbe Stunde ab 8.30 Uhr. Eintritt 15 DM/Pers., Kinder die Hälfte.

Großer, gebührenpflichtiger (minimal) Parkplatz bei der Einfahrt. Auf dem Gelände riesige Hotelanlage, Restaurants, einige Bars und reichlich Souvenirstände.

ENTSTEHUNG: Die Adelsberger Grotten sind von der Pivka ausgeräumt worden. Bis ins Pliozän (Erdneuzeit, Tertiär) wurde das Becken von Postojna oberirdisch entwässert, dann setzten Hebungsvorgänge ein, gleichzeitig die Tieferlegung des Flusses, bis die Pivka schließlich versickerte. Erst im Becken von Planina kommt sie als Unica wieder an die Oberfläche. In der Tiefe entstand ein 24 km langes Höhlensystem auf zwei Niveaus. Das obere trockene ist für Besucher zugänglich, das untere liegt 18,5 m tiefer, hier fließt heute die Pivka.

Die Adelsberger Grotten sind seit 1213 bekannt, dem Tourismus schon seit 1819 erschlossen. Pro Jahr rattern ca. 900 000 Menschen (!) per Bahn durch die Höhle.

Zwei weitere Höhlen »Pivka« und »Črna« zu besichtigen, s. dort.

TROPFSTEINBILDUNG: Das kalkhaltige Wasser sammelt sich an der Höhlendecke. Jeder Wassertropfen überzieht sich mit einer Kalkhaut. Wenn der Tropfen weiter wächst, platzt diese Haut. Zurück bleibt an der Ansatzstelle ein winziger Kalkring, der größere Teil der Kalkmenge fällt mit dem Tropfen zu Boden, wo sich durch die Zerstäubung ein kleiner Sinterkegel aufbaut. Deswegen sind die Stalaktiten – die von der Decke wachsen – hohl, die Stalakmiten am Boden massiv.

Wenn Stalaktiten und Stalakmiten zusammenwachsen, entstehen ganze Tropfsteinwälder. In Postojna wachsen die Tropfsteine pro Jahr um 0,55 mm, das ist relativ schnell, in der St.-Kanzians-Höhle z. B. wachsen sie nur im Winter, für 1 mm brauchen sie da 30–40 Jahre.

Pivka Höhle und Črna Höhle (Schwarze Höhle)
Nur 5 km Richtung Norden von der Postojna-Höhle entfernt, aber schon kein Massentourismus mehr.

60 m runter, dort im Versturzsaal fließt tief eingeschnitten die Pivka; zur Nachbarhöhle Črna Jama führt ein künstlicher Stollen. Die Decke mit schwarzem Sinter (Name!) überzogen; die unteren Gänge führen wieder zum Pivka Fluß. Von hier stammen die Grottenolme, die nebenan in Postojna zur Schau gestellt werden.

Eingang am Campingplatz Pivka Jama. Führung 4× tägl., dauert eine halbe Stunde, aber erst ab 5 Personen, Eintritt ca. 3 DM. Keine Busverbindung. Laufen, trampen oder per Taxi.

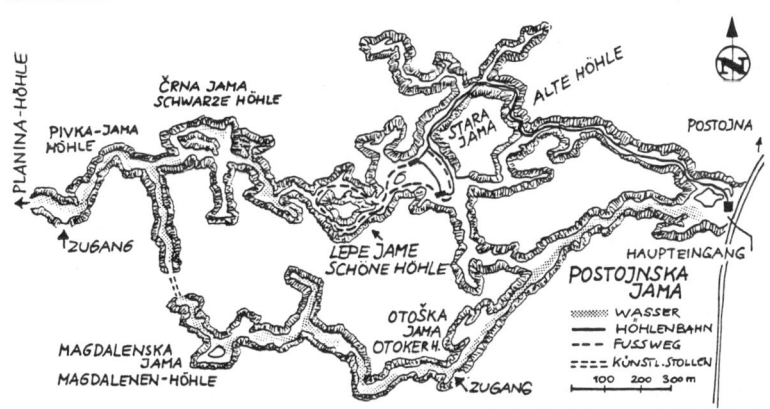

Höhlenschloß Predjama

Lohnender Abstecher von Postojna, durch saftige Almlandschaft mit kleinen Wäldern. 9 km nördlich von Postojna gelegen. Gute Straße, beschildert.

BUSVERBINDUNG nur mit Schulbus ab Postojna, 2 × tgl. nach Bukarje, noch 1 km zu Fuß (natürlich nur an Schultagen).

In sicherer Lage klebt das Höhlenschloß Predjama am Fels; versteckt darüber die ursprüngliche Felsenhöhle; nur Eingeweihten war der Geheimgang in das oben gelegene Wäldchen bekannt.

8 Räume des Schlosses dienen jetzt als Museum (Jagdwaffen und -trophäen, eine Ritterrüstung und Funde aus dem Neolithikum). Das Renaissanceschloß wurde 1583 von Johann Kobenzel erbaut. Zuvor diente die natürliche Höhle u. a. auch Erasmus Lueger als Unterschlupf.

Als letzter slowenischer RAUBRITTER versetzte er die Handelszüge zwischen Triest und Postojna in Angst und Schrecken, sehr zum Mißfallen von Kaiser Friedrich III.; er wollte Erasmus lebendig oder tot vor sich sehen und ließ ihn monatelang in seiner Höhlenburg belagern. Erasmus war aber nicht auszuhungern, zum Spott warf er seinen Belagerern gebratenes Fleisch und frisches Obst herab – denn er kannte den geheimen Ausgang. Unfairerweise verriet der Leibdiener den Belagerern ausgerechnet das Toilettenhäuschen seines Herrn – Exitus!
Im Zweiten Weltkrieg benützten Titos Partisanen die Höhle als Versteck und Druckerei. Dokumente und Waffen im Museum.

Fototip: Beste Aufnahmen vormittags, dann steht Sonne auf dem Schloß. Besichtigungszeiten zur Saison 8–18 Uhr, die ganze Woche. Eintritt 3 DM.

Etwa 30 km südöstlich von Postojna eine weitere Tropfsteinhöhle und ein seltsamer Karstsee:

Bei dem Ort Bloška Polica liegt die **Kreuzberghöhle (Križna Jama)**. Sie wird oft als schönste Grotte Sloweniens bezeichnet. Ihre Besonderheit: 22 durch Sinterschwellen voneinander getrennte Seen. Besichtigung nur mit tragbarem Boot, Gummistiefeln, Höhlenlampe und nach Vereinbarung mit dem jugoslawischen Höhlenforscherverein möglich. (Ljubljana, Stari Trg 21).

Nur einen Katzensprung entfernt der 10 km lange See **Cerkniško Jezero**. Ein Phänomen im Karst: Er entsteht im Herbst, verwandelt sich im Winter in eine ideale Schlittschuhbahn, bleibt bis zur Schneeschmelze und verschwindet dann im Karst. Im Sommer mähen die Bauern im »See« ihr Heu.

Von Postojna gut 30 km südwestlich, direkt an der Strecke nach Istrien, liegen zwei weitere interessante Grotten, die **St.-Kanzian-Höhle** und die **Dimnice-Höhle**

Zufahrt: Ab Postojna 12 km Autobahn (Gebühr), die Landstraße daneben aber auch tiptop in Schuß! Abwechslungsreiche Strecke, hügelig mit Wiesen, Weiden und kleinen Wäldern – schöne Picknickplätze. Auf der Straße Nr. 10 ist die ŠKOCJAN-JAMA nach dem Ort Divača groß ausgeschildert, Abzweig 1 km zum Dorf Matavun. Von Ljubljana, Postojna, Koper gute Bahnverbindung nach Divača, weiter 1 × tgl. per Bus nach Matavun.

Škocjan-Jama (St.-Kanzian-Höhle)
Weitläufiges Höhlensystem mit unterirdischem, 90 m tiefem Flußcañon der Reka. Nicht so grandiose Tropfsteine wie in Postojna; alles etwas kleiner, direkter, zum Selbererleben.

Guter, 2,5 km langer Fußweg durch die Höhle mit Halogenbeleuchtung, Führung 1½ Stunden. Warmen Pulli oder Jacke mitnehmen, unten hat es nur 13°.

Die Reka bildet dieses komplizierte Höhlensystem. Sie entspringt im Snežnik = Schneeberg, fließt bis zu der St.-Kanzians-Höhle oberirdisch und verschwindet hier. Nach 40 km – unterirdisch – mündet sie bei Duino als Timavo ins Meer. Für den Weg braucht der Fluß 8 Tage, wie Färbeversuche bewiesen haben. Die Reka ist ein Sickerfluß, das bedeutet, ihr Flußbett sinkt pro Jahr um ca. 1 m.

RUNDWEG: Durch einen 130 m langen künstlichen Stollen, in die STILLE GROTTE – ganzjährig gut temperiert mit 13° –, hier haust eine ganze Fledermauskolonie (300–400 Stück) im Winterquartier, u. a. die sogenannte Hufeisennase. Abwechslungsreiche phantasieanregende Tropfsteinbildung vom Bär bis zum Charles-de-Gaulle-Porträt.

Manche Tropfsteine sehen wie mit Puderzucker überzogen aus. Weiße Tropfsteine entstehen, wenn nur das Wasser durch reinen Kalk fließt, gräuliche, wenn dem Kalk Eisen, Aluminiumoxid und Magnesium beigemischt ist. Die Tropfsteine wachsen hier nur im Winter (zu trockene Sommer!). Vier Grottenolme hausen noch (!!) in einem Bassin (zur Schau gestellt werden sie aber nur in der Adelsberger Grotte), ihr Lebensraum, das Rekawasser, wird durch Fabrikabwässer, u. a. einer Zellulosefabrik, so verschmutzt, daß die Olme im Fluß eingehen!

In der rauschenden Grotte die 90 m tiefe REKASCHLUCHT. Hier tiefster Punkt der Höhle, 170 m unter der Erde.

Von der Hankebrücke aus sieht man die Reka in einem düsteren Cañon verschwinden, 2 km frißt sie sich durch den Kalk, bis sie im Abflußsiphon endgültig versickert (nur noch Speleologen zugänglich), Verstopfungsgefahr, letztes Hoch-wasser war 1976.

Am Höhlenausgang die TOMINC-HÖHLE, 300 m tiefe Blindhöhle, seit der Jungsteinzeit bewohnt; die Skelettfunde von hier jetzt im Museum in Salzburg.

FLEDERMÄUSE: Die Hufeisennasen (Rhinolophidae) verdanken ihren Namen dem hufeisenförmigen Nasenaufsatz – ihr Sender für die Ultra-schallpeilung. Die Rufe erzeugen sie im Kehlkopf und stoßen sie durch die Nase aus. (83,3 kHz, für unser Ohr nicht hörbar.)

Durch das Echo können sie sich orientieren, ihre Beute wie Falter, Käfer und Fliegen lokalisieren und genau unterscheiden.

Hufeisennasen – kleiner als ein Spatz, leben im Sommer in Dachstöcken von Kirchen, Schlössern und ruhigen, alten Gebäuden. Sie wiegen nur ca. 8 g.

In der St.-Kanzians-Höhle leben sie am Höhleneingang. Sie überwintern in gleichmäßig temperierten Höhlenteilen, sind nachtaktiv und hängen tags-über immer frei von der Decke, mit dem Kopf nach unten, in großen Fleder-mauskolonien.

Im Schlaf hüllen sie sich in ihre Flughaut wie in einen Regenumhang ein.

In der »Wochenstube« bringen die Weibchen ein bis zwei Junge zur Welt (Säugetiere).

Die stille Grotte ist 3–4 Millionen Jahre alt, Tropfsteine »nur« 25 000 bis 85 000 Jahre; die rauschende Grotte wurde 1821 entdeckt, um 1884 begann der richtige Höhlentourismus.

Führungen 4 × tgl. zur Saison; Eintritt 5 DM.

Gostilna am Ausgang beim Parkplatz. Wenn man auf die Führung warten muß, lohnt der Weg zum Aussichtspunkt, 300 m (ausgeschildert).

Weitere Grotte bei Kozina: RAUCHHÖHLE – DIMNICE JAMA. Die Beson-derheit in dieser Höhle ist die fast 400 m lange, versinterte Galerie, ein Bächlein und natürlich jede Menge Tropfsteinsäulen.
Die Höhle wurde 1904 entdeckt; Führung dauert eine Dreiviertelstunde.
9 km von Kozina auf der Nr. 12, 500 m von Markovščina.

Zwischen Divača und Kozina lohnt für PFERDELIEBHABER ein Abstecher zum **GESTÜT LIPICA** nahe der italienischen Grenze.
Ein Riesenareal mit viel Auslauf, Pferdekoppeln und alten Linden – Lipica be-deutet kleine Linde.

Zwei große Hotels gleich bei den Stallungen für Reiterferien. Seit 400 Jahren werden hier reinrassige Lipizzaner gezüchtet: eine Kreuzung aus andalusischem Hengst und einheimischer Stute. Durch die Wiener Hofreitschule wurden sie weltberühmt.

Diese Pferde gelten als intelligent, sanftmütig, temperamentvoll und gut dressierbar.

Nicht jeder Lipizzaner wird ein Schimmel; bei der Geburt ist ihr Fell braun, grau oder schwarz. Zwischen drei und sieben Jahren verändert sich bei den meisten Tieren die Farbe. Nur die schneeweißen Hengste haben Chance, in die Hofreitschule aufgenommen zu werden. Mit 3½ Jahren beginnt die zweijährige Ausbildung. Nur die intelligentesten werden weitere vier Jahre für die Hofreitschule dressiert.

Reitmöglichkeit auf reinrassigen Lipizzanern.
Dressurstunden von Spitzenklasse-Reitlehrern – auch Anfängerstunden. Für Ausritte ist das weitläufige Gelände ideal.
Reitstunde (50 Min.) ab 12 DM. Ponyreiten für die Kleinen, Kutschfahrten werden auch organisiert.

Urlaubspaket im Hotel »MAESTOSO«: 7 Tage VP mit 14 Reitstunden ca. 460 DM. DZ ca. 75 DM.
Neues Klubhotel »Lipica« – uns hat es an ein Kloster erinnert. VP 54 DM.

BUSVERBINDUNGEN: Direktbus nach Koper am Vormittag; Lipica–Divača mehrmals täglich; dort Bus- und Bahnanschluß.

HÖHLE VILENICA = Feenhöhle – ca. 2 km von Lipica entfernt, Anfang des 17. Jhs. entdeckt, Führung (1 km) jedoch nur für Gruppen. Auskunft Hotel Maestoso in Lipica.

Herzog Karl (Sohn des Kaisers Ferdinand I.) gründete 1580 das Gestüt und ließ hier gute Reit- und Zuchtpferde für seinen Hof züchten.
Das Gestüt wurde in Kriegszeiten oft ausgelagert nach Ungarn, Tschechoslowakei und Österreich.

Istrien

*Der nördlichste Küstenabschnitt von Jugoslawien bringt ungemein gemüt-
liche Städtchen, häufig auf einer Halbinsel gelegen, mit engen Gassen und
venezianischem Touch. Die beiden schönsten sind ROVINJ und POREČ.*

*Strände meist Kies oder Fels, Sand ist die Ausnahme, dafür glasklares
Schnorchelwasser.*

*Die Nähe zu Mitteleuropa ist optimal für einen preiswerten Zwischenur-
laub, bringt zur Hochsaison aber jede Menge Tourismus. Der Betrieb ist
eingespielt mit allen Vor- und Nachteilen; breites Sportangebot, viele
Campingplätze, Open-air-Discos mit Live-Bands. Die Hotels sind mehr
auf Pauschaltourismus orientiert. Sanft hügeliges Inland mit Weinfeldern
und Pinienwäldchen.*

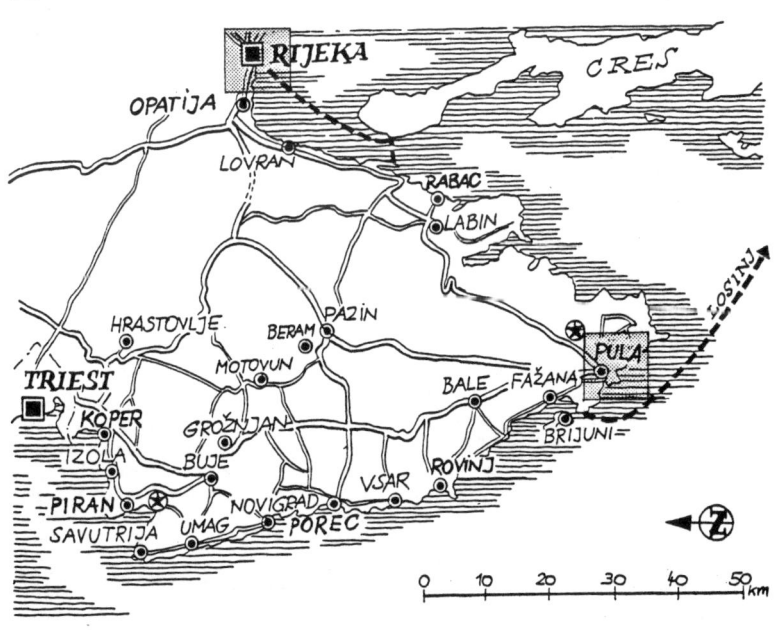

Wer über Italien/Triest anreist, landet kurz nach der Grenze in

Koper

20 000 E.

Eine Hafen- und Industriestadt, die aber mehr zu bieten hat. Im Zentrum eine gemütliche Altstadt mit winzigen Gäßchen, bunten Fassaden in der Kidrič Stra-ße, dunklen Winkeln und vielen Slastičarnas mit gutem Eis.

Wer gerne Leute beobachtet, ist im Café Loggia richtig: promenierende Menschen auf dem Tito-Platz vor der Kulisse des venezianischen Prätorenpalastes und der Kathedrale: die Fassade eine Mischung aus Gotik und Renaissance. Innen barock mit zwei Gemälden von Carpaccio, thronende Madonna und Darstellung der Jungfrau im Tempel. Carpaccio soll aus Koper stammen.

Geschichte
Die Römer gaben ihr den Namen CAPREA. Die Bezeichnung CAPUT HISTRIAE (d. h. Haupt Istriens) verschliff sich unter venezianischer Herrschaft zu CAPODISTRIA, so nennen es die Italiener heute noch. Koper heißt die Stadt bei den Jugoslawen.

Mehr als 5 Jh. unterstand Koper den Venezianern (1275–1797), dann kamen die Österreicher, 1918 besetzten es wieder die Italiener. Nach 1945 kam es zum Territorium Triest, erst 10 Jahre später, 1954, dann endgültig zu Jugoslawien. Deshalb heute noch zweisprachig.

Ursprünglich lag Koper auf einer Insel, die nur durch zwei Dämme mit dem Festland verbunden war. Später wurde das Gebiet zwischen den Dämmen zugeschüttet; das Aufschüttungsland wird als Industriezone genutzt. Die Landgewinnung geht weiter.

 Tourist Info am Kai, Pristaniški Trg 7; offen: Mo.–Sa. 7–22 Uhr, So. 8–12/17–22 Uhr. Hier gibt's auch Bahntickets, der Bahnhof selbst liegt 2 km außerhalb.

 Post mit Telefonladen am Muzejski Trg; offen: Mo.–Sa. 7–20 Uhr, So. 9–11 Uhr.

 Bank: Splošna Banca Koper: in der Kidričeva Ulica, Seitenstraße vom Tito-Platz; offen: Mo. 13–18 Uhr, Di.–Sa. 7.30–18 Uhr.
Bankinstitut JIK: in der Planinčeva Ulica am Kai; offen: Mo.–Fr. 7.30–18 Uhr, Sa. 7.30–12 Uhr.

UNTERKUNFT

Hotel, Restaurant »Triglav«: klobiger Kasten an der Uferstraße, Blick über den Boots- und Yachthafen, große Terrasse mit Tanz-Band für Standardfans. DZ um die 75 DM.

»Žusterna«: ein großes Hotel mit 338 Betten. DZ ca. 70 DM.

»Pension Rižana«: preiswerter, das Doppel knapp 50 DM.

Privatzimmer ab 15 DM/Person.
Tip: Übernachtung im modernen Studentenheim, allerdings Dreibettzimmer; in der Cankarjeva Ulica ca. 10 DM/Person.

Camping »Adria«, ca. 9 km nördlich beim Ort Ankaran. In einem alten Park, entsprechend schattig. Restaurant und Laden beim Campingplatz. Busverbindung nach Koper. Großes Sportangebot: Ruderboote, Segelboote, Wasserski, Tennis, Minigolf und Tischtennis.

RESTAURANTS

Restaurant »Capris«: mitten auf dem Tito-Platz im ehemaligen Prätorenpalast. Gepflegtes Lokal mit dunklen Natursteinen und Wagenradlampen. Von der Terrasse kann man den flanierenden Menschen zuschauen.

Restaurant »Taverna«: direkt an der Kaistraße; großer Speiseraum mit Bartheke, ruhige Terrasse nach hinten raus.

Pizzeria »Atrij«: direkt in der Altstadt Triglavska Ulica, einfach, preiswert, mit weinbewachsener Terrasse.

Wer noch Lust zum Austoben hat: **»Disco Club 23«** in der Altstadt neben Hotel Triglav.

TRANSPORT

Bahnhof für Zug und Bus ca. 2 km außerhalb an der großen Zufahrtsstraße Istrska Cesta mit Busverbindung zur Innenstadt.

Züge nach Divača, dort umsteigen. Nach Rijeka und Ljubljana (165 km) mehrmals tägl. Busverbindung, z. B. nach Pula, mehrmals tägl.

Taxi: Taxistand am Kai, in der Nähe von Hotel Triglav.

Parkplätze: in die Altstadt reinzufahren verboten oder zu schmal, große Parkplätze vor den Altstadtmauern. Die Parkplätze am Kai sind meist besetzt.

Bademöglichkeit:
im sogenannten »Strandbad« am Kai; ein Stückchen verbrannter Rasen, etwas Beton, nebenan der Hafen mit Einfahrt für die großen Frachter. Uns hat's vor dem dreckigen Wasser richtig gegraust. Etwas besser: bei Ankaran, 9 km nördlich; Betonstrand – die Hafennähe auch hier nicht zu übersehen und zu überriechen!

Handelshafen: Die großen Frachter tuckern direkt am »Stadtstrand« vorbei. Der Handelshafen wird seit 1957 planmäßig ausgebaut und stellt inzwischen eine starke Konkurrenz zu Triest dar. Slowenien sollte einen leistungsfähigen Hafen bekommen, wohl eher aus politischen als aus wirtschaftlichen Gründen. Koper ist wichtigster Containerhafen Jugoslawiens und damit Konkurrenz für Rijeka. Mit riesigen Lagerhallen, besonders für schnell verderbliche Waren. Bedeutender Umschlagplatz für Erdöl. Insgesamt ca. 2 Mill. Tonnen Umschlag im Jahr.

Der frühere kleine Fischereihafen wird von seinem »großen Bruder« völlig verdeckt.

Ausflug nach Hrastovlje
Verschlafenes Dörfchen im Inland, schlichte Wehrkirche auf einer Anhöhe, innen jedes Fleckchen – gut 80 Bilder – liebevoll mit Fresken ausgemalt (15. Jhd.). Szenen aus dem Leben istrischer Bauern und der berühmte Totentanz; von Janez Kastav, einem Maler aus der Umgebung. Sie dienten als lebendige anschauliche Bibel fürs Volk, das weder lesen nach schreiben konnte.

IM HAUPTSCHIFF, rechte Deckenwölbung: In 7 Bildern die Erschaffung der Erde, unter anderem Wasser, Pflanzen, Sonne und Mond, Tiere und der Mensch. Linke Deckenwölbung: Geschichte von Adam und Eva, Vertreibung aus dem Paradies und Szene von Kain und Abel. In den SEITENSCHIFFEN an der Decke: Medaillons, die die Monate darstellen, symbolisiert durch die in dem jeweiligen Monat anfallenden Arbeiten eines Bauern. Linkes Seitenschiff: Zug der Heiligen Drei Könige und Anbetung. Rechtes Seitenschiff: der berühmte Totentanz, ganz deutlich erhalten; symbolisiert, daß der Tod vor niemandem haltmacht.

Zu erreichen durch weite hügelige Landschaft, 20 km von Koper entfernt. Abzweigung nach BUZET nehmen, dann nach 2 km links Hrastovlje ausgeschildert, guter Straßenbelag, aber zwischendurch 16% Steigung.

Wenn das Kirchlein Spaß gemacht hat, empfehlen wir nach Beram zu fahren, noch lebhaftere Darstellung des Totentanzfreskos. Siehe unsere Beschreibung dort.

Wenige Kilometer südlich von Koper noch am Golfo di Trieste liegt

Izola
12 000 E.

Kein einladender Urlaubsort. Der Strand liegt an der Frachtereinfahrt von Koper. Bescheidene Altstadt. Die Schornsteine, Fischkonservenfabrik und Trokkendocks erhöhen nicht gerade den Reiz.

 **Tourist Info:** an der Kaistraße, Kidričevo Nabrežje (8–21 Uhr, Mittagspause 12–13 Uhr).

 **Post:** an der Uferstraße Cankarjev Drevored offen von Montag bis Samstag, 7–20 Uhr.

Bank: Splošna Bank am Cristanov Trg.

Der Hafen bietet für Jachten keine guten Anlegestellen. Aber wichtig, denn Izola ist (im Sommer) neben Koper erster Einklarierungshafen. Zwei Duty-free-Shops. Jachtgeschäft »Marina«: 8–12/17–19 Uhr, Samstag 8–12 Uhr in der Kidričeva Nabrežje 20, Zubehör und Ersatzteile für Sportboote.

TRANSPORTE

Busabfahrt: Cancarjev Drevored (gegenüber Post), Verbindungen mehrmals täglich in alle Hauptrichtungen: Pula, Zadar, Ljubljana, Rijeka, Triest.

Taxistand: Anfang der Straße 1. Maja.

HOTELS

»Marina«: Bestes Hotel im Ort und zentral an der Uferstraße. Balkons mit Blick zum Meer und Fischerhafen, überdachte Terrasse auf dem Quai. DZ ab 75 DM.

»Simonov Zaliv«: Moderner Hotelkomplex, 1,5 km vom Zentrum (stündliche Busverbindung). Betonstrand unterhalb der Anlage.

Privatzimmer kosten um die 15 DM/Person.

Camping:

»Jadranak«: Indiskutabel (die ersten Zelte gleich neben der Hauptstraße).

»Belvedere«: Am westlichen Ortsrand; schattige Hanglage, Blick über die Küste. Etwa 400 m langer Fels-Kies-Strand. Wenig Stromanschlüsse, einfache Sanitäranlagen.

Piran
6000 E.

Lebendiges altes Städtchen, vielleicht das schönste Istriens. Vergangene venezianische Pracht, die überall von den Wänden bröckelt; gotische Fenster, kunstvolle schmiedeeiserne Balkons, Minidachgärten – zwischendurch spaziert eine Katze über die Dächer.

Das Zentrum um den TARTINIPLATZ – leider jeder Meter mit Autos zugepflastert. Der virtuose Geiger und Komponist Tartini (1692–1770) stammte aus Piran, sein Geburtshaus ist noch zu sehen. Bis 1894 war an der Stelle des jetzigen Platzes ein Hafenbecken; es muß jedoch ziemlich übel gestunken haben, so daß es kurzerhand zugeschüttet wurde.

Begehrtes Fotoobjekt ist der rote GOTISCHE ECKPALAST mit der ironischen Inschrift: »Lassa pur dir« (Laß sie nur reden) – ein venezianischer Kaufmann ließ ihn für seine Geliebte bauen. Im Erdgeschoß das TOURISTBÜRO.

Rundgang auf der STADTMAUER lohnt sehr; 7 Wehrtürme mit Zinnen, gut erhalten – über der Stadt thront der Dom. Bester Blick über die ganze Küste vom GLOCKENTURM – wie ein Abziehbild des Markusturms von Venedig.

Geschichte:
Piran wurde im 5. Jhd. von Flüchtlingen aus Aquileia (nahe Venedig) gegründet. Fünf Jahrhunderte lang beherrschten die Venezianer die Stadt (1283–1797), die durch den Salzhandel aufblühte. Dann kamen die Österreicher bis zum Ende des 1. Weltkriegs, denn im Rapallovertrag 1920 wurde Istrien Italien zugesprochen – nach dem 2. Weltkrieg gehörte Piran zu der von Jugoslawien verwalteten Zone, bis es endgültig an Jugoslawien kam.

 Tourist Info: Am Tartiniplatz im roten venezianischen Palast. Offen von 8–21 Uhr.
Taucher können hier eine Tauchlizenz erstehen für ca. 3 DM/Tag. Ohne die Lizenz geht nichts.

 Post: auch am Tartiniplatz, Geldwechsel und Telefone. Offen von Mo.–Sa. 7–20, So. 8–11 Uhr.

 Bank: Splošna-Bank: neben Restaurant Sidro am Platz. Offen von Mo.–Fr. 7.30–20 Uhr, Sa. 7.30–14 Uhr.

Restaurants, Hotels:
Gemütlich sitzt man in der »Kavarna« am Platz, eine Art Kaffeehaus mit Galerie.

Nette Restaurants an der Fußgängerzone, z.B. im »Tri Vdove« – große Terrasse und verlockende Fischgerichte zu fairen Preisen.

Hotel »Sidro«: klein, nur 30 Betten, nahe beim Hafen, die Fassade bröckelt schon ziemlich ab: Vorsicht, wenn man auf dem Balkon frühstückt! Zweckmäßig eingerichtete Zimmer.
Mit Restaurant am Tartiniplatz, abends Tanz.

»Piran«: ein modernes 120-Betten-Hotel. Die schönsten Zimmer nach hinten raus mit Balkon und Meerblick. In der Parallelstraße zur Uferstraße.

Privatzimmer gibt's in Piran ab 15 DM/Person.

Camping »Jezero« in Fiesa, ca. 20 Minuten zu Fuß von Piran. Ziemlich schattiges Camp beim See. Hier dürfen auch Vierbeiner mitgebracht werden. Mit Restaurant.

Kleiner gemütlicher JACHTHAFEN, gegen alle Winde gut geschützt; ganzjährig geöffnet mit Tankstelle und Wasseranschluß, kleiner Kran für 1 t, Duty-free-Shop an der Uferstraße.

Baden ist in Piran nicht so verlockend. Betonierter Stadtstrand mit Süßwasserduschen; manche breiten ihr Handtuch direkt neben dem Auto auf der Straße aus.
Schönere Badestellen in Fiesa, eine grüne Bucht mit Kies- und Betonstrand. Süßwassersee mit vielen Mücken! Restaurant, Campingplatz. Ca. 20 Min. zu Fuß von Piran.

Surfverleih und Surfschule Keko-Klub bei Portorož.

Das **Aquarium** bietet nichts Aufregendes: Mönchfisch, Schildkröten, Drachenkopf und meterlange Seeaale. Offen von 8–22 Uhr.

Marine-Museum am Hafen. Offen 9–12/16–19 Uhr, Montag geschlossen. Ein Zimmer wurde Tartini gewidmet.

Busbahnhof und **Taxistand** am Ortseingang.

Parken:
Große Parkplätze am Kai (Ortseingang), Wohnmobile unbedingt hier parken! Parkplatz auf dem Tartiniplatz immer knackvoll.

Portorož
2000 E.

für Leute, die Touristenrummel suchen. Boutiquen, Souvenirläden, Tanzbands bis nach Mitternacht. Hotelriesen und Restaurants drängen sich an der vierspurigen Uferstraße.

Alles pilgert zu dem künstlich angeschütteten Sandstrand, dem einzigen Istriens. Bunte Sonnenschirmchen und Badehandtücher dicht an dicht, Eintrittskassen wie im Freibad. Für Kinder ist das seichte Wasser ideal zum Planschen. Wer auf dem Sandstreifen keinen Platz mehr findet, muß auf die Beton-»Wiesen« rechts und links ausweichen.

Tourist INFO **Tourist Info:** 2 Büros an der Uferstraße, nonstop geöffnet.

Car Rent in den Reisebüros Kompas, Atlas, Globtour, Slavnik.

Taxi: Tel.: 7 35 55 und 7 60 00.

UNTERKUNFT

Vom Luxushotel bis zu Privatpensionen ist alles vorhanden (ca. 5000 Betten in 20 Hotels).

Dicht gedrängt die verschachtelten Hotels: »Riviera«, »Slovenija«, »Palace«, »Neptun« und »Apollo«. Alles moderne Hochhäuser mit langen Balkonreihen. Vom 10. Stockwerk weiter Blick über den Golf!

Auffallend im Zentrum das **Hotel »Palace«** – noch aus der k.u.k.-Zeit (1891) mit nettem Vorgarten. Innen Holzvertäfelung und viele Stuckarbeiten. Schon zu Kaisers Zeiten ein beliebtes Kurhotel. Kleine Zimmer mit Polstermöbeln. Das französische Bett ist auch schon älteren Datums. DZ ab 90 DM.

»Bernardin«: hufeisenförmige Hotelstadt mit 460 Betten, acht Restaurants, Disco und eigener Post. Direkt am Meer mit extra Strand und Hafen. Moderne Zimmereinrichtung mit Teppichboden, DZ um die 100 DM. 2 km außerhalb von Portorož in Richtung Piran (Busverbindung).

»Lucija«: 1 km am Ortsausgang Portorož. 600 Betten, Anlage mit verschiedenen Dependancen. – Unterschiedlich komfortable Zimmer, z. B. im Gebäude »Marita«: moderne Einrichtung mit Lederhocker, Kommode, sogar Bilder an den Wänden. Zum Strand über eine Fußgängerbrücke. DZ um 90 DM.

Camping »Lucija«: in der Bucht gegenüber Portorož. Ein langgestreckter Platz in zwei Ebenen. Am Meer die Caravans und Wohnmobile, nicht alle mit Stromanschluß. Steile Zufahrt zur oberen Zeltwiese, wenig Schatten. Einfache Sanitärgebäude, wenig warme Duschen. Lange Betonmauer als Liegewiese, prima Anlegestelle für Boote.

SPORT

Surfen. Die langgezogene Bucht bietet sich geradezu an. Das Wasser im inneren Bereich auch bei guten Windverhältnissen noch relativ ruhig, allerdings viele Badeboote im Weg. Könner zischen mit ihren Funboards bis rüber zur Landnase Savudrija. Surfboardverleih im Hotel Bernardin oder gegenüber im Kekaclub. Für Anfänger werden dort auch Surfkurse angeboten, deutschsprachige Surflehrer.

Verleih von **Motor-, Ruder- und Tretbooten** am Strand.

Minigolf, Gokartbahn und Tennisplätze am Stadtrand.

Bootsrundfahrten bis Piran, gleich vom Strand aus. Fahrpreis 5 DM/Person.

MODERNER JACHTHAFEN am nördlichen Ufer der Bucht. Neues Marinagebäude mit Clubhaus, Restaurant etc., Kran 30 t, Travellift und Werkstätten. Bei dem Komfort auch entsprechend hohe Liegegebühren, die Plätze werden durch den Hafenmeister zugewiesen. Die Stege mit Wasser- und Stromanschlüssen.

Ausflüge:
RUNDFLÜGE über Portorož, Piran und Golf 15 Min., für 3 Personen 65 DM.
Infos und Buchen im Touristenbüro.

PER SCHIFF: jeden Samstag mit einem Ausflugsdampfer nach Venedig inkl.
Abendessen an Bord – 70 DM/Person.
Schneller per Tragflügelboot. Nach Venedig 90 DM, Triest 25 DM.

BUSFAHRTEN: Lohnend die Fahrten nach Postojna zu den Tropfsteinhöhlen
und zum Gestüt Lipica (siehe auch unsere Beschreibung dort).

Kleine Ausflüge auf eigene Faust nach Piran oder zu den Salinen am Ende der
Bucht.

DIE SALINEN waren früher größte Salzgewinnungsanlage Jugoslawiens. Heute sind sie
unrentabel geworden und teilweise zugeschüttet. Überreste der 700 Jahre alten Anlage sind
noch zu sehen. Seit einigen Jahrzehnten wird aus den Salinen Seemutterlauge und Fango-
schlamm gewonnen. Im Hotel »Palace« kann man die Fangopackungen ausprobieren. Die
Entwicklung der Salzgewinnung zeigt das nautische Museum in Piran.

Auf der Landnase bei SAVUDRIJA wird's ruhiger, die Landschaft prärieartig.
Hier am Grenzfluß Dragonja beginnt Kroatien, denn die Halbinsel Istrien gehört zum kleineren Teil zu Slowenien, der größere zu Kroatien.

Savudrija selbst nur eine Ansammlung von Häusern mit ein paar Gostilnas und
zwei schönen Campingplätzen am Golf von Piran.

Camping »Kanegra« mit FKK-Abteilung:
ziemlich neuer Platz, daher gute Sanitäranlagen; weiteres Plus: schöner Blick über
den Golf und sehr schattig! Aber steiniger
Boden, unebenes Gelände, besonders
schwierig für große Zelte, Wohnmobile und
Caravane. Preis: ca. 3,50 DM/Person und
2,20 DM/Caravan. Außerdem gibt's versetzte Reihenbungalows zu mieten, 4 Stück
nebeneinander mit winziger Terrasse; neue
Bungalows schießen aus dem Karstboden.
Preis: 4-Pers.-Bungalow 70–150 DM je
nach Saison.

Die FKKler sind auf einem schattenlosen
ebenen Platz zusammengepfercht – der
Kiesstrand direkt daneben.

2 Gaststätten, mehrere Läden. Gutes Sportangebot mit Tischtennis, Minigolf, Tennisplätze (7,50 DM/h), Surfschule und Motorbootverleih (10 DM/h).

Ein paar km weiter **Camping »Pineta«:** Pinien sorgen für Schatten, ebenes Gelände,
sogar ein Stück grüne Wiese, Felsstrand mit
klarem Wasser und Miniquallen, kleine
Bucht für Paddelboote. Das Campingareal
ist meist sehr voll und hat viel zu wenig Toiletten und Duschen (mit viel Glück erwischt man eine warme Dusche). Kleiner
Supermarkt mit langen Warteschlangen, 2
Restaurants. In der Nähe ein Kindererho-
lungsheim – hier tut sich also zu jeder Ta-
ges- und Nachtzeit was.

Surfen an der Landnase ist nichts für Anfänger. Durch die ungeschützte Lage hat
man auch bei schwachem Wind mit hohen
Wellen stark zu kämpfen.

Die Strecke von SAVUDRIJA bis UMAG ist gepflastert mit riesigen Freizeitan-
lagen: »Katoro«, »Stella Maris«, »Punta« mit insgesamt 10 000 Hotelbetten.

FKK im großen Stil in »Katoro«, 2 ha für Naturisten abgeteilt, Bungalows, Sanitäranlagen und Restaurants. Auf heißen Asphaltstraßen zum Meer.

Umag
6000 E.

Industrieschornsteine, Fabrikgebäude und die größte Kellerei Istriens überdekken den Altstadtkern. Ringsherum ein Beispiel für perfekten Massentourismus. Ziel der Sommer-Sonderangebote bekannter Pauschalgesellschaften. Hotelsiedlungen im Reihenhausstil.

HOTELS

Stadthotel »**Kristal**« mit gut 190 Betten. VP ca. 50 DM pro Person.

Hotel »**Umag**«: 2 km nördlich (Busverbindung), Reihenhauscharakter – mit ca. 300 Betten, die besten Zimmer im Haupthaus. VP ab 55 DM/Person.

Privatzimmer: Preise um die 16 DM/Person.

Die **Campingplätze** um Umag unterscheiden sich preislich kaum voneinander. In etwa folgendes Preisniveau: 3,50 DM/Person, Auto 1,50 DM, Caravan 2,20 DM, Zelt 1,90 DM.

»**Stella Maris**«: rechts und links der Adriamagistrale. Zur Hauptsaison stehen Camper dicht an dicht. Vereinzelt Stromanschluß, Sanitäranlagen einfach und zu wenig.

»**Punta**«: leicht hügelig, Wiesenareal, wenig Schatten, 100 m Strandzugang, alles in allem dürftig.

»**Arena**«: 2 km nördlich von Umag und damit ortsnächster Platz. Gute Busverbindung in die Stadt.

»**Finida**«: 5 km südlich, zur Saison knallvoll, Wiesengelände mit Nadelbäumen, Sanitär o. k., Anlegestelle für Boote.

»**Ladin Gaj**«: südl. Finida. Neue Anlage, langgestreckt am Meer, wenig Schatten. Preislich etwas teurer als die anderen.

Novigrad
3000 E.

Kleinstadt mit altem Kern an der Mirnamündung. Stadtmauerreste, fotogene Gäßchen, venezianische Loggia, gemütliche Tavernen am viereckig angelegten Fischerhafen. Prima Eisdiele mit großen Heidelbeerbechern an der Außenmole.

Von der ehemaligen Insellage ist jetzt nichts mehr zu sehen; Festland und Altstadt gehen nahtlos ineinander über. Die schönsten Buchten um Novigrad sind bereits von Hotelanlagen und Campingplätzen reserviert – kein unkontrollierter Meerzugang.

Die MIRNA war im Mittelalter 20 km bis Motóvun schiffbar und wichtiger Transportweg, besonders für Holz (venezianischer Holzraubbau). Flößer trifteten es zur Küste. Später versumpfte die Mirna. Heute wurde das »Sumpfproblem« durch den Novi-Kanal gelöst.

Kleines LAPIDARIUM: in der Altstadt, Milovac Ulica. Antike und mittelalterliche Funde aus dem Ort und der nahen Umgebung.

Mit Parkplätzen sieht es schlecht aus. Letzte Parkmöglichkeit am Kai, besser schon an der Zufahrtsstraße eine Lücke suchen.

am Hafen gegenüber Hotel Emonia (Mo.–So. 8–21 Uhr).

Kleines POSTAMT: Mandrač 28 am Hafen (Mo.–Sa. 7–21 Uhr, zusätzlich sonntags Telefon von 8–11 Uhr). Lange Warteschlangen an den beiden Telefonzellen, Geldwechsel möglich.

Hotels:
Stadthotel »**Emonia**«: Gepflegte Zimmer mit Balkon zum Hafen. Große Frühstücksterrasse am Kai. DZ ab 70 DM, HP 45 DM/Person.

»**Laguna**«: Hufeisenförmiger Komplex im Pinienwald. Balkonnischen mit Innenhofblick. Swimmingpool, 50 m zum Meer. DZ ca. 60 DM, HP 40 DM, 1,5 km außerhalb.

Camping »**Sirena**«: weitläufiges Gelände mit Pinien bis zum Meer, teilweise schattenlose Wiese. Der Strand eine Mischung aus Fels und Kies. Spielplatz für Kinder. Großes Freizeitangebot (s. Sport).

Die **Restaurants** an der Eingangsstraße sind nicht sehr reizvoll. Straßenlärm und Autoabgase. Netter die Sonnenschirmterrasse der **Gostiona** »**Marija**« (Ulica 1. Maja): Spezialität Scampis und Krebse zu vernünftigen Preisen.

Restaurant »**Balkan**«: Direkt vor der Stadtmauer. Etwas Nostalgie beim Abendessen. Riesige Balkanplatte mit Leckereien vom Grill.

Open-air-Disco dicht über dem Meer. Mit Live-Bands und bunter Lampionbeleuchtung.

Baden:
Das Stadtbad an der breiten Kaimauer unterhalb des Domplatzes mit zwei Duschen und WC. Die lange Mole wird oft als Sprungbrett benutzt. Bessere Badeplätze an der nördlich angrenzenden Bucht. Mit schmalen Sonnenfelsen, teilweise auch Kies. Wasser trotz Stadtnähe o. k. Der angrenzende Pinienwald bietet schattige Parkmöglichkeiten.

Sport:
Großes Angebot beim Camping »Sirena«: Fahrradverleih, Std. 2 DM. Surfboards 5 DM, Kanus, Pingpong, Schießstand. Tennis 6 DM/Std., Unterricht 6 Einzelstd. 100 DM.

Ausflüge per Bus oder eigenem Auto zur Bergstadt BUJE auf einem Sporn inmitten von Weinfeldern, oder ins Künstlernest Grožnjan.

Lohnende Abstecher ins istrische Inland
Novigrad, Buje, Grožnjan, Motovun, Pazin nach Rijeka (bzw.) Porec

Eine Tagesrundtour mit dem Auto bringt Abwechslung zur Küstenlandschaft. Durchs grüne und hügelige Inland, mit eingestreuten Farbtupfern durch Weinfelder und rote Terra rossa. Nur wenige Touristen verirren sich in die ruhigen Dörfchen. Weiter Blick vom Festungsstädtchen Motovun hoch über der Mirna.

Auf dem Weg nach Pazin, in **Beram**, liegt das schönste Freskenkirchlein Istriens mit der skurrilen Totentanzdarstellung.

Busverbindungen von allen Küstenorten aus oder organisierte Ausflugsfahrten übers Touristenbüro.

Von der Küste über Landstraße nach **Buje,** hier lohnt sich der 8-km-Abstecher zu dem **Bergnest Grožnjan**. Der mittelalterliche Ort wurde zur Künstler„stadt" erklärt und ist deswegen tiptop instand gesetzt. In den alten Häusern wurden Ateliers und Verkaufsgalerien eingerichtet, die wieder Leben in das abgelegene Dorf brachten. Von der Steinbrüstung hat man phantastischen weiten Blick über das grüne, hügelige Inland.

Die spätere Abzweigung von der Magistrale ist nicht zu empfehlen. Sie führt 5 km in Serpentinen über reifenfressende Schotterstraße hinauf nach Grožnjan.

Die **rote Erde – Terra rossa** ist besonders typisch für das istrische Inland. Der trockene, krümelige Bodentyp bekommt seine charakteristische rote Farbe durch einen hohen Anteil an freiem wasserarmen Eisenoxid. Für diesen Prozeß benötigt der Boden ein heißes und trockenes Klima.

Terra rossa wird meist als zwischeneiszeitliche Bodenbildung angesehen, die sich in Hohlformen erhalten hat. Nur in Einzelfällen bildet sie sich jetzt noch.

In Verbindung mit Lehm kann Terra rossa zu einem fruchtbaren Boden werden. In den Poljen oder Dolinen des Karstes stellt sie die einzige Ackerfläche dar.

Von der **Magistrale** (Nr. 2) zweigt 10 km nach Buje die Strecke in Richtung **Motovun** ab. Im Mirnatal eine schnurgerade Straße, dann geht's kurvig hinauf (12% Steigung) zum ruhigen Festungsstädtchen **Motovun** in dominanter Lage. Die Wehrmauern noch komplett erhalten. Ein Rundgang lohnt wegen des Blicks über Altstadtdächer und über das weite Mirnatal. Auch der Glockenturm mit Zinnen und Plattform war ganz auf Verteidigung ausgerichtet.

Wie Motovun zu seiner besten Zeit aussah, zeigt das Relief mit Wehrmauern und 5 Türmen des Ziehbrunnens (15. Jhd.). Viel fotografierte Stadttore: durch die »Machioculi« (einem Vorbau am Außentor) wurden bei Belagerungen Steine und heißes Öl auf die Feinde gegossen. Das innere Stadttor gegenüber der Loggia zeigt Wappen der Familie Memo, das Stadtwappen und den Markuslöwen.

Unterkunft nur im HOTEL »KASTEL« in der Festungsanlage, ruhig und idyllisch, bis die Ausflugsbusse zum zünftigen Abendessen auf der Burgterrasse einrollen. DZ ca. 35 DM.

Vor dem 2. Weltkrieg war Motovun eine lebendige Stadt mit 3000 Einwohnern, hauptsächlich Italiener. Nach 1945 verließen fast alle die Stadt, nicht jeder freiwillig. Der geplante Zuzug von Jugoslawen blieb allerdings aus. Bis 1970 schrumpfte der Ort auf 300 Einwohner zusammen, so daß die Behörden eine Aktion zur Wiederbelebung Motovuns starteten, Handwerker bekamen günstige Kredite, Läden wurden eröffnet, der Fremdenverkehr angekurbelt. Heute gibt es wieder Leben in den alten Gassen.

Ca. 10 km nach Motovun auf dem Weg nach Pazin liegt **Beram,** das durch sein ungewöhnliches Totentanzfresko in der Kapelle Hl. Maria im Felsen (Sv. Marija na Skriljinama) berühmt wurde. Das Kirchlein etwa 1 km außerhalb vom Dorf beim Friedhof (Schlüssel im Ort erfragen).

Jeder Fleck der Kapelle ist mit Fresken ausgemalt. Die bedeutendste Szene, der Totentanz direkt über der Eingangstür: vergnügt fiedelnde und flötende Skelette führen je einen Vertreter der mittelalterlichen Gesellschaft an der Hand. Ob Bischof, König, Bettler oder Gastwirt mit dickem Weinfaß, jeder ist einmal dran. Diese Totentanzdarstellung ist viel lebhafter als das Fresko in Hrastovlje. Weitere Szenen an den Seitenwänden, links eine sehr heitere Darstellung der Heiligen drei Könige in istrischer Landschaft.

Die Werke des Meisters Vincent aus Kastav von 1474 gehören mit denen aus Hrastovlje zu den bedeutendsten Fresken Istriens.

Pazin 4000 E.

Lohnt wegen der imposanten Zidatelle über dem 130 m tiefen Schlund. Unten rauscht das kleine Flüßchen PAZINSKI. Der unterirdische Flußlauf ist noch nicht erforscht, vermutlich mündet er im Limskikanal.

Das KASTEL ist ein gutes Beispiel österreichischer Burgenarchitektur, starke Mauern und Türme zu Verteidigungszwecken, quadratischer Innenhof. Die jetzige Anlage aus dem 15. und 16. Jhd. und prima in Schuß. Im Kellergewölbe eine Glockensammlung. Das ETHNOGRAPHISCHE BURGMUSEUM zeigt das Leben der istrischen Bauern von damals: ihre bunten Trachten und die kratzige Alltagskleidung. Hausratsgegenstände, offene Feuerstelle und die harten Strohbetten geben einen plastischen Eindruck von dem einfachen Leben auf dem Land.

Alte Handwerkszeuge zeigen, wie vielseitig und autark die Bauern damals waren. Das Museum ist mit Fotos und deutschsprachigen Erklärungen so aufbereitet, daß es richtig Spaß macht.

Übernachtung im »MOTEL LOVAC«, DZ ab 50 DM. Von Pazin ca. 32 km gute Landstraße zur Küste nach **Poreč**.

Wer von Pazin nach Rijeka möchte, kann die Abkürzung über Dolenja Vas (durch den Tunnel) nehmen, schmaler als die Küstenstraße mit einigen Steigungen aber kaum Verkehr. Tunnelgebühr ca. 2 DM.

Poreč   5000 E.

Touristenmagnet an der Küste. Pittoreske Stadt mit italienischem Flair. 30 000 Urlauber polieren das ohnehin schon glatte Pflaster und stürmen die »Slastičarnas« (Eisdielen) – nirgendwo in Istrien gibt's mehr und bessere!

Der DECUMANUS, die Lebensader von Poreč, ist abends gestopft voll. Schattenrißkünstler, Schnellporträtisten und Schmuckverkäufer versuchen, von dem Touristenkuchen auch ein Stück abzubekommen. Die Restaurants haben während der Saison Mühe, den Ansturm zu bewältigen. Am Kai eines neben dem anderen, der Lärmpegel weist den Weg.

Hauptattraktion: Die EUPHRASIUS-BASILIKA mit bunten Goldgrundmosaiken aus dem 6. Jhd. Etwas eingequetscht in einer Parallelstraße zum Decumanus.

BASILIKA: In der gesamten Apsis leuchtende Mosaike. Perlmutt, Halbedelstein, Gold. Aus der gleichen Zeit wie die in Ravenna in San Vitale und San Apollinaris.

Links von Maria der hl. Maurus, er starb im Zuge der letzten Christenverfolgung als Märtyrer (3. Jhd.), daneben Euphrasius, der Erbauer, mit dem Kirchenmodell. Links neben ihm Claudius, der Erzdiakon, mit seinem Sohn. Rechts von Maria Märtyrer. Zwischen den Fenstern rechts Darstellung der Heimsuchung; besonders lebendig die kleine Dienerin, die neugierig hinterm Vorhang vorlugt.

Interessanter Vergleich mit den Mosaiken des Marmorciboriums, die 700 Jahre später entstanden: eine viel bewegtere Verkündigungsszene, nicht so würdevoll und steif wie die älteren Mosaike. Mosaike, Vorläufer der Fresken, sind zwar viel haltbarer, aber aufwendiger und teurer herzustellen, deshalb setzten sich Fresken allmählich durch. Fußbodenmosaike auf unterschiedlichen Niveaus zeigen, wie stark der Erdboden abgesunken ist.

Die Kapitelle sind reich verziert und mit dem Monogramm des Euphrasius versehen, was eigentlich ein Privileg weltlicher Herrscher war.

Die Böden im Freien stammen aus einer römischen Villa, die dem hl. Maurus als Gebetsort diente – zu seiner Zeit wurden Christen noch verfolgt. Erst das Mailänder Edikt 313 gestattete den Christen freie Religionsausübung und Kirchenbauten. – Die jetzige Basilika ist wohl die dritte an dieser Stelle. Zu den Mosaiken geht's durch eine Tür links im Vorraum ins Freie.

Aufgang zum GLOCKENTURM durch das achteckige Baptisterium. Unbedingt hochsteigen, der Blick lohnt sich! Geringer Eintritt.

Das MUSEUM im PALAST SINČIĆ am Decumanus mit Sammlung u. a. illyrischer und römischer Funde. Offen: 9–12/17–20 Uhr.

Auf dem PLATZ MARAFOR (= Marsforum) Überreste römischer Tempel.

Geschichte: Erste Siedlungen gab es hier schon in vorgeschichtlicher Zeit, zur Römerzeit war es die Kolonie „Colonia Julia Parentium", 539 kam es zu Byzanz; die weitere Geschichte teilt Poreč mit ganz Istrien, um 1230 unterstand es dem Patriarch von Aquileia, 1267 kam es zu Venedig, dann zu Österreich; italienisch bis 1945, dann haben die Partisanen Poreč von der deutschen Besatzung befreit.

 Tourist Info: am Trg Slobode. Bis spät in die Nacht offen. Zimmervermittlung schon am Ortseingang.

 **Post:** am Trg Slobode, ganzen Tag offen.

Geldwechsel: Zagrebčka Banka beim Narodni Trg.

Unterkunft

Hotel »Riviera« am Ende der Landzunge, ein nüchtern weißes Gebäude älteren Datums, DZ ab 55 DM, relativ ruhig, mit Sonnenterrasse zum Meer, Kiesstrand, Blick auf die Insel Sv. Nikola.

Hotel »Jadran«: am Kai, etwas lauter als Riviera. VP/Pers. ab 35 DM.

Hotel »Neptun«: versetzt gebauter 4-Stökker, düstere Zimmer. HP/Pers. ab 40 DM.

Hotel »Poreč«: bei der Busstation, Zimmer mit Meerblick. VP/Pers. ab 45 DM.

Hotel »Miramare«: auf der Insel Sv. Nikola – autolos und bleifrei. VP/Pers. ab 35 DM.

Privatzimmer um die 15 DM vermittelt das Tourist-Büro.

Restaurants

Restaurant »Maša«: klein, gemütlich, in der Altstadt; keine Massenspeisung, nur 10 Tische mit Kerzenlicht. Deftig, kräftig und flambiert die Kroatenplatte für 2 Pers. ca. 17,– DM oder Fischplatte mit paniertem Seehecht, Makrele und Tintenfisch für zwei ca. 19 DM. Dazu der offene weiße Malvazija. Am Ende der Altstadt Ulica E. Kumičiča.

Wenn hier kein Tisch mehr zu bekommen ist: im großen Restaurant nebenan gibt's bestimmt noch Plätze und ein Ražnjići frisch vom Grill.

Snackbar »Riviera« am Decumanus, großer Raum mit Spiegelfront. Nicht gemütlich, aber preiswert: kleine Pizza »Monte Carlo« nur 3 DM. Besonders lecker der hausgemachte Strudel.

»Riblij« Restaurant: das netteste der Restaurantkette am Kai. Langgezogene Terrasse mit Efeuwand. Spezialität Scampis nach Pariser Art für 13 DM, Fischplatte für 9 DM. Tanzmöglichkeiten fehlen auch nicht. Disco Nr. 1 am Platz MARAFOR.

Baden: Der Stadtstrand taugt nicht viel, besser mit dem Boot rüber zur Insel Sv. Nikola. Schöne Badeplätze mit Rasen, Pinien, Kiesstrand und relativ ruhig: halbstündliche Schiffverbindung (knapp 2 DM). Abfahrt beim Hotel Riviera.

Große Fischkutter liegen am Kai. – Der vorsortierte Fang wird gleich auf Stellagen in Kühlwagen verladen.

Jachthafen: Geschützter, sicherer Hafen mit Tankstelle, Bootsslip, Liegeplatzgebühren.

Parken: Großparkplatz außerhalb der Altstadt, minimale Gebühr. Die Parkplätze am Kai sind immer überfüllt.

Busstation: neben Hotel Poreč, gute Busverbindungen. Nach Rijeka fährt 8 × tgl. ein Bus, dauert ca. 2,5 Std.; nach Koper 2 × tgl., dauert gute 2 Std.; nach Pazin 5 × tgl., dauert 3/4 Std.; nach Pula 1 × tgl. dauert gute 3 Std.

Organisierte Tagesausflüge

★ Zum Festungsstädtchen **Motovun** mit schönem Blick übers Mirnatal (siehe unsere Beschreibung),

★ nach **Ljubljana** und zum idyllischen Bleder See mit Schloß und Insel, zu den Tropfsteinhöhlen nach Postojna oder zum Lipizzanergestüt Lipica per Autobus.

★ in den abgeschiedenen grünen **Limfjord** zum Austernessen, per Schiff reizvoller als mit dem eigenen Auto. (17 DM)

★ nach **Rovinj oder Venedig** mit der „Ambassador" für 72 DM.

★ Ein-Tages-Trip nach **Dubrovnik** per Flugzeug. Transfer nach Pula, Flug mit Stadtbesichtigung – völlig intaktes Befestigungssystem. Interessante Tour, phantastischer Flug über die jugoslawische Inselwelt! Während der Saison 1 × Woche ca. 150 DM.

Um Poreč ein Ferienzentrum am anderen. Schöne Buchten mit klarem Wasser; im Sommer bis zu 30 000 Urlauber!

★ Camps an der Küstenstraße nördlich von Poreč:

Camping »Lanterna«, ca. 10 km nördlich von Poreč. Mit Pinien, terrassiert, Stromanschluß für Caravans. Für den Ansturm immer noch zu wenig Sanitäranlagen, Restaurant, Geldwechsel.

FKK Solaris: Große Anlage mit Appartements, Caravanvermietung und Camping.

2 km langer Kiesel- und Felsstrand, großes Sportangebot mit beleuchteten Tennisplätzen, Fahrrad-, Surf- und Bootsverleih. Supermarkt und Restaurants.

Camping »Naturist Center Ulika«: 5 km nördlich von Poreč. Schattiges Gelände mit Restaurant und Supermarkt.

★ **Buchten südlich von Poreč:**

PLAVA LAGUNA, blaue Lagune, herrliche Surfbucht in der Vor- und Nachsaison; im Juli kämpfen Luftmatrazen, Jollen und Surfbretter um die Vorfahrt; Liegeflächen werden schon frühmorgens mit Decken und Taschen reserviert; Freibadatmosphäre; Sporteinrichtungen en masse: Segeln, Surfen, Wasserski, Tennis

Elefantöser **Bungalowkomplex** mit 1050 Betten; winzige, einfach eingerichtete Zimmer nur mit Waschbecken, weitere Sanitäranlagen zwischen den Bungalows verteilt, riesiger Abfütterungssaal. DZ ca. 50 DM.

Zelena Laguna, grüne Lagune wenige km südlich, weite geschützte Bucht; ein riesiges Ferienghetto mit Disco, Night Club, Casino, Bootsanlegestelle, allen Sportanlagen und Geldwechsel, ein Beispiel für Massentourismus.

Campingplatz »Zelena Laguna« immer knackvoll, zum Teil schattig mit Wiesenuntergrund, vor Duschen und WC's lange Schlangen, Stromanschluß für Caravans – Kiesstrand mit FKK-Abteilung; großes Sportangebot bei den Hotels. Busse und Schiffe fahren stündlich nach Poreč.

Hotel »Astra«: Appartementsiedlung für 552 Personen, fest in deutscher Hand;

4-Bett-Appartements mit 2 Schlafzimmern (1 Doppelbett, 2 Einzelbetten), nette Wohnküche, allerdings wenig Geschirr, Dusche und Terrasse.

Hotel »Delfin«: mehr als 1500 Betten. Die engen Zimmer wirken etwas verwohnt, die Teppichböden haben schon viele tausend Füße ertragen, Miniduschen und Minibalkons. HP ca. 50,– DM/Pers.

Empfehlenswerter bis nach **Funtana** zu fahren, ca. 7 km südl. von Poreč, kleines Dorf mit Mole und Fischerbooten, nicht so rummelig, keine Hotelklötze.

2 Campingplätze, ein paar Läden, Restaurants und Slastičarnas sorgen fürs leibliche Wohl.

Camping »Puntica«: auf einer kleinen Insel, viel Schatten und viele Menschen, betonierter Meerzugang. Die Campinginsel ist über eine schmale Brücke zu erreichen.

FKK Camping »Istra«: neuer Platz mit Wiesenboden. Die kleinen Olivenbäume geben noch nicht viel Schatten, deswegen auch nicht so überfüllt.

Zwischen Poreč und Vrsar viele karge, unbewohnte Inselchen, ideale Bade- und Robinsonreviere. Diese »Scoglien« entstanden durch eine Landsenkung unter Meeresniveau und schauen jetzt als höchste Punkte der kuppigen Karstlandschaft aus dem Wasser.

Vrsar

Ruhiges Pflaster für Leute, die mit einer Slastičarna und ein paar Restaurants zufrieden sind; ca. 1000 Einwohner. Altes intaktes Städtchen oberhalb vom Meer.

Schon die Bischöfe von Poreč hatten sich Vrsar als Sommerresidenz gewählt. Schöne romanische Pfarrkirche aus dem 12. Jhd.

Weiter Blick vom Dorf über die Bucht und Inseln. Nußschalen der Fischer ankern im Hafen, zwischendurch flitzen Schlauchboote der Urlauber. Viele Inselchen vorgelagert, ideal für Bootsfahrer. Mit dicken Wohnmobilen besser die Umgehungsstraße nehmen, die Ortsdurchfahrt ist recht eng.

Camping »Turist«: 2 getrennte Plätze, der schönere auf einem Hügel am Meer (Blick!) gegenüber von Vrsar; waldiger abschüssiger Boden, viel Schatten, genug Raum – so daß man dem Nachbarn nicht in den Kochtopf schauen muß.

FKK Camping »Koversada«: bis zu 15 000 Nackedeis tummeln sich hier jedes Jahr. In Koversada begann Jugoslawiens FKK-Karriere. Anfang der 60er Jahre konnte ein Münchner Reiseunternehmen die Stadt dazu bewegen, einen Campingplatz mit Bungalows einzurichten. Inzwischen gibt's mehrere Supermärkte, Restaurants, Post, Friseur, sämtliche Sportmöglichkeiten, Liegeplätze für Boote, viel Wasser und nahtlose Bräune.

Hotels

Die **FKK-Anlage Koversada** hat drei Zentren: »Petalon«, »Villas«, »Blesicka« mit Hotelzimmern und Appartements für insgesamt 1700 Menschen. DZ um die 90 DM, Appartements mit drei Betten ca. 110 DM.

Hotel »Funtana« mit 476 Betten. DZ inkl. Frühstück ca. 75 DM.

Hotel »Pineta«, etwas kleiner, mit 176 Betten, DZ ca. 90 DM.

Lohnendes Surfrevier: Durch die vorgelagerten Inseln bleibt das Meer auch bei stärkerem Wind noch relativ ruhig, so daß sich auch Anfänger aufs Brett wagen können. Zur nächsten Insel rüberzukreuzen ist ein Klacks.

Etwa 2 km südlich von Vrsar mündet der **Limski-Kanal**, ein einsamer, fjordartiger Meerarm, 12 km tief ins Land eingeschnitten. Bäume wachsen bis ins tiefgrüne Wasser. Am Fjordende Muscheln- und Austernzucht. Am schönsten erlebt man den Fjord vom Boot aus, denn von der Straße ist kaum ein Blick auf den LIM zu erhaschen. Anfangs ist der Fjord noch 2 km breit, verengt sich dann immer mehr.

Einstündige Bootstaxirundtour ist vom Restaurant Lim aus möglich. Einzige Autozufahrt am Fjordende; bei Vrsar gibt's keinen direkten Zugang.

Der Limski-Kanal ist eigentlich ein ertrunkenes Tal, denn die Oberfläche Istriens senkte sich schräg ins Meer. Bei Sv. Martin geht der Fjord ins Trockental der Fojba über. Zur Römerzeit war er Grenzfluß: Limes zwischen Poreč und Pula, daher der Name LIM.

Frische Austern gibt's im **Motel Restaurant »LIM«**: Der einmalige Blick in den Fjord hinein entschädigt für den Waschbeton. Spezialität: Die Fjordplatte für zwei Pers. ca. 15 DM und Steinbohrer-Muscheln, sie sehen aus wie Datteln, schmecken aber würziger als Miesmuscheln ca. 7,50 DM. VP 45 DM/Pers.

Rovinj   9000 E.

Malerisches Fischerstädtchen in typisch »istrischer Lage«: auf einer Landzunge, die früher mal eine Insel war. Viel besucht, aber keine Touristenlawine wie in Poreč; alte graue Häuser ducken sich zu Füßen der Kathedrale mit zierlichem Campanile – die Ähnlichkeit mit dem Markusturm ist nicht zu übersehen. Ein sehr sauberes Städtchen, viel Oleander, steile Stiegen, winklige Gassen, plötzlich endet der Weg in einer Sackgasse; Fotomotive in Hülle und Fülle, sehr glattes Plaster (nichts für Stöckelschuhe!).

SAGENHAFTER BLICK vom Kirchplatz. Über die blaue Bucht, mit eingestreuten kleinen Inseln, zwischendurch zischen Motorboote. Hier oben weht immer ein Lüftchen.

Die BAROCKKIRCHE ST. EUPHEMIA wurde 1736 vollendet. Die Dame thront hoch oben in Bronze auf dem Glockenturm – Aufstieg 60 m hoch, durch winzige Holztür in der Kirche links, ideal zum Filmen, mit Blick übers Rovinj Archipel.

Das kleine Marmorrelief am Seiteneingang übersieht man leicht: Die heilige Euphemia mit einem Kirchenmodell (14. Jhd.). Im Inneren ihr Sarkophag (6. Jhd.), offen: von 10 bis 12/16 bis 19 Uhr.

Besonderheit in Rovinj: das 7eckige romanische Dreifaltigkeitskirchlein – inmitten des Straßenrummels am SLOBODE-Platz geht es fast unter.

TOURISTENZENTRUM: um den Titoplatz, mit Brunnen, rotem Uhrturm, Cafés, Restaurants und eisschleckenden Menschen.

Von der mittelalterlichen STADTMAUER haben nur drei Stadttore überlebt. Nahe beim Uhrturm der barocke Torbogen BALBI. Museum am Titoplatz in einem alten Palast (lohnt wegen Fotoblick aus dem Fenster!), dürftige Sammlung von Funden aus Rovinj. Im MUSEUM stellen jugoslawische Maler ihre Werke aus.

Großer OBST- UND GEMÜSEMARKT am TRG VALDIBORA. Hier türmen sich die Melonenberge; lecker die warmen Maiskolben. Markt von 6 bis 13 Uhr, sonntags nur bis 10 Uhr.

Am Ufer beim monströsen Denkmal schattige Parkanlage und eine frische Meerbrise.

Geschichte: Im 6. Jhd. gehörte Rovinj zu Ravenna, dann kam es unter Frankenherrschaft, 1209 unterstand es dem Patriarch von Aquileia. Damals hieß es Ruvignio – die Italiener nennen es heute noch Rovigno. Im Mittelalter war es ein wichtiges Handelszentrum, jahrhundertelang unter venezianischer Herrschaft. Dann kam es an Österreich und wurde dessen größte Hafenstadt an der Westküste Istriens. Von 1918 bis 1943 gehörte Rovinj zu Italien; nach dem 2. Weltkrieg wurde es jugoslawisch.

IM HAFEN herrscht ein reger, etwas chaotischer Verkehr. Touristenfährboote, Fischerboote, Dampfer, das Tragflügelboot und Yachten. Für die Schiffahrt von weitem die Bronzestatue der hl. Euphemia auf dem Glockenturm zu sehen. Für Yachten ein geschützter Hafen, der östliche Teil jedoch mit Booten der Einheimischen belegt; Tankstelle und Wasser am ungeschützten Nordhafen. Duty-free-Shop am Kai.

 Tourist Info am Hauptplatz: Titoplatz, von 7 bis 22 Uhr offen, hier auch Autovermietung und Ausflüge buchen.

 Post: in der Matteo-Benussi-Cio-Straße gegenüber der Busstation; hypermoderner Neubau auch mit Telefonzellen. Ganztags offen.

 Bank: Banka Istrarska am Riva Aldo Negri am Kai. Offen: Mo. bis Fr., 7 bis 20 Uhr, Sa., 7 bis 13 Uhr. Geldwechsel in jedem Touristbüro, auch in Hotels.

Parken: Große Parkplätze außerhalb der Altstadt am nördlichen Kai – hier werden morgens die Fischkutter entladen –, weitere Parkschlangen am südlichen Kai; um sich dort eine Parklücke zu ergattern, braucht man eine ganze Menge Nerven und Schweiß, deshalb lieber 200 m zu Fuß laufen.

Transport:

Busstation in Matteo-Benussi-Cio-Straße, mehrmals täglich Verbindung nach Rijeka, Pula, Poreč, Zagreb.

Taxi: am Platz Na Lokvi – SCHIFFSTAXI am Kai Aldo Rismondo.

UNTERKUNFT

Hotel »Lone«: auf der Hotelhalbinsel 1 km südlich von Rovinj, in Pinienwäldern. Großes 325-Betten-Hotel mit kleinen Gitterbalkons, einfache Zimmer, aber o. k., die Beleuchtung könnte etwas großzügiger sein. Zum Baden 5 Minuten über Straße und Treppen. HP/Pers. ca. 50 DM.

Hotel »Park«: im Wald. Bei der Fassadengestaltung hatte der Architekt wohl einen langweiligen Montag, konventionelle Zimmer, mit kleiner Sitzecke; schöner Felsstrand, aber ohne Schatten. HP/Pers. ca. 50 DM.

Hotel »Rovinj«: Stadthotel mit Swimmigpool, Restaurant, Disco in der Altstadt. DZ ca. 85 DM.

Hotel »Istra«: auf der »Roten Insel« ein ruhiges Fleckchen mit guten Bademöglichkeiten – auch Swimming-pool, freundliche Zimmer mit Balkon, ziemlich großes, aber trotzdem nicht ungemütliches Restaurant, Bar, Terrasse, Tennisplatz. HP/Pers. ca. 70 DM. (Stündlicher Bootstranfer, siehe auch Bademöglichkeiten Rote Insel.)

Privatzimmer werden überall angeboten, Vermittlung auch in den Touristenbüros. Preis 10 bis 20 DM pro Person.

Camping »Porton Biondi«: der nächstgelegene Platz zu Rovinj, 1,5 km nördlich. Eignet sich nur als Übernachtungsplatz, um sich Rovinj anzuschauen. Den Strand kann man vergessen. Ziemlich schräges, aber total schattiges Camp.

Camping »Beograd«: relativ schöner Strand, mit Blick auf Rovinj, nur teilweise schattig, wenig Sanitäranlagen, ziemlich voll. 4 km nördlich von Rovinj, stündliche Busverbindung. Preis/Pers. 5 DM (inkl. Zelt und Auto).

FKK Camping »Monsena«: eine Ecke weiter als BEOGRAD. Groß, modern, mit eigenem Bootsanlegesteg, aber sehr wenig Schatten, Surfboard- und Segelbootvermietung.

Camping »Polari«: liegt an der weiten Bucht, wiesiges Gelände mit Pferdestall und Trimmpfad, Strand felsig, etwas Kies, mit abgeteilter FKK-Strandzone. 4 km südlich von Rovinj.

RESTAURANTS säumen die Uferstraße und den Titoplatz.

Restaurant »Marina«: bietet mehr als die übliche Fischauswahl, Scampis, Steinbohrermuscheln – über dem Muschelberg auf dem Teller vergißt man den Straßenlärm der Uferstraße, in der Obala Aldo Rismondo.

Snack »Bistro«: neben dem Museum, für hungrige Schnellesser, Sandvič oder eine kleine Salatplatte für ca. 2 DM, Čevapčići 5.- DM.

Restaurant »Mali Raj«: ruhig abgelegen in der Altstadt, abseits der Restaurantschlangen am Kai, Efeuterrasse, angenehm schattig, deftige Grillgerichte, gemischter Teller ca. 7.- DM oder Serbische Platte für 2 Pers. 14.- DM. Leckerer süßer Nachtisch Pfannkuchen MALI RAJ.

Gostiona »Cisterna«: Tische um den alten Ziehbrunnen, die Wände innen mit echten und unechten Antiquitäten geplastert, offener Wein aus Keramikkrügen. In der Piazza Mattcotti.

Im **Restaurant »ŠKVER«,** gegenüber vom Strandbad DELFIN sitzt man nicht ganz so auf der Straße. Konventionelle Speisekarte mit Fisch und Grillgerichten.

BADEN:

Um Rovinj einen ruhigen, unkontrollierten Meerzugang zu finden, ist fast unmöglich – alle Seitenstraßen enden vor Hotels oder Campingplätzen.

Das Meer um Rovinj ist ziemlich stinkig und schmutzig, direkt bei der Stadt kein Strand.

Ortsnächstes **Strandbad »Delfin«** (neben Hotel »PARK«), mit abgeteiltem Meerwasserbecken und Schwimmschule, allerdings gescheit voll. Gegenüber Restaurants, Snacks und Eisdielen, für den Hunger zwischendurch.

Die schönsten Badestellen sind auf den beiden vorgelagerten Inseln **CRVENI OTOK** (Rote Insel) und **KATARINA OTOK** (Katarina-Insel). In Sichtweite von Rovinj. Personenboote pendeln vom Kai aus rüber.

Dichter Kiefernwald und üppiges Grün auf **Crveni Otok** locken schon von weitem. Weiteres Plus: Auf der Insel gibt es keine Autos! Das Wasser ist hier viel sauberer als vor der Stadt.

Schöne Fels- und Kiesstrände. Über einen Damm zur FKK-Insel Maschin mit Felsenklippen, etwas weichem Waldboden und viel Schatten. Außer dem Hotel »Istra« gibt es auf der Insel eine kleine Kapelle aus dem 13. Jhd. mit Minimuseum.

Stündliche Bootsverbindung von Rovinj zu den Inseln (Pfennigbeträge), ca. 15 Min., allerdings ziemlicher Andrang, besonders vormittags, wenn alles zum Baden strömt. Deswegen rechtzeitig vor Abfahrt dasein.

Die Touristenbüros um Rovinj bieten jede Menge **organisierte Exkursionen** an. Z. B. zum fjordartigen LIM KANAL mit Muschelspezialitätenlokal; abwechslungsreiche Bootsfahrt durchs ROVINJ ARCHIPEL »RIVIERA TOUR« mit Besichtigung der Roten Insel.

Fahrt durchs istrische Inland zum Festungsstädtchen MOTOVUN, nach VENEDIG per Tragflügelboot inkl. Mittagessen in der Lagunenstadt (ca. 90 DM). Fahrt nach MALI LOŠINJ auf der üppig grünen Insel Lošinj (ca. 40 DM).

Von Rovinj durchs Inland über Bale nach Pula (ca. 41 km insgesamt).

BALE: ein graues, abgelegenes, von Touristen verschontes Dorf. Ein verblichenes Schild lockt in eine Gostiona; die Wohnhäuser haben an die Burgmauern der BURG BEMBO angebaut. Ein Wehrturm mit Zinnen ist noch erhalten.

Die Küste bis Pula ähnelt einer Schrebergartenkolonie, Wochenendzelte und Caravane von Jugoslawen.

PULA
50 000 E.

Laute, anstrengende Industrie- und Hafenstadt (Marinebasis) mit viel Autoabgasen, aber interessantem Zentrum. Matrosen in den Cafés, Touristen schlendern von einer Sehenswürdigkeit zur anderen. Die interessanten Stellen der Stadt liegen bequem auf einem Stadtrundgang.

Viele sehr gut erhaltene Baudenkmäler aus der Römerzeit: Das imposante ❶ **Amphitheater** mitten im Zentrum ist für knapp 30 000 Menschen konzipiert. Früher ein Schauplatz der grausamen Gladiatorenkämpfe, jetzt Kulisse für Festspiele.

Das Amphitheater stammt aus dem 1. Jhd. nach Christus. Raffiniert gebaut mit Sonnendach für die Zuschauer, Regenrinnen, Käfigen für die wilden Tiere. Später wurde die Arena als Steinbruch zweckentfremdet. Die Venezianer wollten die Arena nach Venedig verlegen. Diesen wahnwitzigen Plan konnte der beherzte Senator Emo jedoch verhindern.

Durchs zierliche Zwillingstor: ❷ **Porta Gemina** zum Archäologischen Muse um ❸ (jede Menge Inschriften, Skulptursteine).

Die **Fußgängerzone** beginnt beim Triumphbogen der Sergier. Schmuckverkäufer, Porträtisten, Cafés und Geschäfte. Im roten Haus Nr. 23 zeigen sich 3 Damen aus Stein im angedeuteten, wahrscheinlich venezianischen Fenster.

❹ **Römisches Mosaik,** ein swimmingpoolgroßer, komplett erhaltener Mosaikfußboden mit bunten Ornamenten. Interessanteste Szene ist die Bestrafung der Dirke. Wegweiser führen über einen Parkplatz zum Hinterhof, rechts das überdachte Mosaik.

❺ **Trg Republike,** der beste Platz, um sich auszuruhen, und bei einem Kaffee ein bißchen Atmosphäre zu genießen. Zur Römerzeit war hier das Forum, der Augustustempel ganz prima erhalten, daneben das Rathaus mit Loggia, auf der Rückseite die übriggebliebene Wand des Dianatempels.

❻ Eine kleine **byzantinische Kapelle** aus dem 6. Jhd. in der Končar-Straße; die große Basilika, die hier mal stand, wurde von den Venezianern abgeräumt.

❼ Das venezianische **Kastell** im Zentrum auf einer Anhöhe, lohnt für den Blick über die Stadt, Werften, Hochhäuser und Amphitheater. Innen ein Revolutionsmuseum mit MGs, alten Waffen und Dokumenten: offen von 8 bis 17 Uhr. Zugang über die Ulica Gupča.

GESCHICHTE: Der Name Pula stammt von griech. Polai = die Verfolgten. Griechische Flüchtlinge aus Kolchis gründeten der Sage nach hier eine Siedlung.

Unter Kaiser Augustus wurde Pula zum Verwaltungszentrum für Istrien. 788 kam Pula unter Frankenherrschaft. Die Venezianer (1331–1797) verhinderten eine Weiterentwicklung. Erst als die Österreicher 1848 begannen, Pula zu einem Kriegshafen auszubauen, ging es wieder bergauf.

Italienisch war die Stadt von 1918–1943, bis 1947 verwalteten Engländer und Amerikaner den Zankapfel Pula, jetzt größter jugoslawischer Kriegshafen mit Werftindustrie.

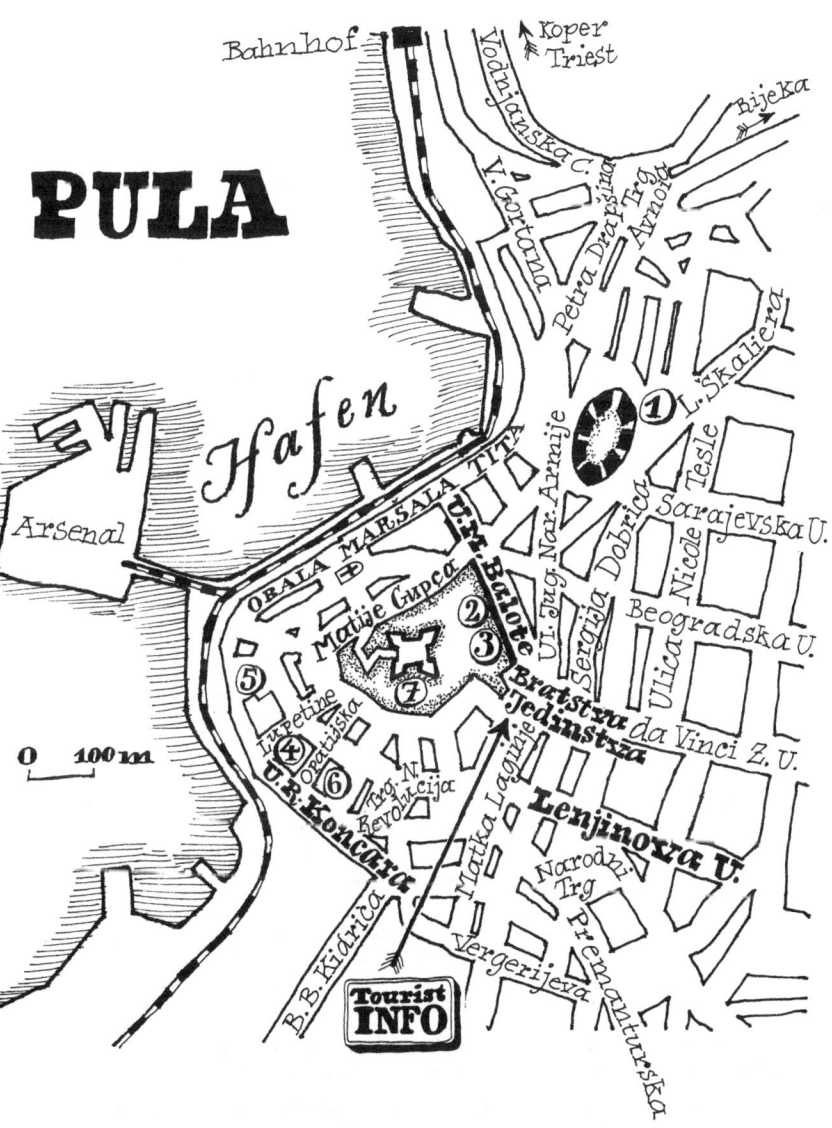

PULA

Bahnhof

Koper Triest

Rijeka

Hafen

Arsenal

0   100 m

① Amphitheater
② Porta Gemina
③ Archäologisches Museum
④ Römisches Mosaik
⑤ TRG REPUBLIKE
⑥ Byzantinische Kapelle
   Santa Maria Formosa
⑦ Kastell

Tourist Info am Trg Bratstva I Jedinstva 4: offen 7–21 Uhr.

 Post: Hauptpost von 7–20 Uhr, auch Sa. u. So. mit 6 Auslandstelefonkabinen in der Ulica Rade Končara.

 Bank: Die meisten Banken sind werktags von 7–20 Uhr, samstags von 7–11 Uhr geöffnet. Die Bank in der Lenjinova Ulica Nr. 15 hat sogar sonntags von 7–11 Uhr auf. Geldwechsel außerdem in jedem Tourist-Büro und Hotel möglich.

Parkplätze: Großer Parkplatz am Ortseingang, wenn man von Premantura oder Medulin kommt, nahe beim Markt – weitere Parkmöglichkeiten am Kai.

TRANSPORT:

Bus-Bahnhof »Brioni«, für Fernlinien, in der Mate Balote-Straße, gegenüber vom Archäologischen Museum, mehrmals tägl. Richtung Koper; von Pula nach Rijeka 7 × tgl., dauert ca. 2½ Std. Busbahnhof für Nah- und Stadtverkehr beim Amphitheater »Karolina«. Nach Stoja Linie 1, Verudela Linie 4.

Zug-Bahnhof im Nordteil der Stadt, am Kai, ca. 700 m vom Amphitheater entfernt. Über Postojna nach Ljubljana (umsteigen in Divača, Wartezeiten!), ca. 9 × tgl., für die 258 km braucht der Zug ca. 3½ Std.

Taxi: am Trg Bratstva I Jedinstva.

Autofähren: an der Uferstraße Obala Maršala Tita. Pula – Mali Lošinj – Zadar, zur Saison 4 × /Woche, etwa 7½ Std. ist das Schiff unterwegs. Pula – Venedig, zur Saison 1 × /Woche. Fahrbüro in der Obala M. Tita.

Flüge: Der Flughafen von Pula liegt ca. 8 km nördlich, Flughafenbus. Flüge von Pula nach Rijeka 4 × /Woche, dauert ca. ½ Std. Beograd 6 × /Woche, dauert ca. 1 Std. Zadar 1 × /Woche, dauert ca. ½ Std. Zagreb 5 × /Woche, dauert ca. ½ Std. Dubrovnik 1 × /Woche über Beograd.

Jat-Büro: Geschäftsstelle in der Mate-Balote-Str. 8, gegenüber der Porta Gemini, offen von 8–19 Uhr, So. 8–14 Uhr.

Automieten: Hertz-Autovermietung durchs Reisebüro »Kompas«, in der Premanturska 6.

GESCHÄFTE:

SPORTGESCHÄFT, Bootszubehör, Angelartikel und Tauchzubehör im Sport Oprema in der Fußgängerzone.

AUTOZUBEHÖR gibt's in der Mate Balotestr. 7. Autoservice (hier auch Benzincoupons): »Automoto Drustvo« am Trg Narodne Revolucija.

LEBENSMITTELGESCHÄFTE schließen Punkt 12 Uhr zur Mittagspause.

DUTY-FREE-SHOP in der Obala Maršala Tita von 7–20 Uhr offen, nur gegen Devisen für Passagiere ausländischer Schiffe und Yachten.

Großer, von allen Seiten geschützter **Hafen.**

Die Yachten ankern an der Kaimauer vor dem Amphitheater. Tankstelle auf der kleinen Mole. Wasser beim Hafenamt.

Attraktiver Ankerplatz an der neuen Marine von Veruda, 3 km südlich, mit Wasser- und Stromanschlüssen und Duschen. Achtung: Pula ist auch Marinebasis, Sperrgebiete unbedingt beachten!

RESTAURANTS:

Die Kavana mitten auf dem Trg Bratstva I Jedinstva nichts Besonderes, aber immer gut voll; hier schauen sich die Matrosen nach schönen Mädchen um.

Originellstes **Restaurant »Moby Dick«** am Titoufer, ein ausrangiertes, knallblau gestrichenes Schiff, Blick auf Stadtsilhouette von Pula.

Restaurant »Istra«: innen netter als die Fassade vermuten läßt, am Platz Bratstva I Jedinstva.

Gute Pizzen in der **Pizzeria »Mido«**, Dobričeva Ulica.

Gostiona »Pula« in der Fußgängerzone, ihr Plus: die schattige Gartenterrasse, konventionelle Speisenkarte.

Restaurant »Delfin«: gepflegte Terrasse mit Blick auf Kirche und Uhrturm, am Trg Strosmajerov.

Gegenüber der Kirche das **»Abc Restaurant«**: innen angenehm kühl, keine Terrasse, ordentlich und dem Touristengeschmack angepaßt.

UNTERKUNFT:

Hotels liegen vorwiegend im **Vorort Verudela**, ca. 4 km außerhalb am Meer – Linienbus Nr. 4 alle 10 Min.

Hotel »Park«: stammt von 1964, seitdem wurde auch nicht mehr viel daran getan, Swimmingpool, relativ kleine Zimmer mit billigem Teppichboden, spitziger Felsstrand. DZ ca. 75 DM.

Daneben **Hotel »Brioni«**: großes 400-Betten-Hotel. DZ mit Bad ca. 105 DM m. Frühstück.

Hotel »Splendid«: DZ ca. 65 DM.
Hotel »Pula«: DZ mit Bad ca. 85 DM.

Privatzimmer: ca. 10 DM/Person.

Stadtnächster **Campingplatz »Stoja«**, auf der Halbinsel Stoja, ca. 5 km vom Zentrum. Buslinie Nr. 1 alle 10 Min., ziemlich holpriger Boden, die Sanitäranlagen sind permanent überfüllt. Idealer Platz für Bootsfahrer: mit Slip und Liegeplätzen.

Baden kann man im Stadtbereich Pula vergessen. Besser nach Premantura oder Medulin – beides je 10 km südlich (gute Busverbindung) und von da aus Pula erkunden.

Premantura hat uns besser gefallen; ruhiger, nicht so bebaut und man hat das Panorama von Medulin beim Morgenbad. Phantastisch geschützte Bucht, fast wie ein See; ideal für Surfanfänger, kaum Wellen, die einen grad am Anfang immer wieder vom Brett schubsen. Ein paar Campingplätze, keine Hotels. Im Ort Superladen, Geldwechsel etc.

Camping »Tasalera«: an der Bucht mit viel Schatten, auch im Sommer findet man noch ein ruhiges Eck, allerdings sehr abschüssig, mit großem Zelt oder Caravan kann es schwierig werden – zum Einkaufen 20 Min. Fußweg ins Dorf, Preis ca. 3 DM/Pers., 4 DM fürs Auto. Weitere Campingplätze: **Camping »Stupice«, Camping »Pomer«.**

Medulin: ein angenehmes Dorf mit 2 strahlend weißen Kirchtürmen; Post, Restaurant; alles trifft sich in der Slastičarna am Platz.

Hotel »Medulin« mit 356 Betten, DZ ca. 75 DM; in der Dependance DZ um die 55 DM; zum Strand durch die Grünanlage; etwa 2 km außerhalb von Medulin.

Camping »Medulin«: ziemlich großer Platz auf der Halbinsel, prima für Wassersport und Planschen, Strandpinien sorgen für Schatten, Restaurant und Supermarkt, viel zu wenig WCs und Duschen für die Menge Leute.

Naturist Hotel Camp »Kažela« in Medulin: weitläufige Anlage mit wenig Schatten, in der Nachsaison fühlt man sich etwas verlassen. Sein Plus: viel Platz und langer Strand. Bungalows kosten um die 75 DM.

Die Brioni-Inseln

waren jahrzehntelang Sperrgebiet für Touristen, denn Marschall Tito hatte hier seine Sommerresidenz. Seit 1984 sind die Inseln dem Tourismus geöffnet und zum Nationalpark erklärt worden. Besuchen kann man die Inseln nur als Tagesausflug in Gruppen, übers Reisebüro organisiert.

Die Brioni-Inseln bieten herrliche Wälder mit uraltem Baumbestand, 200 Vogelarten, Zoologische Gärten auf Veliki Brioni und Vanga. Die Pumas, Bären und Löwen waren meist Staatsgeschenke. Interessant, die Tito-Villa aus der Nähe zu sehen. Über allem hängt noch ein Hauch von Exklusivität.

Zu dem Brioni-Archipel gehören insgesamt 14 Inseln. Die drei größten Veliki Brioni, Mali Brioni und Vanga.

Ende des letzten Jahrhunderts kaufte der Tiroler Industrielle Kuppelwieser die Brioni-Inseln und entwickelte sie zu einem noblen Ferienparadies. 1918 wurden sie Italien zugesprochen, im Zweiten Weltkrieg ziemlich bombardiert, in der Nachkriegszeit zum Sperrgebiet erklärt. Präsident Tito residierte 30 Jahre lang in der weißen Villa auf Brioni, sein Privatsitz lag auf der Nachbarinsel Vanga.

Brioni war Treffpunkt für Staatsmänner aus aller Welt, 1956 fand hier das Treffen der Blockfreien von Tito, Nasser und Nehru statt.

Die Touren nach Brioni stießen 1984 auf großes Interesse, und es bleibt zu hoffen, daß die Inseln auch weiterhin dem Tourismus geöffnet bleiben. Sicherlich nicht dem Individualtourismus. Gebucht wird beim örtlichen Reisebüro. Das Programm sieht dann so aus: Transfer per Bus nach Fažana (nördlich von Pula), Übersetzen nach Brioni, einige Stunden geführter Aufenthalt auf Brioni und Rückfahrt. Kostenpunkt um die 20 DM.

Die Gästehäuser Titos auf der Insel wurden zu Hotels umgebaut. Nur wenig Betten, Doppel ca. 80 DM. Buchung über Bemextours, Rumfordstr. 5, 8000 München 5.

Küstenstreifen nordöstlich von Pula

bis zum Kap Arne ist militärisches Sperrgebiet. Keine Zugänge zu den schönen Buchten möglich, wellige Macchialandschaft, Weinfelder, schwarze Baumgerippe erinnern an die Waldbrände.

Abstecher von der Magistrale zur Bucht Koromačno lohnt nur für Camper. Durch die Zementfabrik am Meer ist das ganze Dorf Koromačno samt Bäumen, Autos und Menschen weiß eingestäubt.

Etwas abseits der Staubwolken liegt der CAMPINGPLATZ »TUNARICA«, an einer geschützten Bucht. Ideal für Freizeitkapitäne und Surfer. Platzt zur Hauptsaison allerdings aus allen Nähten. Direkt am Platz kein schöner Strand, die Autos fahren einem fast übers Salamibrot. Ruhige Badeplätze etwas weiter zu Fuß um die Bucht herum. Restaurant und Laden haben bei der Abgelegenheit Monopolstellung. In der Vor- oder Nachsaison angenehmer.

Zufahrt über eine relativ gute Straße, die vor der Campingplatzschranke endet. »Camping Tunarica« ausgeschildert. Busverbindung.

Labin

Das idyllische alte Städtchen thront 300 m hoch auf einem grünen Hügel; der graue Kirchturm überragt die bunten Häuser. Tagsüber tut sich nicht viel im Ort. Kirche und Museum sind kaum besucht. Sagenhafter Blick zu den Kvarner Inseln bis Rabac und über die häßlichen Wohnburgen von Neu-Labin.

Abends bringen Badetouristen Leben und Geld in die Stadt.

Prima RESTAURANT »LOGA« in der alten Loggia, man speist luftig mit Blick auf den Platz. Scampis (Buzara) mit Knoblauch und Semmelbröseln ca. 9 DM, zum Schlemmen Châteaubriand für 2 Pers. für ca. 15 DM.

Rabac

der Badeort zu Labin in einer viereckigen Bucht, 5 km abseits der Hauptroute. Der ganze Hang mit neuen Häusern und Hotels zugebaut. 14 Hotels und Campingplatz, jede Menge Urlauber. Kiesstrand gut 300 m lang, aber – Rabac besitzt keine Kläranlage!

HOTEL »MEDITERAN«: Einfaches Hotel, konventionelle Zimmer, etwas klein mit Parkett, fast alle Zimmer nur mit Waschbecken. DZ ab 50 DM.

Ca. 10 km weiter nördlich an der Magistrale liegt **Plomin,** ein altes Festungsstädtchen in einmaliger Lage. Blick auf den fjordartigen Meereinschnitt, grüne Karsthänge, am Fjordende ein dicker Fabrikschlot, der die Luft verpestet.

DIE OSTKÜSTE ISTRIENS bietet landschaftlich viel Abwechslung: weiße Steilküste, hoch oben die Straße, grüne Vegetation, Zypressen wie Zinnsoldaten, ein paar Felsdörfer, verfallene Weinterrassen, überall wilde Feigen, aber kaum Strände und wenig Bademöglichkeiten.

Ein paar Kilometer im Meer die INSEL CRES – sie zeigt sich hier von ihrer grünen Seite. Immer wieder Park- und Fotografierbuchten.

Brestova ist nur als Fährort für die Inseln Cres und Lošinj wichtig. Pendelverkehr mit vier Schiffen zu Stoßzeiten. Kürzeste Überfahrt, nur eine halbe Stunde. Im Einsatz sind ausrangierte schwedische Fähren, Bj. 1963. Serpentinenstraße 1 km ans Meer. Kein richtiges Dorf, Ticketbuden, Tourist Info, Slasticarna und Buffet. Alle Details zu den Inseln siehe »Cres« und »Lošinj«.

Mošćenička Draga war früher mal ein urgemütliches Fischernest, eng in die kleine Kiesbucht gedrängt; jetzt beherrschen die Touristen die Gassen. Trotz der vielen Menschen noch gemütlich. Im kleinen Hafenbecken liegen die mühsam eingeparkten Fischerboote. Der 400 m lange Kiesstrand leidet an chronischer Überfüllung. Die Straße endet im gebührenpflichtigen Parkplatz, der Ort ist Fußgängerzone.

 Tourist Info: am Ortseingang.

Der **Campingplatz** bietet kaum Schatten, Wiesenboden, daneben donnern die Lkws, zum Meer ca. 500 m.

Eine bessere Alternative sind da **Privatzimmer**, gibt's ab 20 DM/Pers.; man merkt an den Preisen, daß man sich der »Riviera« und Opatija nähert.

Hotel »Marina«: Großer älterer Bau in Bäumen versteckt mit abgeteilten Balkons, kaum Zimmer mit Meerblick. VP/Pers. ab 50 DM.

Empfehlenswertes **Hotel »Mediteran«:** Hat sich mitten in die Hafenidylle reingeflatscht und so die schönste Lage, vom Balkon bester Blick über das Treiben am Hafen, freundl. Speiseterrasse. VP/Pers. ab 50 DM.

Gostiona »Na Rivi« war eines der ersten Restaurants, jetzt so großer Andrang, daß die Terrasse fast zu klein wird.

Ausflug: Wer Lust auf etwas Bewegung hat, kann zu dem 173 m hoch gelegenen Bergdorf Mošćenice wandern, recht gut erhaltene Stadtmauern.

Riviera heißt der Küstenabschnitt zwischen Mošćenička Draga und Opatija. Auch wegen des mildes Klimas, denn der Učka-Berg hält die kalten Borawinde ab, sogar Palmen gedeihen hier. Ein altbekanntes Urlaubsgebiet, dementsprechend voll. Ab Lovran bis Opatija durchgehend besiedelt, Hotels neben Restaurants, alte Villen, viele schon abgebröckelt.

Ičići an einer kleinen Hafen- und Badebucht, eingesäumt von alten Palästen. Schöne Badestellen an der Uferpromenade mit Parkbänken. Teilweise ausbetonierte Liegeflächen, Treppen führen bequem ins Wasser. Glasklares Meer, bei den Felsen gutes Schnorchelgebiet, zur Hochsaison sieht man aber mehr nackte Beine als Oktopusse unter Wasser.

Camping »Opatija« der nächstgelegene Campingplatz zu Opatija. Liegt schön am Hang oberhalb der Magistrale. Angelegte Wiesenterrassen mit vielen Schattenplätzen. Stromanschlüsse für Caravans. Propangasflaschen können hier nachgefüllt werden. Verteilte Sanitärhäuschen mit heißen Duschen, könnten jedoch eine Modernisierung gut vertragen. Zum Baden über die lebhafte, befahrene Straße. Kleine Holzbungalows werden auch vermietet. Restaurant am Platz.

Von Ičići führt ein schöner Uferpromenadenweg nach Opatija, ca. 3 km. Oder gute Busverbindung nach Opatija und Rijeka.

Tennis: Sechs neu angelegte Tennisplätze oberhalb des Camps. Zur Saison allerdings große Nachfrage, deshalb rechtzeitig einen Platz reservieren. Preis ca. 10 DM/Stunde. Racket und Bälle können für 5 DM geliehen werden.

Opatija (10 000 E.)

Schon zur k. u. k.-Zeit ein Kurort, viele Paläste schnuppern noch nach der alten Monarchie. Neubauten ziehen sich den Hang hinauf. Heute ein Zentrum des Massentourismus mit einem verblichenen Hauch von Mondänität.

Hotels, Restaurants, parkende Autos, viele Eisschlecker an der Titostraße – zur Rush-hour ein mittleres Verkehrschaos. Abends verwandelt sich die Uferstraße in einem Promenierlaufsteg – Portraitisten hocken auf ihren Stühlchen, Musik verschiedener Live-Bands dröhnt weit über die Bucht. Opatija lockt mit sehr mildem Klima (mittlere Wintertemperatur 8°) – üppiges Grün, Lorbeer, Oleander und Mimosen gedeihen hier.

Kurpark – ein wohltuend ruhiger Fleck mit Bänken, viel Schatten und dichter Vegetation – wurde 1845 von einem wohlhabenden Kaufmann aus Rijeka angelegt, damals hatten viele reiche Reeder aus Rijeka ihre Sommerresidenz in Opatija. Im Kurpark eine Freilichtbühne.

Der Ursprung Opatijas geht auf ein Benediktinerkloster im frühen 15. Jhd. zurück (Abbazia = Abtei = Opatija). Ende des letzten Jarhhunderts war Opatija Ferientreffpunkt des europäischen Adels.

 Tourist Info: in der Hauptstraße Ulica M. Tito 178, geöffnet: 8–13/16–20 Uhr.

 Post, Telefon: Am Ende der Vjekoslava-Straße, Seitenstraße zur Titostraße. Einige Telefonkabinen von 7–22 Uhr offen, Geldwechsel und Poste-restante-Schalter.

 Bank: Riječka Banka, hat bis nachts um 10 Uhr offen; in der Vjekoslava-Straße, Ecke Ranicka Cesta, kurz vor der Post.

TRANSPORTE:

Busbahnhof liegt am Ortsausgang Richtung Rijeka ca. 1,5 km. Gute Verbindungen nach Rijeka und Pula etc. mehrmals täglich.

Zugbahnhof für Opatija liegt in Matulji, ca. 4 km nördlich in der Nazorova Ulica. Stündliche Busverbindung zwischen Opatija und Matulji.

Autovermietung: Hertz bei Kompas in der Hauptstraße Nr. 170.

Achtung Autofahrer! In Opatija nur sehr begrenzte Parkmöglichkeiten. Daher nicht wählerisch sein und erstbeste Parklücke rechts oder links rein, an der Uferstraße.

BADEN:

Altertümliches **Strandbad** mit betonierten »Liegewiesen«, bunte Sonnenschirme, altersschwache Liegestühle, tagsüber gestopft voll. Man kennt seinen Nachbarn und trifft sich auf seinen Stammplätzen. Rutsche, Self-Service, Umkleidekabinen. Eintritt ca. 1,50 DM.

Etwas besser der Strand »Slatina«: aber auch proppevoll, schmutziger, aufgeschütteter Sand. Hier Surfbrettverleih.

Kleiner Hafen, die Fischerboote werden von den Yachten an den Rand gedrückt. Gut geschützt mit Tankstelle, Kran, Duty-free-Shop und Geldwechselmöglichkeit.

RESTAURANTS:

gibt's in Hülle und Fülle, die meisten bei den Hotels an der Hauptstraße.

Fischrestaurant »Amfora«: Gemütlich und wohnlicher als die Terrassenrestaurants am Kai. Speiseraum erinnert mit den vielen Pflanzen an einen luftigen Wintergarten. Eine Delikatesse sind die Steinbohrermuscheln, knapp 10 DM die Portion oder Hummer mit 4,50 DM/100 g nicht gerade billig. Deftige Grillgerichte gibt's natürlich auch. Das Lokal findet man am besten von der Post aus, rechts vorbei und ca. 200 m bergauf.

Grillrestaurant »Adria«: Liegt schön ruhig und ohne Autoabgase beim Essen. Große Terrasse, knusprige und preiswerte Pizzen. Innen nicht so toll, kalte Beleuchtung und Kachelboden. Bei der Post 50 m rechts ab.

Restaurant Hotel »Palme«: Ein alter Prachtbau direkt an der Straße; Palmen wachsen durch die Baldachine, Cordon bleu ca. 8 DM, Menü gibt es für ca. 10 DM. Ulica M. Tito 166.

Restaurant »Kamelija«: Grillrestaurant am Kai, klein, überschaubar, mit weißen Schnörkelstühlen.

Ruhiger Winkel, 30 m abseits der Straße: **Gostiona »Istranka«:** Einfaches Grillrestaurant mit Terrasse in der Ranicka Cesta.

Wer Lust zum Tanzen hat, ist in Opatija gut bedient. Am besten **»Disco 72«:** direkt am Meer, unter freiem Himmel mit Kapelle (meist Standard), drumherum dichtgedrängte Zuschauer.

Casino Rosalia – wer seine Urlaubskasse aufbessern oder leeren möchte, hier gelten allerdings keine Dinarschecks mehr.

UNTERKUNFT:

Hotel »Slavija«: Mitten im Zentrum, von den Balkons überblickt man die Promenade, Strandbad und Meer. Nichts für geräuschsensible Menschen: Straßenlärm, abends im 1. Stock Tanz, der Rock 'n' Roll tönt weit über die Bucht. DZ mit Bad ab 80 DM.

»Grand Hotel Belvedere«: Altes Haus aus dem Anfang des Jahrhunderts, direkt am Wasser in einem Park, eigener Betonstrand, helle Zimmer mit Teppichboden und Balkon. DZ ab 80 DM. Knapp 2 km vom Zentrum entfernt, Richtung Volosko, aber gute Busverbindung.

Hotel »Paris«: An der Titostraße – entsprechend laut. Eingebaut von weiteren Hotels und Restaurants. Zum Strand gut 700 m. Freundliche Zimmer mit Teppichboden. Einen Blick aufs Meer ergattert man nur aus den oberen Stockwerken. DZ mit Bad und Telefon um die 80 DM.

»Adriatic«: Großer Hotelkomplex aus Rohbeton unterhalb der lauten Straße Richtung Ičići, 08/15-Zimmer mit Balkon, zum Strand eben über die Straße. DZ ab 75 DM.

Hotel »Bellevue«: Im Zentrum neben Hotel »Slavija«, zum Strandbad über die Promenade. DZ ab 65 DM.

Hotel »Opatija«: Aus der k. u. k.-Zeit. Mit Garten, liegt etwas erhöht im Zentrum. Die meisten Zimmer nur mit Dusche und WC. DZ ab 55 DM.

Hotel »Palme«: s. Restaurant. DZ ab 55 DM.

Für Privatzimmer berappt man zwischen 20–25 DM/Pers.

Stadtnächster Campingplatz **»Opatija«** s. Ičići.

Camping »Preluk«: Links und rechts der Uferstraße nach Rijeka, laut. Außerdem dröhnt die Disco nebenan. Bietet kaum Schatten, spärliche Warmduschen. Einziges Plus: die schöne Kulisse von Opatija, nichts zum Entspannen, ein Durchgangsplatz. (Ca. 5 km außerhalb, gute Busverbindung. Für Autofahrer nebenan Reifenservice.)

AUSFLÜGE:
Schöner Spaziergang nach Lovran, 10 km Fußweg immer am Meer entlang. Gutes Angebot an organisierten Ausflügen bis nach Venedig, Postojna, zu den Plitvicer Seen oder ein Fischpicknick. Jeweils mehrmals pro Woche.

Volosko: eignet sich prima, um abends gemütlich essen zu gehen. Kurzer Spazierweg von Opatija aus am Ufer entlang. Ruhiger kleiner Fischerhafen mit lockenden Restaurants. Surfbretter-Vermietung am Hafen, allerdings ziemlich schmutziges Wasser. Zufahrt für Caravans oder Wohnmobile eng.

RIJEKA und Fortsetzung ADRIA-MAGISTRALE siehe Seite 123 und Seite 135

Die Inseln CRES und LOŠINJ

Ein langgestreckter Schlauch vor der Ostküste Istriens, den die Römer durch einen Kanal getrennt haben.

CRES, die nördliche Insel, ist karger, hügelig mit viel Macchia, mehr etwas für Individualisten.

LOŠINJ, im Süden, ist lieblicher, mit üppiger Vegetation und guten Badezugängen. Touristisch wird hier mehr geboten. Für Wassersportler sind beide Inseln interessant. Einspurige Brückenverbindung von Cres nach Lošinj.

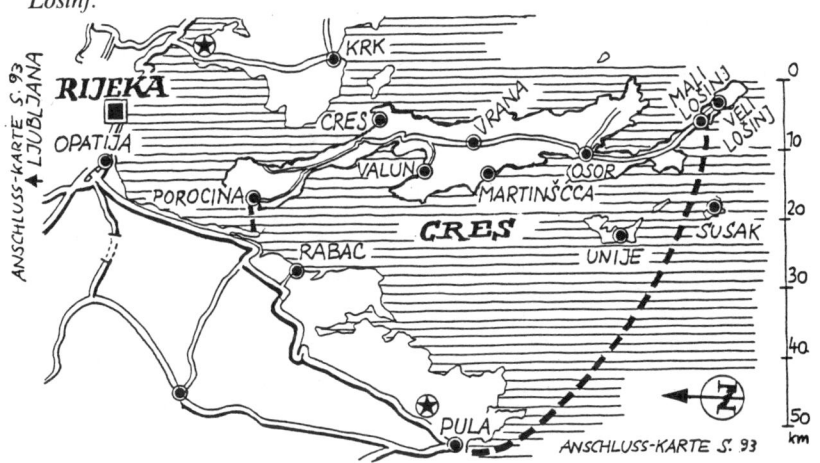

Inseltransporte/Fährverbindungen:

Trajekt von Rijeka nach Porozine nur 1 × tgl. deshalb zur Saison vorbestellen

von Brestova nach Porozine: 4 Fährschiffe pendeln ununterbrochen von 6–19 Uhr (5–21 Uhr zur Saison) Fahrzeit ca. 30 Min.

von Pula nach Mali Lošinj 6 × /Woche mit der Lošinjska-Plovidba-Gesellschaft

Personenfähre zusätzlich von Rijeka nach Cres 1 × tgl.

Busverbindung: Von Rijeka direkt zu allen Orten auf Cres und Lošinj, mehrmals täglich.

Autofahrer: Es gibt nur 2 Tankstellen, und zwar im Ort Cres und in Mali Lošinj.

Cres

4000 E. 56 Straßen-km lang; 404 qkm

Die Campinginsel, mit einer Handvoll reizvoller Dörfer. An einer tief eingeschnittenen Bucht liegt der Hauptort CRES mit den beiden Inselhotels. Campingplätze an den Meerzugängen.

Cres ist eine karstige Macchiainsel, Steinmäuerchen sollen den Wind abhalten, vereinzelte Schafzucht, Landwirtschaft in großem Stil ist nicht möglich.

Jede Menge abgelegener Buchten, die per Schlauchboot ideal erreichbar sind, zu Fuß nur mühselig. Wildcampen verboten!

Porozine – nur Anlegestelle. Die Straße steigt gleich an, fast 400 m Steilküste. Das eindrucksvollste Stück bis zum Hauptort Cres (24 km). An den kahlgefegten Hängen des Mt. Barbin entlang, weites Panorama zur Waldseite von Krk, dazwischen die abgeholzte Insel Plavnik.

Cres, gemütliches Städtchen an der fjordähnlichen Bucht der Westküste. Auch zur Hauptsaison noch ruhig, nach dem Rummel in Istrien eine Wohltat. In den schattigen Gäßchen der Altstadt bieten die Frauen ihr Gartengemüse an. Die Loggia auf dem Platz dient jetzt als Souvenirstand. Gostionas und Eisdielen um das Hafenbecken. Achtung Autofahrer: Hier die einzige Tankstelle der Insel!

Unterkunft Stadthotel »Cres«: ein alter Palast auf dem Hafenplatz, leider ohne Bademöglichkeit.
Das moderne Hotel **»Kimen«** eignet sich besser für einen Badeaufenthalt, niedrig im Pinienwald am Eingang der Bucht. DZ ca. 70 DM. Tennisplatz nebenan.

Camping »Kovacine«: kleiner Platz am Anfang der Bucht. Einige Olivenbäume, wenig Schatten, einfache Sanitäranlagen, Stromanschluß. Der Felsstrand teilweise ausbetoniert. Der FKK-Strandbereich einige hundert Meter abseits.

Valun – 7 km abseits der Hauptroute. Der richtige Ort für Leute, die einen kleinen autolosen Zeltplatz suchen. In einer schmalen Bucht mit Kiesstrand. Die Camper beherrschen im Sommer das kleine Nest und die 3 Restaurants. – Großer Parkplatz vor dem Ort. Nur zum Be- und Entladen darf man vorfahren.

Ohne den **Vrana-See** wäre die Wasserversorgung der Inseln eine Katastrophe. Wahrscheinlich wird er durch eine unterirdische Wasserader gespeist. Der Seegrund liegt interessanterweise 16 m unterm Meeresspiegel, Gesamttiefe 80 m. Das grünblaue Wasser verlockt zum Reinspringen, doch Baden wegen Trinkwassergewinnung verboten. Einziger Zugang über einen beschwerlichen Fußweg von Vrana aus.

Martinščica: Lohnt den 10 km Abstecher wegen des modernen Autocamp »Slatina«. Der Ort hat uns wenig begeistert. Einfache Häuser entlang der Bucht. Die üblichen Restaurants, Miniyachthafen, große Frachter ankern in Sichtweite.

Camping »Slatina«: der komfortabelste Platz auf Cres: terrassenförmig angelegt, Viererparzellen, Sichtschutz durch buschige Hecken, trotzdem wenig Schatten, Stromanschluß; ausreichend Sanitärhäuschen. Eigene Bucht mit Felsstrand und vielen Bootsstegen. Preis für 2 Pers. + Auto: 15 DM. Sport: Tennis, Badminton, Surf- und Bootsverleih.

Osor: Der älteste Ort, ganz im Süden von Cres, lebt von den beiden Campingplätzen. Brückenverbindung nach Lošinj; die Drehbrücke wird 2 × täglich geöffnet (9 und 18 Uhr) – Kinder drehen begeistert mit. Der Kanal erspart den Booten den langen Weg außen rum. Die Römer bauten diese Abkürzung für ihre Handelsverbindungen. Apsoro – so hieß Osor damals – war eine bedeutende Handelsstadt mit etwa 30 000 Einwohnern.

Das Touristenbüro (offen von 7–12/18–20 Uhr) vermittelt Privatzimmer. Post, Lebensmittelladen und Restaurant am Platz.

Ortscampingplätze: »Bijar«; einfacher Platz unter Pinien, unebener Waldboden, die schönsten Nischen für Zelte, wenige Stromanschlüsse, dürftige Sanitäreinrichtung. Prima Badeplätze, sogar etwas Kiesstrand, Sonne allerdings erst ab 11 Uhr, eigene Bootsstege, Surfunterricht und Wasserski.

»Kamp«: gleich an der Brücke – gehört schon zu Lošinj. Preiswerteste Anlage (4,50 DM/Pers. alles incl.), dementsprechend einfach. Stellplätze entweder unter Pinien an der Straße oder auf der extrem schrägen Wiese, dafür mit Blick auf Osor.

Punta Križa: Eine reine Ferienbucht. Privatbungalows, Zimmervermietung. Zwei Camps: ein Textilplatz und FKK »Baldarin«: Ein ursprünglicher Platz mit weitläufigem Strand und leicht abfallendem Kies. Sanitäranlagen mit sonnenwarmem Wasser.

Insel Lošinj
7000 E., 21 Straßen-km, 75 qkm

Eine grüne, ausgefranste Insel mit vielen Buchten und Mini-Inseln im Süden, ein Spielplatz für Freizeitkapitäne. Quirlige Ferienzentren sind die Orte Mali- und Veli Lošinj mit Hotels, Camping und vielen Privatzimmern.

Der erste Inselort **Nerezine** am Meer liegt noch etwas abseits des Touristenrummels.

Das Autocamp »Rapoca« am Ortsrand von Nerezine. Pinienwald am Meer bietet die besten Stellplätze, bei großem Andrang muß man auf die schattenlose Wiese neben der Durchgangsstraße ausweichen. Schöner Felsstrand bis zum Ort.

Schnorcheln und Baden: entlang der Straße bis Veli Lošinj gibt es jede Menge Badezugänge in türkisblauen Buchten. Die besten Schnorchelstellen kurz vor Camping »Punta« bei Veli Lošinj.

Mali Lošinj
4200 E.

Klein (Mali) ist der Ort schon lange nicht mehr. Bunte Souvenirstände, Gostionas und Eisdielen an jeder Ecke. Behäbig verteilen sich die hohen Häuser um das große Hafenbecken – für Yachten ein optimal geschützter Liegeplatz an der 5 km langen Bucht.

 Tourist Büro: am Kai, Maršala Tita. Offen 7–22 Uhr.

 Post: Mo.–Sa. 7–22 Uhr, in der Ulica 20. April.

 Bank: Riječka Banka, am Kai, Mo.–Fr. 7.15–12/14.30–21 Uhr, So. 7–12 und 14.30–20 Uhr.

Fährbüro am Kai. Hier hängt der Fahrplan aus, Reservierungen. Abfahrt der Fähre gegenüber.

Busstation: am Ende des Kais. Verbindungen nach Veli Lošinj und Rijeka über die Insel Cres.

Überdachter Markt in der Ulica 20. April.

SPORT:
Mit einem flotten **Motorboot** schippert man zum Baden am besten zu den Mini-Inseln Ilovik und Sv. Petar.

Surfen in der langen Hafenbucht von Mali Lošinj nicht so günstig, da starker Bootsverkehr. Ruhiger ist da die Bucht Čikat. Hier braucht man nur auf Badegäste zu achten. Wer ohne eigenes Board unterwegs ist, kann im Hotel Bellevue Surfboards mieten.

Tennisplätze bei den Hotels Alhambra und Bellevue dürfen von Nichthotelgästen mitbenützt werden, sind aber schnell ausgebucht. Wer nicht in der größten Mittagshitze spielen will, muß rechtzeitig vorreservieren.

Fahrräder werden beim Hotel Bellevue vermietet.

Restauranttip: »**Za Kantuni**«: Freundliches Restaurant mit zwei Riesenpalmen auf der Terrasse, große Speisekarte. Spezialität der »Drachenkopf« für 24 DM oder »Zagreber Schnitzel« 11 DM. Zu finden in der Parallelstraße zum Kai.

HOTELS:
»**Istra**«: einfach, zentral am Hafen, aber ohne Bademöglichkeit, DZ ca. 50 DM.

Besser zum Baden die Bucht **Čikat,** 2 km außerhalb mit den Hotels: »**Alhambra**«: Gemütliche Villa im alten Stil. Große, freundliche Zimmer mit Sitzgruppe, teilweise Laubenbalkon. Tennisplatz, Minigolf. DZ um die 80 DM.

»**Helios**«: direkt am Meer im Pinienwald, zusätzl. Bungalows für 2 Pers. ca. 80 DM.

»**Bellevue**«: aufgelockerte zweistöckige Anlage, geräumige Zimmer mit franz. Betten und Sitzecke. Swimmingpool, Tennisplatz, Kegelbahn, Surf- und Fahrradverleih. DZ ca. 95 DM.

Privatzimmer günstiger ab 12 DM/Pers. Vermittlung im Touristbüro.

Camping »Poljana«: moderne komfortable Anlage, 4 km vor Mali Lošinj, sehr gepflegt trotz der Größe, gemütliches Restaurant mit viel Holz. Beliebt bei Freizeitkapitänen. Bootsanlegestege und Slip. Der Nachteil allerdings: zum Meer Straße queren. Der Komfort muß auch bezahlt werden.

SCHÖNE WANDERUNG (¾ Std.) rüber nach Veli Losinj am Meer entlang. Die Berghänge dicht mit Pinien bewaldet – Palmen, Zypressen. Einer der Gründe, warum die Insel so beliebt ist.

Veli Lošinj

Sowohl von seiner Lage wie auch seinem Ortsbild ungemein hübsch. Zwischen den dichtbewaldeten Pinienhängen gelegen, enges Altstadtlabyrinth bis zum Kai (das Auto muß auf dem großen Parkplatz draußen bleiben). Der Hafen selber: so klein, daß man fast schon mit der Hand rüberreichen kann. Rechteckig und dicht von den Häusern bestanden. Abends, wenn das Licht dann angeht über den Restauranttischen: wie ein großer, gemütlicher Innenhof.
Allerdings platzt Veli Lošinj im Sommer auch aus allen Nähten. Mehrere gute Strände in der Umgebung mit glasklarem Wasser, teils Fels, teils Sand mit Steinen.

Hotel »Punta«: 2 km außerhalb, ein wenig einladender Klotz am Meer, DZ ab 75 DM

Persönlichere Atmosphäre in den **Privatzimmern** des Ortes, Vermittlung durchs Turist biro.

Camping »Punta«: schattig terrassierter Platz. Drei Sanitärs sind jedoch zu knapp bemessen. Überfüllter Strand, der auch vom Hotel Punta benutzt wird. Schöner ist die türkisfarbige Bucht, 10 Min. entfernt.

Insel Unije
280 E./nur 9 km lang, 3 km breit

Kleine, gemütliche Blumeninsel, Lošinj vorgelagert. Sehr buschig, Weingärten und herrliche Sandstrände. 280 E., einige vermieten auch Zimmer an Gäste. Das Wasser kommt noch aus Zisternen.

Überfahrt mehrmals pro Woche ab Mali Lošinj. Kostet ein paar Mark. Die Überfahrt der Personenfähre (kein Pkw-Transport; Unije ist eine autolose Insel!) dauert knapp 2 Std.

Segler: kleiner Hafen in Unije und zwei einsame Ankerbuchten: Maračol und Vogniščа.

Insel Susak
ca. 4 km groß

Ein einziger Weinberg ist die Nachbarinsel Susak. Noch kleiner als Unije mit genauso schönen Sandstränden. Romantisch wird's abends beim Kerzenlicht, denn Strom gibt's hier nicht.

Ein schöner Ausflug ab Mali Lošinj: eine Nacht in einfachen Privatzimmern und am nächsten Tag zurück. Im Sommer mehrmals pro Woche Personenfähre von Mali Lošinj via Unije nach Susak (ca. 3 Std.). Ebenfalls auf Susak keine Autos.

Der kleine, geschützte Hafen von Susak wird von Yachten gerne angelaufen und ist im Sommer entsprechend überfüllt.

RIJEKA
140 000 E.

Laute Geschäftsstadt mit bedeutendem Industriehafen. Bringt als Stadt für längeren Zwischenstop wenig – ist aber WICHTIGER VERKEHRSKNOTENPUNKT. Sowohl für die Inselfähren – auch der »Jadrolinja« entlang der Küste runter nach Dubrovnik – wie auch für Bus und Zug. Der Flughafen von Rijeka liegt auf der Insel Krk. Rijeka hat keine Stadtumgehung. Der Küstenverkehr donnert direkt durchs Zentrum (zweispurig).

Wer auf Anschluß warten muß: angenehme, aber kleine Altstadt direkt neben dem Fährhafen. Der UHRENTURM (13. Jhd.) ① war früher Eingang zur Stadt (inkl. Zugbrücke), die sich durch eine Stadtmauer vor Angriffen anderer Adria-Mächte und der Piraten schützte. – Größte Kirche: der DOM SV. MARIJA ③ – Schöne BAROCKKIRCHE SVETI VID ⑥ – im ehemaligen GOUVERNEURS-PALAST (19. Jhd.) heute das Nationalmuseum.

Fußgängerzone der KORZO (Parallelstraße zum Kai). Die alten Fassaden wieder freundlich renoviert. Wer sich die Zeit vertreiben muß: ins KAUFHAUSCAFÉ »KORZO«, direkt neben dem Uhrenturm. Luftige Panoramaterrasse im 4. Stock und Rundblick auf Rijekas stelzige Wohnhaussilos in der Ferne. Die Stadt zieht sich bis zum KASTEL TRSAT den Hang rauf, dem anderen Panoramarundblick über die Stadt. Höhe ca. 130 m, per 540 Stufen oder Stadtbus zu erreichen. Weiter Rundblick auf die Industriegebiete Rijekas mit Werften, Schwimmdocks und Erdölraffinerien bis in die Bucht von Bakar.

Geschichte:

RIJEKA – früher Fiume genannt – war bis Ende des 1. Weltkriegs eine Hafenstadt der k. u. k. Monarchie. 1918 kam es zu dem neuen jugoslawischen Königreich.

In einem Handstreich brachte der italienische Schriftsteller, Freischärler und Nietzsche-Anhänger GABRIELE D'ANNUNZIO Rijeka in seine Gewalt – hier lebte eine große italienische Minderheit.

Im RAPALLO-VERTRAG 1920 wurde Fiume eine freie Stadt, 1924 geteilt – Fiume an Italien, der Stadtteil Sušak zu Jugoslawien. Durch einen Volksentscheid nach dem 2. Weltkrieg kam Rijeka endgültig an Jugoslawien.

Der Hafen ist der bedeutendste für die Versorgung Nord- und Mitteljugoslawiens, Erdöl das wichtigste Umschlaggut. Aus Platzmangel entstand im Stadtteil Sušak der Holzumschlagplatz. Der Containerhafen liegt auf Krk. Rijekas Schiffsindustrie gehört heute zu den führenden im Mittelmeerraum. Die Werft »3. Mai« auf Platz 16 der Weltrangliste.

 TOURIST BÜRO GENERALTOURIST: Trg Republike. Nette Leute sprechen auch deutsch. Wichtig für Geldwechsel und Zimmervermittlung – im Sommer bis nachts offen.

 HAUPTPOST: Korzo Nar. Revolucije. Telefon, Geldwechsel, Poste restante, 7–21 Uhr.

 BANKA Ljubljanska: beim Uhrturm. Offen: Mo-Fr 7-19/Sa 7-12 Uhr.

Restaurants

Die Restaurants an der Uferstraße immer voll, obwohl man sein eigenes Wort nicht versteht. Viele warten mit Sack und Pack auf die Fähre. Restaurants, Cafés und Snackbars – ohne Autoabgase – am Korzo.

Unterkunft:

Gemütliche Hotels zum Urlaubmachen gibt's in Rijeka nicht. Wer frühmorgens die Fähre nicht verpassen will, sucht besser in den Stadthotels ein Zimmer: »**Hotel Bonavia**«, altes graues Hochhaus, zentral, aber laut. Dolac 4. DZ ca. 85 DM. »**Hotel Kontinental**« in der Šet. Lenjina, einfaches Stadthotel, DZ ohne Frühstück ca. 50 DM.

Am südöstlichen Stadtrand direkt überm Meer liegt **Hotel »Jadran«**, in der Šet. XIII Divizije. 3 Stockwerke, grau verputzt. Schön sind die Balkonzimmer hintenraus mit Superblick übers Meer. An den Zimmern zur Straße donnert der gesamte Küstenverkehr vorbei. Frühstücksterrasse überm Meer, unterhalb der Straße relativ lärmgeschützt. DZ ca. 65 DM. Mit Bus Nummer 2 erreichbar.

Wenige 100 m weiter liegt **Hotel »Park«**, schon älteren Datums, aber nicht ganz so direkt an der Straße. Der kleine Park schluckt etwas den Autolärm. DZ ca. 60 DM.

Baden kann man guten Gewissens in näherer Umgebung von Rijeka niemandem empfehlen.

Preiswerte Übernachtung im Studentenwohnheim »Dom Crvenog Križa« in der Polic Kamova 32. Manchmal sind dort Zimmer frei. Vorher im Tourist Büro nachfragen.

Privatzimmer kosten zwischen 20 und 30 DM das DZ, etwas außerhalb ist's billiger.

① Stadtturm
② Markthalle
③ Dom Sv. Marija
④ Busstation
⑤ Jadrolinja
⑥ Veitskirche (Sveti Vid)

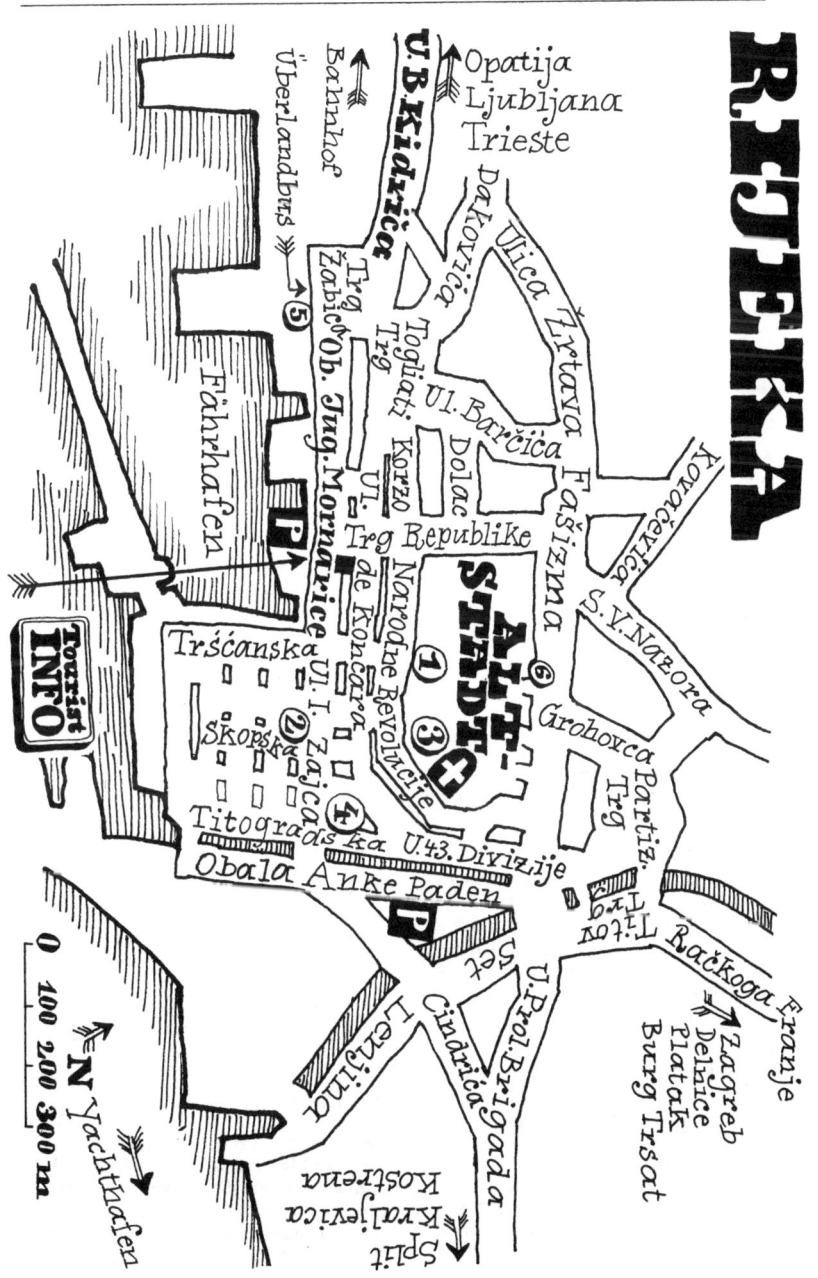

Camping
»Kostrena«, stadtnächster Platz (5 km südlich) nur ein Durchgangscamp. Busverbindung 10, 27, 29
»Preluka«, ca. 9 km Richtung Opatija (s. dort)

Parkplätze
Am Kai oder großer Parkplatz am Mrtvi-Kanal, durchs Zentrum, über den kleinen Kanal links. Beide kosten geringe Gebühr.

Autowerkstatt
»Autoservice« für fast alle Typen in der Ulica E. Barčićeva 3. Citroen-Werkstatt »Automotor« in der Istarska 32a. Fiat-Werkstatt »Autohrvatska« in der Dure Strugara 50.

Automieten
Auto Turist: Š. Ljubiča 12
Unis Turist: Ž. Fašizma 26
AVIS: Trg Republike 9

Einziger **Yachthafen in Žurkovo**, 2,5 sm südöstlich, eine kleine Bucht an der Steilküste – keine Leuchtfeuer! Kein Ankern, 2 Molen und Festmachertonnen.
Ganzjährig Einklarierung und Gleisanschluß für Yachtverladung in Rijeka.

Transporte:

Fähren:
* zur Insel Cres 1 × tgl. (Auto- und Personenfähre). Fürs Auto zur Saison vorbuchen! Abfahrt am Kai, gegenüber Jadrolinija Büro

* Küstenlinie (Eilfähre) über Rab, Zadar, Sibenik, Split, Hvar, Korčula, Dubrovnik, Bar, Korfu, Igoumenitsa (siehe Seite 136). Information und Buchungen beim Jadrolinija Büro, Jadrolinija, Obala Jugoslavenske Mornarice 16 am Kai. Das Büro ist von 5.30–18 Uhr offen.

Eisenbahn:
Bahnhof in der Ulica Borisa Kidriča an der Einfahrtsstraße von Opatija kommend; etwa 10 Min. zu Fuß vom Zentrum.

Zug nach		Fahrzeit
Postojna	(79 km) 8 × tgl.,	ca. 1,5 Std.
Ljubljana	(155 km) 8 × tgl.,	ca. 2,5 Std.
Zagreb	(243 km) 4 × tgl. (Expr.),	ca. 4 Std.
Einfaches Ticket ca. 5 DM		

Flugzeug:
Flughafen auf der Insel Krk, ca. 25 km südöstlich von Rijeka. Airportbus ab Busterminal Žabica 1, Flugbüro Jat: neben dem Tourist Büro am Trg Republike 9 offen von 7.30–19.30 Uhr. Auskunft und Buchen.

Flüge von Rijeka nach		Flugzeit
Beograd	1–2 × tgl.	ca. 1 Std.
Pula	6 × / Woche	ca. ½ Std.

Taxi:
Stände am Kai Obala Jugoslav. Mornarice, Tel.: 22-323 und am Bahnhof, Tel.: 22-520.

Busse:
Regional-Busse nach Opatija, Lovran, Kastav etc. fahren beim Busbahnhof am Kanal Mrtvi ab, nahe dem großen Parkplatz, siehe unsere Rijeka-Karte!

Busterminal für Überlandbusse am Beginn des Korso, Žabica 1 (siehe Rijeka-Karte). Fahrkartenbüro an der Ecke, Reservierungen für weite Strecken möglich (einige Tage vorher). Busfahrten sind recht preiswert, z. B. Rijeka–Dubrovnik nur knapp 20 DM pro Person einfach.

Verbindungen nach

Dubrovnik	ca. 5 × täglich
Split	ca. 6 × tgl., dauert etwa 8 Std.
Belgrad	ca. 1–2 × tgl.
Plitwitz	ca. 1 × tgl.
Zagreb	ca. alle 1–2 Stunden
Postojna/Ljubljana	ca. 3 × tgl.
Poreč	ca.6 × tgl.
Pula	ca. 5–6 × tgl.
Crikvenica	fast stündlich
Novi Vinodolski	fast stündlich

Busse zu den Inseln

Krk	alle 1–2 Stunden
Rab	ca. 2 × am Tag
Cres	ca. 4 × täglich
Veli Losinj	ca. 4 × täglich

Der **Airportbus** (»Jat-Bus«) und der **Direktbus nach München** fahren ebenfalls am Busterminal ab. Für die 555 km Rijeka–München ist man 10 Std. unterwegs. Ganzjährige Verbindung, 2 × /Woche. **Gepäckaufbewahrung**: rund um die Uhr besetzt.

Nähere Umgebung von Rijeka

Bakar:
Früher ein idyllisches Städtchen in einer binnenseeartigen Bucht. 10 km südlich Rijeka.
Begeistert heute nur noch Industriefotografen. Eine moderne Kokerei, Wärmekraftwerk und Verladehafen für bosnische Erze »verschönern« die Bucht. Riesige orangefarbene Rohrleitungen drücken den Ort an den Hang. Verfallenes Kastell (16. Jhd.) hoch oben in Bakar.

Die BUCHT VON BAKAR war einst ein mit Gestein und Erde ausgefüllter Trog; später wurde er durch Landsenkung ausgeräumt und das Meer konnte eindringen. Über die Hänge um Bakar ziehen sich verwilderte Weinterrassen; Ende des letzten Jahrhunderts hauste hier die Reblaus – eine Neubelebung des Weinbaus ist hier nicht rentabel.

Die Bucht ist das LETZTE THUNFISCHFANGGEBIET Jugoslawiens. Bei BAKARAC im Osten stehen noch auffällige, wackelige Leitern schräg vom Ufer übers Wasser. Sie dienten als Ausguck, um die Fischschwärme zu beobachten. Die Thunfische kommen mit der Strömung 2 × im Jahr in die Bucht von Bakar, zum Fang wurde die gesamte Bucht dann abgesperrt, jetzt werden nur noch Großreusen im Südosten ausgelegt. 30–70 Thunfische werden pro Jahr rausgeholt. Prachtexemplare bringen bis zu 300 kg auf die Waage. Allerdings geht der Thun-, Sardinen- und Sprottenfang sehr zurück – kein Wunder bei der Umweltbelastung –, jetzt betreiben nur noch eine Handvoll Pensionäre das Geschäft. Hier liegt die Grenze der Thunfischverbreitung – denn Thune brauchen eher kühles, sauerstoffhaltiges Wasser mit Strömungen, wie z. B. in Atlantiknähe.

Kraljevica:
am Eingang der Bucht: Die beiden Schlösser der Frankopan und Zrinski gehen im Stadtbild zwischen Industrieanlagen ganz unter. In einer der Werften arbeitete Tito in jungen Jahren.

Insel KRK

20 000 E; 410 qkm

Eine Insel mit zwei Gesichtern: knochenbleiche Boraseite im Osten, grüne Westküste mit einer Handvoll Badezentren. Struppige Wälder, wilde Feigen, macchia-überwucherte Steinmäuerchen. Der längste Kiesstrand Nordjugoslawiens in Baška.

Die größte jugoslawische Insel profitiert von der geographischen Nähe zu Rijeka. Sie ist schnell erreichbar. Durch die Brückenverbindung keine Wartezeiten, dementsprechend überlaufen. Am Wochenende zusätzlich Kurzurlauber aus Rijeka.

Seit 1980 ist die Insel Krk mit dem Festland bei KRALJEVICA mit einer BRÜCKE verbunden. Rund 23 km von Rijeka, Abzweigung von der Magistrale bei Kraljevica. Ein riesiges, zweispänniges Bogenwerk über das felsig verkarstete Inselchen Sv. Marko (103 m hoch). Mautpflichtig, der Pkw ca. 2 DM.

Über diese Verbindung läuft der Hauptverkehr nach Krk. Durchgehend asphaltiert weiter bis zum Hauptort Krk und rüber nach Baška an der Ostküste.

Flughafen: gleich hinter der Brücke. Modern und wichtigster Airport Nordjugoslawiens im Küstenbereich. 1–2 × tägl. Flüge nach Belgrad, ca. 60 DM. Rüber nach Pula/Istrien 6 × /Woche. Zu Ankunft und Abflug der JAT Airportbus von/nach Rijeka.

Busse: dichte Verbindung (ca. alle 1 bis 2 Std.) zwischen dem Hauptort Krk und Rijeka. Ansonsten gute Verbindungen auf der Insel (mehrm. tägl.) nach Baška, Vrbnik und Punat.

Fährverbindung:	Häufigkeit in HS	Fahrzeit	Pkw + 2 Personen
Crikvenica–Šilo	10 × tägl.	20 Min.	ca. 6,50 DM
Senj–Baška	3 × tägl.	1 Std.	ca. 16,– DM
Baška-Insel Rab	9 × tägl. (Lopar)	1 Std.	ca. 16,– DM

Geschichte:
Im 2. Jh. vor Chr. gab es hier eine römische Siedlung Curicum (daher Krk). 49 v. Chr. gewann Pompeius vor Krk eine Seeschlacht gegen Cäsar. Bei Teilung des Römischen Reiches kam Krk zu Byzanz, im Mittelalter wechselten sich kroatische Könige mit Venezianern in der Herrschaft über Krk ab. Die Venezianer setzten vorübergehend die Grafen Frankopan ein (1118–1480). Als die Türkengefahr jedoch immer bedrohlicher wurde, übernahmen die Venezianer wieder das Ruder. Später gehörte es zu Österreich-Ungarn. Im Vertrag von Rapallo 1920 wurde Krk Jugoslawien zugesprochen, anders als Cres, das an Italien kam.

Omišalj: Erster Ort nach der Straßenbrücke. Trotz Raffinerie, Pipeline und Flughafen in 3 km Nähe ein kleiner Badeort. Alter Stadtkern mit romanischer Basilika; jetzt Fußgängerzone. Ein paar Hotels mit Sportmöglichkeiten – oder Privatzimmer. HOTEL »ADRIATIC«: DZ mit Bad ca. 60 DM.

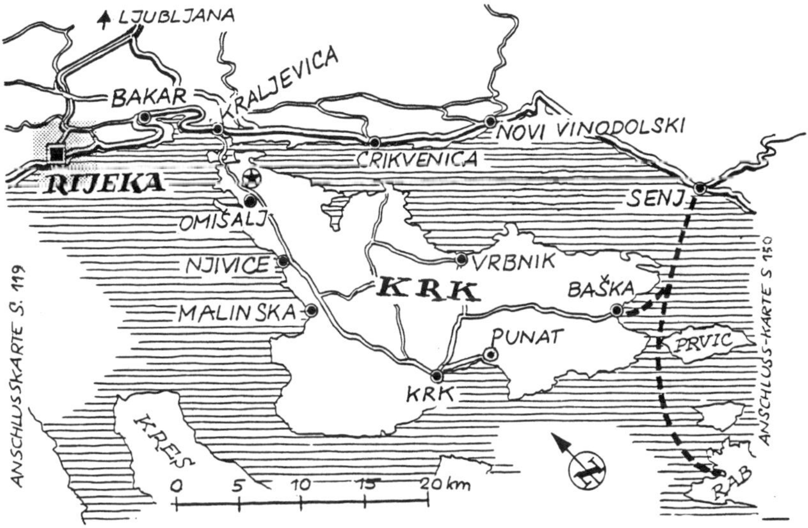

Njivice: Von dem einstigen Fischernest spürt man kaum noch was; überall werden Privatzimmer angeboten. Viele Blumengärten, kleine Frühstücksterrassen, ein paar Restaurants. Großes Sportangebot, sanfte Bucht zum Planschen, Segeln und Surfen. Kleinerer Süßwassersee außerhalb – hier darf leider nicht geangelt und gebadet werden – er dient zur Trinkwasserversorgung.

Tourist-Info: gegenüber der Mole, im ersten Stock des Postgebäudes. Offen: 7–12, 17–21 Uhr. Hier auch Privatzimmervermittlung, DZ 23 DM.

Riječka Banka: schräg gegenüber von Hotel »Jadran«. Offen 8–12/ 19–21 Uhr.

Sportzentrum: Am Ortseingang mit ungewöhnlich großem Angebot: vom Schießstand über Bowling, Minigolf, Fahrradmieten (1,50 DM/Std.), Ruderboot bis Surfbrett (4,50 DM/Std.), Segeljolle, Motorboot (10 DM/Std.) und Tennis (6 DM/Std.).
Der Strand besteht aus betoniertem Fels, extra FKK-Abschnitt.

Hotel »Beli Kamik«: Großer langgezogener Vierstöcker in einer Parkanlage, knapp 200 m zum Meer. DZ mit Dusche ca. 70 DM.

Hotel »Jadran«: Hat die schönere Lage, direkt am Meer. Mit Restaurantterrasse am schmalen Fußgängerkai. DZ mit Dusche ca. 65 DM.

Camping »Njivice«: Der große Platz nimmt die halbe Bucht ein. Natürlicher Wald, leicht schräger Wiesenboden; mit Stromanschluß, mehrere Sanitärhäuschen, einige neue. Großer Supermarkt, zum Sonnen gibt's ausbetonierten Fels. Kostenpunkt: 4 DM/Pers., Auto + Zelt 5,50 DM.

Malinska

Ca. 1,5 km abseits der Hauptinselroute am Meer, auf halbem Weg zum Ort Krk. Malinska selbst ist nicht sehr attraktiv, ohne alten Kern. Beliebtes Wochenendausflugsziel von Rijeka, deshalb sehr voll. Langer Kai mit Parkanlagen, schmaler Felsstrand am südlichen Ende. Das V-förmige Hafenbecken mit Kran und Slip.

 Tourist-Info: Titova Obala 43 (offen: 8–22 Uhr)

 Post: gleich daneben, 7–22 Uhr, Mo.–Fr.

 Jugo Banka: Mo.–Fr. 7.30–12/15–20 Uhr; Sa. 7.30–11 Uhr, am Hafen.

Großer PARKPLATZ mit Markt und Souvenirständen gleich am Ortseingang.

Hotels:

Die Luxushotelanlage »**Haludovo**« 1 km nördlich vom Ort mit über 1000 Betten, Schwimmbädern, Sauna, Spielkasino war für den Jetset-Tourismus geplant – der blieb allerdings aus, jetzt genießen viele Pauschalreisende den Luxus. Großes Freizeitangebot: Bootsverleih, Wasserski, Tennis, Kegeln etc. Der Komfort hat allerdings auch seinen Preis: DZ ab 120 DM/Pers. Zur Nebensaison nur die Hälfte.

Hotel »Triglav«: Zentral am Hafen von Malinska, wenig einladend, mit ungemütlicher Terrasse. DZ ab 70 DM, Menü schon ab 8 DM.

Privatzimmer preiswerter.

Campingplatz »Kameli Raste« im Ort.

Krk

An der Südküste in einer weiten Bucht der Hauptort Krk. Trotz seiner alten Stadtmauern ist er lange nicht so schön wie Rab oder Korčula. Das Leben spielt sich um den Kai und Park ab. Souvenirstände und Portraitisten beleben den Titoplatz. Die beiden Stadttürme wurden zu originellen Kneipen umgebaut. Das moderne Krk liegt weiter außerhalb.

 Tourist-Büro: (offen 8–22 Uhr) am Titoplatz.

 Post: daneben, offen von Mo.–Sa. 7–22 Uhr.

Riječka Banka: Mo.–Fr. 8–12/19–21 Uhr.

PARKPLATZ und BUSHALTESTELLE am Markt, gut geschützter YACHTHAFEN. Slip bei der kleinen Werft.

Tauchen: Anmelden und Gebühr bei der Milicija; Nachfüllstation im Ort.

Roulette abends ab 21 Uhr im Hotel »Palace«.

Motorbootverleih: Krk Ribaška 9.

Restaurants: Gostiona »Francopan« direkt an der Kirche, breite offene Terrasse ohne Autolärm. Balkanplatte 13 DM, besonders delikate Steinbohrermuscheln. Originelle Kneipe »Kula« im eckigen Stadtturm, innen klein, aber urig, im 2. Stock auch Sitzplätze.

Ruhiges **Restaurant »Marina«:** am Kaiende.

Hotels: Große Hotelanlage »Dražica« aus den Siebzigern, 3 km außerhalb Krk am Meer, in Grün verpackt. Die insgesamt 1000 Betten verteilen sich auf das Hauptgebäude und die Dependancen »Dubrava«, »Lovorka« und »Koralj«, wobei es in Dubrava mit nur 30 Zimmern fast persönlich zugeht. DZ mit ca. 65,- DM am preiswertesten von allen.

Privatzimmer günstiger, zwischen 15,- und 30,- DM das Doppelzimmer.

Autocamp »Jezevac«: Groß terrassiert am Hang, nur der ältere Teil im Pinienhain, karstig steiniger Boden. Nur 3 m breiter Strand, Stromanschluß, neue hübsche Sanitäranlagen. Der Campingplatz liegt am südlichen Ortsrand von Krk.

Etwa 4 km nach Krk die binnenseeartige **Bucht von Punat** mit der kleinen **Klosterinsel Košljun.**

Punat

ist wenig reizvoll, unglaublicher Baderummel. Auf dem Betonstrand liegen die Leute wie die Ölsardinen. Surfer, Planschboote, Schwimmer und Schnorchler kunterbunt durcheinander. Großer, modern ausgebauter Yachthafen am Ortseingang mit Clubhaus, Reparaturwerft und Parkplatz für Autos und Trailer.

 Tourist-Büro: Titova Obala 100. Offen: 8–22 Uhr nonstop.

 Post: Titova Obala. Offen Mo.–Sa. 7–12/14.30–22 Uhr.

 Bank: am Kai.

TAXIBOOTE zur grünen INSEL KOŠLJUN (knapp 2,- DM/Pers.). Vom Franziskanerkloster lugt nur der Glockenturm hervor.

Sport: Bei der Gaststätte Kvarner am Ende des Kai Verleih von Motorbooten 7,50 DM/Std.; Segeljollen 6,- DM/Std.; Surfboards 4,- DM/Std. Tauchgenehmigung im Reisebüro: Kvarner Express. Tennis am Ortseingang, von 7–21 Uhr.

Hotels einheitliche Preise, DZ ab 70,- DM. »Kostarika« alter Bau, laut, an der Durchfahrtsstraße. »Park I« einfallsloser Neubau neben dem Picknickplatz. »Park II« größtes Hotel mit 255 Betten.

Privatzimmer zwischen 15,- und 30,- DM. Vermittlung im Touristenbüro.

Camping: Das **Ortscamp Pila** hat uns wenig begeistert, Wiesengelände, teilweise Pinienwald. Die Strandbadnähe ist nicht zu überhören.

Prima der **FKK-Platz »Konobe«** (hieß früher »Akapulka«): 4 km außerhalb in einer eigenen Bucht mit Kiesstrand, terrassierte Stellplätze, kaum Schatten, Stromanschluß, gepflegtes Restaurant. Preise für Übernachtung: ca. 4,- DM/Person, Wohnmobile 6,- DM, Auto 3,50 DM. Großes Sportangebot: Bootsverleih aller Art, Fahrräder 10,- DM/Tag, Tennis, Tischtennis, Minigolf. Boots-taxi rüber nach Punat.

Abstecher an die Ostküste

Kontrastprogramm zu Punat, durch Macchia und Weinfelder auf schmaler Straße etwa 6 km nach

Vrbnik, gemächlicher Ort der Einheimischen, oberhalb vom Meer. Touristen spielen hier nur die zweite Geige, denn es gibt keinen Strand und keine Campingplätze. Dafür phantastischer Blick aufs Festland zu den Dinarischen Bergen. Das einzige Hotel »VRBNIĆE NAD MOREM« mit 54 Betten. DZ ca. 35,- DM.

Etwa 13 km weiter zum munteren Fährörtchen **Šilo** in der weiten Bai mit kleinem Hafen. Touristisch im Kommen, da nur einen Katzensprung vom Festland. Zum Baden gibt's allerdings schönere Buchten.

Trajekt nach Crikvenica, zur Saison 10 × tgl. Trotzdem lange Schlangen, deshalb frühzeitig dasein. Siehe auch Seite 138
Abwechslungsreiche Strecke von KRK nach BAŠKA (20 km), über einen zahmen Paß (319 m) ins phantastische Tal. Links und rechts der Straße nackte, weiße Felsen, bis in die Bucht von Baška.

In **Jurandvor** wurde die berühmte Baška-Tafel entdeckt, die älteste noch erhaltene Urkunde in glagolitischer Schrift (s. Glagoliza). Sie dokumentiert eine Schenkung des kroatischen Königs Zvonimir an die Benediktinermönche, in der er den Mönchen den Baugrund für ihre Kirche (1100 erbaut) zur Verfügung stellt.

Die Originaltafel im Museum in Zagreb. In der Kirche nur eine Kopie; im Touristenbüro nach dem Schlüssel fragen.

Baška

Ganz im Süden von Krk. Der schönste Ort auf der Insel, mit kilometerlangem Kiesstrand im weiten Golf. Die Stadt drückt sich in einer Ecke der Bucht zusammen, gut geschützt durch die kahlgefegten Höhenzüge – die »Bora« läßt kaum einen Grashalm wachsen. Auf halber Höhe die Ruinen des alten Baška, das von den Venezianern zerstört wurde.

Der Stadtkern mit steilen Stiegen und eng verschachtelten Häusern ist ziemlich gut in Schuß. Die lange Uferpromenade gehört den Touristen: Souvenirbuden, Slastičarnas, Kneipen, eine richtig gemütliche Bummelstraße. Überall in der Stadt wird offener Wein, selbstgemachter Met (Honigwein) und Honig angeboten.

Gegenüber von Baška die schroffe, kahle Sträflingsinsel PRVIĆ, wie eine Mondlandschaft.

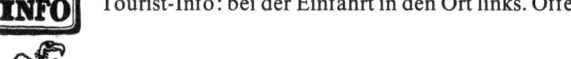 Tourist-Info: bei der Einfahrt in den Ort links. Offen: 7–21 Uhr.

Riječka Banka: gegenüber, 8–12/19–21 Uhr Mo.–Sa.; 9–12 Uhr So.

TRANSPORT:

Gute Bus-Verbindung nach Krk, Rijeka – mehrmals täglich. Trajekt: nach Senj und zur Nachbarinsel Rab 3 × tägl.

RESTAURANTS:

Fischspezialitäten-**Restaurant »Papariha«:** in der Altstadt. Leckere und preiswerte Fischplatte mit Makrele, Heilbuttklößchen und Tintenfisch für 2 Pers. ca. 12,- DM. Oft schwierig, noch einen Platz zu bekommen.

Riesiges Open-Air-**Restaurant »Ribaru«:** mit meterlangem Hähnchengrill; ziemliche Massenabfertigung. An der Uferpromenade am Hafen. Direkt daneben die beste Slasticarna im Ort.

Etwas individueller **»Pivnica Riva«:** hier gibt's nicht nur Bier, auch gutes Essen. Besonders Zahnbrasse (ca. 3,- DM/100 g) und Seehecht zu empfehlen. Gemütliche Terrasse. Am Kai gegenüber Trajektbüro.

Grill-Restaurant »Strand«: mit großzügiger Terrasse. Neben der Promenade. Abends mit Band, viel Schnulz und Schmalz.

Open-Air-Disco: mit nostalgischer Oldimusik aus den 60er Jahren. Auf der Wiese neben dem Campingplatz, direkt am Meer.

UNTERKUNFT:

Hotel »Baška« und Hotel »Velebit«: direkt an der Promenade gegenüber vom Strandbad. Ältere konventionelle Bauten ohne Balkons. Schon ab 40,- DM/VP pro Person. Menü 7,- DM, recht preiswert!

Hotel »Corinthia«: 250-Betten-Hotel am Rande von Baška, nahe beim Campingplatz, akzeptable Zimmer mit Linoleumboden und ziemlich kleinem Duschraum, ca. 55,- DM/DZ.

Überall **Privatzimmer,** viele in kleinen, winkeligen Altstadthäuschen, ab 15,- DM pro Pers. u. Tag.

Camping »Zablace«: direkt am Kiesstrand; kaum Schatten und proppevoll. Zu Stoßzeiten muß auch der Fußballplatz herhalten. Wohnwagen in Reih und Glied, viele jugoslawische Dauercamper. Für die Duschen und Brötchen am Morgen muß man lange Schlange stehen. Gegenüber Tennisplatz und Minigolf.

Empfehlenswerter **FKK »Bunčuluka«:** in einer eigenen Kiesbucht, 1 km östlich von Baška. Durch Terrassen und dichte Büsche ergeben sich viele Nischen. Der obere Teil schattenlos. Sanitäranlagen 1a! Ziemlich steiniger Boden.

Adria-
Magistrale

(»Jadranska Magistrale«)
Rijeka - Senj - Zadar - Split - Dubrovnik - Ulcinj (ca. 820 km)

Die HAUPTVERKEHRSADER entlang der jugoslawischen Küste. Eine kurvige, einspurige Landstraße, die meist unmittelbar am Meer entlangführt. Sie bietet jede Menge Gelegenheiten für Picknick- und Badestops. Phantastische Ausblicke auf vorgelagerte Inseln und das karstig graue Küstengebirge. Schöne Mittelmeerstädtchen direkt an der Route.

Die Magistrale ist nicht nur die Haupturlaubsroute in den Süden, sondern zugleich die wichtigste Transportstrecke entlang der jugoslawischen Küste und dementsprechend befahren.

Vorsicht vor gefährlichen Seitenwinden (Bora) besonders im nördlichen Küstenabschnitt. Viele Lkw entlang der Strecke, hinter denen sich bei Steigungen oft lange Kolonnen bilden. Besonders in Kurven mit gewagten Überholmanövern von Nonstop-Fahrern rechnen. Nachtfahrten bei der dürftigen Seitenbefestigung ohne Katzenaugen besser vermeiden. Ausreichend Tankstellen und Reparaturwerkstätten.

Durchgehende Busverbindung von Rijeka entlang der gesamten Küste bis Split, Dubrovnik, Kotor. Fahrzeit bis Split 8-9 Stunden, bis Dubrovnik 13 Stunden. Die Wagen haben Reisebus-Charakter mit bequem gepolsterten Sitzen. Platzreservierung für weite Strecken 2-3 Tage im voraus möglich. Die Busfahrer versuchen ihre Zeiten einzuhalten, auf Schlaglöcher wird deshalb wenig Rücksicht genommen. Mit Schlafen im Bus ist da nicht viel drin. Rijeka - Dubrovnik: 5 × täglich, die einfache Fahrt kostet ca. 20 DM.

Die Magistrale entlang der Küste macht natürlich auch Trampen interessant, für Leute mit schmalem Portemonnaie. Zwar sehr dichter Verkehr, aber die meisten Autos sind so vollgepackt, daß der Auspuff fast auf dem Boden schleift. Lkw-Fahrer nehmen ungern mit; außerdem lohnt es kaum, in der brütenden Hitze am Straßenrand Daumengymnastik zu machen, wenn beispielsweise der Linienbus von Rijeka nur ca. 20 DM bis Dubrovnik kostet.

Direktverbindungen an der Küste nur zwischen Pula - Zadar und Split - Dubrovnik (6 × / Woche). Sonst Umsteigeflüge über Beograd bzw. Zagreb.

Innerjugoslawische Flüge sind sehr preiswert, eine Flugstrecke kostet zwischen 50 und 60 DM. Bei guter Verbindung lohnt deshalb der Umweg über die Inlandsstädte. Rijeka - Dubrovnik (via Beograd) ca. 120 DM.

Besonders Flüge entlang der Küste landschaftlich grandios - bei Tausenden von Inseln und Inselchen in der tiefblauen Adria!

Großes Bonbon für den, der tiefer in den Süden Jugoslawiens will, ist die Eillinie der »Jadrolinija« ab Rijeka bis runter nach Dubrovnik/ Bar. Zur Saison 1 × täglich. Fahrzeit bis Dubrovnik 22 Stunden, bis Bar 27 Stunden. Im Sommer fährt die Eillinie 3 × /Woche bis nach Griechenland weiter (Korfu und Igoumenitsa).

Die drei Fährschiffe Ilirija, Slavija und Liburnija fassen jeweils ca. 100 Pkw und etwa 800 Passagiere. Relativ preiswert, die Personendeckpassage kostet bis Dubrovnik nur ca. 50 DM, in der Kabine ab ca. 115 DM (Verpflegung inbegriffen). Mittlerer Pkw ca. 150 DM.

Phantastische Fahrt zwischen der Inselwelt, Fahrtunterbrechung möglich. Mit Pkw wird's allerdings komplizierter. Pkw werden auf den Inseln Rab und Hvar nicht ausgeladen. Für Fahrzeuge unbedingt von Deutschland aus rechtzeitig vorbuchen; bei Zwischenstops jede Fahrt extra reservieren.

Von den Küsten-/Inselhäfen, die die Eilfähre anläuft, kommt man mit Regionalfähren bzw. Bussen zu kleineren Orten weiter.

Großer Vorteil: man spart sich kilometerlanges, ermüdendes Pkw-Kurbeln bzw. die Schaukelei im Linienbus, und der Urlaub beginnt schon an Bord.

Buchungsadresse: BRD: Reisebüros und Jadrolinija agent für Deutschland, Eschersheimer Landstraße 25–27, 6000 Frankfurt/Main 1. In Rijeka/Jugoslawien: Obala Jugosl. Mornarice 16, am Kai.

Kartenmaterial: »Shell Generalkarte Nr. 1 + 2 + 3«, erschienen Mairs Geographischer Verlag. TipTop in Kartographie. Berge, Naturschutzparks, besonders schöne Strecken, Fährlinien etc. Vorbildlich und Basis für Reisen im Küstenbereich Jugoslawiens!

Im folgenden Text beschreiben wir die jugoslawische Küste von NORD IN RICHTUNG SÜD. Bei den entsprechenden Fährhäfen am Festland sind im Anschluß die zugehörigen Inseln beschrieben (bzw. Seitenverweise).

Adriamagistrale

Rijeka - Senj   **71 km**

Reichlich nüchterner erster Streckenteil auf der Adriamagistrale von Rijeka um die Bucht von Bakar (viel Industrie) nach Novi (Vinodolski).

Wer ein eigenes Auto hat, fährt besser **folgende Variante:** ab Rijeka durch Vinodol (Weintal), ca. 30 km bis Novi. Ein abgeschiedenes Tal parallel zur Küste. Es geht durch kleine, touristisch unberührte Dörfer. Von dem früheren Weinanbau ist kaum noch was zu sehen, dafür um so mehr wilde Feigen. Landschaftlich eine lohnende Route und weniger Verkehr als auf der Magistrale. Aber sehr kurvige Strecke.

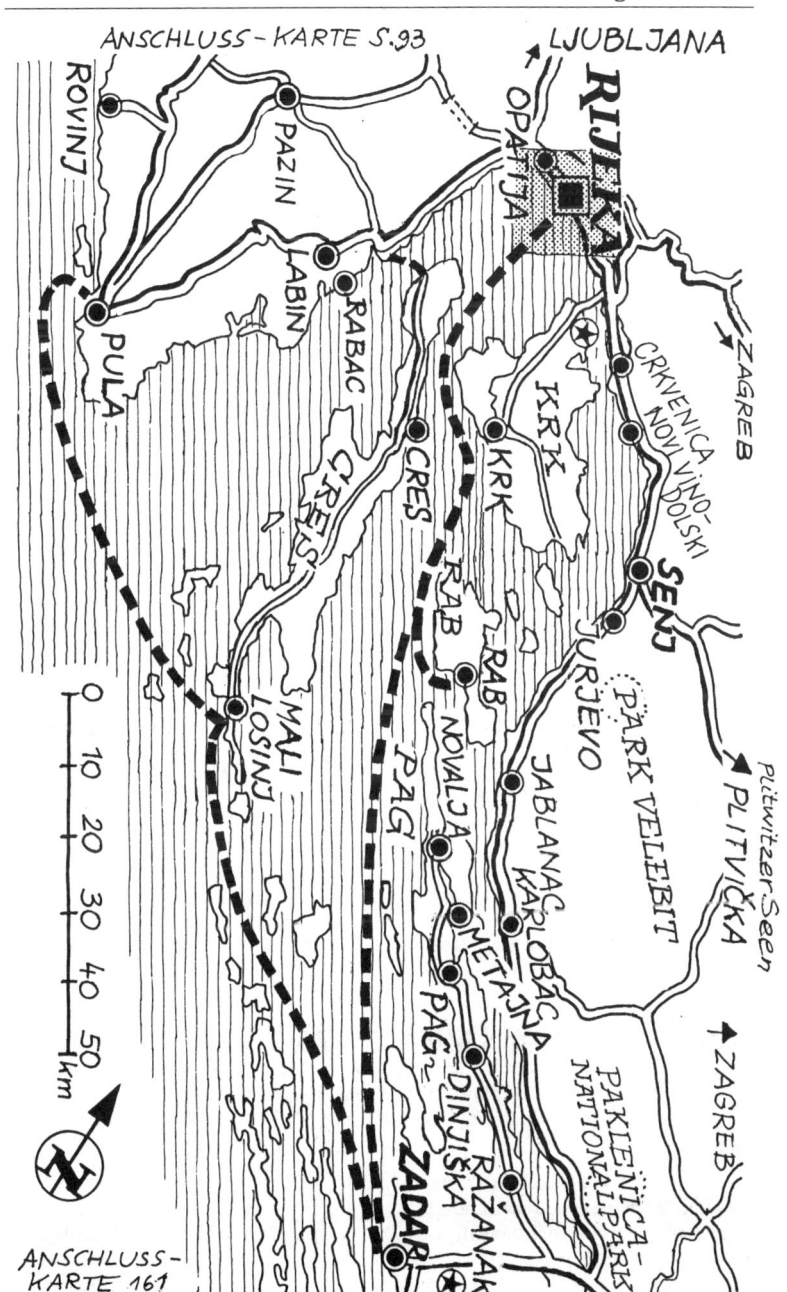

1 km nach Kraljevica geht es links ab, ausgeschildert ist der Ort Kržisče. Links und rechts steile, karstige Hänge. Lohnender Stop bei der Burg Drivenik, in exponierter Lage auf dem grünen Hügel. Von der Burg konnte das Tal optimal eingesehen werden. Der Weg zur Burgruine hoch ist im Ort Drivenik ausgeschildert.

Weiter durch das verwilderte Tal nach Tribalje mit kleinem Stausee, dann links rauf nach Grižane, ein kleines Bergnest am Hang mit Blick aufs Meer. Relativ gute Straße nach Bribir und zur Magistrale bei Novi Vinodolski.

Crikvenica 6000 E.

Ehemaliges Seebad aus der k.u.k.-Zeit, jetzt rummeliger Touristenort mit dichten Parkanlagen an der kilometerlangen Uferstraße. Sandig-kiesige Badestreifen mit Sonnenschirmen und Planschbooten; Restaurants und Hotels wie Sand am Meer.

Alte Paläste aus der Seebadzeit im unteren Teil. Moderne Neubauten den grünen Hang hinauf. Zwischendurch donnert die Magistrale.

Hiert TRAJEKT NACH KRK (Šilo ca. 20 Min.). Chaotisch enge Verkehrsführung beim Ein- und Ausschiffen. Zur Saison 8-10 mal täglich.

Unterkunft: Privat- und Hotelbetten für mehr als 8000 Gäste!!

Hotelkomplex »Riviera« 3,5 km nördlich vom Ort. Das Haupthaus »Villa Danica« gemütlicher als die Betondependancen.

»Villa Danica«, aus den Dreißigern, ordentliche Zimmer, Balkon mit Nachbarkontakt. Nur 100 m zum Strand. DZ ab ca. 65 DM.

»Esplanade«: für die zentrale Lage relativ ruhig, aber einfach. Komfortablere Zimmer im neueren Gebäude, nur manche mit eigenem Bad. DZ 60-80 DM. Zum Strand nur über die Straße.

»Kačjak«: 6 km nördlich auf der Landzunge. Bungalows und Pavillons: Klein, einfach möbliert, mit Terrasse bzw. Balkon. DZ ca. 55 DM.

»Slaven«: Besteht aus dem alten Hauptgebäude und neueren Pavillons mit freundlichen Zimmern. Insgesamt 500 Betten! 3 km südlich in Selce. Direkt gegenüber dem Campingplatz! DZ ca. 100 DM.

Preiswertere **Privatzimmer** vermittelt jedes Touristenbüro.

3 km auf der Magistrale nach Süden, **Camping »Selce«.** Mit Blick auf die Hotelanlage, wenig Schatten, kiesig-felsiger Strand. Die Sanitäranlagen lassen zu wünschen übrig.

Besser noch 3,5 km weiter zum **Camping »Zagori«.** Weitläufiges Gelände am Meer, Terrassen, individuelle Nischen für die Zelte. Gut schattig mit Waldboden. Tolle Felsen zum Sonnen. Treppen ins Wasser, deshalb für Kinder ungeeignet! Gasnachfüllmöglichkeit. Disco beim Hotel nebenan.

Novi Vinodolski (kurz Novi) 3600 E.

Malerisches buntes Örtchen am Hang, oberhalb der Küstenstraße. Superenge Gassen, grazil ragt der Campanile mitten raus. Reste des alten Frankopanschlosses oberhalb der Altstadt. Im renovierten Turm ist jetzt eine Metzgerei untergebracht.

Zusammen mit den Uskoken-Piraten kämpften die Frankopan hier gegen die Venezianer. Ende des 13. Jahrhunderts wurde in Novi der älteste Gesetzestext des Balkan in glagolitischer Schrift verfaßt, das sogenannte Vinodol Statut. Die „Glagoliza" war der erste Versuch, die Volkssprache schriftlich festzuhalten.

Baden an der abgasfreien Kiespromenade. Sanfte Buchten und Sonnenfelsen, über Leitern bequem ins Wasser. Bei den Felsbuchten prima Schnorchelstellen mit türkisfarbenem Wasser. Am Ende der Bucht das offizielle Freibad. Weitere Badeplätze wenige km nach Ortsende von Novi. Tief eingeschnittene Bucht (50 m unterhalb der Straße), tintenblaues Wasser, auch zur Saison nur wenig Leute. Schotterweg rechts runter.

Yachthafen direkt neben der Straße, teilweise geschützt, mit Kran und Slip. Tankstelle am Kai.

Camping »Klenovica« gut 7 km nach Novi. Langgezogen am Meer. Einige Olivenbäume, Kies- und Felsstrand. Vorgelagerte Insel zum Rüberschwimmen. Vereinzelte Stromanschlüsse und dürftige Sanitärs.

Die nächsten 150 km bis STARIGRAD-PAKLENICA durch fast menschenleere, bizarre karstig-weiße Landschaft. Die Adriamagistrale windet sich am Fuß des VELEBITGEBIRGES. Kontrastig das dunkelblaue Meer, eingestreute karggraue Inselrücken - wie eine Mondlandschaft.

Unvorstellbar, daß auf der Rückseite üppige Vegetation gedeiht. Viele schöne Buchten mit Campingplätzen für Badestops an der Magistrale.

An der Route bis Senj winzige Camps in schönen Kiesbuchten - weit weg vom Massentourismus. Nur ein Dutzend Stellplätze, allerdings ohne Komfort. Keine Superläden, und die Adria-»Autobahn« im Ohr.

Camping »Kozica«: ca. 9 km vor Senj direkt am Meer, leicht abfallendes Wiesengelände mit Sichtschutzhecken.

Camp »Sibinij«: 2 km weiter beiderseits der Straße, Kiesstrand in der kleinen Bucht, nur vereinzelt Bäume, Restaurant an der Straße, sonst weit und breit nichts.

Camp »Draga«: oberhalb der Straße, am Ortseingang von Senj.

»Skver«: winziges Autocamp in Senj zwischen Straße und Fährhafen - bestenfalls ein Notquartier!

Senj   5000 E.

Durch die Touristen kommt im Sommer etwas Schwung in die kleine Stadt. Cafés für Zwischenpausen und für Leute, die auf die Fähre nach Krk und Rab warten.

Unübersehbares Wahrzeichen ist die USKOKENBURG NEHAJ (= fürchte nicht), ein ehemaliges Seeräuber- und Piratennest. Trutzig auf einer Anhöhe mit wuchtigen Mauern, Schießscharten und ausgebauten Ecktürmen. Von Nehaj aus planten die Uskoken Überfälle auf Handelsflotten und auf die vorstürmenden Türken. Jetzt Museum und prima Aussichtsplatz.

Die Uskoken (= Flüchtlinge, Skok = Sprung), ein Bauernvolk, aus dem Neretvatal, das vor den Türken mehrmals fliehen mußte, erst nach Split (Burg Klis), dann nach Senj.

Unter Ivan Lenković, ihrem Anführer, entstand die Burg Nehaj 1558. Die Uskoken bauten eine starke Flotte aus leichten, wendigen Booten auf und wurden zu Seefahrern. Zusammen mit den Venezianern fochten sie harte

Kämpfe gegen die vordringenden Türken. Als Venedig den Kampf gegen die Türken aufgab, fühlten sich die Uskoken verraten und rächten sie an Venedig.

Als gefürchtete, brutale Seeräuber und Piraten plünderten sie Handelsschiffe, führten Raubzüge bis nach Italien und kämpften gegen die Türken weiter. Der größte Anführer war wohl Ivo aus Senj. Er soll 40 000 Türken mit nur 9000 Mann vernichtet haben.

Die Seeräuberei hatte im 17. Jhd. ein Ende, nachdem Österreicher und Venezianer die Uskoken ins Inland vertrieben hatten.

Mit STRÄNDEN schaut's schlecht aus, deshalb kaum Badetourismus. Stadthotel »NEHAJ«, das einzige, nur für den Zwischenstop zu empfehlen. Direkt an der Durchgangsstraße, dementsprechend laut. DZ ca. 50 DM.

PRIVATZIMMER werden schon am Ortseingang angepriesen, ca. 17 DM/pro Person. Vermittlung auch übers Touristenbüro. TRAJEKT zur Insel Krk und Rab: Von Senj über Baška (Krk) nach Lopar (Rab) 3 × täglich.

In SENJ entscheidet sich, ob man ⓐ den sehr lohnenden 150-km-Abstecher über die Inlandroute zu den PLITWITZER SEEN fährt. Großartiges Naturschauspiel mit unzähligen kleinen Seen und Wasserfällen.

Oder ob man ⓑ die nächsten 70 km Richtung Süden ENTLANG DER KÜSTE (Adriamagistrale) fährt, mit Jablanc als weiterem Fährhafen für die Insel Rab sowie dem Plus eines Abstechers in den VELEBIT NATIONALPARK.

ⓐ **ABSTECHER ZU DEN PLITWITZER SEEN** über den Vratnik-Paß (82 km). Gut ausgebaute Straße, kurvig bis zur Paßhöhe (698 m), danach überraschend grün und fruchtbar.

In diesem Gebiet wurde im 16. Jhd. von den Österreichern eine Militärzone gegen die drohenden Türkeneinfälle errichtet. Die Österreicher setzten damals Abenteurer, Flüchtlinge, bes. Serben und Deutsche, ein, denn eigene Söldner waren zu teuer. Aus dieser Zeit stammen die verfallenen Bauernhöfe und Pferdewechselstationen. Otočac (3000 E.) war einst Kommandositz eines österreichischen Grenzregiments.

 Linienbus von Senj nach Plitwitz 1 × am Tag früh morgens. Sonst organisierte Bustouren durchs Tourist Office.

Plitwitzer Seen

Eines der großen Naturwunder Jugoslawiens und als Abstecher unbedingt lohnend.

Eine Kette von 16 stufenförmig übereinanderliegenden Seen, die sich in Wasserfällen und Kaskaden ineinander ergießen. Die Seen liegen inmitten üppiger Wälder und schimmern in unbeschreiblich schönen blaugrünen Pastellfarben. Hier wurden nicht ohne Grund viele Szenen der Karl-May-Filme gedreht; hier weidete der Gaul Old Shatterhands, während dieser oben hinter einem Busch den Komantschen auflauerte – und unter den diversen Wasserfällen räkelte sich Nitschotka, die Indianerbraut alias Uschi Glas, damals zwar schon »oben ohne«, aber die entsprechende Partie keusch mit dem Arm verdeckt . . .

Derartige Sachen sind in der HS heute nicht mehr möglich. Knallvoll, ganze Busladungen wälzen sich über die Pfade entlang der gut erschlossenen Seen. Teils Holzstege ganz nahe an die Wasserfläche und Kaskaden. Landschaftlich trotzdem sehr lohnend; wer's einrichten kann, besucht die Plitwitzer Seen in der Vor- oder Nachsaison, wobei der Herbst besonders schön ist, wenn sich die Wälder färben!

Die Plitwitzer Seen liegen 600 m hoch. Deswegen angenehme Temperatur. Angeblich leben in den Wäldern drumherum noch Bären und Wölfe. Kalktuffbarrieren bilden die Dämme zwischen den Seen, interessanterweise wachsen die Barrieren im Laufe der Zeit an, im Unterschied zu Kalkstein, der sich allmählich abschleift.

Kalktuff lagert sich besonders stark an Stromschnellen ab; durch die Strudelbewegungen und Verdunstung des zerstäubenden Wassers wird der Kalk abgeschieden, zusätzlich bilden sich dicke kalkverkrustete Polster an den Moosen. So können durch ständige Ablagerungen hohe Kaskaden entstehen.

Für dieses einzigartige Naturschauspiel mindestens 1 Tag einplanen (das Eintrittsticket zum Nat.-Park gilt 2 Tage). Badesachen nicht vergessen, im Kozjak-See (und nur da!) darf man baden.

Die Straße von Zadar passiert den TOURISMUSKOMPLEX am Kozjak-See, mit Post und den 3 großen Hotels »Jezero«, »Plitvice« und »Bellevue« (Doppel ca. 100 DM, für die HS unbedingt vorbuchen!!).

Von der ANLEGEMOLE ein ELEKTROBOOT über den See, siehe Karte, wo ein Fußweg am karstigen Steilufer (3 stufenförmige Seen, jeweils mit Wasserfällen verbunden) zu den höchsten Wasserfällen der Seenkette, dem 80 m hohen »Plitvica« und dem »Sastavici«, führt. Der wildeste Teil, kleine Tropfsteinhöhle. Retour auch per TOURISTENZUG möglich (kombiniertes Boot- & Zugticket, im Preis inbegriffen).

Der Touristenzug schlängelt sich zugleich ab Touristkomplex rauf zu den OBEREN SEEN. Landschaftlich der schönste Teil. Unzählige Kaskaden und kleine Wasserfälle zwischen einer Vielzahl von Seen inmitten dichter Vegetation. Holzstege mitten durch und viele Wanderwege. Eine halbe Million Besucher pro Jahr sprechen für sich, wovon übrigens die Hälfte Deutsche sind.

EINTRITT NAT.-PARK: ca. 15 DM. Kein Problem, wenn einen unterwegs der Hunger packt: jede Menge an Snack- und Würstchenbuden. Gegen Gebühr darf

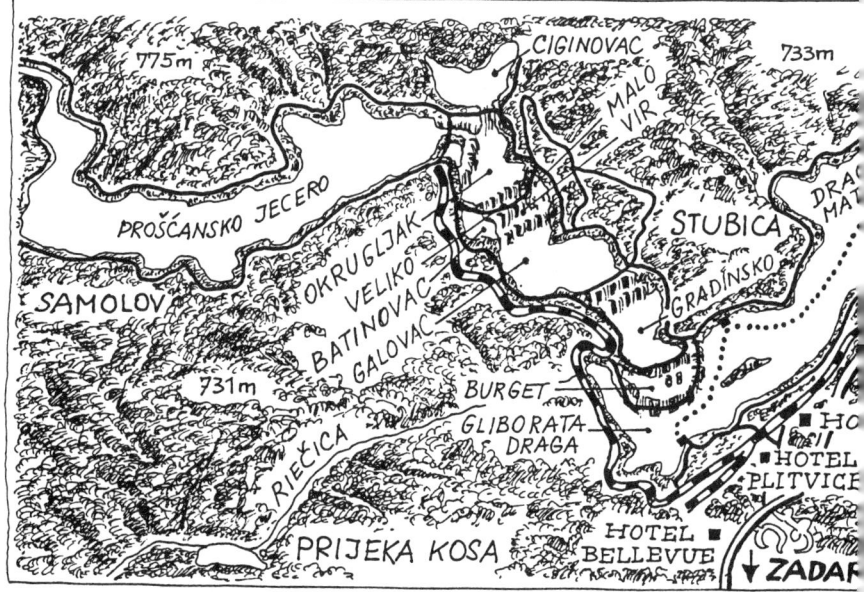

im Hauptsee (Jezero Kozjak, 3 km lang, 82 ha.) geangelt werden. Wer will, kann hier auch Ruderboot mieten. Große Parkplätze vor den Eingängen.

Campingplatz: »Camping Medvedjak« direkt gegenüber Eingang 1. Wiesenboden mit vereinzelten Bäumchen. Stromanschluß und Lebensmittelladen. Nachts das Gequake von Hunderten von Fröschen.

Straße an die Küste entweder über die asphaltierte Nr. 6 und den Stara Vrata-Paß (926 m) runter **nach Karlobag** (131 km) an der Magistrale.

Oder durchs Inland nach Sv. Rocco und dann über den landschaftlich großartigen **Mali-Alan-Paß** (1045 m) zur Küste/Höhe Zadar. Optisch ein Hochgenuß, aber stressige Kurbelei mit mehr als 12 % Steigung. Insgesamt 130 km.

⑧ KÜSTENROUTE Achtung, Autofahrer: starke Fallwinde vom Vratnik-Paß! Die Bora kann von November bis April Windböen bis zu 150 km/h erreichen. Der schwächere Borino im Sommer ist auch nicht zu unterschätzen.

Das Velebitgebirge, ein karstig graues Bergmassiv, zieht sich 150 km lang von Senj bis nach Zadar. Einige Minicamps an der Route.

9 km südlich von Senj liegt das relativ ruhige Örtchen **Jurjevo** mit reizvollen vorgelagerten Badeinselchen. Campingplatz am Kiesstrand. Hier lohnender Abstecher mit Picknickkorb in den **Velebit-Naturpark*** (20 km): Abzweig von der Ma-

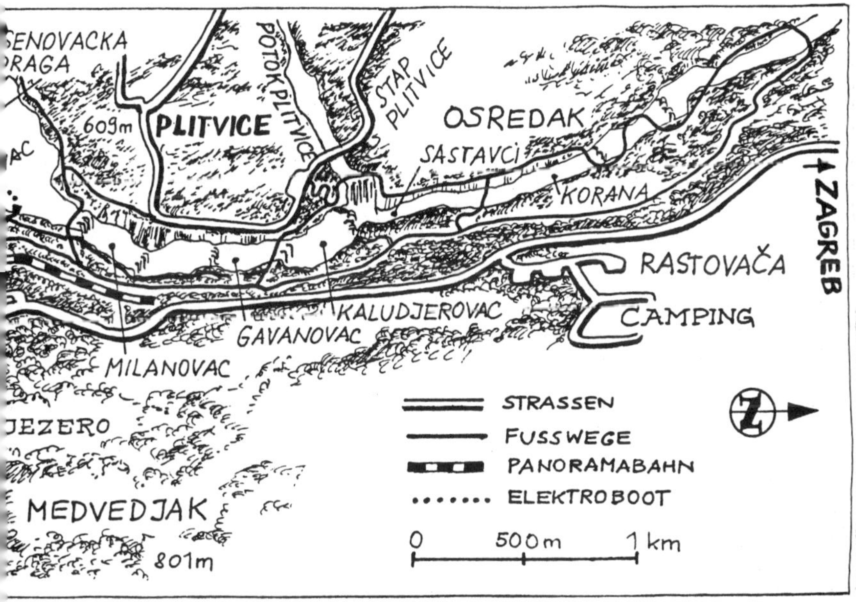

[map with labels: SENOVACKA DRAGA, 609m PLITVICE, POTOK PLITVICE, STAP PLITVICE, OSREDAK, SASTAVCI, KORANA, ZAGREB →, RASTOVAČA, CAMPING, KALUDJEROVAC, GAVANOVAC, MILANOVAC, JEZERO, MEDVEDJAK 801m]

STRASSEN
FUSSWEGE
PANORAMABAHN
ELEKTROBOOT

0   500m   1 km

gistrale direkt in Jurjevo, Krasno ausgeschildert, gute Straße, anfangs Serpentinen und toller Ausblick auf Küste und Inseln.

Überraschend wird's grüner, Steineichen und Buchenwälder; auf der Höhe vereinzelte Weiler, einfache Bauernhöfe, kleine Felder und Wiesen – hier wird noch mit der Hand gemäht.

Bei **Oltari** (1000 m überm Meer. Leider keine Übernachtungsmöglichkeit) zweigt der Forstweg ins Velebitgebirge ab (Wegweiser: Velebit-Botanički Vrt). Schöne Spaziergänge bei angenehmer Temperatur und Ausgangspunkt für die Velebit Wanderung. Die Asphaltstraße führt weiter, anfangs durch dichten Nadelwald, fast schwarzwaldähnlich, nach Krasno und über Otočac nach Plitvice.

* Die Kartenbezeichnung »Velebit Botanički Vrt« bedeutet einfach Naturpark, keinen angelegten Alpengarten erwarten.

 Abwechslungsreiche Wanderung im nördlichen Velebit. Durch den schönsten Teil des nördlichen Velebit-Gebirges führt ein markierter Weg (Rožanski Kukovi) von Oltari bis zum Veliki-Alan-Paß.

Schroffe Felswände, Nadel- und Buchenwälder, imposante Steingebilde. Aussicht über Adria und die Insel Rab. Leichte Gipfelbesteigungen.

Genügend Zeit einplanen, denn der Zugang ist langwierig, Trampen bis Oltari müßte gut gehen, da erstaunlich viel Verkehr. Ab Oltari 9 km Schotterweg.

Erste Hütte unterhalb des Vučjak-Bergs, am Ende des Forstwegs. Ab hier beginnt der angelegte Pfad: auf 1500 m Höhe, keine besonderen Schwierigkeiten oder Steigungen. Von der ersten Hütte bis zum Veliki-Alan-Paß 5–6 Std. Von hier noch 15 Min. Richtung Jablanac zum Waldhaus. Trampen zur Küste bis nach Jablanac wahrscheinlich schwierig, denn die Makkadampiste ist wenig befahren. (Keine Busverbindung.)

WICHTIG: Auf der ganzen Strecke gibt's kein Wasser! Alles selber mitnehmen. Die Tour ist mit rotem Kreis und weißem Punkt gekennzeichnet. In der Generalkarte aus Mairs Geograf. Verlag (1:200000, Dalmatinische Küste 1) ist diese Wanderroute eingezeichnet.

Die **Küstenstraße (Magistrale)** verläuft nach Jurjevo durch zerklüftete Felslandschaft und nicht immer dicht am Meer entlang.

3 winzige Camps: »RAČA«, rechts und links der Magistrale mit donnernden Lkw. Kurz danach »CAMPING ŽRNOVNICA«, in der tief eingeschnittenen Bucht zwei Molen, optimal für kleine Boote. – »CAMP OAZA«, weit abseits der Straße. – Weitere Meereszugänge bei Starigrad und »CAMP STINICA« bei Jablanac.

Jablanac

In dem sonst so verschlafenen Nest ist im Juli/August zu Ferienbeginn die Hölle los. Kilometerlange Warteschlangen für die Fähren nach Rab und Pag, die bei Bedarf pausenlos pendeln, sogar bis tief in die Nacht hinein. Die Kneipe und Imbißbuden freuen sich über ihre dicken Umsätze. An Stränden gibt's nichts Interessantes.

Für Übernachtungen nur **Hotel »Jablanac«** direkt an der Fährabfahrt. Alter Bau mit einfachen Zimmern ohne Dusche. Den Ein- und Ausschifflärm bekommt man hier hautnah mit. Besser und etwas ruhiger in der Depend. »Alan« gegenüber. Neueres Baujahr, 2 Stockwerke. Insgesamt 92 Betten. DZ ab ca. 80 DM.

Camp »Stinica« in der abgelegenen Nachbarbucht ca. 2 km vor Jablanac. Von der Lage her wirklich schön. Durch die abgewrackten Fabrikreste und Häuserruinen nicht abschrecken lassen. Steinige Wiese, allerdings weit und breit kein Baum. Äußerst einfache Sanitärs, Stromanschluß, Felsstrand. Blick auf den kahlen Rücken der Insel Rab. Restaurant und Laden.

Details zur Insel Rab bzw. Pag siehe Seite 147. Auf den 27 km Küstenstraße zwischen Jablanac und Karlobag gibt's keine gescheiten Bademöglichkeiten.

Karlobag   700 E.

– reizloses Straßendorf mit Fährverbindung nach PAG. Für einen Kaffeestop gibt's Eisdielen und Restaurants, Marktstände und Superläden für Selbstversorger.

Übernachtung im **Hotel »Velinac«** oder Privatzimmer (17 DM/Pers.). Kleine Badeanstalt in der Kurve, als Erfrischung gerade richtig, zum »Urlaubmachen« gibt's schönere Buchten.

Hotel »Velinac«, modern und freundlich konzipiert. Die abgetretenen Teppichböden und abgeblätterten Türrahmen verraten, daß schon lange nicht mehr renoviert wurde. Direkt an der Straße schräg gegenüber der Fährabfahrt nach Pag. DZ ca. 70 DM.

Insel Pag gleich gegenüber – wie eine Mondlandschaft! Trajekt 6 × täglich. Fahrzeit ca. 1¼ Std. durch den Paška-Kanal. Details zur Insel Pag Seite 83.

Abstecher: Plitvicer Seen (131 km) über Gospić in vielen Kehren auf 900 m rauf – prima Ausblick vom Paß, gute Straße. Eine erste Verbindung wurde bereits 1846 von österreich. Pionieren in den Fels gehauen.

Der **kilometerlange Stausee bei Gospić** zur Trinkwasser- und Stromversorgung. Hier wurde unter enormem Aufwand die Lika gestaut. 15 000!! Löcher mußten gebohrt werden, um den Karstuntergrund abzudichten. Unter Druck wurde Lehm in das Höhlensystem gepreßt.

Weiter die Küstenmagistrale von Karlobag nach Starigrad – Paklenica. Das Wasser zum Anfassen nahe. Im Blickfeld die skelettbleiche, kahlrasierte Boraseite von Pag – auf dem Mond könnte es kaum spannender aussehen. Wer gute Kondition hat, kann die 4 km rüberpaddeln.

Einige kleine Campingplätze an der Route: Etwa 25 km nach Karlobag **Camping »Kamiraliste«**, unterhalb der Straße, kleine Olivenbäume, Wiese und Bootssteg.

Ca. 10 km vor Starigrad **Camp »Ante«**, empfehlenswerter Platz mit Olivenbäumen und Kiefern. Kiesufer, teilweise Stroman-

schlüsse, Betonsteg für Boote. In dem kleinen, guten Restaurant gibt es hauptsächlich Grillgerichte, reichhaltig und preiswert. Im Haus einige Gästezimmer.

Einige Kilometer weiter **Camp »Sibuljina«** großer Platz links u. rechts der Straße. Dichter Wald, am Meer. Schöne Badestel-

Starigrad – Paklenica

Profilloser Straßenort am Meer mit grauer Betonarchitektur, einige Läden, Markt am Straßenrand, kein richtiger Kern, trotzdem sehr betriebsam.

»Wahrzeichen« das **FKK-Hotel »Alan«**, einziges Hochhaus weit und breit. (DZ 80 DM)

Individueller das **Hotel »Kroli«:** kleiner Neubau am Hafen, vom Balkon Blick auf Pag; heller, etwas kalter Frühstücksraum.

Privatzimmer vermittelt das Tourist Büro. (20–30 DM das Doppelzimmer)

Tankstelle am Ortsausgang.

FKK-Camp »Paklenica« beim Hotelklotz Alan. Direkt am Meer. Eine Steinmauer

schützt vor neugierigen Blicken. Viele Pinien und Waldboden. Gut 200 m Kiesstrand, seicht ins Wasser.

Kleine Autocamps im Zentrum, aber ohne Meerzugang. Schöner der Campingplatz am Ortseingang gegenüber der Autowerkstatt. Unter Zypressen Terrassen am Meer mit steinigem Boden.

Camp »Katalinić« am Ortsausgang. Ölbäume, direkt am Meer, gute Bademöglichkeit.

2 einfache Camps in Seline – am Eingang zum Paklenica-National-Park.

Paklenica Nationalpark

Zwei eindrucksvolle Cañons unmittelbar an der Küste. Hier wurden viele Szenen der Karl-May-Filme gedreht, vom „Schatz im Silbersee“ bis „Winnetou“ – phantastische Filmkulisse, steil abfallende Schluchten, zackige weißgraue Felswände, der rauschende Gebirgsbach und Tropfsteinhöhlen aus den Wildwest-Szenen.

Von der Magistrale aus sind die tiefen Schluchten im Velebitmassiv schon zu sehen. Bei Starigrad die große Paklenica (Velika), bei Seline, ein paar km weiter, die kleine (Mala).

Die GROSSE „HÖLLENSCHLUCHT" (Velika Paklenica) – am Ortsende von Starigrad-Paklenica geht's links ab (ausgeschildert). Über Schotterweg einige km in den Cañon hinein bis zum Parkplatz. Eine Tortur fürs Auto, besser zu Fuß. Vom Parkplatz breiter Wanderweg auf „Winnetous Spuren" durch den wildesten Teil, anfangs breiter Treppenweg zwischen hohen, schroffen Felsen. Der Hohlweg wird immer schmaler. An der engsten Stelle die 400 m STEILWAND „ANICA KUK" (für Kletterer). Danach wird's freundlicher, weiter, grüner, bis zu einer einfachen Schutzhütte. Ausgangspunkt für Klettertouren bzw. Besteigung des höchsten Velebitgipfels: Vaganski Vrh (1764 m). Kein Wasser, abends unglaublicherweise Temperaturen bis 0° C möglich! Ohne Ausrüstung sollte man an der Hütte wieder umkehren.

Wilder, enger und unwirtlicher die KLEINE PAKLENICA (Mala Paklenica). Ausgeschilderter Abzweig im Ort Seline. Etwa 2 km über groben Schotter. Ab dem Parkplatz markierter Wanderweg (roter Kreis, weißer Punkt) tiefer in den Cañon rein.

Der PAKLENICA NATIONALPARK ist der einzige an der Küste Dalmatiens. Skelettbleiche Karsthänge am Meer, mediterrane Vegetation zu Beginn des Cañons, später bewaldet, grüne Hochtäler mit Buchen und Schwarzkiefern. Landeinwärts hochalpine Verhältnisse mit kalten Nächten, entsprechend warmen Schlafsack und Pullis einpacken.

Braunbären sind auch im Paklenica Nationalpark selten geworden, mehr Chancen hat man, einem Wildschwein zu begegnen. Mit Glück kann man Felsenkleiber, Steinadler, Gänsegeier und Uhus beobachten. Kreuzottern und Sandottern scheuen auch die 1000 m Höhe nicht.

Die interessantesten TROPFSTEINHÖHLEN MANTIJA PEĆ und JAMA VODARICA liegen tief im Nationalpark, nur zu Fuß erreichbar (gut 3 Stunden durch die Velika Paklenica).

Das **NOVIGRAD MEER,** 13 km nach Starigrad-Paklenica. Fast jeder kennt ihn, den „Silbersee" aus den Karl-May-Filmen. Doch kein Süßwassersee, denn er ist durch einen Fjord mit dem Meer verbunden. Prärieartige Böschung, anstelle der Indianerpferde grasen jetzt friedlich die Schafe.

Eindrucksvolle Bootsfahrt durch die kilometerlange Karstschlucht nach Obrovac, hohe nackte Felsen, das Flußtal wird immer enger. Taxiboote im Hafen von Novigrad. Viele Meerzugänge auf dem Weg nach Novigrad.

Novigrad   1000 E.

Am Ende des S-förmigen Fjords ducken sich die Natursteinhäuser unter der Burgruine (Novigrad = neue Burg). In dem geschützten Meerarm sind die Fischerboote noch nicht von den Yachten verdrängt worden. – Ein gemütliches Nest, kleiner Park am Fjordende, Spaziergänge auf den Höhenzügen bei der Burgruine.

CAMPING „MULIC": auf der Landnase. Ein schön gelegener Platz mit Blick auf das Velebitmassiv, kleine Kiefernbüsche.

Auf der MAGISTRALE durchs Inland, ca. 25 km nach ZADAR, gerade Straße durch fruchtbare Ebene; viele Traktoren vollbeladen mit Weintrauben, Obst und Gemüse auf dem Weg zum Markt nach Zadar.

Am Ende des Novigradmeers bei POSEDARJE, ausgeschilderter Abzweig zur herben Insel Pag (ca. 45 km zum Hauptort Pag).

Insel PAG   10 000 E; 285 qkm

Lappig zerfranst, zwei Drittel total kahl – ein Werk der Bora und Venezianer, die Pag völlig abholzten. Dadurch konnte die Erosion verstärkt angreifen. Eine Aufforstung ist heute praktisch unmöglich – jetzt mageres Weideland für Schafe. Der würzige Schafskäse ist als „Paški Sir" in ganz Jugoslawien bekannt.

Sanfter, mit spärlichem Grün wird's zwischen der STADT PAG und NO-VALJA. Die buchtenreiche Insel ist optimal für Bootsfahrer; langer Kiesstrand bei Pag. Der Tourismus hat die Insel vor dem Aussterben bewahrt, aber noch nicht überrollt. Keine Riesenhotelsiedlungen, einige Privatquartiere und einfache, kleine Campingplätze. Die meisten Urlauber bleiben in Novalja; großes FKK-Camp und Hotels.

Geschichte: Die Römer bauten mehrere Forts und Befestigungen – bei ruhigem Wasser soll man in der Lagune noch Überreste einer versunkenen Stadt erkennen können. Im Mittelalter war Pag ständiger Zankapfel zwischen der Insel Rab und Zadar – denn der kroatische König Krešimir IV verschenkte 1071 den Nordteil der Insel an Rab, den Südteil an Zadar – was zur Folge hatte, daß sich beide (Rab und Zadar), den übrigen Inselteil unter den Nagel reißen wollten. Es führte zu permanenten Aufständen. Von 1409–1797 beherrschten die Venezianer die Insel Pag, anschließend die Österreicher, bis es an Jugoslawien kam.

Verbindungen nach Pag:

Im Normalfall nimmt man die **Autofähre der Jadrolinija** von Jablanac nach Stara Novalja/Pag. Während der Saison 6 × tgl.; Überfahrt dauert ca. 1 Std. Diese Verbindung empfiehlt sich, wenn man im nördlichen Teil der Insel bleiben will.

Für den mittleren und südlichen Teil von Pag empfiehlt sich die **Autofähre ab Karlobag** (Überfahrt dauert ca. 1¼ Std.) zum Hauptort Pag. Während der Saison 6 × täglich. Sollten sich endlos lange Warteschlangen ergeben, folgende Variante: die Magistrale durchfahren Richtung Zadar, aber 24 km vorher im Ort Posedarje rechts abzweigen und über eine 22 km lange Schlaglochstraße zur Insel Pag, die dort mit einer Brücke verbunden ist.

Zwischen Posedarje und der Brücke geht's durch eine wüstenähnliche, grau-karge Landschaft. Als Kontrast das tintenblaue Meer, ärmliche Bauernhöfe, magere Schafweiden mit Heugarben, viele Lastesel.

Bei RAŽANAC auf der leergefegten Boraseite CAMPING PLANIK. An der

Brücke nach Pag lohnt ein Stop – phantastischer Fotoblick auf die alte Ruine und zum Festland mit Velebit.

Bei DINJIŠKA am Ende des Meerarms gibt es noch eine aktive Saline. Winziges CAMP DINJIŠKA direkt am Wasser, schattenlos mit Open-air-Dusche.

Die Landschaft ähnelt Nordseedünen, nur statt Sand hier Fels. Kilometerlang fährt man an „Salzfeldern" vorbei. Eine weitere Saline bei Pag, schon seit dem Mittelalter wird in der Lagune Salz gewonnen.

Pag

Die Stadt Pag liegt in einem kargen, grauen Talkessel, an einer tief eingeschnittenen Bucht. Sie ist genauso herb wie die Insel. Hier konnte kein Luxus, keine Kunst entstehen. Es gibt nicht viel zu entdecken, doch die Einfachheit ist reizvoll. Alle Gassen münden im Platz **Bratstva Jedinstva** mit Café und einer schlichten Basilika (15. Jhd.).

Der spätgotische Fürstenpalast wurde zu einem Kaufhaus umgebaut. Einige Restaurants entlang der Uferstraße und Stadtmauer.

 am Kai Obala Maršala Tita 1

 am Korso – offen: Mo–Fr. 7.30–12.30/17–21, Sa. 7.30–12.30

PARKEN: Pag ist ein Fußgängerort. Das Auto gleich auf dem Schotterplatz am Ortseingang stehen lassen. An der Tankstelle oft lange Warteschlangen.

Hotel »Bellevue«: groß, langgestreckt, am Strand. Nur ein Katzensprung ins Zentrum über den Damm. Nüchterne Zimmer mit Teppichboden, kleinem Duschraum und Balkon. DZ ca. 55 DM.

Privatzimmer kosten in Pag zwischen 10–20 DM p. P. ohne Frühstück.

Stadtcampingplatz »Prosika« am langen Kiesstrand, ebener Platz, ein paar Büsche sorgen für Schatten. Wer etwas für seine Gesundheit tun möchte: Ein Bassin für Schlammpackungen neben dem Campingplatz. Am Rand sitzen die Leute mit ihren »Negerbeinen« und lassen die Packung wirken. Stinkt ziemlich modrig.

Weiterer Campingplatz »Miro« ca. 6 km Richtung Košljun.

❶ Organisierte Ausflüge: Mit dem alten Kutter »Alan« ins Fischerdörfchen **Metaina**. Dort kann man in 2 Kneipen den Pager Käse oder Schinken probieren – natürlich auch den Wein. Gemütliche Bootsfahrt zurück. Halbtagestour ca. 7,50 p. P.

❷ Ins Dorf **Kolan** – dort gibt's eine kleine ethnographische Sammlung. Nichts Überwältigendes, aber interessant mit welch einfachen Gerätschaften früher auf Pag gelebt und gearbeitet wurde. Offen: Mi., Sa., So. von 18–20.30 Uhr.

Richtung Novalja wird die Straße besser, die Landschaft grüner. Mit Macchia besprenkelte Felsen. In kleinen geschützten Mulden wird Wein, Obst und Gemüse angebaut. Immer wieder begegnen einem schwarzgekleidete Omis mit ihren Lasteseln.

Šimuni, eine geschützte Bucht an der Südküste, guter Ankerplatz für Yachten – nur eine Handvoll Häuser.

Novalja

– ein typischer Uferpromenadenort und D A S Touristenzentrum der Insel. Der kleine Grünstreifen schützt die Restaurants vor Abgasen. Auf den Bänken unter Palmen sitzen die alten Frauen und häkeln Spitzendeckchen – ein Aushängeschild der Insel. In jeder Gasse wird Wein, Schnaps und ›Paški Sir‹ angeboten.

 Kompaß im Hotel Loža, Trg Loža 1

 Am Kai neben Hotel Loža

Fahrrad mieten möglich, prima geeignet, um die Umgebung zu erkunden. Information im Touristenbüro.

Parkplätze am Kai und bei der Tankstelle

Transport: Autobusverbindung bis nach Zadar, Haltestelle am Ortseingang, Taxiboote im Hafen, Fahrt zum Strand von Straško nur ca. 1,- DM. Ausflüge per Boot zur Insel Silba, Olib oder Mali Lošinj. Infos beim Hotel Loža.

Restaurants: Pizzeria »La Paloma«, gepflegtes Lokal, abgelegen, ohne Autolärm in einer blumigen Loggia.

Buffet »Funtana«, schön, ruhig und schattig; die Weintrauben wachsen einem fast in den Mund. Einfache Kneipe mit den üblichen Čevapčičis.

Restaurant »Adria«: wie in einer Laube, mit guter Fischauswahl: Goldbrasse, Scampis, Fischsuppe zu zivilen Preisen.

Restaurant »Sirena«, zurückgesetzt von der Straße im parkähnlichen Garten. Schöne Freiterrasse; die übliche Speisekarte.

Café Bar »Maestral«, direkt am Wasser.

Hotel »Liburnija«: am Stadtrand von Novalja, über die Straße zum Kiesstrand. Im Hauptgebäude freundliche Zimmer mit Holzboden. DZ mit Dusche ca. 70 DM.

Hotel »Loža«: im Zentrum, großer, weißer Bau mit schöner Terrasse an der Uferpromenade. Die Zimmer hintenraus mit Straßenlärm; besser ein Zimmer mit Meerblick nehmen. DZ mit Dusche ca. 70 DM.

Privatzimmer vermittelt das Touristenbüro, pro Person 10–15 DM, Frühstück extra.

Camping Straško: großer Platz im Pinienwald ca. 1 km vor Novalja. Auch für Nackedeis! Schöner Kiesstrand, gemütliches Restaurant. Im Juli/August recht voll, oft Wassermangel, Stromanschlüsse für Caravane.

Ganz im Norden liegt das kleine Nest **Lun.** Touristisch im Kommen, ein beliebtes Ausflugsziel auch von Rab aus.

Insel RAB

9000 E; 94 qkm

*Eine liebliche kleine Insel, aber nur in der Vor- oder Nachsaison zu emp-
fehlen.*

*Hauptattraktion die Sandstrände, die in Jugoslawien wirklich selten sind.
Sehr viel Grün: Föhrenwälder, Maisfelder, Weinberge, Olivenhaine. Der
schroffe Kamenjak (408 m) schützt die Westseite vor der eisigen Bora.
Vorgelagerte Inselchen – nur ein Katzensprung nach Pag. Zentrum der
Insel das pittoreske STÄDTCHEN RAB, eines der schönsten an der gan-
zen Küste. Sonst nur Streusiedlungen und Ferienzentren.*

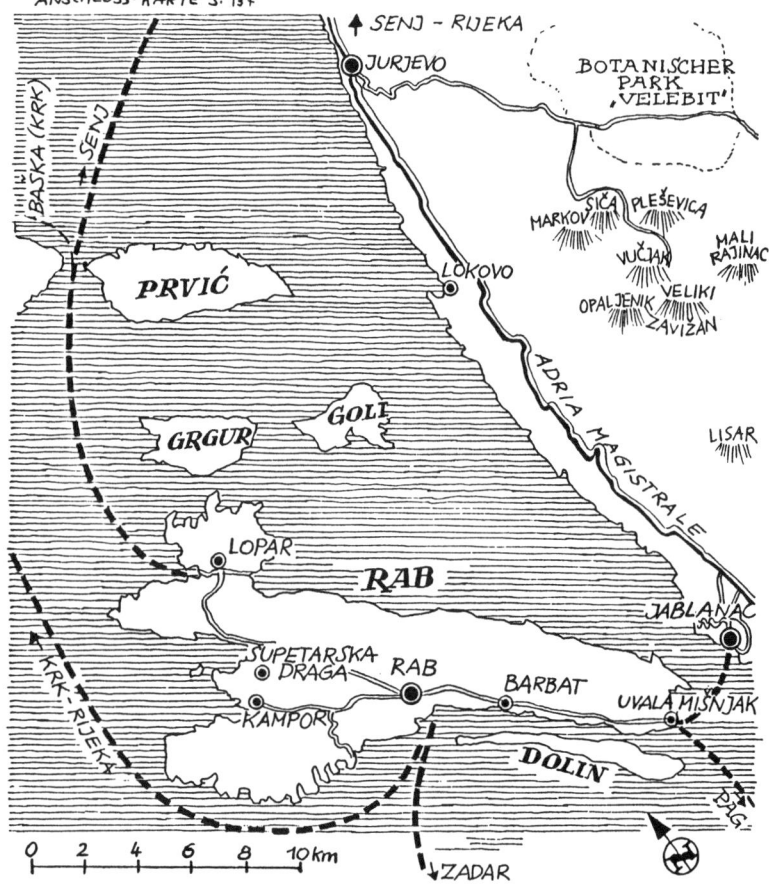

Privatzimmer meist schöner gelegen als Hotels, auf jeden Fall besser als die beiden Riesencamps.

Zu Ferienbeginn kann es stundenlange Warteschlangen an der Fähre geben, alle Hotels ausgebucht, die beiden Campingplätze quellen über ihre Zäune.

Inseltransporte

 **Fähre:** Kürzeste Verbindung zum Festland (¼ Stunde) von Mišnjak (Rab) nach Jablanac – ausnahmsweise mal eine örtliche Gesellschaft, nicht die Jadrolinija; zur Saison pendeln mehrere Fähren ununterbrochen.

Pkw + 2 Pers. ca. 7 DM.

Lopar (im Norden) – Baška (Krk)   ca. 9 × tägl.

Lopar – Senj   3 × tägl.

Keine zuverlässige Fährverbindung direkt zur Nachbarinsel Pag.

 **Busse:** Gute Busverbindung; Inselbusse fahren x-mal am Tag, auch mehrmals tägliche Verbindung nach Rijeka, Zagreb.

Geschichte:
Rab war schon seit vorgeschichtlicher Zeit besiedelt; kein Wunder bei der Lage und dem milden Klima. Die Römer legten hier eine befestigte Flottenbasis an und gaben ihr den Namen Arba. Nach dem Zusammenbruch des Römischen Reiches kam Rab unter byzantinische Herrschaft; vom 9. Jh. bis 15. Jh. gehörte es zu Kroatien, bis 1797 unterstand es Venedig; in Rab selbst kann man überall die Markuslöwenstempel entdecken; Napoleon hatte für kurze Zeit seine Hände mit im Spiel, bis es zu Österreich kam und 1920 endgültig an Jugoslawien. Rab rühmt sich, als ersten Nackedei König Edward VIII. von England beherbergt zu haben, der in der Englischen Bucht 1934 seine Hüllen fallen ließ.

Stadt Rab

Lebendiges altes Städtchen auf einem Felszinken mit einmaliger Silhouette: 4 Glockentürme, Stadtmauer, rote Dächer, grüne Zedern und Büsche.

Küchendüfte, Topfgeklapper und Kinderstimmen beleben die winzigen Altstadtgassen und alten Paläste. Viele Dachgärten, man vermißt geradezu die Flatterwäsche über den Sträßchen. Zugemauerte Fenster und Türen erinnern an die Pest im 17. Jhd.

Porträtisten hocken in der venezianischen LOGGIA (von 1509), früher diente sie als Gerichts- und Versammlungsraum. Im Heilig-Geist-Kirchlein daneben trafen sich die Stadtväter vor wichtigen Ratssitzungen zum Gebet.

Kirchenliebhaber kommen in der oberen Gasse voll auf ihre Kosten. Der DOM SV. MARIJA (12. Jhd.): Portal mit unbeholfener, aber ausdrucksstarker Pietà

(15. Jhd.). Der Glockenturm gilt als schönster ganz Dalmatiens, die Fensteröffnungen werden zur Spitze hin immer zierlicher, bis zu 4bogigen Fenstern.

Vom TRG SLOBODE führen Stufen zu schönen Badeplätzen mit Fels-Betonstrand. Bester Fotoblick über die Altstadtdächer von dem kleinen Stück Stadtmauer, gleich anschließend der ausgedehnte Park.

MARKT auf Steinbänken im Schatten der Stadtmauern am Ortsanfang. Über Treppen zum Ortsstrand und in den KOMRČAR PARK: schönster Platz fürs Mittagspicknick – luftig, schattig, durch alte hohe Kiefern, die intensiv duften. Lautes Zikadengeschnatter. Zwischendurch versteckte Bänke, Spazierwege unter Baumdächern. Gleich dahinter der BADESTRAND mit glatten Sonnenfelsen, seichter Zugang ins grünblaue saubere Wasser.

Die Uferpromenade führt zum kleinen TITOPLATZ, eingerahmt vom Fürstenpalast (13. Jh.), Rathaus, Palmen und Café mit Blick auf den Jachthafen: sehr großes viereckiges Hafenbecken, durch die Landzunge von Rab ziemlich geschützt, viele Liegeplätze, Hebekran und Tankstelle. Bootstaxis nach Suha Punta (Badehotel-Siedlung) oder zu den vorgelagerten Inseln.

 Tourist-Info: Man stolpert direkt am Ortseingang darüber. Offen: 7–21 Uhr mit Mittagspause 13.45–14.15 Uhr.

 Bank: Riječka Banka am Titoplatz. Offen: Mo.–Fr. 7.30–12/13.30–20 Uhr; Sa. 7.30–12 Uhr; So 8–11 Uhr. Jugobanka am Kai. Offen 7–12 Uhr/15.30–20.30 Uhr; Sa. 7–11 Uhr.

 Post: am Titoplatz, 7–22 Uhr offen, So. 9–12/18–20 Uhr.

Parken: Großer, teils schattiger Parkplatz am Ortseingang. Tankstelle am Kai.

Restaurants + Hotels
Gostiona »Labirint«: Rustikales Restaurant im Altstadtlabyrinth, viel Holz und Natursteine. Terrasse im 1. Stock. Übliche Speisekarte mit Meeresgetier. In einer Querstraße zum Korzo.

Restaurant »Santa Maria«: Holzbänke im Freien, am Ende der mittleren Gasse. Spezialität: die Christoforo Colombo Platte für 2 Pers., ca. 20 DM.

Hotel Restaurant »Beograd«: Älteres 4stökkiges Hotel am Ende der Landzunge, Steinbalkons zum Hafen hinaus. Der Speiseraum für Hotelgäste ähnelt einem Bahnhofsrestaurant, viel schöner draußen auf der buschigen Terrasse. Nicht nur die üblichen Mixed Grills auf der Speisekarte, wie wär's mit Fischsuppe und Tournedos? DZ ca. 60 DM.

Hotel Restaurant »Istra«: Gleich am Hafen, hohes, weißes Gebäude mit großer Terrasse – zum Baden nur durch den Park auf die andere Seite der Landzunge. Günstige Menüs ca. 7 DM, HP ca. 50 DM/Pers.

Großes, verschachteltes **Hotel »International«:** Zimmer mit Teppichboden, allerdings ohne Balkons, an Lampen wurde etwas gespart, sonst o.k. zum Stadtstrand läuft man nur 5 Min. DZ mit Dusche ca. 85 DM.

Hotel »Imperial«: Am Ortseingang thront der langgestreckte Neubau, 3 Schlenderminuten zur Altstadt. DZ mit Dusche 95 DM.

Weitere Hotels 5 km außerhalb auf **Suha Punta,** eine reine Hotelsiedlung. Schöne, kleine Felsbuchten, auch FKK-Strand, großes Sportangebot, Bootsanlegestelle.

Hotel »Eva«: Wenige km außerhalb im Wald gelegen, reihenhausartig am Meer, abgeteilte Balkons, freundliche, große Zimmer, gepflegt eingerichtet mit Holzmöbeln.

Auf dem großen Parkplatz davor parken fast nur deutsche Autos. DZ ca. 110 DM.

Weiteres **Hotel »Carolina«**: DZ mit Dusche ca. 120 DM.

Camping: Nur 2 Riesencamps mit über 2000 Stellplätzen, trotzdem bleiben einem zur Saison nur ein paar Quadratmeter.

Privatzimmer sind eine schönere Alternative.

Camping »Padova«: Ausgedehnter Platz 2 km östlich von Rab, mit Wiesenboden, ein paar Büschen, wenig Schatten; schönes, seichtes Ufer zum Meer, Sanitäranlagen total überlastet.

Camping »San Marino«: 11 km im Norden bei Lopar am Sandstrand. Große Kiefern liefern etwas Schatten, optimal für die Kleinen: 100 m flaches Planschufer, für Schnorchler eine herbe Enttäuschung. Ein Bootstaxi pendelt zum FKK-Strand, ab San Marino Hafen.

Östlich vom Hauptort Rab die ruhigen Streusiedlungen **Barbat** und **Banjol**; nette Vorgärten, viele Blumen, fast in jedem Haus werden Zimmer vermietet; manche direkt am Meer mit eigenem Steg. Privatzimmer zwischen 11 und 17 DM/Person. Schützend vorgelagert die karstige Insel Dolin. Menschenleer, optimale, einsame Badeinsel in Schwimmnähe, ca. 1 km.

6 km westlich von Rab an einer superseichten Bucht liegt **Kampor**, ein paar Privathäuser, kein Hotel, kein Camp. Der trübe, lehmige Sandstrand ist gar nicht lockend. Zum Schwimmen ewig weit reinlaufen, für Kinder aber schönes, warmes Plantschwasser.

Die weite **Bucht von Supetarska Draga** auf halber Strecke nach Lopar. 4 Inselchen, den Ort selbst sucht man vergeblich, überall schießen Neubauten aus dem Boden, dementsprechend viele Privatzimmer -- fest in deutscher Hand.

Nach Lopar wird's landschaftlich wieder spannend, Karstbrocken links und rechts der Straße mit Buschflecken, in der Ebene Maisfelder und Weinterrassen.

Lopar: Nur wegen der Fähre nach Senj und Krk interessant, teilweise versumpfte Bucht.

Attraktiver ist die ausgefranste Landzunge: überall Sandstrand, knorrige Kiefern, teilweise sogar Minidünen, ruhige Badebuchten nur zu Fuß oder per Taxiboot erreichbar. Hier in San Marino ballt sich das zweite Touristenzentrum der Insel.

Hotel-Komplex »San Marino«: Über 1000 Betten in mehreren Häusern. 08/15-Zimmer mit Dusche und WC, die Gemütlichkeit muß man sich selbst schaffen. Riesiges Restaurant für die 1200 Gäste, hier darf man natürlich keine individuelle Bedienung erwarten. DZ ca. 80 DM.

Ausflüge:
Organisierte Touren nach PAG (LUN), nach MALI LOŠINJ und ZADAR. Das jeweilige Angebot im Touristbüro erfragen. Beliebt ist die Schiffstour um die Insel.

Wer gut zu Fuß ist und die Hitze nicht scheut, kann den KAMENJAK (408 m hoch) besteigen und den Blick übern KVARNER GOLF genießen. Markierter Weg.

ZADAR

60 000 Einwohner

Eine quirlige Geschäftsstadt. Menschen strömen über die kleine Brücke zum alten Stadtteil auf der ehemaligen Insel.

Die Altstadt innerhalb der mächtigen Stadtmauern ist jetzt Fußgängerzone. Glattpoliertes Pflaster, geschäftige Ladensträßchen. Großer bunter Markt am Vormittag, unglaublich viele Kirchen. Menschentrauben bedrängen die Porträtisten auf dem Nationalplatz, viel Atmosphäre vor der Loggia, Uhrturm (1783) und Stadtwache (1562).

Abends verwandelt sich die ganze Stadt in einen riesigen Korso. Kinder balancieren über Kapitelle und Sarkophage auf dem ehemaligen RÖMERFORUM (TRG ZELENI). ① Hier prallen 2000 Jahre Vergangenheit aufeinander: römische Säulen, die originelle Rundkirche Sv. Donat aus vorromanischer Zeit, der romanische Dom Sv. Stosja mit mächtigem Glockenturm und der nüchterne Neubau des Archäologischen Museums.

Frühmorgens großer FISCHMARKT (Ribarnica) unten in der Stadtmauer. Der Fischgeruch schlägt einem schon am Eingang entgegen. Lautes Gefeilsche und Geschrei. Der Fischverkauf ist hier Männerdomäne. Tintenfische, Krebse, Makrelen und viel Kleinzeug, auch Salzfisch.

Gleich daneben der große BUNTE MARKT (vormittags bis 12 Uhr). Obst und Gemüse der Saison in unwahrscheinlichen Mengen, Bauersfrauen aus der Umgebung balancieren auf den Köpfen ihre überquellenden Körbe. Schafskäse eine Rarität, vorher probieren, der helle ist besonders mild. Aufdringliche Souvenirhändler mit den üblichen Holzarbeiten. Schöner die Stände mit den Spitzendeckchen, uns haben die bunt verzierten Kürbisgefäße am besten gefallen.

OFFENEN WEIN gibt's in der Rijeka Ulica/Ecke Nodila. Flaschen muß man selber mitbringen.

Geschichte und Sehenswertes

Zur Römerzeit war Zadar-Jadera (ab 1. Jh. v. Chr.) eine riesige Stadt, z. Zt. Kaiser Augustus bereits befestigt. Das FORUM hatte die Größe eines Fußballplatzes. Reste des Amphitheaters außerhalb der Altstadt.

Die rechtwinklige Straßenführung der Römer bestimmt heute noch das Altstadtbild. Um Zadar zu erobern, benutzte der venezianische Doge DANDOLO die Kreuzfahrer: Da sie ihre Überfahrt von Venedig nicht bezahlen konnten, mußten sie für ihn Zadar erobern.

Der DOM aus dieser ersten Venezianerherrschaft (13. Jh.). 1358 kam Zadar an Ungarn (Silbersarg des hl. Simeon im Auftrag der Gemahlin des ungarisch-kroatischen Königs Ludwig I.). 1409 verkaufte Ladislaus von Neapel die Stadt an Venedig zu einem Schleuderpreis von 100 000 Dukaten. Die Stadtmauern wurden dann als Schutz gegen die anstürmenden Türken errichtet, die Zadar jedoch nie erobern konnten. Zadar – damals eine Insel – mit einer einzigen Festlandverbindung, dem Landtor (1543).

Die ZUGBRÜCKE war bis zum letzten Jahrhundert noch in Betrieb. – Mächtiger Venezianerlöwe überm Hauptdurchgang. An den ehemaligen Wassergraben erinnert nur noch das kleine Hafenbecken.

ZUR WASSERVERSORGUNG bei Belagerungen entstanden 1514 die fünf Brunnen. Von 1797–1918 unter österreichischer Herrschaft mit kurzem Zwischenspiel Napoleons. Im Vertrag von Rapallo 1920 wurde es Italien zugesprochen (wichtiger Seehafen). Im 2. Weltkrieg nach deren Kapitulation von Deutschen besetzt.

ZADAR

① Römisches Forum
② Sv. Donat
③ Kathedrale
   Hl. Anastasia
④ Archäol.
   Museum
⑤ Landtor
⑥ Sv. Simun

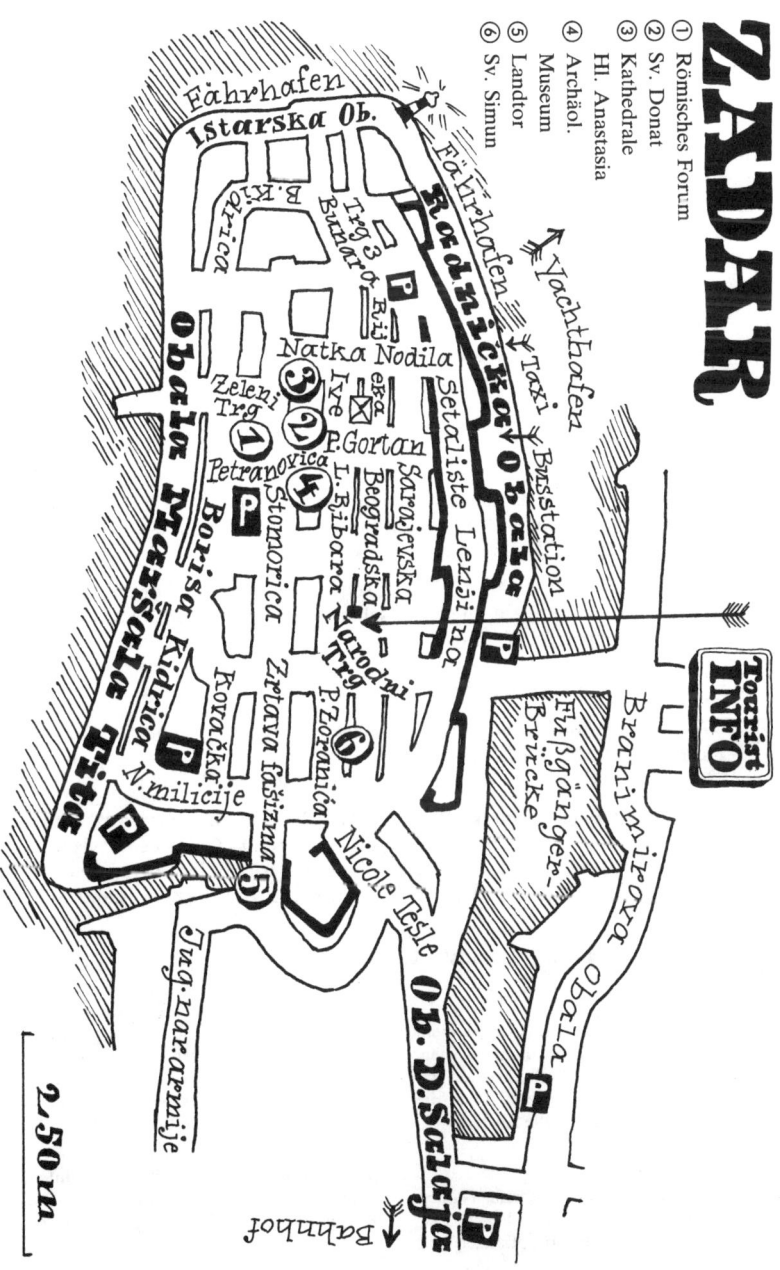

2,50 m

Am 31. Oktober 1944 Befreiung durch die Partisanen. Zwei Drittel der Stadt war zerstört (u. a. die Häuser auf dem Forum). Starker Aufschwung in den letzten 30 Jahren. Wichtiger Passagierhafen, Flugplatz, Kleinindustrie, Elektro-, Textil- und Lederverarbeitung, Likörfabrik (»Maraskino«, der berühmte jugoslawische weiße Kirschlikör. Supersüß und klebrig).

② SV. DONAT (9. Jh.) am Forum: imposante vorromanische Rundkirche, die größte der ganzen Adria. Zylindrischer Innenraum, 27 m hoch, mit einer Galerie unter der Decke. Als Fundamentmauern dienten Pflastersteine des römischen Forums. Ideen für den Kirchenbau holte sich Bischof Donat in »San Vitale« (Ravenna) und von der »Palastkapelle« in Aachen; er war damals Unterhändler zwischen Karl dem Großen und Byzanz.

Im Sommer finden hier internationale Konzerte statt – gute Akustik! Bei Konzerten frühzeitig um einen Platz kümmern.

Gegenüber das ④ ARCHÄOLOGISCHE MUSEUM: Reichhaltige Ausstellung römischer Gläser; illyrische, griechische, römische Funde. Nur die 14 m hohe altrömische Säule neben dem Dom paßte nicht hinein – im Mittelalter diente sie als Pranger. Das Museum hat geöffnet von Mo.–Fr., (8–14 Uhr), Sa., (8–12 Uhr), So. (9–12 Uhr).

SV. MARIA VELIKA: Das kleine Kirchlein am Eck (Sarajevska Ulica) geht im Menschenrummel fast unter. Eine ungewöhnliche Einteilung: Reste eines römischen Tempels, Opferaltäre und viereckige Apsiden.

⑥ In der Kirche SV. SIMUN, der 250 kg schwere Silberschrein des hl. Simeon (14. Jh.): kunstvollste italienische Silberschmiedearbeit in Dalmatien. Königin Elisabeth – die Gemahlin des ungarisch-kroatischen Königs Ludwig I. – beauftragte einen Mailänder Künstler mit dieser Arbeit. Eine Reliefszene stellt König Ludwig I. bei seinem Besuch in Zadar dar.

 Tourist Büro: (Sun Turist) am Narodni Trg 2. bis 20 Uhr, nonstop geöffnet. Das Turist Hotel gegenüber der Kirche Sv. Simun ist für die Inseln zuständig. Hier auch Infos über Tauchen (Lizenz).

 Post: in der Altstadt – Polj v. Gortana bei den römischen Ausgrabungen. Mo.–Sa. 7–21 Uhr. Telefon, Telegramm, Geldwechsel. Hauptpost: Rade Končara – Hauptstraße, außerhalb der Stadtmauer. Offen: Mo.–Fr., 7–21 Uhr und Sa. vormittag. Hier Poste Restante 8–20 Uhr.

 Jugo Banka: Beogradska Ulica, Mo.–Fr., 7–12 Uhr/14–19 Uhr, Sa., 8–11 Uhr.

Parken: am Kai. Aufpassen, daß man nicht von den Autos, die auf die Fähre warten, zugeparkt wird. Weitere Parkplätze auf der gegenüberliegenden Hafenseite, über die Fußgängerbrücke gleich in die Altstadt.

RESTAURANTS

»Balkan Grill«, versucht seinem Namen durch allerlei alten Hausrat Ehre zu machen. Eßnischen durch Grünpflanzen und Bastverspannung abgeteilt. Besonders lekker Leskovacer Mučkalica ca. 6 DM. Hinter der serbischen Platte versteckt sich ein Mixed Grill für 8 DM. Fisch hier relativ teuer. Keine Terrasse. In der N. Nodila (durch das zweite Stadttor beim Busbahnhof).

Pizzeria »Tri Bunara« am Dreibrunnenplatz. Große Terrasse mit Plastikstühlen, leider außerhalb der Fußgängerzone. Die Pizzen sind nicht riesig, aber gut belegt, vernünftige Preise.

Gostiona »Šime«, einfaches Lokal abseits in der Altstadt. Durch das Torgewölbe in einen typischen Hinterhof. Eine handvoll Tische im Freien. Für ein preiswertes Rasnjići genau die richtige Kneipe.

Gostiona »Dalmacija«, innen nicht besonders gemütlich, schöner die Tische im Freien auf dem Platz. Schräg gegenüber der Kirche Sv. Simun.

Restaurant »Zadar«, große Sonnenschirmterrasse direkt im Altstadtzentrum mit Blick auf die Apsis der Kirche Sv. Krševan.

Spezialität von Zadar ist der klebrig-süße, glasklare Maraskino, ein Likör aus der Maraska-Kirsche.

ÜBERNACHTUNGEN

Direkt in Zadar gibt es nur zwei Hotels. Hotel »Zagreb«, ein Stadthotel der älteren Generation zwischen Tito-Ufer und Boriša Kidriča. Am Meer. Zimmer ohne Balkon, zu beiden Seiten des Hotels kleine Parks. 170 Betten. DZ ab ca. 90 DM.

Hotel »Kolovare«, ein 500-Betten-Neubauhotel am Ende der Hauptzufahrtsstraße nach Zadar, ca. 1 km von der Altstadt entfernt. Mit Kästchenbalkons aufgelockert, die man aber bei der Lage nicht nutzen kann. Im Ortsteil Kolovare in der Ivana Gorana Kovacica. Busverbindung mit der Nr. 2. DZ ab 105 DM.

Die meisten Hotels in Borik, Zadars Bade- und Urlaubsstadtteil, ca. 3,5 km von der Altstadt entfernt. Gute Busverbindung (Bus Nr. 5), alle Viertelstunde, und Bootsverbindung. Taxiboot jede Stunde (von 8–21 Uhr).

In einer großen Grünanlage mit Tennisfeldern, 6 große Hotels: Hotel »Adriana« 196 Betten, das DZ um die 80 DM. Hotel »Barbara«, 378 Betten, DZ um 100 DM. Hotel »Novi Park«, 344 Betten, DZ um die 90 DM. Hotel »Slavija«, 221 Betten, DZ um 80 DM. Dependance »Donat«, billiger, um die 50 DM das DZ. Hotel »Zadar«, 132 Betten, DZ um 90 DM. 1 km Fels- und Kiesstrand. Kinderspielplatz, Strandrestaurant, Hallenbad und Swimming-pool.

Viel günstiger übernachtet man in Privatzimmern, ca. 15 DM pro Person. Nach unseren Recherchen wohnt man am schönsten im STADTTEIL DIKLO. Gepflegte Häuser mit Balkon und üppig blühenden Gärten. Vielfach direkt am Meer. Fast in jedem Haus werden Zimmer oder Appartements angeboten. Im Sommer ist hier einiges los, bei dem großen Zimmerangebot läßt sich aber eine Bleibe finden. Von der Lage her am besten die Uferstraße Krešimirova Obala. Überwiegend Felsstrand, einzelne Kiesbzw. betonierte Badeplätze. Der Stadtteil Diklo ist gut 5 km von der Altstadt entfernt, der Straße Put Diklo folgen. Busverbindung mit der Nr. 8.

PRIVATZIMMER IN BORIK für Leute zu empfehlen, die nicht unbedingt aufs Baden versessen sind, dafür den Blick auf Zadars Altstadt mögen.

Wer Privatzimmer mit Verpflegung übers Touristenbüro bucht, wird in Borik untergebracht und muß zu den Mahlzeiten in die großen Hotels in Borik. Pro Person zahlt man dann um die 25 DM/VP.

Jugendherberge, ebenfalls in Borik, Obala Oktobarske Revolucije, vorher durchs Touristenbüro nachfragen lassen, ob Platz ist.

CAMPING

Camping »Punta Bajlo«, ca. 3 km südlich der Altstadt im Ortsteil Arbanasi (Bus Nr. 2). Auf einer Halbinsel, viele Meerzugänge, Pinien und Laubbäume, teilweise Stromanschlüsse.

Camp »Borik«, großer Platz neben der Hotelsiedlung. Teilweise Schatten. Wer Pech hat, findet nur noch am Zaun an der Straße Platz. Stromanschlüsse. Restaurant und Supermarkt. Die lange Bucht nur für Campingbenutzer (abgesperrt), 3 m breiter Kiesstrand, langer Betonsteg für Surfboards und Boote. Bootsslip.

Besser Camp »Puntamika«, auf der Landzunge, ruhiger, da Sackgasse. Der halbe Platz mit dichtem Zypressen-Kiefern-Wald. Langer, 2–3 m breiter Strand, felsig und grober Kies. Betonstege und Bootsslips. Bei den Sanitäranlagen gibt's im Sommer Engpässe. Schöner Blick nach Ugljan beim Frühstück.

Großes SPORTANGEBOT im Stadtteil Borik.

Tennis auf mehreren Courts bei den Groß-hotels möglich, auch für Nichthotelgäste. Frühzeitig Platzreservierung nötig. Preis pro Platz ca. 10 DM.

Surfen. Surfkurse werden beim Camping-platz Borik-Plage für ca. 250 DM/Woche angeboten. Die ersten Versuche an Land auf einem Simulator. Surfboardverleih auch beim Camp Borik-Plage. Ca. 5 DM/ Std. Surfen in Strandnähe o. k., in der Bucht aber reger Schiffsverkehr von und nach Za-dar. Berufsschiffahrt hat grundsätzlich Vor-fahrt!

Schlauchboote mit dicken Außenbordern gibt's beim Camping Puntamika für 75 DM/Tag. Feine Sache, um die gegenüber-liegende Insel Ugljan zu erkunden.

Wasserski vom Hotelstrand aus, die Runde für ca. 8 DM.

Tauchen. Nachfüllstation in Zadar. Span-nendes Tauchrevier um die Insel Dugi Otok. Dort in Božava auch Tauchstation mit Ausrüstungsverleih. Tauchkurse für Anfänger. Information und Tauchgenehmi-gung im Turist Hotel Zadar.

Boote mieten: Motorkabinenboote für 4–6 Personen, Mindestcharterdauer 5 Tage. Preis je nach Größe und Saison 135–290 DM/Tag + 500 DM Kaution. Auskunft im Touristenbüro.

Autowerkstatt: Auto Kuča, Benkovačka Cesta 66.

Autorent: Agentur Hertz. Eingang zur Alt-stadt, Nikole Tesle.

Jachthafen: in der Nähe vom Obala Okto-barske Revolucij. Nach allen Windrichtun-gen geschützt. Neue Marina mit Reparatur-werft. Ganzjährige Einklarierung möglich.

TRANSPORTE

Taxi beim Busbahnhof am Kai, Radnička Obala.

Großer Busbahnhof am Kai, Radnička Oba-la vor den Stadtmauern gegenüber der Fäh-re nach Ugljan. Gepäckaufbewahrung von 8.30–21 Uhr. Busverbindungen nach Split fast stündlich bis Spätnachmittag; gegen Abend schaut's schlechter aus.

Busse nach

Rijeka	16× tgl.
nach Pula	ca. 4× tgl.
nach Mostar	ca. 9× täglich

Regionalbusse nach

Nin	alle 1–2 Stunden
Borik	alle 15 Minuten
Diklo	ca. jede Stunde

Das Taxiboot nach Borik fährt jede Stunde von 8–21 Uhr. Abfahrt am Kai Vez 5–6 Uhr.

Zugbahnhof an der Prilaz Oslobodenja vor der Altstadt an der großen Einfahrtsstraße. Expreßzüge nach Zagreb 2× tgl., 5× tgl. Bummelzug nach Knin (101 km), dort um-steigen z. B. nach Split, Šibenik. Bequemer allerdings per Bus.

Flughafen, 12 km außerhalb (Zubringerbus-se ab Busbahnhof). Linienverkehr 6×/ Woche nach Beograd ca. 1 Std., nach Za-greb täglich, dauert ca. ¾ Std., nach Pula 1×/Woche, ca. ½ Std. Jat Büro für Auskunft und Buchen in der Ulica Natka Nodila 7. Offen von Mo.–Fr., 7–20 Uhr, Sa., 7–12/17.30–20 Uhr.

Zweitgrößter Fährhafen Jugoslawiens. Die großen Pötte fahren an der Landspitze ab. Die Lokalfähren am Kai gegenüber der Stadtmauer. Zur Orientierung am Kai gibt's so etwas wie Bahnsteige, »Vez« genannt und numeriert.

* **Trajekt** zur Insel Ugljan. Fährt von Vez 6–7 Uhr ab. Zur Saison 15× am Tag. Fahrzeit 30 Min., am Wochenende starker Andrang von Ein-heimischen. Abfahrt am Kai ausgeschildert.
* **Trajekt** nach Dugi Otok: gleich daneben. Angelaufen wird der Ort Sali auf Dugi Otok. 1× am Tag. Tickets im kleinen Kiosk bei der Fähre.
* Nach **Mali-Lošinj** und **Pula** 1× tgl. eine Verbindung.

Personenfähren zu den vorgelagerten Inseln fahren Vez 3–4 Uhr ab.
* Zur Insel **Dugi Otok** (Božava und 2 weite-re Orte), klappert die kleinen Inseln Rivanj, Sestrunj, Žverinac ab. 1× täglich, dauert nach Božava ca. 2 Stunden.
* Über die Insel **Iž**, Insel **Rava** nach Dugi Otok (zu den Orten Savar, Bribinj) 1× täg-lich.

* Über die Insel Sestrunj, Insel Molat zur Insel Ist. 1 × tgl.
* Zu den Inseln Olib, Silba, Premuda und Ilovik, 1 × tgl.

Die meisten Schiffe gehen mittags ab Zadar, erst am nächsten Tage in aller Herrgottsfrüh wieder zurück. Übernachtung miteinkalkulieren.

Küsteneilfähre nach Rijeka und nach Dubrovnik, Bar und weiter nach Griechenland siehe innerjugoslawische Verbindungen. Jadrolinija-Büro am Kaiende beim Leuchtturm, Radnička Obala. Offen von Mo.–Sa., 7.30–14 Uhr, 18–19 Uhr, 23–1 Uhr.
So., 9–10/18.30–20/21–1 Uhr.
Fahrpläne, Auskunft und Buchen.

ITALIENFÄHREN
* Verbindung von Zadar über Lošinj nach Venedig, zur Saison geht 1 × /Woche eine Nachtfähre, ca. 17 Std.

* Von Zadar nach Rimini 1 × /Woche eine Nachtfähre, ca. 8 Std.

* Von Zadar nach Ancona zur Saison fast täglich eine Fähre. Die Überfahrt dauert ca. 6 Std., kostet 70 DM pro Person, 120 DM für Pkw über 4,25 m. Die Ancona-Fähre wird zur Saison von der Jadrolinija betrieben, außerhalb der Saison von der Adriatica, verkürzter Fahrplan.

* Zadar–Triest verkehrt nur in der »toten Zeit« (Adriatica).

Buchung für die Fahrten nach Italien mit der Adriatica bei Jadroagent in der Ulica Natka Nodila. Offen von Mo.–Sa., 9–16 Uhr/18.30–21 Uhr. So., 13–16 Uhr.

Die Adriatica nimmt keine Dinare an, nur Lire, DM oder Dollar.

Fährabfahrt ausgeschildert am Ende des Kais.

Ausflüge: Unter dem großen Angebot der Schiffsausflüge sind die **Kornaten** besonders interesant, 3 × /Woche, 45 DM, Tagesausflug. (Mehr über die Kornaten siehe Seite 169.)

Nin

Verschlafenes Fischerdörfchen mit reicher, überwucherter Geschichte und schönen Badebuchten. Ruhiger Badestandort, um Zadar zu erkunden (nur 20 km entfernt). Busverbindung alle 1–2 Std.

Überall stolpert man über römische Reste: auf der Straße, neben dem Fußballfeld; gut erhaltenes Kapitell mitten auf dem Platz vor der Statue des Bischof Grgur Ninski – er engagierte sich sehr für die Beibehaltung der kroatischen Sprache und Glagoliza in der Kirche – (s. Glagoliza).

Die wertvollsten Ausgrabungsstücke, z. B. eine Löwenskulptur, Kapitelle, im kleinen archäologischen Museum – rosa Haus. Offen: 10–12/17–19 Uhr, So.: 10–12 Uhr.

Am interessantesten: das weiß strahlende Kirchlein Sv. Križ (Hl. Kreuz), inmitten von Fenchelbüschen. Die kleinste und älteste, völlig erhaltene Kirche in Jugoslawien (um 800 erbaut). Ein weiteres Kuriosum: Sv. Nikola – auf einem Hügel bei der Einfahrt. Ob Kirche oder Festung kann man kaum unterscheiden. Ein Turm mit Schießscharten aus der Zeit der Türkenkriege und 3 Apsiden aus dem 11. Jhd.

3 Campingplätze bei Nin: Autocamp Zaton, kurz vor Nin, Camping Ninska Laguna, Camp Plaža.
Punta Skala: riesiges FKK-Areal, mit knapp 1400 Betten in Hotels und Bungalows – auf der Halbinsel Petrčane.

Hotel: meist helle Zimmer mit Teppichboden, kleiner Frisierkommode, fast alle mit Balkon, DZ um die 100,– DM. Gutes Sportangebot mit Tennisfeldern, Wasserski, Bootsverleih. Nach Zadar ca. 15 km; auch Busverbindung.

Zentralbauten – die ältesten kroatischen Kirchen
Kompakte kleine Zentralkirchen waren die ersten Kirchen der missionierten Slawen, die sich im 6./7. Jh. an der Adriaküste niederließen. Diese slawische Kirchenbaukunst wurde durch venezianische Einflüsse gestoppt, die später ganz Dalmatien überrollten.

Es waren schlichte festungsartige NATURSTEINKIRCHEN, ohne Verzierungen oder Auflockerungen, kaum Fensteröffnungen. Gelegentlich eine Inschrift in Glagoliza oder krakeligen, lateinischen Buchstaben. Der Hauptraum, rund oder quadratisch, trägt eine Kuppel, und wird durch Apsiden erweitert. Die Kuppeln sind mit Steinplatten gedeckt.

Diese ZENTRALKIRCHEN entstanden als Weiterentwicklung der einheimischen Hütten, den sogenannten »bunjes« (Rundhütten), aus locker aufeinandergeschichteten Steinen, mit einem gewölbten Dach, die nach uraltem illyrischen Vorbild gebaut wurden und im ganzen Mittelmeergebiet verbreitet waren (u. a. Korsika, Sardinien).

Weitere Anregung erhielten die damaligen Steinmetze durch römisch-byzantinische Zentralbauten, denn Dalmatien stand wechselweise unter dem Einfluß von Westrom und Byzanz. Als Ergebnis des damaligen Know-how und der vorhandenen Hilfsmittel entstanden Kirchen wie: Sv. Križ und der Sv. Nikola in Nin, Sv. Donat bei Punat auf Krk, Sv. Trojica in Split.

Insel UGLJAN

11 000 E., 21 km lang

Grüne hügelige Insel mit roten Häusertupfen, direkt vor Zadars Haustür. – Entsprechend viele Wochenendhäuser und Pendler, die in Ugljan wohnen, aber in Zadar arbeiten.

Nur die dem Festland zugewandte Seite ist bewohnt; 22 km gute Autostraße mit Brückenverbindung zur Nachbarinsel PAŠMAN.

UGLJAN ist keine typische Touristeninsel; üppige Vegetation mit Zypressen, Zedern, Feigen, Ginster – schöne Badebuchten und Tauchstellen (Genehmigung im Hafenamt Preko erhältlich).

Fährhafen: 1 km vom Ort Preko entfernt, vis-à-vis Zadar.

Trajekt: Preko–Zadar etwa 10 × tägl., Fahrzeit nur 30 Min. Jadrolinija Büro (Mo.–Fr. 6.30–11/18–20 Uhr, Sa. 7–10.30 Uhr) und Bank an der Anlegestelle.

Busverbindung nach Preko und zu allen weiteren Inselorten, zur Nachbarinsel Pašman (Brückenverbindung).

Achtung Autofahrer: in Preko die einzige Tankstelle von den Inseln Ugljan und Pašman. Am Kai zwei Cafés mit Blick auf Zadar und das Velebitmassiv.

Der Ort UGLJAN im Norden ohne Atmosphäre. Das Postamt erinnert an einen verfallenen Western-Saloon (offen 8–12/18.30–21 Uhr), Tourist Info und gut sortierter Supermarkt.

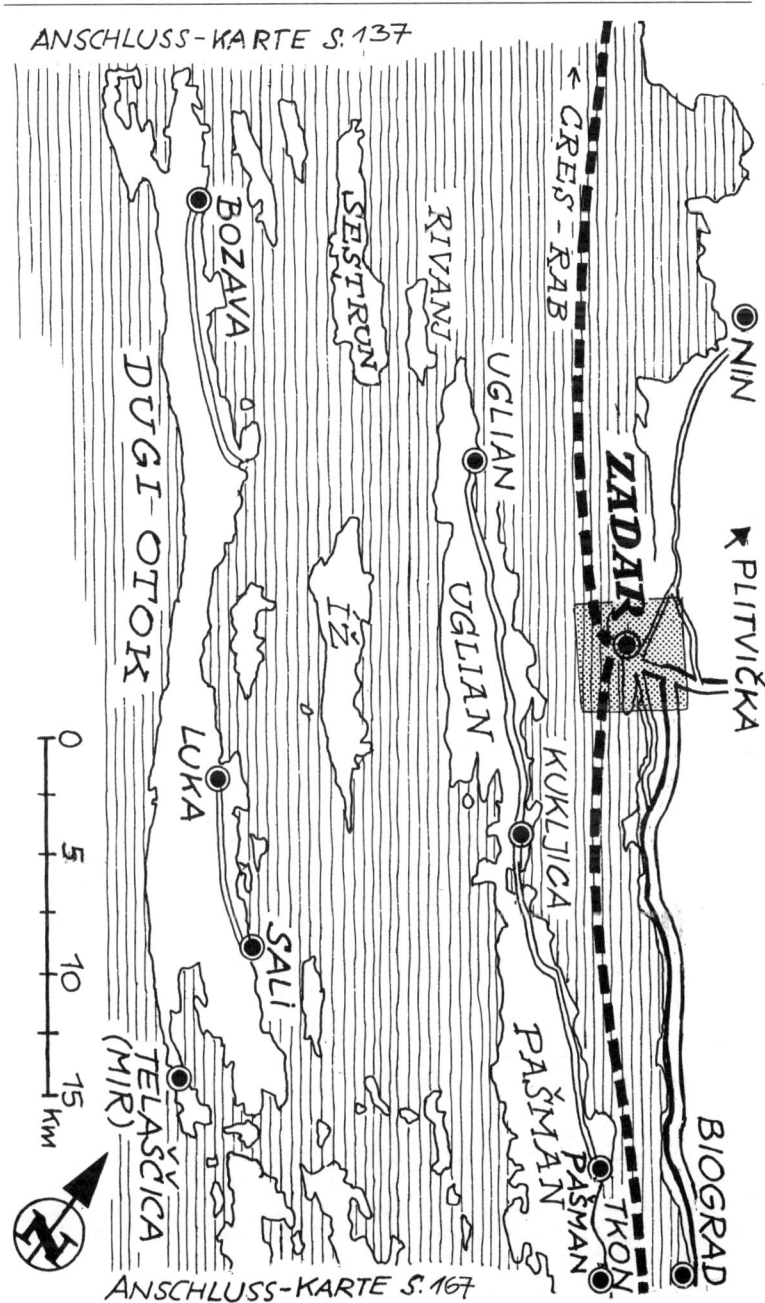

ANSCHLUSS-KARTE S. 137

CRES-RAB

NIN

ZADAR

PLITVIČKA

BOZAVA

SESTRUN

RIVANJ

UGLIAN

UGLIAN

UGLIAN

DUGI-OTOK

IŽ

KUKLJICA

LUKA

SALI

PAŠMAN

PAŠMAN

0
5
10
15
km

TELAŠČICA
(MIR)

TKON
PAŠMAN

BIOGRAD

ANSCHLUSS-KARTE S. 167

Hotel »**Zadranka**«: großer 08/15-Bau im Pinienwald mit Terrasse und Balkons. Schön ruhig direkt am Meer mit Betonliegeflächen, Badeleitern vorm Hotel. Die Hotelkanus haben auch schon bessere Zeiten gesehen. DZ ohne Bad ab 50 DM.

Etwas außerhalb **Grill »Stari Dvor«**: im alten Hof sitzt man ganz gemütlich im Freien

Restaurant »Kaleta«: mit Terrasse direkt am Meer und Blick auf Zadars Lichter.

– am besten, aber nicht am billigsten, die Zahnbrasse.

3 kleine private **Campingplätze** ohne Komfort, aber schön gelegen: glasklares Schnorchelwasser, Blick nach Zadar, auf die großen Passagierschiffe und bunten Spinnaker. Unserer Meinung nach der schönste in Sučica mit nettem Campingwart, der auch nach seinen Leuten schaut. Ein paar Plumpsklos, Pumpe für Trinkwasser, hohe Kiefern.

Die Inselstraße endet im Nordwesten in **Mulino** an der Mole, geschützte Surfbucht, zwei bewaldete Inseln vorgelagert: RIVANJ und SESTRUNJ. Superwasser, ein paar Fischerboote – sonst nur Ruhe.

Preko: das Zentrum der Insel. Freundlich lebendig, aber kein alter Kern. Betriebsamer Hafen, viele Jugoslawen haben ihr eigenes Taxiboot nach Zadar. Das grüne Klosterinselchen ist ein begehrter Badeplatz (Franziskanerkloster 15. Jhd.).
Am HAFEN: Post, Markt, Restaurants und Tourist Info (offen 7–21 Uhr, So. 8–12/18–21 Uhr).
Hotel »PREKO«: Gepflegtes Hotel am Hafen, kleine ordentliche Zimmer, ruhige Terrasse mit Grünpflanzen. DZ 60,– DM.
PRIVATZIMMER kosten ca. 11,– DM pro Person und Nacht.

Kukljica, 8 km weiter im Süden, lebt von der Bungalowsiedlung ZELENA PUNTA auf der Landzunge mit Sandstrand. In Büschen versteckt ziehen sich die Bungalows den Hang hinauf. DZ 50,– DM. Der Ort selbst wirkt etwas fad, nur der kleine Hafen bringt Abwechslung. Touristbüro, Supermarkt, ein paar Kneipen, FKK-Strand Jelenika.

AUSFLÜGE ZU DEN KORNATI: Tagestour per Schiff ca. 16,– DM.
Brücke zur Nachbarinsel Pašman Durchfahrtshöhe 18,5 m, für Segel- und Motorboote kein Problem.

Insel PAŠMAN   2000 E; 56 qkm

Pašman wurde von der Natur stiefmütterlicher behandelt als die Nachbarinsel Ugljan: Kaum Bäume, viel Macchia. Touristisch wird hier nichts geboten – keine Hotels, eine Handvoll einfache Camps, Unterkunft in Privatzimmern, kein verlockendes Dorf – aber viel Meer, duftende Kräuter und bewaldete , vorgelagerte Inselchen. Meerzugänge muß man etwas mühsam suchen.

Fährort Tkon: eine Ansammlung von Häusern entlang des Hafens – größter Supermarkt der Insel, wer länger auf der Insel bleiben will, sollte sich hier schon eindecken. Kleine grüne Inseln vorgelagert.
Pašman: zwar der größte Ort, doch fehlt ihm ein bißchen die »Seele«. Für Bootsfahrer sind die kleinen Inseln reizvoll.

Ždrelac im Norden: 2 Campingplätze, hohe Pinien und Waldboden, am Meer, Caravans und lange Wohnmobile bleiben besser im vorderen Teil – der zweite Platz schöner, aber uneben und schmale Zufahrt.
Ein paar **Privatzimmer** werden angeboten, sonst ist in dem grauen Ort nichts los.

Verbindungen:
Brückenverbindung zur Nachbarinsel Ugljan. Linienbusse über beide Inseln!
Trajekt: Von Biograd nach Tkon/Insel Pašman: 12 mal tägl. zur Saison von Preko (Ugljan) nach Zadar: 10 mal tägl.
Ca. 20 km lange Autostraße über die Insel Pašman. Achtung: auf Pašman keine Tankstelle – einzige Tankmöglichkeit in Preko (Insel Ugljan)!!

Insel DUGI OTOK   6000 E; 124 qkm

»Dugi Otok« heißt lange Insel. Der Name verrät schon alles, ein 44 km langer, schmaler Schlauch, kaum Straßen, paradiesig ruhig. Der Norden waldig, im Süden kornatiähnlich öde und kahl mit einem badewannenwarmen Salzsee. Für einen ruhigen und entspannenden Badeurlaub bietet sich die Insel geradezu an. Großes Sportangebot im Božava.

Verbindungen:
Das **Auto** auf die Insel mitzunehmen lohnt kaum, Straßenverbindung vorerst nur über die halbe Insel, von Sali über Luka nach Savar im Norden.
Autofähre von Zadar nach Sali 1 × täglich.
Božava nur per Personenboot erreichbar (1 × täglich). Hotelgäste können das Auto in Zadar auf einem bewachten Parkplatz abstellen (Info im Turisthotel in Zadar). Hoteleigener Transfer.

Božava

im Norden der Insel liegt in einer weiten Bucht, viel Grün zu beiden Seiten. Ein Ort ohne Autolärm. Zur Zeit gibt es noch keine Straßenverbindung zu den Nachbardörfern, nur eine Personenfähre. Božava ist besonders interessant für Taucher und solche, die es werden wollen.

Unterkunft in 5 Hotels für etwa 550 Gäste. Die Gebäude terrassenförmig an den Hang gebaut. Der Kiefernwald verdeckt die einfallslose Flachbauweise. Etwas dunkle Zimmer mit angenehm schattigen Balkons. Zimmer in den Hotels »Agava« und »Mirta« nur mit Waschbecken. DZ 45 DM

Sport

Tauchen: Der Tauchclub »Jugo – Diver – Božava« hat im Hotel Božava seinen Hauptstützpunkt mit Clubhaus, Füllstation und Ausrüstungsdepot. Hier starten die Tauchexkursionen zu den interessantesten Unterwasserstellen um Dugi Otok. Auf Wunsch geht's auch zu den Kornaten bis an die Grenzen des Nationalparks. 1 Tauchgang inkl. Bootsfahrt und Ausrüstung ca. 45 DM. Mit eigener Ausrüstung nur ca. 5 DM billiger. Wer unabhängig tauchen will, kann sich die komplette Ausrüstung leihen. Für ca. 25 DM/Tag oder 125 DM/Woche. Nur

164 Insel Dugi Otok

die Flaschen (10 l) für ca. 10 DM/Tag. oder 60 DM/Woche. Nachfüllen kostet ca. 1 DM/Liter.

Tauchkurs für Leute, die sich mit dem Unterwassersport vertraut machen wollen. Tauchlehrer sprechen Deutsch und Englisch. Unter Wasser geht's sowieso international. Für die Anmeldung braucht man ein ärztliches Tauglichkeitszeugnis, das nicht älter als 6 Monate ist. Versicherung am Ort möglich. Der Tauchkurs inkl. Ausrüstung

und Bootsfahrten kostet für eine Woche ca. 300 DM.

Windsurfen
Verleih von Surfboards beim Hotel Božava. Surfkurs für Anfänger 5 Tage ca. 300 DM.

Segeln
Segelkurs auf kleinen schnittigen Jollen. Der 5tägige Kurs kostet um die 300 DM. Wer das internationale Küstenschiffahrtspatent machen möchte, kann den einwöchigen Kurs für ca. 300 DM mitmachen.

Sali, größte Siedlung und Fischerort am anderen Ende der Insel. Die Häuser drängen sich um das hufeisenförmige Hafenbecken. Yachten und Fischerboote kunterbunt durcheinander.

Die Hotels von Sali verteilen sich am Hang in einer eigenen Bucht. Die Zimmer vorne raus mit Laubenbalkons und Blick zum Meer. Die Duschen muß man sich mit den anderen Gästen auf der Etage teilen. DZ ca. 50 DM. Baden am steil abfallenden Felsstrand oder bei den betonierten Liegeflächen beim Hotel. Bootssteg und Wasserrutsche.

Das winzige **Luka** mit Weingärten und Olivenhainen in einer tiefen Bucht. Felsig, kiesiger Strand. Hotel »Luka« von der Architektur her weniger einladend. 2 quadratische Kästen im Olivenhain mit abgeteilten Balkons. Alle Zimmer ohne Bad. DZ ab 45 DM. Die Anlage drumherum sehr gepflegt, mit Blumen und Büschen aufgelockert. Betonierter Strand vor dem Hotel, teilweise steil mit Leitern ins Wasser.

Surfen gleich vom Hotel aus möglich. Surfverleih beim Hotel. Surfkurse bei deutschsprachigen Sportlehrern 5 Tage inkl. Surfboard ca. 300 DM.

Telaščica
Der südlichste Zipfel der Insel ist für Bootsfahrer besonders reizvoll. Eine 10 km lange Steilklippe auf der Westseite, kalkweiß und bis zu 100 m senkrecht aus dem Meer.

Baden macht am meisten Spaß im Salzsee Mir, eine Ecke wärmer als im Meer. Der See liegt etwa 300 m hinter der Steilklippe in einer Mulde, einer der wenigen Salzseen Jugoslawiens. Seine »Zuflüsse« erhält er durch Spalten im Gestein zwischen See und Meer. Fußweg zum See von der nahegelegenen Bucht Mir mit Campingplatz und Restaurant. Zum Campingplatz am bequemsten per Boot durch die kilometerlange Bucht Veliki Telaščica.

Adriamagistrale

Zadar - Šibenik - Split   155 km

Relativ flott befahrbar, wenig Kurven. Anfangs durch das Vorstadt- und Industriegebiet Zadars. Landschaftlich spannungslos, vereinzelt Felder, flach bis sanft hügelig mit unwegsamer Macchia. Inseln dicht vor der Küste. Ab ŠIBENIK wird's reizvoller, grün überzogene Berge, Weinterrassen, viele Ölbäume. Insgesamt wenig Bademöglichkeiten.

Die KÜSTENSTRASSE AB ZADAR führt dicht am Meer entlang. Selten Strände, aber kaum Möglichkeiten seitlich ab der Straße zu Badebuchten an der felsigen Küste, die mit Macchia und Buschgestrüpp bewachsen ist.

Kleines CAMP (»PUNTA«) kurz vorm Ortsschild Krmčine, 16 km südlich von Zadar. Schotterweg durch Olivenbäume, Wein- und Gemüsebeete. Privater Platz direkt am Meer mit dem Riesenvorteil; abseits der Straße und 200 m Kiesstrand. Sehr ebene Wiese. Die Feigen- und Olivenbäumchen noch in den »Kinderschuhen«, spärlicher Schatten. Einfachste Ausstattung, dafür preiswert. Superseicht geht's ins Wasser, grobe Kieselsteine – Badeschuhe nicht vergessen. Die Pension dazu ist noch im Bau. Weitere Minicamps im Ort.

Weiter durch sanft hügelige, verwilderte Landschaft mit viel Macchia – die Inseln Ugljan und Pašman wie Delphinrücken im Meer – nach Biograd.

Biograd   3000 E.

Aus dem ehemaligen Fischernest ist ein überfüllter Badeort geworden. Ein Dutzend kleinerer Mini-Eilande gleich vor der Haustür – besonders reizvoll das Kornati-Archipel (siehe Seite 169). Organisierte Bootstrips sowie Fährhafen rüber zur Insel Pašman.

Rummelige Hafenpromenade mit Marktständen, kleinen Weinstuben und vielen »Souvenirs«. Kein alter Kern mehr. Im 12. Jh. ließen die Venezianer die Stadt in Flammen aufgehen, 400 Jahre später zündelten die Türken . . .

 Tourist Büro: Großes Büro nähe Yachthafen, Drvarska Ulica, Mo.–Sa 7–21; So. 8–12/17–20 Uhr.

 **Post:** Drvarska Ulica, Mo.–Sa. 7–21 Uhr.

Splitska Bank: Primoska Ulica, Mo.–Fr. 7–12/14–20; Sa. 7–12 Uhr.

Viele **Parkplätze** am Kai bei der Fähre.

Restaurants

Das **Spaghettihaus »Stil«** preist seine 100 Spaghettigerichte groß an, auch Fisch und Pfannkuchen. Etwas abseits vom Massentrubel, auf weinbewachsener Terrasse.

Restaurant »3 Smokve« der Petra Drapsčna. Düstere Terrasse durch riesige Feigenbäume, die üblichen Fisch- und Fleischgerichte vom Grill.

Grill »Primorac«: gleich am Kai. Gute Portionen, Mixed Grill 9 DM, Zahnbrasse 30 DM/kg.

Unterkunft

3 große Hotelblocks: »Kornati«, »Adriatic«, »Ilirija«. Monoarchitektur mit abgeteilten Reihenbalkons – Inselblick. Preisniveau DZ 60–80 DM.
Privatzimmer zwischen 15 DM und 30 DM das Doppel, im Touristenbüro erfragen.
Camping »Soline«: im alten Pinienwald, unebener, teils steiniger Boden, renovierungsbedürftige Sanitäranlagen, der ausbetonierte Felsstrand total überfüllt, denn gleichzeitig öffentlicher Stadtstrand.
Zufahrt über Asphaltstraße mit Frostbeulen, vorbei an jugoslawischen Feriensiedlungen, Fußweg über die Uferpromenade ca. 1 km zum Ort.

Brechend voller **Ortsstrand** zwischen Yachthafen und Autocamp. Fels, Kies und Beton.

FKK auf der **Insel Sv. Katarina** (Taxiboot).

Transport

Trajekt zur Insel Pašman (Tkon), in der Saison 12 × täglich.

Taxiboote am Kai.
Busse nach Zadar und Split verkehren halbstündlich. Busbahnhof am Trg Republike, Ortseingang.

Taxi gleich am Busbahnhof.

Großer **Yachthafen** mit 7 Molen, im wesentlichen für Hotelgäste. Liegegebühr zwischen 4 und 12 DM. Auf Berufsschiffahrt achten!

Bootsverleih: größtes Angebot der ganzen Küste; vom Ruderboot bis zur 7-m-Jacht. Segelyachten mit 4–5 Kojen von 19–50 qm Segelfläche zwischen 650 und 1550 DM/Woche + Kaution. 7-m-Motorjacht, 6 Kojen, 1250 DM. Ermäßigung ab 2 Wochen. Ruderboot und Außenborder 20 DM – 40 DM/Tag, Segeljollen 40 DM/Tag. Auskunft und chartern im Hotel »Kornati«.

Ausflüge ab Biograd
Bootsausflüge zu den Kornaten, ca. 30 DM pro Person in kleinen Personenbooten, auf Wunsch auch Bordessen.

Individueller **per Segelboot,** die Boote liegen am Kai.

Auf eigene Faust mit der **Linienfähre zur Insel Pašman** oder per Auto zum Süßwassersee **Vransko Jezero,** lohnt besonders für Angler.

Zu den **Krka-Wasserfällen** mit Boot oder Bus ca. 24 DM. Siehe unsere Beschreibung Seite 175.

Oder mit dem **Tragflügelboot zur Insel Rab,** Seite 175.

Von Biograd durch struppigen Pinienwald vorbei an Weinfeldern zum **Vrana-See** (5 km südlich Biograd), ein Angleridyll.

Riesiger Süßwassersee in der Ebene bei Pakoštane, gleich neben der Magistrale. 10 km lang, in der Ferne die sanften Hügel nur zu ahnen. Die Bauern von Pakoštane haben hier ihre Mais- und Gemüsefelder. Per Pferdefuhrwerk besorgen sie den Transport nach Hause. Vorsicht, abends unbeleuchtet.

Der flache See mit seinem verschilften Ufer und kalktrüben Wasser ist ein optimales Angelgewässer für Aale, Goldbrassen, Wolfbarsch etc. Wegen seines superseichten Ufers am besten per Boot. Angelschein (Ribolovne dozvole = 5 DM/Tag am CAMPING »CRKVINE«, an der Straße nach Vrana. Neu angelegter Platz, flach bis zum See, mit Bootssteg. Kiefern, Waldboden, man steht noch nicht so dicht gedrängt. Kleiner Laden, Geldwechsel, einfaches Fischrestaurant »Ribarska Koča«.

Als SURFSEE noch kaum entdeckt. Für Neulinge aber wesentlich besser als nebenan im Meer. Bei gleichguten Windverhältnissen entschieden weniger Wellen. Man kann sich also voll aufs Board konzentrieren und das »Steuern« trainieren.

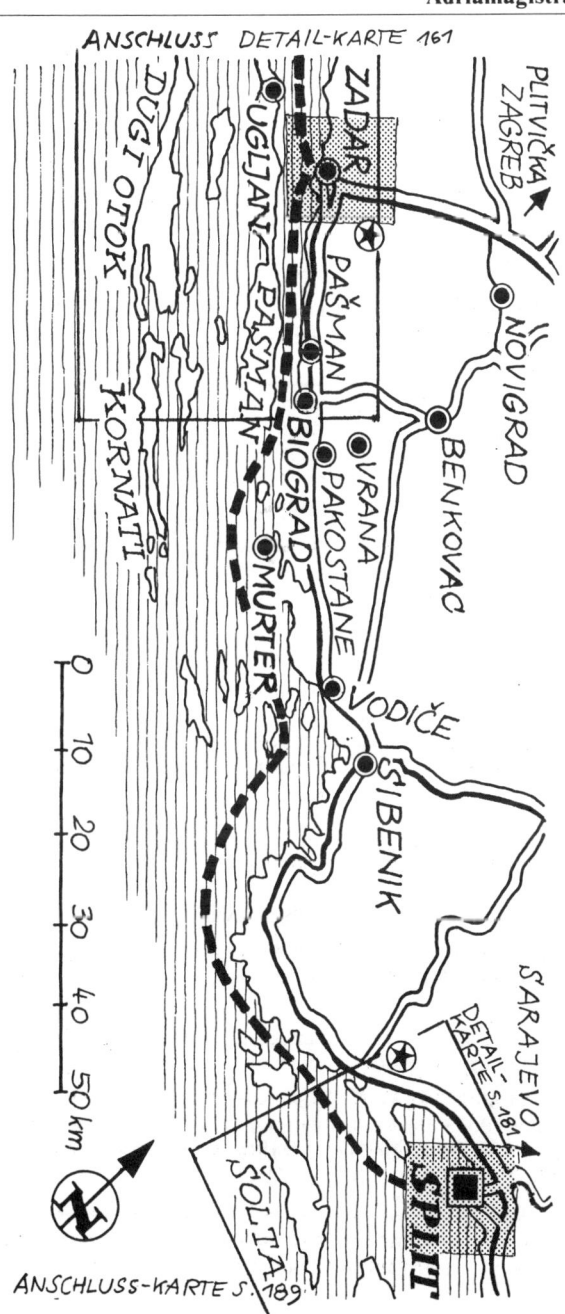

ANSCHLUSS DETAIL-KARTE 161

PLITVIČKA ZAGREB

ZADAR

UGLJAN

DUGI OTOK

PAŠMAN

NOVIGRAD

KORNATI

PAŠMAN

BIOGRAD

VRANA

PAKOŠTANE

BENKOVAC

MURTER

VODIČE

ŠIBENIK

0
10
20
30
40
50 km

SARAJEVO

DETAIL-KARTE S.181

ŠOLTA

SPLIT

ANSCHLUSS-KARTE S.189

Pakoštane, kein Touristenort mit Großhotels, einige Bars und Gostionas, kleine Bauernhöfe am Ortsrand. Enge Sträßchen mit Natursteinhäusern, viel noch im Rohbau. Auf den Flachdächern werden vorerst Maiskolben getrocknet. Viele Pferdefuhrwerke und kleine Traktoren auf dem Weg zu den Feldern am Vrana-See.

Am Ortsrand von Pakoštane hat sich der CLUB MÉDITERRANNÉ niedergelassen. Im dichten Wald ein Strohhüttendorf mit 570 Behausungen, eingezäunt, nur für Mitglieder zugänglich. Nur die spartanische Ausstattung läßt ein Robinson-Feeling aufkommen, nicht der Preis von ca. 70 DM/VP pro Person.

Direkt daneben AUTOCAMP »KOZARICA«, sehr großer Platz. Durch den dichten Wald schön schattig, aber sehr kiesiger Boden. Mit Zeltheringen kann's schwierig werden. Stromanschlüsse.

Die Magistrale weiter Richtung Süden ist relativ flott befahrbar, angenehm wenig Kurven. Die Macchia wie ein graugrüner Teppich. Ziemlich flach, erst weit im Inland weißgrüne Karsthügel. Rechts im Meer Inselkegel vorgelagert. Selten mal führt ein Schotterweg runter ans Meer, das stachelig wilde Gestrüpp überwuchert alles. Keine rechten Möglichkeiten, abseits vom Weg zu bleiben.

Im Herbst holen die Einheimischen ihr Brennholz in unvorstellbar mühsamer Arbeit aus der Macchia und transportieren es in kleinen Portionen per Muli oder Boot ab. Nach gut 20 km zweigt die Straße zur Insel Murter ab (7 km).

Insel MURTER

ausgefranst, ca. 10 km lang, mit Karsthügeln und viel Macchia. Durch eine Brücke mit dem Festland verbunden, daher im Sommer entsprechend voll. Zusätzlicher Reiz sind die beiden Sandstrände bei den Dörfern Betina und Murter – sowie die beste Verbindung ab Hauptdorf Murter zu den Kornaten.

Verbindung:
Die **Drehbrücke bei Tijesno** überspannt den 10 m breiten Kanal, Brückendurchfahrt nur 1,50 m hoch! Wassertiefe im Kanal 1,80 m.

Linienbusse verkehren von Šibenik bis zum Ort Murter.

Achtung Autofahrer: Die Straße ist holprig, schmal, ohne Seitenbefestigung und stark befahren. Mit dicken Wohnmobilen eine kleine Katastrophe!

Tijesno: Halb auf dem Festland, zur anderen Hälfte auf Murter. Der Schiffsverkehr und 2 Campingplätze sorgen für Leben.

CAMPING »LOVIŠČA«: Am Ende der Bucht, relativ neuer Platz, das bedeutet lehmig, steiniger Boden und mickrige Bäumchen, dafür moderner Supermarkt. 1 km außerhalb Richtung Betina. CAMPING »PLAŽA JAZINA«: Auf dem Festland, direkt am Meer. AUTOREPARATURWERKSTÄTTE auf dem Festland ca. 5 km vor der Insel.

Mehr »Charakter« und Flair hat **Betina** – ein kompaktes kleines Dorf. Kleine Werft am Ortsrand, die sich auf Holzboote spezialisiert hat.

AUTOCAMP »PLITKA VALA«: Schöner, naturbelassener Platz direkt am Meer, mit Mole für kleine Nußschalen, sehr seichtes Wasser, kleine Feigenbüsche und Superblick auf Betina. Einziger Nachteil: Die Straße mitten durch den Platz. Restaurant und Wechselstube. Ziemlich preiswert, ca. 2 DM pro Nase, 1,70 DM Auto, 2 DM Zelt.

Murter

9 km nach der Brücke, langgezogener Ort ohne gemütliches Zentrum. Der Verkehr quält sich mitten durch. Kleine Weinstuben mit selbstgekeltertem offenen Wein in der Meštroviča-Straße.

Hauptattraktion sind die Sandstrände in der SLANICA-BUCHT. Um den Hauptplatz zentriert sich alles: Touristinfo, Post, Bank, Geschäfte, Slastičarnas, Obst, Gemüse und Souvenirmarkt. Direkt neben dem Platz der kleine Fischerhafen, hier fahren die Ausflugsboote zu den Kornaten ab. (Details siehe unten.) Tankstelle am Hafen.

Gemütliches **Restaurant »Tiktak«**: im Torbogen, holzvertäfelt, mit Stil eingerichtet, verlockende Speisekarte mit Hummer oder Fischplatte für 2 Personen 25 DM. Wer keinen Fisch mag: Filetsteak 12 DM, hier gibt's sogar Desserts.

Autocamp »Slanica«: weitläufiger Platz im Olivenhain, einzeln betonierte Sträßchen strukturieren den Platz. Supermarkt und Restaurant sparen 1,5 km Weg ins Ortszentrum.

Daneben **Hotel »Colentium«:** DZ ca. 65 DM, direkt am Strand, über 200 Betten, Balkon mit Blick aufs Meer.

Große **moderne Marina** mit riesigem Parkplatz, Hebekran bis 15 t, WC und Duschen, kleine ungemütliche Bar. Reparaturwerkstätte für Bootsmotoren gibts in Murter.

Die KORNATEN

Ein kahles, zerklüftetes, fast menschenleeres Archipel. Nur von einigen Fischern und Schafhirten bewohnt. Aus der Vogelperspektive weiß-grün gesprenkelte Tropfen im Meer. Insgesamt 147 Inseln und Inselchen, karg und unwirtlich, vom Wind und Meer angeknabbert. Hunderte von Bezeichnungen gibt's für Riffe, Kaps und Buchten, darunter jede Menge Obszönitäten wie: »große Hure«, »Hintern der Alten«, ... die bestimmt der Phantasie der Fischer zu verdanken sind. – Kein Wunder bei der Einöde.

DIE KORNATEN – ein Eldorado für Segler und Bootsfahrer. Fast jede Insel hat außer steilen, abweisenden Klippen auch eine geschützte Bucht auf der Rückseite.

Früher Geheimtip bei Tauchern und Robinsonen – heute jedoch drastisch eingeschränkt, denn 1980 wurde das Kornati-Archipel zum Nationalpark erklärt. Campen und Lagerfeuer nur noch in ganz bestimmten Buchten gestattet.

FÜR ROBINSONFERIEN bleiben aber außerhalb der Nationalparkgrenzen genügend Ziele, z. B. die Insel ŽUT, SIT und viele Mini-Eilande vor Murter und vor Pašman, mit menschenleeren Buchten und phantastischen Schnorchelstellen.

Unbedingt genügend Süßwasser, Gaskocher und reichlich Sonnencreme mitnehmen, denn es gibt kaum Schatten. Außer Gewürzen geben die Inseln nichts Eßbares her. Unter Wasser schaut's es besser aus. Angelhaken mit einpacken!

Für den TRANSPORT spricht man am besten die Fischer in Murter und Betina an, ihnen gehört die Insel Žut. Sie können auch Tips für unbewohnte Mini-Inseln geben. Oder sich per Taxiboot von Biograd bzw. Murter rüberbringen lassen. Vorher Preis und Rückholtermin vereinbaren.

Wer's lieber eine Spur bequemer hat, kann sich von den Bewohnern aus Murter deren **FISCHERHÄUSCHEN** auf der Insel Žut oder der Insel Kornat mieten. Gemütliche Steinhäuser an einer kleinen Bucht mit etwas Grün drumherum. Komplett eingerichtet mit 2–4 Betten, Küche, Gaskocher und Kühlschrank (gasbetrieben). Strom gibt es allerdings nicht. Die Bauern bringen einen mit Sack und Pack rüber und übernehmen die Versorgung mit Wasser und Lebensmitteln auf Bestellung. Preis für ein Häuschen inkl. Transporte um die 100 DM.

Vermietung verständlicherweise für mindestens 1 Woche, sonst lohnt sich der Aufwand nicht. Für die Autounterbringung wird in Murter gesorgt.

BUCHUNG entweder direkt bei den Leuten in Murter (Adressen im Touristenbüro) oder über das Reisebüro Jadrantours in Šibenik. (Obala Jugoslav. Mornarice 5, gegenüber vom Busbahnhof.) Bisher waren die Kornaten auch zur Hauptsaison noch nie ausgebucht.

Die Kornaten sind das BESTE SCHNORCHELGEBIET JUGOSLAWIENS. Türkisfarbene Buchten mit reicher Unterwasserflora und Sichtweite über 10 m.

Spannendes Schnorchelrevier in der Meerenge Mala Proversa – Ruinen einer römischen Villa auf einer versunkenen Landzunge zwischen den Inseln Dugi Otok und Katina.

TAUCHEN immer noch attraktiv, obwohl die Möglichkeiten seit 1980 (Nationalpark) stark eingeschränkt wurden. Die Kornaten liegen im Grenzgebiet zu Italien, deshalb Vorsicht, die jugoslawische Milicija wird da leicht nervös. Vorher bei der Polizei abklären wo nicht getaucht werden darf. Um die Insel Žirje im Süden der Kornaten besteht zur Zeit totales Tauchverbot. Die Bestimmungen ändern sich aber von Saison zu Saison. Auskunft und Tauchgenehmigung beim Tauchclub auf der Insel Dugi Otok in Božava, im Turisthotel in Zadar oder bei der Milicija Murter und Šibenik (Obala Jugoslav. Mornarice 3).

VORSICHT BEI DER ÜBERFAHRT MIT EIGENEM/MIETBOOT: Das Meer um die Kornaten ist gespickt mit Unterwasserfelsen und Riffen. Stellenweise nur 2–3 m Wassertiefe, besonders tückisch bei starkem Seegang. Deshalb genauestens die Seekarte studieren bzw. den Hafenkapitän in Biograd kontaktieren (Lučka Kapetanija am Kai).

STECKBRIEF: Unter dem Begriff Kornati werden alle Inseln und Riffe zwischen den Inseln Dugi Otok, Lovdara, Pašman, Vrgada, Murter und Žirje zusammengefaßt, insgesamt 69 qkm. Kornat, die größte Insel mit 25 km Länge, gibt dem Archipel den Namen. Vor 2000 Jahren gehörten Dugi Otok, Katina und Kornat noch zusammen. Da das Festland langsam ins Meer absinkt – knapp 1 m in 1000 Jahren – wurden die vielen Trockentäler zu Meerengen. Deswegen auch die vielen Riffe. Seit 1980 Nationalpark zum Schutz der letzten seltenen Pflanzen und Tiere.

Heute gibt es auf Kornati keine dauerhafte Siedlung. Fischer und Hirten leben nur zur Ernte der mageren Oliven-Weinplantagen und zur Schafschur auf den öden Inseln – ihren festen Wohnsitz haben sie in Murter, insgesamt gibt es über 300 Häuschen, die meisten mit Zisterne. Um 1835 kauften die Bauern von Murter die Kornaten zum Großteil auf, die Inseln sind immer noch Privatbesitz.

Haupttouristenzentren des Archipels die beiden Restaurants »KOD MARE« im Norden der INSELGRUPPE AUF KATINA, mit einer geschützten Bucht, wenig Häusern und bei Seglern besonders beliebt. RESTAURANT »Žakan« auf Ravni Žakan liegt im Süden der Kornaten. Auf der großen Terrasse ist im Sommer ganz schön was los, geschützter Hafen direkt vor der Tür.

In den 60er Jahren errichtete der Club Méditerranné auf der Insel eine Dependance seines Strohhüttendorfes von Pakoštane. Für den pfeifenden Jugo waren die Hütten jedoch zu windig gebaut, und das Projekt wurde nach ein paar Jahren abgeblasen.

Die GRÖSSTE SIEDLUNG VRULJE liegt auf der Hauptinsel KORNAT. Ca. 50 Häuschen, die z. T. im Sommer vermietet werden. Viele verfügen über eigenen Bootssteg und Zisterne. In der geschützten Bucht Platz für gut 30 Boote.

Die NACHBARINSEL ŽUT, nach Kornat die zweitgrößte, ist nicht ganz so kahl. Die Bewohner von Murter haben hier knapp 90 Häuschen, die meisten bei Pristanišče im Osten.

Die tollsten KLIPPEN bei den Mini-Inseln Rašip Veli und Mana (beide der Insel Kornat vorgelagert). Die überhängenden Felsen ragen bis zu 70 m aus dem Meer raus, genauso senkrecht geht es unter Wasser weiter. Mit dem Boot dicht ranzufahren ist faszinierend, aber nicht ganz ungefährlich und nur bei ganz ruhiger See möglich.

Wegen der grandiosen Landschaft wurden auf den Kornaten mehrfach ITALO-WESTERN, aber auch KARL-MAY-FILME gedreht. Neben »Winnetou« und »Odyssee« wurde in den 60er Jahren auch der Film »Tobendes Meer« mit Maria Schell in der Hauptrolle gedreht. Dazu wurde eigens ein griechisches Dorf aufgebaut. Die Überreste wirken jetzt wie eine gleißend helle Ruinenstadt.

Geschichte
Die Kornaten waren zu jeder Epoche zumindest zeitweise bewohnt. ILLYRER hinterließen eine Ruine auf dem Berg Toreta auf der Hauptinsel Kornat. Die RÖMER bauten auf Katina sogar eine feudale Villa mit Wasserreservoir, Bädern und Fischbecken. Zur Zeit der VÖLKERWANDERUNG flüchteten sich die Bewohner von Zadar und Nin auf die Inseln zu den Fischern und Hirten. Kaum vorstellbar, wie die Versorgung geklappt hat, denn außer dem Regen gibt es kein Trinkwasser auf den Inseln.

Im ZWEITEN WELTKRIEG dienten die Kornaten Titos Partisanen als sicherer Unterschlupf mit Lazarett und Werft.

Bis ins letzte Jahrhundert waren die Inseln ganz grün und waldig. Dann verwüstete ein verheerender Brand die Inseln. Die Hirten sorgten durch ihre Brandrodungskultur dafür, daß auf Kornati nichts dauerhaftes mehr wächst. So besitzt Kornati die kärglichste Flora aller jugoslawischen Inseln.

Vodice

an der Magistrale, ca. 10 km vor Šibenik. Die vorgelagerten kleinen Inseln wirken wie Wellenbrecher. Die funkelnagelneue Marina ist Vodices ganzer Stolz. Die Hafenpromenade wirkt noch wie im Rohbau. Im Sommer ziemlicher Rummel, sogar auf eine deutsche Bierstube braucht man nicht zu verzichten. In den engen Gassen mit Natursteinhäusern hört man mehr »Ruhrpott« als jugoslawisch. Großes Sportangebot beim Sportzentrum Lilet.

 **Tourist Info:** gegenüber der Promenade in der 4 Srpnja 41, offen von 8-18 Uhr.

 Post: am Platz beim riesigen Denkmal.

 Bank: um die Ecke in der Obala Vl. Nazora.

Parkplätze am Kai, große Autowerkstatt (Mercedes) am Ortseingang.

Gostiona »Tomislav«, direkt an der Uferstraße. Von der Restaurantterrasse schöner Blick über Hafen und Inseln. Große Auswahl Scampis, Hummer oder Fisch, auch Grillgerichte.

Die Hotels haben den Ort in die Zange genommen. Auf der rechten Halbinsel Hotelhochhaus **»Punta«,** die Dependancen nicht ganz so hoch, aber auch nicht schöner. Daneben im Kiefernwäldchen Hotel **»Antonia«** und Garni **»Arausana«,** ein gesichtsloser Hotelklotz. Zum Sonnen im wesentlichen betonierte Liegeflächen. Minigolfplatz im Wäldchen.

Linker Hand vom Ort das Hotel **»Olimpia«** neben dem Sportcenter. Trapezförmiges Hotel, rundum Balkons. Eine Ecke weiter das Hotel **»Imperial«,** am Ortsrand mit den Dependancen im Reihenhausstil. Farblich etwas aufgelockert. DZ um die 100,- DM.

Camping »Imperial«, neben dem Hotel. Leicht abschüssiges Gelände mit spärlichem Wiesenboden. Schattig. Hohe Wohnmobile können bei den Bäumen Schwierigkeiten bekommen. Stromanschlüsse, Kühlboxen zu mieten. Neue Sanitärblocks. Schotter- und Kiesstrand, ziemlich spitzig. Es bleiben knapp 2 m zum Sonnen. Bootsslip, kleiner Laden.

Weitere kleine private Camps am Ortsrand, die wenigsten aber direkt am Strand.

Privatzimmer werden in den vielen Neubauten angeboten. Preislich wesentlich günstiger als in den Hotels, dafür muß man zum Meer laufen. Pro Person um die 10,- DM.

Marina:
brandneu, direkt im Zentrum von Vodice. Um die 500 Liegeplätze. Zwei riesige Kräne, Duty-free-Shop und Yachtzubehör. Schickes Restaurant mit großer Fensterfront und Terrasse direkt vor den Yachten. Bar und Pizzeria.

Sport:
Großes Sportangebot bei den Hotels und im Sportzentrum Lilet. Betonliegeflächen mit Bäumen aufgelockert, kleiner Hafen. Restaurant und Snack mit großer Terrasse direkt am Meer. Fußballplatz, zwei Basketballfelder, Minigolfplatz und Tenniscourts. Tretboote und Motorboot (bis zu vier Personen) werden vermietet. (Auch übers Touristenbüro.) Fahrräder- und Surfboard-Verleih. Windsurfschule für Anfänger.

Transporte:
Busbahnhof im Zentrum, beim Touristenbüro. Gute Busverbindung nach Zadar, Rijeka, Murter. Nach Šibenik mehrmals stündlich, nach Split 1-2 × in der Stunde.

Personenfähre von Vodice über die Inseln Prvic und Zlarin nach Šibenik. 2-3 × täglich. Als Sightseeing-Bootstour eine feine Sache. Als Transport nach Šibenik ungünstig, dauert ca. 1½ Stunden. Über Land nur 10 km.

Šibenik
35 000 E.

Eine von Rauchschwaden vernebelte Burg – dieser erste Eindruck charakterisiert die Stadt am besten. Šibenik lohnt wegen der hübschen Altstadt und dem imposanten Dom. Für einen Badeurlaub wegen des nahen Industriegebiets aber kaum zu empfehlen.

Die Altstadt steigt in Terrassen über der Mündungsbucht der Krka hoch. Von den imposanten Ruinen der Festung Sv. Ana Panoramablick über Hafen, vorgelagerte Inseln und ALTSTADT mit einem Netz von schmalen Gassen und hohen Häusern. Fotogene Winkel mit steilen Stiegen und alten Torbögen. Gemütliche Cafés auf wohnzimmergroßen Plätzen. Von der Uferpromenade über Treppen zum Dom und Hauptplatz mit Loggia (16. Jhd.), Rathaus (nettem Café) und altem Brunnen.

Weit oberhalb von Šibenik am Hang zwei weitere Festungen aus venezianischer Zeit zur Türkenabwehr: Festung Subićevac und die höchste, Sv. Ivan.

DOM SV. JAKOV: vielfotografiert und wirklich lohnend! Ein Stilgemisch aus Gotik und Renaissance; mehr als 100 Jahre wurde an ihm gebaut (1431–1555); wichtigste Baumeister waren Juraj Dalmatinac aus Zadar und Niccolò Fiorentino (Schüler von Donatello).

Porträtfiguren der Apostel säumen das Portal, schöne Details, Tier- und Drachenköpfe. Interessante »KOPFGALERIE« außen um die Apsiden. 74 markante Typen und Profile: Bauern, Gastwirte, Fischer – eine Ironie des Baumeisters Juraj auf seine Mitbürger, die den Kirchenbau nicht mitfinanzieren wollten. Aufsehen erregte damals die freitragende Kuppel von Niccolò Fiorentino und das trägerlose Tonnengewölbe – Meisterleistung der damaligen Statik.
INNEN unter der Sängertribüne – mit grazilen Säulchen – das BAPTISTERIUM, kleiner runder Raum, überdacht von einer einzigen Steinplatte mit schönen Halbreliefsteinen – wirkt sehr luftig mit durchbrochenen Steinmetzarbeiten.

Weitere Sehenswürdigkeiten nebenan: der BISCHOFSPALAST (15. Jhd.) und Rektorenpalast, jetzt Museum.

NEUSTADT mit Wohnsilos, Kränen und Industriegeruch. Um Šibenik gibt es Eisen- und Stahlwerke, Elektrizitätswerke an der Krka, Bauxitlagerstätten im Hinterland versorgen die Aluminiumindustrie. Der geschützte Hafen v. a. für Holz- und Bauxitausfuhr und Fischerei.

Geschichte: Zur Römerzeit war hier nicht viel los – die eigentliche Stadtgeschichte beginnt erst im 10. Jhd. Zur Zeit der kroatischen Könige, besonders unter König Krešimir, war Šibenik bedeutendes Zentrum. Mitte des 12. Jh. erhielt Šibenik Stadtrechte, d. h. Selbstverwaltung. Für die Venezianer war die Stadt ein wichtiges Bollwerk gegen die Türken (Festungen, Stadtmauer!). Die weitere Geschichte teilt Šibenik mit Dalmatien.

Tourist Info: gegenüber vom Dom, am Trg Republike. Nonstop geöffnet, die Leute sprechen recht gut deutsch.

Post: mit Telefonkabinen offen von 7-21 Uhr in der Ulica Vlad. Nazora, gegenüber vom Park.

Jadranska Banka: Offen von 7-20 Uhr, Sa. 7-12 Uhr in der Kralja Tomislava 4.

Parken an der Uferstraße, die dadurch kaum passierbar wird.

Restaurants:
Große Snackbar »**Alpa**« in der Altstadtgasse, typische Grillgerichte, gut und preiswert. Achtung vor den Tischen an der Mauer – oben sitzen die Tauben und »verzieren« sehr unangenehm Kopf und Ražnjići. In der 12 Kolovaza 1941 Straße.

Kavana »Medulić«, große Terrasse gegenüber dem alten Brunnen, innen ganz modern. Hier gibt's Bier vom Faß, Mixedgrill ca. 7,- DM. Zarte Leber für ca. 5,- DM.

Pizzeria »Forum«, tellergroße Pizzen, zum Nachtisch vielfältige Eisbecherauswahl. Terrasse etwas abseits der Hauptstraße neben der Post.

Unser Restaurant-Tip in Šibenik: gemütliches **Fischrestaurant »Starigrad«**. Nur knapp ein Dutzend Tische, etwas schummrige Korblampenbeleuchtung. Die Weinkarte in natura auf dem Tresen aufgebaut. Scampis knapp 2,- DM/100 g, Steinbohrermuscheln oder Zahnbrasse. Mit einer Flasche Dingač wird's ein ganz nobles Essen. Die Gostiona liegt in der Seitengasse Zlarinski Prolaz, nahe dem Jadran Hotel.

Restaurant »Turist« am Kai, einfaches Lokal. Der Speiseraum ist so hoch geraten, daß einem leicht Bahnhofshallen-Assoziationen kommen. Grill- und Fischkarte, vernünftiges Preisniveau. Grillplatte um die 8,- DM.

Unterkunft:
Hotel »Jadran«, einziges Hotel in der Stadt. Direkt am Kai. Nicht sehr stilvoll an die Stadtmauer angebaut, aber schöner Hafenblick. Keine Balkons, einfache Zimmer. Große Restaurant-Terrasse nach vorne raus, mit leichtem Abgasduft, unter Palmen. DZ ab 60,- DM.

Privatzimmer übers Touristenbüro um die 10,- DM p. P.

Billiges Quartier in der Jugendherberge »Šubićevac Ferijalni«, pro Nacht um die 6,- DM. Im Tourist Info klären, ob Platz ist, denn oft durch Jugendgruppen ausgebucht.

Hotelsiedlung Solaris, 6 km südlich von Šibenik. Hotelbusverbindung in die Stadt,

10 × am Tag. Ghettoanlage mit einer Kapazität von knapp 3000 Betten in vier Hotels, unter anderem FKK-Hotel »Niko« mit großem Sportangebot. Tennis, Minigolf, Surfboardverleih, Wasserski, Kegelbahn. Thalassotherapie (Meerwasserpool) beim Hotel Ivan möglich. Die DZ liegen in der Preisklasse um die 115,- DM plus Frühstück.

Camping Solaris gehört zum Hotelkomplex. Steinig, wiesiger Untergrund mit Laub- und Nadelbäumen. Asphaltsträßchen auf dem Platz. Stromanschluß, Supermarkt, Strand mit FKK-Abteilung. Gäste können das Sportangebot, die Restaurants und Discos der Hotelsiedlung mitbenützen.

Wer für den Massenbetrieb nichts übrig hat, campt besser in der **Nachbarbucht** beim kleinen Ort **Zablaće**. Mit langem Strand, teils betoniert, teils grober, spitziger Kies. Im Wasser braucht man Badeschuhe. Die vorgelagerte Insel Zlarin ist zum Rübersurfen sehr verlockend, aber Vorsicht Hafeneinfahrt nach Šibenik.

Sehr schattiges **Camp,** bei dem steinigen Boden braucht man gute Luftmatratzen. Einfache Sanitäranlagen, im Sommer kann es da Engpässe geben. Laden und ein paar kleine Kneipen im Ort. Stündliche Busverbindung nach Šibenik.

Transporte:
Großer Busbahnhof am südlichen Kaiende, Lenjinov Trg. Häufige Verbindungen bis ins letzte Nest.

Nach Split	19 × tägl. ein Bus, dauert ca. 1½ Std.
Nach Dubrovnik	6 × tägl., dauert ca. 4½ Std.
Nach Rijeka	13 × tägl., dauert ca. 7 Std.

Zugbahnhof 200 m weiter in der Lole Ribara 14. 1 × tägl. Expreß nach Zagreb. Für die knapp 400 km ist der Zug etwa 7 Std. unterwegs.

Taxistand neben der Post Ulica Vl. Nazora. Tel.-Nr. 22-1 21.

Personenfähre:
Zu den vorgelagerten kleinen Inseln verkehren Personendampferchen, in erster Linie, um die Inselbewohner zu versorgen und nach Šibenik zur Arbeit zu bringen, daher auch die unchristlichen Zeiten. Eine In-

selbootstour ist aber eine schöne Sache, allein wegen der gemütlichen Fahrt. Badesachen und Picknick einpacken, auf einer Insel stoppen und eine Fähre überspringen. Vorsicht, die Fahrzeiten genau timen, damit keine unfreiwillige Übernachtung draus wird.

Zwei Linien: Šibenik – Insel Zlarin – Insel Kaprije – Insel Žirje verkehrt an Werktagen 1× tägl. An Sonn-/Feiertagen 2× tägl. Šibenik – Insel Zlarin – Insel Prvic – Vodice 2× tägl.

Abfahrt am Kai, Tickets im Büro der Jadranska Linjska Plovidba am Obala Oslobodenja 8 (am Kai).

In Šibenik auch Haltestelle der Küsteneilfähre. Details siehe Seite 136.

Autovermietung: Hertz und Avis beim Reisebüro Jadrantours gegenüber Busbahnhof.

Yachthafen: Die vielen Yachten am Kai erinnern fast an eine Bootsausstellung. Einfahrt durch den Sv.-Ante-Kanal. Alle wichtigen Behörden für die Einklarierung, Zoll etc. im Ort. Tankstelle mit Wasser am Kai. Mehrere Duty-free-Shops und Ship Chandler an der Uferstraße.

Abstecher zu den Krka-Fällen

Eines der schönsten Naturschauspiele an der Küste. Lautes Wasserfallgetöse, in 100 m Breite stürzt die Krka über 17 Felsterrassen, moosige Steilstufen und Schilfhänge von einem Becken ins andere. Unzählige Badepools von Planschbecken- bis Sprungturmtiefe mit bequemen Sonnenfelsen.

Schönster Blick über das Wasserfallgetöse von dem Aussichtsplatz neben dem Restaurant. Die große Grillterrasse wird von den Busladungen gleich gestürmt, dann wird's schwierig, einen Platz mit Wasserfallblick zu erwischen.

Treppenweg runter zum letzten swimmingpoolgroßen Becken. Am Weg verkaufen Bauersfrauen ihr Obst, Prošek und Slibowitz aus eigener Produktion – schmeckt viel besser als der Supermarktschnaps.

LOHNENDE BOOTSFAHRT auf dem Oberlauf der Krka über den breiten Visovac-See mit Klosterinsel bis zu den Roški-Wasserfällen (Hahnenfälle). An verschiedenen Stellen stürzen aus üppigem Grün mehr als 12 Wasserfälle mit ohrenbetäubendem Lärm in die Tiefe. Der höchste über 15 m (die Roški-Fälle sind auch über asphaltierte Straße von Drniš her zu erreichen). Geworben wird – wie könnte es anders sein – mit Szenen aus »Winnetou«. Bootsabfahrt nahe dem oberen Parkplatz.

Die Krka entspringt bei Knin, windet sich durch tiefe Cañons über 8 Wasserfallbarrieren zum Meer. Die untersten, 100 m breiten, als Krka-Fälle bekannt, mit einem Höhenunterschied von 46 m, sind die großartigsten. Die oberen 6 Wasserfälle sind nur zu Fuß zu erreichen.

Die Krka ist ein kalkhaltiger Karstfluß. Vor kleinen Hindernissen (Stromschnellen) lagert sich der Kalktuff ab und bildet somit kleine Barrieren. Sie wachsen durch die Strudelbewegung des Wassers und die starke Verdunstung infolge des Zerstäubens ständig an (1 cm/Jahr).

Ziemlicher Rummel bei so einer Naturschönheit. Ruhiger erst gegen Abend, wenn die Busse wieder abgefahren sind. Dann haben die Camper den Wasserfall für sich. Kleines, einfaches Camp am unteren See, schmale Zufahrt über Skradin.

ZUFAHRTEN:
Von Šibenik landeinwärts Richtung Drniš, in Gulin links ab nach Skradin (insgesamt ca. 20 km). Von dieser Straße zweigt rechts die bequemere Zufahrt ab über Serpentinenstraße mit herrlichem Blick in den oberen Fjord. Großer Parkplatz.
Oder weiter Richtung Skradin, von unten an die Fälle und zum Campingplatz. An beiden Strecken geringer Eintritt.

PER BOOT ab Šibenik 9 sm die Krka aufwärts übern Prokljansko Jezero mit steilen Karstfelsen (gute Befeuerung) nach Skradin. Die Wasserfälle erreichen nur Yachten, die hier die 7-m-Brücke passieren können (max. 2 m Tiefgang) – Ankerplatz am Camp. Sonst im Yachthafen Skradin anlegen, weiter per Taxiboot oder zu Fuß (ca. 1 Stunde).

Skradin – ein hübsches, noch nicht so überlaufenes Städtchen. Wichtiger Stützpunkt für Camper und Seeleute: Einkaufsmöglichkeit, Markt, Restaurant, Post, Apotheke etc. Große Marina.

Nach Šibenik wird's wieder kurvig, die Straße windet sich um die Buchten. Kleine Siedlungen, immer wieder Minicamps. Neben der Straße kleine Kiefernwäldchen, 50 m steil unten das Meer.
Etwa 30 km südlich Šibenik das alte Inselstädtchen

Primošten

1400 E.

nur über einen Steg mit dem Festland verbunden. Wie eine schützende Glucke wirkt die Kirche über den Häusern. Kleiner Fischerhafen, enge Gassen mit Restaurants und Cafés. Der Badeort zu Primošten ist auf dem Festland entstanden.

Auf der **Hotelhalbinsel Raduča** neben Primošten (zu Fuß ca. 10 Min. vom Altstadtkern entfernt) liegt der Hotelkomplex **Adriatik** mit den beiden **Hotels Slava und Zora**. Die aufgelockerten Bauten unmittelbar am Kiesstrand. Die ganze Halbinsel von dichtem Kiefernwald überzogen. Durch die hohen Bäume sind die Zimmer hintenraus ganz schön düster. Einfache Zimmer mit Teppichboden, Bett und Nachttisch, mal ein Frisiertisch. DZ knapp 100 DM. Meerwasserhallenbad und Sauna im Hotel »Zora«. 2 Tenniscourts und Tischtennisplatten, Minigolf und Boulebahn.

Großes **FKK-Hotel »Marina Lučica«** terrassiert zwischen Magistrale und Meer südlich Primošten. Mit eigenem Strand und bestechend großem Freizeitangebot, Süßwasserpool und Sauna. Die Zimmer sind zweckmäßig eingerichtet und haben von den Balkons herrlichen Blick auf die Stadt. 2 Asphalttennisfelder. DZ knapp 100 DM.

Camping »Adriatic«: Auf einer Landzunge mit schöner Bucht, gut 2 km nördlich vom Ort, terrassierte Stellplätze in Hanglage von der Straße bis zum Meer, Stein- und Wiesenboden, Pinien sorgen für Schatten, Stromanschluß, verteilte Sanitäranlagen, Restaurant und Superladen bei der Einfahrt wirken immer noch wie im Rohbau.

Ausflüge:
Bootsfahrt zu den Kornati (50 DM) oder zu den Krka-Fällen.
Einige km südlich von Primošten die neue **Marina-Kremik.** Sie nimmt die ganze tiefeingeschnittene Bucht ein. Modernes Restaurant und Serviceräume, Tankstelle und Kran.

NACH PRIMOŠTEN verläuft die Straße oberhalb vom Meer. Die Hänge übersät mit jungen Weinplantagen, mühevoll in Miniterrassen angelegt. Die nächsten 12 km durchs Landesinnere. Olivenkulturen und Steinmäuerchen überziehen die Hänge. Einige Straßengostionas, vor denen sich ein Lamm am Spieß dreht.

Olivenbäume tragen nur alle zwei Jahre Früchte, im November oder Dezember werden sie geerntet und als grüne oder schon eingelegte Oliven exportiert. Ölbäume gedeihen nur in mediterranem Klima unter der Voraussetzung, daß die Temperatur auch in den kältesten Monaten nicht unter +4° C sinkt.
Aus diesem Grund macht die kalte Bora den Anbau in weiten Teilen der Küste unmöglich.

Beim Ort **Marina** trifft die Magistrale wieder ans Meer. Marina ist wegen seiner geschützen, tiefen Bucht mit dem kleinen Campingplatz interessant.

CAMPING: Kleiner Wiesenplatz unter Bäumen, seichtes Ufer, Betonsteg für Boote und zum Sonnen. Das Camp hat den Riesenvorteil, daß es am Ortsende, an einer Sackgasse liegt, die Magistrale weit weg auf der anderen Seite der Bucht. Um nach Trogir bummeln zu gehen, muß man allerdings das Auto anspannen oder den Bus nehmen.

Trogir
8000 E.

Trogir – ein Schmuckstückchen auf einer winzigen Insel, aber kein Badeort.
Das fotogene Städtchen ist ein exzellentes Beispiel für venezianische Stadtarchitektur. Superenge Bummelgassen, die sich plötzlich zu luftigen Plätzen mit Caféterrassen erweitern. Große Patrizierpaläste mit zierlichen gotischen Fenstern; viele Slastičarnas. Menschengewimmel in der ganzen Stadt, Boutiquen, Schmuckverkäufer und Souvenirstände.

Um den Hauptplatz der Dom, Rathaus und Uhrturm. In der Stadtloggia tagte früher das Gericht (Pranger!), später wurde hier Markt gehalten. Nur der ohrenbetäubende Fluglärm des nahen Flughafens durchbricht die Idylle.

Trogir ist durch zwei Brücken mit dem Festland und mit der Insel Ciovo verwachsen.

DOM ST. LORENZ: Interessantes Stilgemisch – 400 Jahre lang wurde an ihm gebaut. Das Portal gilt als schönstes Jugoslawiens und läßt die frühere Bedeutung der Stadt ahnen.
Der kroatische Meister Radovan verewigte sich in einer recht selbstbewußten Inschrift: »... dieses Portal wurde von Radovan, dem Besten seines Handwerks, wie Statuen und Reliefs beweisen...« 1240 beendet. Das Portal wimmelt von filigranartigen bewegten Skulpturen – einen Überblick zu kriegen ist etwas schwierig:

Links und rechts 2 Löwen mit Adam und Eva, im Tympanon die Geburt Christi und Radovans Inschrift.

Äußerste Säule:	Apostel und Tiersymbole: Greif, Nixe, Centaur, Elefant.
Mittlere Säule:	ein Metzger beim Schweineschlachten, Gerber, Holzhacker, Schafschur, Krieger und ein wildes nacktes Männlein.
Innere Säule:	verschlungene Jagdszenen mit Flitzebogen, ein Mann mit geschultertem Schwein, dieser Kampf gegen wilde Tiere wird als Auseinandersetzung zwischen Gut und Böse interpretiert.

Interessante Figuren tragen die Säulen: uralte, ausgemergelte Männer, barfuß oder in Schnabelschuhen – sie stellen kroatische Bauern und Türken dar (Turban!).

Düsterer Innenraum: auch hier kunterbuntes Stilgemisch: romanische 8eckige Steinkanzel, geschnitztes gotisches Chorgestühl von 1440, Renaissanceseitenkapelle mit lebensgroßen bewegten Steinfiguren.

In der Sakristei ein Wandschrank mit tollen Einlegearbeiten aus Walnußholz, Schatzkammer. Offen: 8–12/14–19 Uhr.

CAMPANILE: graziler Glockenturm aus dem 16 Jh. Hinaufsteigen lohnt unbedingt, beste Orientierung – Blick auf Dachgärten und Hinterhöfe, Werften und die Insel Ciovo: schöne Fotomotive fürs Tele.

Vis-à-vis der CIPIKO-PALAST des Schriftstellers Coriolan Cipiko (15. Jh.) mit schönen spätgotischen Fenstern – es muß ein recht finanzkräftiger Bürger gewesen sein. Jetzt TOURISTBÜRO im Erdgeschoß.

Die KLEINE LOGGIA (16. Jh.) neben dem Stadttor am Hafen diente früher als »Wartezimmer« für Fremde, die Einlaß in die Stadt begehrten – jetzt Fischmarkt (nur vormittags).

Am Kaiende das Kastell KAMERLENGO, etwas ruinös, einst ein trutziger Klotz für Verteidigungszwecke. Der Name erinnert an den venezianischen Finanzbeamten der Stadt, den »Kamerling« oder »Kammerherr« – jetzt Open-air-Kino.

An der Inselspitze eine Grünanlage, als »Strandbad« benützt, allerdings trübes Wasser, der Hafen gleich nebenan, die Werft im Blickfeld. Zwischen Palmen die zierliche »GLORIETTE« – das Kartlhäuschen von Napoleons Marschall Marmont, der 5 Jahre lang Prokonsul Dalmatiens war.

Der Kanal, der die Insel vom Festland trennt, ist ein Werk der Griechen, die im 3. Jh. v. Chr. aus Angst vor den Illyrern den Verteidigungsgraben anlegten.

Großer Obst-, Gemüse- und vor allem Souvenirmarkt vor der Stadt – auf dem Festland.

Geschichte: Trogir, eine griechische Gründung aus dem 3. Jh., bedeutet »Ziegenbock«. Zur Römerzeit führte Trogir ein Schattendasein, denn sie favorisierten Salona bei Split. Nach der Teilung des Römischen Reiches kam es an Byzanz, die Sarazenen brannten im 12. Jh. die Stadt nieder, mit dem Wiederaufbau begann die Blütezeit. Von 1420 bis 1797 bestimmten die Venezianer die Stadt, nach der kurzen Napoleonepisode kam es an Österreich, dann an Jugoslawien.

 Tourist-Info: im Cipiko-Palast, gegenüber vom Dom, nonstop geöffnet.

 Post: mit Telefonkabinen, schön renoviert; in der Altstadt, offen 7–22 Uhr.

Bank: auf der Rückseite vom Dom, 7–12/14–19 Uhr, Sa. 7–11 Uhr.

Parkplätze rund um die Stadtmauern, ziemliches Gewimmel.

RESTAURANT

Schönste **Gostionica** »Tri Volta«, großer Platz unter Palmen im Zentrum, viel Atmosphäre neben dem Korso. Zivile Preise, gute Karte – nicht nur Mixed-Grill, Braten mit Beilage 5 DM.

Einfache **Snackbar** »Fanny«, an der Partizanska Straße. Auf einem ruhigen Platz, gegenüber ein etwas wackliges Kirchlein, der Turm hängt schon schief, aber er wird einem nicht ins Essen fallen.

Durchs Landtor betritt man die Stadt, die meisten bleiben gleich in der **Pizzeria** »Tragurion« auf dem Kleinen Platz hängen.

Snack »TRG« am Stadtplatz, das Ambiente sehr reizvoll, die Speisekarte weniger. Als kleinen Happen zwischendurch gefüllte Paprika.

Ca. 100 m weiter **Restaurant** »Marijana«, gediegenes Lokal im Souterrain. Natursteine, Fischernetze teilen die Sitzecken ab. Gute Fischkarte. Hier gibt's ganz vorzügliche Zahnbrassen für ca. 13 DM oder Steinbohrermuscheln für 3,50 DM/100 g, auch Grillgerichte, dazu den Pelješac farbu, exquisiter Rotwein.

UNTERKUNFT

Appartements »Medena«, helle Anlage mit Laubenbalkons. Gut 5 km vor Trogir. Bushaltestelle direkt vor der Haustür. Die Appartements bestehen aus Wohnzimmer mit Kücheneck und 1–2 Schlafzimmern. Recht gut in Schuß. Großes Sportangebot, Tennis, Minigolf, Ruder-, Segelboote. DZ ca. 80 DM.

1 km weiter **Hotel** »Jadran« dicht überm Meer in Grün verpackt. Lichte Zimmer mit Parkettböden und kleinem Duschraum. Das Restaurant bietet keinen Rahmen für ein Kerzenscheindinner, etwas unpersönlich. DZ ca. 70 DM. Der Linienbus nach Trogir (4 km) hält direkt vor dem Hotel.

Motel »Trogir«, Natursteinbau, teilweise Doppelbungalows wie Schuhkartons. Man blickt auf die Werft gegenüber. DZ ca. 60 DM.

Privatzimmer das Doppel ca. 27 DM.

Stadtcampingplatz »Soline« günstig am Ortsanfang gelegen. Mit Pinien und Sandboden. Der Kiesstrand o. k., aber Baden ist nicht sehr zu empfehlen, der Hafen ist gleich um die Ecke. Stromanschluß und Mietcaravans. Empfehlenswertere Camps auf Ciovo.

INSEL CIOVO

»Vorort« und Neubauviertel von Trogir mit viel Macchia und etwas Wald. Brückenverbindung zum alten Städtchen Trogir. Kleine Kiesstrände und Bademöglichkeiten, viele Privatzimmer. Um Trogir zu erkunden, sucht man sich besser auf Ciovo ein Privatquartier.

2 Campingplätze:
Kleiner Privatplatz am Meer, Richtung Slatine, nach 2 km links. Mit hohen Bäumen, Waldboden und Open-air-Dusche, schön ruhig.

Unpersönlicher das große **Camp** »Rožac«. Im Ort Okrug Gornje auf einer Landnase mit Werftblick. Waldboden und Pinien, ziemlich voll, dafür gibt's einen Supermarkt und eine schöne Bucht. Bushaltestelle direkt vor dem Camp.
Sonst ist auf der Insel nicht viel los. Busverbindung nach Trogir.

TRANSPORTE

Großer **Busbahnhof** unmittelbar vorm Ort Trogir.
Der Direktbus nach Split fährt 4 × täglich, der »normale« alle 15 Minuten.
Zur Hotelsiedlung Medena geht's mehrmals stündlich.
Zur Insel Ciovo Richtung Slatine 9–10 × am Tag. Richtung Okrug 6–7 × am Tag ein Bus.
Busse Richtung Zadar fahren gegenüber los. Mehrmals täglich.

Personenfähren zu den Inseln Drvenik Veli und Drvenik Mali 1 × täglich, außer Sonntag. Abfahrt am Kai nähe Kastell. Überfahrt ca. 1,5 Std.

Flughafen nahe Trogir
Im Reisebüro Dalmacija am Domplatz Infos über Flüge. Details zum Flughafen siehe Split.

Marina
Seit '84 gibt's auf der Insel Ciovo eine

brandneue Marina, vis-à-vis der Altstadt. Liegeplätze für ca. 200 Boote, mit Werkstatt, Duschen, Duty-free-Shop, Restaurant und Bar. Kran für 10 t. Für ein 9-m-Boot berappt man ca. 21 DM Liegegebühren pro. Tag. Für ein Jahr 1380 DM an Liegegebühren. Der Lift up und down kostet ca. 230 DM. Die Marina ist ganzjährig geöffnet. Tauchclub neben der Marina, auch Ausrüstungsverleih.

Alternative zur Magistrale von Trogir nach Solin (vor Split) 22 km – Die Bucht der 7 Kastelle. Allerdings kaum noch Romantik, die Küste ist total zersiedelt. Ursprünglich standen hier 13 Burgen, die im Auftrag der Venezianer zum Schutz gegen Türken und Seeräuber errichtet wurden (14./15. Jh.). Um jedes Kastell entwickelten sich kleine Orte, die jetzt zu einem eintönigen Siedlungsband zusammengewachsen sind.

Solin: Kaum vorstellbar, daß in dieser Industriegegend zur Römerzeit eine blühende Stadt mit ca. 50 000 Einwohnern lag. Damals Verwaltungs- und Wirtschaftszentrum der römischen Provinz Dalmatien. Das Amphitheater faßte einst knapp 20 000 Menschen (jetzt ein Ruinenfeld). Das gut erhaltene Aquädukt von der Straße aus zu sehen.
Den Todesstoß erhielt Salona im 7. Jh., als Awaren und Slawen die Stadt total zerstörten, die Bevölkerung flüchtete sich in den Diokletianpalast nach Split, ab dem Zeitpunkt war von Salona nicht mehr die Rede.
Heute Industrievorort von Split mit Zementwerk und Werften.

Lohnender Abstecher von Solin aus zur **Festung Klis.** Riesige Verteidigungsanlage auf der Paßhöhe mit Weitblick über Split und vorgelagerte Inseln. Ruinen in mehreren Etagen, wuchtige Ecktürme, mit Schießscharten gespickte Wehrmauern. Früher war Klis (= Schlüssel) das Hauptbollwerk der Uskoken gegen die Türken. Die Uskoken versuchten vergeblich, den Türkenansturm abzuwehren, ihr Anführer Petar Kružić fiel bei diesem Gefecht (1537). Die Überlebenden konnten sich nach Senj retten (Details über die Seepiraten siehe Seite 140). Die Festung ist von 8–12/14–18 Uhr geöffnet, nachmittags bestes Fotolicht.
Zufahrt: von Solin 4 km rauf, Beschilderung Sinj, nach dem Tunnel links »Trdava Klis«.

SPLIT

155 000 E.

Eine pulsierende Großstadt. Split lohnt unbedingt wegen des Diokletianpalastes. Die kleine kompakte Altstadt quillt förmlich über die Palastmauern. Split ist abends am schönsten, wenn der Palast angestrahlt wird, dann verwandelt sich die Uferpromenade in den größten Korso der Küste.
An der Peripherie Betonwohntürme und Industrie.

Split ist ein wichtiger Verkehrsknotenpunkt und Fährhafen, aber kein Badeort. Die Abwässer der Altstadt werden direkt beim Korso ins Meer geleitet, Baden deshalb weit weit weg.

Der DIOKLETIANPALAST war der Alterssitz des römischen Kaisers Caius Aurelius Valerius Diokletian (284–305 n. Chr.). Ein riesiger Palast, knapp 215 m

SPLIT

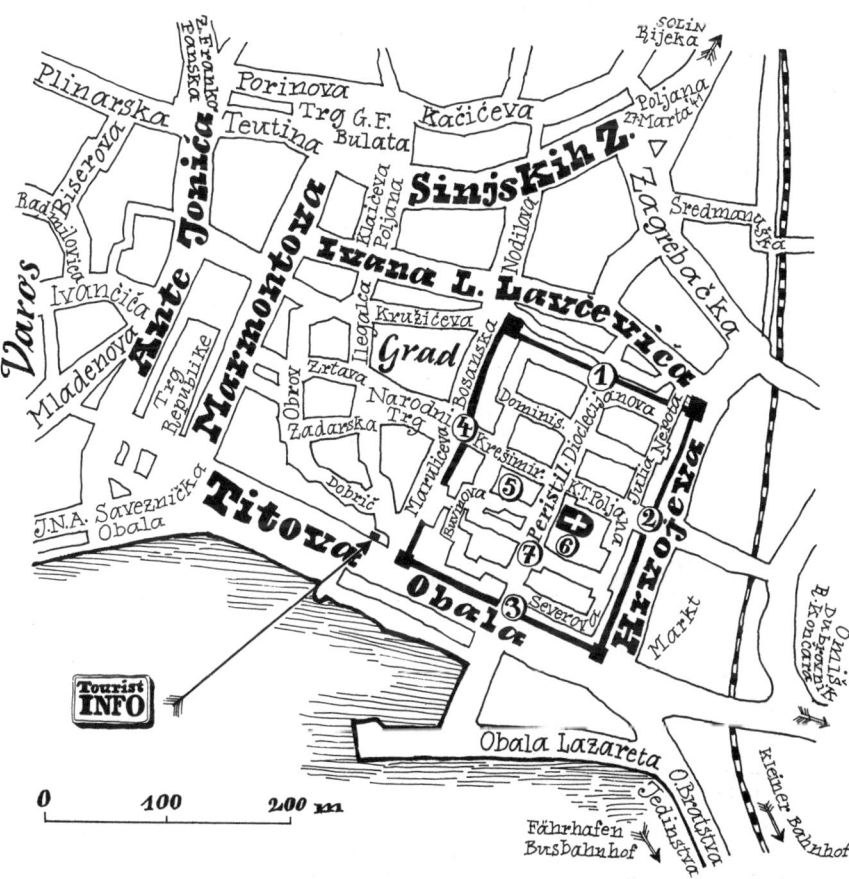

① Goldenes Tor
② Silbernes Tor
③ Bronzenes Tor
④ Eisernes Tor

⑤ Jupiter-Tempel
⑥ Kathedrale
⑦ Palast

lang, 175 m breit mit dicken Mauern und Wehrtürmen, wie ein römisches Heerlager angelegt: 2 rechtwinklig zueinander angelegte Straßen mit Säulenhallen: Cardo und Decumanus. An der Meerseite die kaiserlichen Gemächer mit Topaussicht von der Säulenhalle. Tempel und Mausoleum ließ sich Diokletian gleich mitbauen. Die Gebäude in der anderen Hälfte waren für seine Wachen und Diener vorgesehen.

Trotz vieler Umbauten und Zweckentfremdungen ist viel erhalten: 2½ m dicke Umfassungsmauern – Blumenbalkons zwischen Römersäulen auf der Kaiseite, alle 4 Stadttore noch gut erhalten, Reste der Wachtürme, die Kellergewölbe, sein Mausoleum, Tempel. Das Peristyl (von Säulenhallen umgebener Hof) – jetzt lebhafter Platz mit Café, viel Atmosphäre und klickenden Kameras – ist auf drei Seiten von römischen Säulen umgeben. Auf den Mäuerchen wird Gitarre gespielt und Picknick gemacht. Das Peristyl lag genau im Zentrum.

Von hier ging's in die Privatgemächer des Kaisers, zum Mausoleum und zu dem Tempel. Der Kaiser, seine »Gottheit«, zeigte sich in der Loge und ließ sich vom Peristyl aus anbeten.

Am besten steigt man zuerst auf den GLOCKENTURM – 10 Din sind wirklich gut angelegt, bester Überblick über die Dimensionen des Palastes: am deutlichsten der Nordteil der Anlage zu erkennen, typisch mittelalterliche Minigäßchen in den Palastmauern, abgeblätterte Fassaden, römische Reste miteingemauert, Patrizierhäuser mit gotischem Fensterschmuck, die Entscheidung fällt schwer, in welchem »Efeupenthouse« man lieber wohnen würde.

Das MAUSOLEUM – Diokletians letzte Ruhestätte – wurde im 7. Jhd. n. Chr. als Kirche umgebaut, deswegen gut erhalten. Was aus den Gebeinen des Kaisers wurde, ist jedoch ungewiß. Achteckiger Zentralbau, Säulengang drumherum, Fries unter der Rundkuppel mit Reliefs von Diokletian und Prisca, seiner Frau. Fernglas mitnehmen, sonst erkennt man trotz Kopfverrenken wenig!
Jede Stilepoche hat hier ein Kunstwerk hinterlassen: zierliche romanische Kanzel, gotisches Chorgestühl – nicht achtlos an der Tür vorbeigehen: in 28 Kassetten Szenen aus dem Leben Christi geschnitzt (13. Jhd.).
Vor dem Mausoleum eine ägyptische Sphinx – mehr als 3000 Jahre alt.

JUPITERTEMPEL – dem »Götterboß« geweiht. Im Vergleich zu Diokletians eigenem Mausoleum und Gemächern wirkt der Tempel etwas mickrig – Diokletian ließ sich zu Lebzeiten als Gott verehren und nannte sich Jovius (Sohn des Jupiter).

Von den PRIVATGEMÄCHERN des Kaisers im Süden am Meer ist nur die runde Vorhalle erhalten (Vestibulum).

Die KELLERGEWÖLBE an der Meerseite geben einen guten Eindruck vom Grundriß der kaiserlichen Gemächer – sie sollten das Gefälle ausgleichen und Diokletians Wohnung vor Feuchtigkeit schützen. Das Gemäuer tropft aus allen Ritzen, im letzten Raum steht eine interessante Hebelpresse.

Nach Diokletians Tod wurde im Palast eine Weberei fürs römische Heer eingerichtet. Im 7. Jhd. verkrochen sich die Bewohner von Salona vor den Slawenüberfällen (s. d.) hinter den dicken Mauern des Diokletianpalastes und funktionierten ihn zu einer Stadt um. Das mittelalterliche Gassengewimmel entstand.

Diokletian

Caius Aurelius Valerius Diokletian stammte aus Dalmatien (243 n. Chr.–313 oder 316
n. Chr.), wahrscheinlich war er ein Nachkomme von Sklaven, erst sein Vater hatte Freiheit erlangt. Diokletian muß etwas gedrungen, kräftig und derb gewesen sein. Er wurde
284 vom Heer zum Kaiser ausgerufen – der letzte der Soldatenkaiser (235–305) – eine
der chaotischsten Epochen der römischen Geschichte mit permanentem Herrscher-
wechsel. Die meisten Kaisergeneräle wurden ermordet.

Diokletian herrschte immerhin 21 Jahre und konnte eine gewisse Stabilität hereinbrin-
gen. Seit 286 regierte er mit Maximian, 292 Viererherrschaft mit Konstantin Chlorus
und Galerius, dadurch wurde die spätere Teilung des römischen Reiches eingeleitet.
Seine Herrschaft war von vornherein auf 20 Jahre begrenzt – so fing er bald nach
Amtsantritt an, seinen Ruhesitz bauen zu lassen: die Bucht von Split erschien aus verschiedenen Gründen optimal: er stammte aus der Gegend; wichtiger aber die günstige
strategische Lage – vom Meer durch Inseln geschützt, wobei Brač hervorragende Steinbrüche besaß, im Rücken das hohe Gebirge und die Nähe zur Stadt Salona (6 km).
Trotz 10jähriger Bauzeit war der Palast bei seiner Amtsniederlegung am 1. Mai 305
noch nicht ganz fertig.

Diokletian forderte zu Lebzeiten göttliche Verehrung und betrachtete sich als Sohn Ju-
piters. Unter seiner Regierung fanden immer noch Christenverfolgungen statt – grotes-
kerweise wurde seine Frau Prisca später Christin –, aber Diokletian war noch ganz
dem spätrömischen Zeitgeist verhaftet.

RUND UM DEN PALAST:

Die Uferpromenade mit Palmen, Blumengärten und Parkbänken. Winzige Häu-
ser vor die Palastmauern geklebt. Zu Kaisers Zeiten plätscherte hier das Meer.
Durchs Bronzetor ging's gleich in die Galeeren, jetzt auf den Korso (durch die
Kellergewölbe).

Am SILBERTOR der große Obst- und Gemüsemarkt. Durchs EISENTOR zum
NARODNI TRG, dem Zentrum der kroatischen Altstadt. Das alte Rathaus dient
als ethnographisches Museum.
Vor dem GOLDENEN TOR steht der riesige GRGUR NINSKI in Bronze, wie
er die Glagoliza verteidigt. Ein Monumentalwerk des Bildhauers Meštrovič
(Details siehe Glagoliza).

 Haupt-Tourist-Info: Nonstop offen, am Kai, Titova Obala 12.

 Banken: Jugo, am Kai, Mo.–Fr., 7–12.30 Uhr / 14.30–20 Uhr, Sa. 7–
12 Uhr. Splitska, am Kai, Mo.–Fr., 7–12.30 Uhr / 14–20 Uhr, Sa. 7–
12 Uhr. Am Wochenende: Splitska Banka am Peristyl, Sa. 14–20
Uhr, So. 8–11.30 Uhr / 17–20 Uhr.

 Hauptpost: L. Lavčeviča 9, außerhalb der Palastmauern, Mo.–Sa.
7–20 Uhr, mit Poste Restante, Telefonkabinen.
Post am Kai: beim Fährhafen. Obala Bratstva i Jedinstva 3. Telefon,
Geldwechsel.

Gepäckaufbewahrung: im Bahnhof am Kai durchgehend geöffnet, im Busbahnhof von 4.30–22 Uhr.

Parkplätze:

Der Diokletianpalast ist Fußgängerzone, viele Einbahnstraßen drumherum. Parken eine mittlere Katastrophe. Parkmole vor dem Fährhafen, sonst rechtzeitig am Straßenrand eine Lücke suchen.

Achtung Autofahrer: ADAC-Notdienst im Büro des Jugosl. Automobilclubs – Titova Obala, 9–17 Uhr, Tel. 41-646 und 41-587, 41-599.

Restaurants in und um den Diokletianpalast

Restaurant »Dubrovnik«, das erste und größte am Korso. Die Terrasse direkt an der Palmenpromenade im Sommer gestopft voll, leicht gestreßte Bedienung bei dem Andrang. Zahnbrasse recht günstig, 100 g für knapp 2 DM. Spezialität dalmatinischer Rostbraten knapp 5 DM.

Nebenan **Restaurant »Adrjana«,** von der Karte her kein großer Unterschied, aber vom Ambiente innen viel gepflegter. In Braun gehaltener Speiseraum. Die Größe wird durch Nischen gut aufgefangen. Dekoratives Segelschiffmodell.

Restaurant »Arkina«, für Split unsere Restaurantempfehlung. Ein gediegenes kleines Fischlokal. Weißer Rauhputz, dunkles Mobiliar. Ein paar Stufen runter ins Souterrain. Lockende Salatbar gleich am Eingang. Goldbrasse, Muscheln oder Scampis wirklich vorzüglich und zu fairen Preisen. Im Stadtteil Varoš, seitlich vom Hotel Bellevue, in der Radmiloviča 1.

Pizzeria »Fortuna« auf der Rückseite des Jupitertempels. Innen auf rustikal gemacht, lange mag man auf den harten Bänken allerdings nicht sitzen. Große Terrasse mit Plastikstühlchen. Pizzen schon ab 5 DM.

Originelle Bootslokale im Hafen, »Diokletian« und »Istranka« an der Promenade. Abends bester Blick auf den beleuchteten Diokletianpalast.

Snacks beim Sadik, leckere Čevapčići mit Zwiebeln im Fladenbrot für 1.50 DM. (Diokletianova kurz vorm Goldenen Tor)

Hotels

Hotel Restaurant »Bellevue«, ein großer altertümlicher Palast, ordentlich modernisiert mit Teppichböden und Wandverspannung. Arkadenrestaurant im Innenhof mit Meer- und Hafenblick. Rašnjiči um die 6 DM. DZ um die 100 DM. Neben dem Korso in der Ante Joniča 2.

Hotel »Marjan« an der Uferstraße JNA auf der Marjanhalbinsel. Nüchternes Hotelhochhaus mit mehr als 600 Betten. Stillos vor den Marjan-Aussichtsberg geklatscht. Ordentliche Zimmer mit Teppichboden und Einheitsmöbeln. Nichts für lärmempfindliche Ohren – Tanz bis Mitternacht und Straßenlärm. Swimmingpool als Strandersatz. DZ ca. 110 DM. Ins Zentrum ca. 500 m.

Hotel Restaurant »Central«. Außer der zentralen Lage vorm Eisentor hat es nicht viel zu bieten. Schmuddeliger Hotelaufgang. Einfache, sehr kleine Zimmer mit Uralt-Mobiliar. An Schlaf ist erst nach Kneipenschluß zu denken. Etagenbäder, Vorsicht, daß beim Baden nicht der Putz in die Wanne bröckelt. Die Restaurantterrasse ist das Schönste am ganzen Hotel, auf dem Platz mitten im Getümmel. Die Küche bietet hauptsächlich Fleischgerichte, Schnitzel in allen Variationen um die 7 DM. DZ ca. 50 DM. Direkt neben den Palastmauern, am Narodni Trg 1.

Empfehlenswertes und ruhiges **Hotel »Slavija«** innerhalb der Palastmauern, dreistöckiges altes Stadthaus, Naturstein mit dekorativ verziertem Portal. Rezeption im ersten Stock (40 Zi.). In der kleinen Seitengasse Buvinina 2. DZ um die 45 DM.

Hotel »Srebrena Vrata«, unauffälliges kleines Hotel direkt neben dem silbernen Tor. Einfache, aber saubere Zimmer. Sehr hoher Frühstücks-/Speiseraum, schöner draußen auf der Terrasse mit dem Geräuschpegel des Marktes nebenan. DZ mit Frühstück ca. 45 DM.

Hotel »Park« nahe beim Trajekthafen in der Šetaliste 1. Maja 15. Efeuumrankter Palazzo, kaum Balkons. Hohe Palmen auf der Terrasse. Viel Grün außenrum. Wenig Straßenlärm, dafür Strandbadrummel, das öffentliche Bad ist gleich nebenan. DZ ca. 100–120 DM.

Hotel »Split«, 3 km außerhalb des Zentrums im Neubauvorort. 680-Betten-Komplex dicht am Meer mit Badestrand. Etwa die Hälfte der Zimmer mit Meerblick. Moderne Einrichtung. DZ ca. 80 DM. Bushaltestelle direkt vorm Hotel, Buslinie 17 und 7 in die Stadt. Im Ortsteil Trstenik, Put Trstenik.

Hotel »LAV«, ca. 9 km südlich von Split Richtung Omiš, in der MILJEVAC. Gute Busverbindung. 700-Betten-Anlage in einem Park, helle Zimmer, großes Restaurant, das trotz der Größe keine Bahnhofsgaststättenatmosphäre ausstrahlt. Gepflegter Kiesstrand etwa 500 m lang. Im Hotel Sauna und Tennisplätze. DZ ca. 130 DM.

Privatzimmer liegen auf demselben Preisniveau wie die Billighotels. Bei kurzem Aufenthalt in Split besser ein Zimmer in der Altstadt nehmen, phantastische Atmosphäre abends, da bekommt man das quirlige Leben hautnah mit. Für längeren Aufenthalt wegen der Bademöglichkeiten besser auf der Marjan-Halbinsel ein Zimmer verlangen oder, falls Marjan ausgebucht ist, im Stadtteil Bačvice. In beide Richtungen gute Busverbindungen.

Stadtcamping »Trstenik« neben Hotel Split ca. 3 km vom Zentrum im Stadtteil Trstenik. Chronisch überfüllter Platz, weil jeder die Stadtnähe sucht. Dichter Pinienbestand, harter Waldboden. Wenig gepflegte Sanitäranlagen. Ans Meer steil runter, betonierter Uferweg, sonst felsige Liegeplätze. Buslinie 17 und 7. Besser 8 km weiter zum Camping Stobrec ebenfalls mit Busverbindung.

Baden im Stadtbereich schon durch den »Duft« dermaßen abschreckend. Öffentliches Strandbad in der Bucht Bačvice, man kommt über die Šet. 1. Maja hin, links des Trajekthafens. Besser zur Marjan-Halbinsel fahren (Bus Nr. 12), gut 3 km vom Zentrum. Kleine Kiesbuchten, Uferpromenade mit Strandduschen direkt unterhalb des Meštrovic-Museums.

MARJAN-HALBINSEL – ein grüner und wohltuend ruhiger Fleck in Split. Der steile Felsrücken mit Zypressen, Agaven, Palmen und Pinien üppig bewachsen. Die Straße endet in einer Sackgasse beim AQUARIUM (offen von 6.30–14 Uhr/ 15.30–20 Uhr).
Auf Marjan liegt auch der ZOO, schöner Fußweg vom Zentrum am Bellevue-Hotel vorbei, durch die Lenjingradska Straße. Der Zoo ist von 8–19 Uhr geöffnet. Vom Zoo zu Fuß weiter zum AUSSICHTSTURM rauf. Sehr lohnend, Blick nach Solin und über die Inseln.

Auf Marjan liegt die Galerie des berühmten BILDHAUERS MEŠTROVIC. Von ihm stammt die riesige Bronzestatue des Bischofs Grgur Ninski vorm Goldenen Tor.
In seinem bombastischen Haus wird in zwei Etagen die Palette seines Werkes ausgestellt: hauptsächlich Bronzeplastiken und -büsten, einige Gemälde, Stein- und Holzplastiken. Viele Studien für Büsten heroischer Krieger.
Die Karyatiden (Mädchenfiguren anstelle von Säulen) haben's ihm besonders angetan. 200 m weiter am Meer liegt die Meštrovic-Kapelle mit Holzschnittafelbildern. Galerie in der M. Pijade 46.

Das ETHNOGRAPHISCHE MUSEUM am Narodni Trg. Geöffnet von 8–13, 18–20 Uhr, So. 10–12 Uhr. Volks-Gebrauchskunst Dalmatiens.

ARCHÄOLOGISCHES MUSEUM in der Zrinjsko-Frankopanska ulica 25. Geöffnet von 9–13 u. 16–18 Uhr, So. 10–12 Uhr.

Griechische und römische Funde von den Ausgrabungen bei Solin und Split.

GALERIE DER KÜNSTE in der Lovretska 11. Geöffnet von 9–12 u. 17–19 Uhr, So. 9–12 Uhr.

GESCHÄFTE:
Großes u. gut sortiertes Sportgeschäft: an der Uferstraße Saveznička Obala 16.
Angelzubehör: gibt's am Kai im Ribomaterijal, Titova Obala 18.
Kaufhaus Prima: Trg Gaje Bulata 5.
Auto Hrvatska   Autozubehör – Rade Končara, Nähe Krankenhaus.
Moto društvo Split – in der Put Udarnika (Bahnhofstr.) 126

AUTOVERLEIH:
Avis, Autotehna: Šperun 1; Hertz, Interrent, Globtour: Obala JNA 1.

HÄFEN:
Industrie-, Fähr- und Yachthafen schön getrennt.

FÄHRHAFEN: im östlichen Teil von Split, 5 Min. zu Fuß vom Zentrum. Abfahrt der Fähren siehe Transport.
MARINA: an der südwestlichen Spitze des Hafenbeckens: neues Restaurant und Clubhaus, etwas verwahrlost bei den Werkstätten, Einklarieren ganzjährig, Hafenamt nur vormittags geöffnet.
Einsteuerung auch nachts, die gefährlichen Steine unter Wasser durch Tonnen markiert.

INDUSTRIEHAFEN: Konzentriert sich im Norden um Solin mit vielen Werften. Bedeutender Exporthafen für Zement, Bauxit, Kupfererze, Chromkonzentrate und Braunkohle.

TRANSPORT:
Alles kompakt beim Fährhafen am Kai Obala Bratstva i Jedinstva.
Taxistand, weitere am Titoufer, beim Hotel Bellevue, und in der Sukoišanska Ul. nördlich des Palastes.

Busbahnhof: Stadtbusse und Linienbusse in alle Richtungen.

Nach Dubrovnik gehen
9 × tägl.   Busse, dauert ca. 4 Std.
nach Kotor
3 × tägl.   dauert ca. 7 Std.
nach Bar
2 × tägl.   dauert etwa 8 Std.
nach Rijeka
13 × tägl.   dauert ca. 8–9 Std.
nach Trogir
Bus Nr. 37   alle 15 Min.

Kleiner **Zugbahnhof** am Kai, Verbindung zum Hauptbahnhof in der Put Udarnika, Richtung Solin.

Von Split nach Zagreb geht ca. 9 × tägl. ein Zug (auch Autoreisezüge). Für die 449 km ist man 8–9 Std. unterwegs.

Fähren:

Fährverbindung zu den Inseln Brač, Hvar, Korčula, Šolta. Die Abfahrtszeiten zu den Inseln siehe unter Inseltransporte der jeweiligen Insel. Wichtig: bei der Einfahrt zu den Warteschlangen für die Trajekte Einreihungsnummer geben lassen.

Mit der **Jadrolinija per Eilfähre** nach
Rijeka 6 × /Woche, dauert ca. 12 Stunden. Einfache Deckpassage zur Hochsaison knapp 40 DM, in der Kabine ab ca. 80 DM, Pkw bis 4,50 m ca. 130 DM.
Nach **Dubrovnik** zur Saison 6 × /Woche, dauert ca. 8 Std., einfache Deckpassage knapp 30 DM.
Nach Bar zur Saison 1 × /Woche, dauert ca. 13 Std., einfache Deckpassage ca. 40 DM.
Zur Saison verkehrt die Eilfähre bis nach

Griechenland. (Korfu, Igoumenitsa), 2 × / Woche. Die Überfahrt dauert ca. 28 Stunden.

Abfahrt am Kai Obala Bratstva i Jedinstva, Info und Buchen beim Jadrolinijabüro im Schiffsterminal.

Italienfähren:
Kürzeste Verbindung nach **Pescara,** von April bis Oktober, zur Saison 5 × / Woche. Dauert ca. 8 Std.
Nach **Ancona,** ganzjährige Verbindung. Zur Saison 1 × / Woche, dauert ca. 9 Std.
Nach **Rimini** nur zur Saison 1 × / Woche, dauert ca. 12 Std.
Auf diesen drei Linien kostet die einfache Deckpassage zur Hauptsaison ca. 70 DM, in der Kabine ab ca. 120 DM, Pkw bis 4,25 m ca. 90 DM.
Nach **Venedig** von April bis Oktober, zur Saison alle 10 Tage, dauert ca. 15 Std.
Nach **Triest** nur zur Saison, alle 10 Tage, dauert ca. 21 Std.
Nach **Bari** ganzjährige Verbindung, zur Saison 1 × / Woche, dauert 18 Std.

Für die einfache Deckpassage zahlt man auf diesen Routen zur Saison ca. 90 DM, in der Kabine ab ca. 135 DM, Pkw bis 4,25 m ca. 105 DM.
Abfahrt am Kai Obala Bratstva i Jedinstva, Jagdroagent (Adriatica) Büro im Schiffsterminal.

Flugzeug:
Der Flughafen liegt auf dem Weg nach Trogir, 25 km entfernt. Busverbindung ab Obala Lazareta 3, Nähe Busbahnhof. JAT-Büro am Kai Obala Maršala Tita 8. Offen von Mo.–Fr. 6.30–20 Uhr, Sa. 6.30–14.30 Uhr, für Buchung und Auskünfte.

Nach Beograd	
bis zu 4 × tägl.	dauert ca. 50 Min.
nach Zagreb	
bis zu 3 × tägl.	dauert ca. 40 Min.
nach Dubrovnik	
1 × / Woche	dauert ca. 40 Min.
nach Ljubljana	
4 × / Woche	dauert ca. 45 Min.
nach Skopje	
3 × / Woche	dauert ca. 1 Std.

Stobreč – der erste akzeptable Badestrand nach Split (10 km südlich). Günstiger Standort für Split-Erkundungen. Preiswerte Privatzimmer und großer Campingplatz – Busverbindung.
Superseichtes Wasser mit kleinen Kieselsteinen. Von dem morastigen Sand versprechen sich einige Heilwirkung und reiben ihre »Problemstellen« damit ein.

Cafés und Restaurants an der Eingangstraße. Sehr gemütlich, wie auf der Veranda zu Hause: GOSTIONA »PRIMORAC« mit vielen Grünpflanzen. Bequeme Korbsessel im CAFÉ »TON«.
POST: (7–11/18–20 Uhr) für Geldwechsel und Telefon.

CAMPING »STOBREČ«: Großes Areal zwischen Straße und Meer, viel Strand (betoniert). Hohe Pinien, Asphaltwege über staubigen Waldboden. Stromanschluß, genügend Sanitärs, aber ungepflegt. Superladen, Restaurant, Kühlfächer. Preis: 5 DM/Pers., 6,50 Camper.

Insel ŠOLTA

3000 E., 18 km × 5 km

Kleine Insel für Leute mit viel Zeit und etwas Eigeninitiative. Herrliche Buchten, ein kleines Paradies für Yachten. Hügelige Landschaft mit Macchia, etwas altem Pinienwald, viel Landwirtschaft.
INSELVERBINDUNG hauptsächlich über Schotterwege. Personenfähren ersetzen die Inselbusse.

Verbindungen:

Trajekt von Split nach Rogač: 4× tägl. zur Saison, Überfahrt dauert ca. ¾ Stunde.
Personenfähre nach Stomorska 2× tägl. von Split aus ca. 1½ Stunden.

MASLINICA: ganz im Westen, ein malerischer Fischerort, bietet von allen Inselorten für Touristen am meisten. Das alte Schloß wurde zum Hotel Avlija (100 Betten) umfunktioniert. Privatzimmer vermittelt das Touristbüro am Kai.

Ringsherum schöne Felsbadestellen, die einsamen Buchten nur zu Fuß über Waldwege erreichbar.
Per Taxi oder Mietboot zu den vielen vorgelagerten Inselchen, herrliche Strände, einige auch für FKKler.

Yachtkapitäne finden in der nächsten BUCHT ŠEŠULA ruhige Ankermöglichkeiten, wenn der kleine Hafen von Maslinica voll ist.
Interessante TAUCHSTELLEN, besonders um die westlich vorgelagerten Mini-Inseln. Doch Vorsicht, in dem offenen Meer soll es Haie geben.
Andere schöne Strände und Ankerbuchten bei NEČUJAM an der Nordküste.
STOMORSKA, winziger Ort im Osten mit 40-Betten-Hotel Olint, Post, Restaurant etc.

GROHOTE, der größte Ort, im Zentrum der Insel, gut 1½ km vom Trajekthafen entfernt, für Einkäufe wichtig.

Insel BRAČ

12000 E., 394 qkm

eine Insel für Bade-, Surf- und Bootsurlauber. Besticht mit seinem Kiesstrand, dem »Goldenen Kap« bei Bol. Ein Bonbon für Drachenflieger: der Aussichtsberg Vidova Gora mit 778 m.
Landschaftlich bietet das Inland kaum Abwechslung – Macchiaberge, von grauen Steinwällen durchzogen, Olivenhaine, wilde Feigen, kaum Landwirtschaft.

BRAČ ist keine Campinginsel. Der private Platz in SUTIVAN, nur mit einem Dutzend Stellplätzen, liegt nicht am Meer. Das größere Camp bei SUPETAR, langgestreckt zum Meer mit steinigem Waldboden und Pinien. Die Sanitärhütten

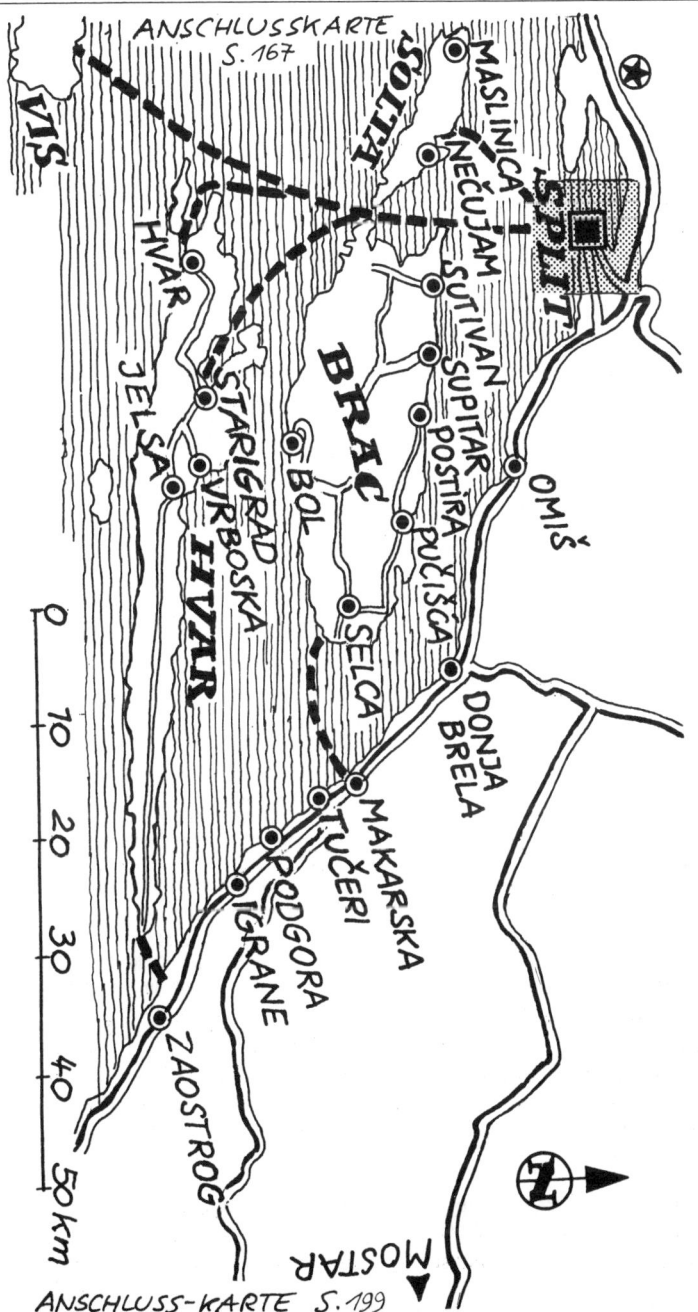

ANSCHLUSSKARTE
S. 167

VIS

SOLTA

SPLIT

MASLINICA
NEČUJAM
SUTIVAN
SUPITAR
POSTIRA
PUČIŠĆA
OMIŠ

HVAR

JELSA

STARIGRAD
VRBOSKA
BOL

BRAČ

HVAR

SELCA

DONJA
BRELA

MAKARSKA
TUČERI
PODGORA
IGRANE

ZAOSTROG

0
10
20
30
40
50 km

MOSTAR

ANSCHLUSS-KARTE S. 199

mit Schimmelpilz in einem katastrophalen Zustand! PRIVATZIMMER dafür außergewöhnlich preiswert. Für einen Campingurlaub eignet sich die Nachbarinsel HVAR besser.

SUPETAR
profilloser Fährort an der Nordküste mit schönen Kiesstränden bei den Hotels auf der Pinienlandzunge. Lange Warteschlangen zur Saison an der Fähre. Viele Cafés und Restaurants am Hafen, um die Wartezeit zu überbrücken.

Verbindungen:

 **Trajekt:** Häufigste Verbindung Split–Supetar (ca. 45 Min.). Zur Saison 12 mal täglich (sonst seltener); Makarska–Sumartin 5mal täglich (ca. 30 Min.).

Personenfähre: Bol–Split: 2 mal täglich, die erste zu nachtschlafener Zeit.

Das **Straßennetz** auf der Insel gut ausgebaut, – besser als in der Generalkarte, Blatt 2, verzeichnet.

 **Bus-Verbindung** mehrmals täglich zu allen Orten. Autos gibt's seit 1983 nicht mehr zu mieten.

Taxi in Supetar und Bol. Die Strecke über die Insel kostet ca. 40 DM.

Alles Wichtige am Kai:
Tourist-Info (6 bis 22 Uhr), Post, Bank, Geschäfte.

Großer Parkplatz bei der Tankstelle, Busse und Taxistand. Bus nach Bol 4× täglich.

Die **Hotelanlagen** »Kaktus« und »Palma« auf der Landzunge in viel Grün. Palma allein etwa 600 Betten! Zimmer mit 08/15-Einrichtung: Bett, Sessel, Frisiertisch und Balkon. DZ ca. 100 DM.

Das verschachtelte Hotel »Kaktus« mit hellen, komfortablen Zimmern, flott eingerichtet, Stoffgardinen und Teppichboden, machen es gemütlich. DZ ca. 115 DM.

Ortshotel »Tamaris«, DZ ca. 75 DM (50 Betten).

Privatzimmer schon ab 8 DM/Pers. Adressen im Tourist-Büro.

Sport wird von den Hotels angeboten: Tennis, Minigolf etc. Verleih von Booten, Surfbrettern und Fahrrädern.

Organisierte Ausflüge

ins orientalische Mostar im Neretvatal mit der malerischen Bogenbrücke (38 DM). Nach Dubrovnik ins schönste Städtchen der Adria mit wuchtigen, komplett erhaltenen Stadtmauern. Zur Nachbarinsel Hvar mit dem Katamaranboot für 42 DM. Billiger auf eigene Faust mit der Normalfähre zu den Inseln oder nach Split.

Etwa 8 km westlich der Fischerort SUTIVAN, noch halb im Dornröschenschlaf; auf dem schmalen Kiesstrand hört man nur jugoslawische Worte.

Touristen-Büro am Ortseingang offen von 7 bis 21 Uhr.
Privatzimmer 10 bis 12 DM/Person.
Minicamp in Strandnähe.

Von Supetar
reizvolle Strecke an der Nordküste über Spliska, Postira nach PUČISĆA, (16 km). Lange Zeit am Meer entlang, blau schimmernde Buchten mit vereinzelten Zugängen. Weinfelder und Olivenplantagen.

DIE STEINBRÜCHE VON SPLISKA:
Schon Diokletian (284–305 n. Chr.) bestellte hier das Baumaterial für seinen Palast in Split. Die Quader wurden in den Steinbrüchen vorgefertigt und in Spliska aufs Schiff verladen – Taucher können noch einige Brocken entdecken, die dabei ins Wasser gefallen sind.

Der helle Kalkstein hält gut seine beige Pastellfarbe. Er war auch später ein begehrtes Baumaterial, z. B. für die Kathedrale von Trogir oder das Weiße Haus in Washington. Die Römersteinbrüche sind jetzt mit Macchia überwuchert. Die schönsten Stücke im Ethnographischen Museum Skrip: (2,5 km Abstecher von Spliska ins Inland) sehr liebevoll aufbereitet in einem renovierten Turm – leider nur jugoslawische Erläuterungen, doch mit Wörterbuch kein Problem. Hier steht der berühmte Herkules – das älteste Kunstwerk der Insel, von einem römischen Steinmetz in seiner Freizeit bearbeitet, ca. 1 m groß.

Altertümlicher Hausrat; Amphoren, die in Brač aus dem Wasser gefischt wurden. Goldschmiedewerkzeug aus Supetar und Trachten im ersten Stock. Eine veraltete Franz-Josef-Büste, die wohl bei Supetar im Wasser gelegen hat. Öffnungszeit täglich von 10–18 Uhr, wenn trotzdem geschlossen ist, im Ort fragen.

Skrip selber ein ursprüngliches Nest mit Gastwirtschaft »Herkules« und kleiner Pension.

Postira – malerischer Ort mit leuchtend roten Dächern auf einer Landzunge. Offenes Hafenbecken mit Blick auf Omiš.

Pučisća – an einer geschlossenen Bucht, hervorragend geschützter Liegeplatz für Yachten.

Privatzimmer und einige Lokale.

Bol

Das Touristenzentrum von Brač und einziger Ort an der Südküste. Bol wurde durch sein Goldenes Kieselkap (Zlatni Rat) zu einem gepflegten Badeort. Freundliche Natursteinhäuser um das Hafenbecken, das schroffe Bergmassiv im Rücken. Die Hotels liegen auf halbem Weg zum Zlatni Rat.

Mit Pendelbooten oder über die Waldpromenade zum Kiesstrand (ca. 1 km südlich) Das »Goldenes Kap« ragt wie ein Horn 300 m ins Meer, intensiv türkis leuchtendes Wasser, Badehandtücher dicht an dicht, Sonnenschirmständer, Surf- und Bootsverleih, Snackbar im angrenzenden Wäldchen – alles sehr deutschfreundlich. In den anschließenden kleinen Kiesfelsbuchten geht Oben ohne und FKK fließend ineinander über.

Sport:
Gute Surfbedingungen für Anfänger: immer ruhiges Wasser in der Leeseite des Kaps. – Surfschule!

Interessanterweise dreht der Wind mittags um 180 Grad.
Tretboote, Kanus und Surfboards werden am Strand vermietet. Zwei Tennisplätze bei den Hotels.

Drachenfliegen:

Der Vidova Gora (778 m) wird von den Jugoslawen als die interessanteste Drachenflugstelle an der Küste promotioniert. Als passionierter Drachenflieger haben mich die Versprechungen der Prospekte gelockt, ich kann das Fliegen aber nur bedingt empfehlen: Die 1000 m lange Hangkante ist zum Soaren und Thermikfliegen zwar ideal geeignet, die betonierte flache Startrampe (für Südwind) allerdings nur drei Schritt lang.
Entscheidende Nachteile: Anfahrt 32 km, die letzten sechs Kilometer über reifenfressenden Schotterweg zum Startplatz. Als offizielle Landefläche gilt das Kap, jedoch zur Saison überfüllt und deshalb indiskutabel (gefährlich). Ausweichlandewiese (bei den Tennisplätzen ein kleines, ansteigendes Gelände mit Büschen, zwischen zwei spitz zulaufenden Hochspannungsleitungen – kriminell!! – Rückenwind ab Mittag.

Am Kai:

 Tourist Info: 8–21 Uhr Nonstop

 Bank: Mo–Fr 7.30–11 Uhr/18–20 Uhr; Sa 7–11.30 Uhr

Post: Mo–Sa 7–22 Uhr, So 7–14 Uhr

Restaurants:

Pizzeria im Zentrum. Große Terrasse mit Partisanendenkmal, flotte Bedienung, gute und tellergroße Pizzen, mundgerecht servierte Käseplatte.
Musik ab 21 Uhr.

»Kastel«: Ungemütliche Hotelterrasse direkt am Kai.

»Taverna«: Keine Terrasse, dicht gedrängte Tische, die Bolplatte mit Grillfleisch 24 DM für zwei Personen.

»Jadranka«: Bekannt für guten Fisch. Kleine gepflegte Hofterrasse mit einem Dutzend Tischen.

Nachtleben:

Originelle Tanzterrasse vom Hotel »Borak« direkt am Meer.

»Disco Elaphusa«: Kein Schwitzen bei kühler Aircondition. Musik bis nach Mitternacht.

Einfallslose **Hotel-Bauten** am Ortsrand, versteckt im Pinienhain, etwa 2000 Betten.

»Borak«: Verschachtelte Hotelblocks mit Reihenbalkonen, allerdings versperren Pinien den Blick zum Meer. Wenige Minuten zum Zlatni Rat. Freundliche, gepflegte Zimmer, Teppichboden, Schreibtisch zum Postkartenschreiben, laute Abendmusik. DZ ca. 90 DM.

»Elaphusa«: Gleich daneben. DZ ca. 95 DM.

»Bijela Kuča«: Mehrere Gebäude in einer Gartenanlage, nicht weit vom Strand. Einfache Zimmer im Haupthaus mit funktioneller Einrichtung, das Bad schon älteren Datums. DZ ca. 85 DM.

Stadthotel »Kastel«: Im Festungslook. Ca. 2 km zum Superstrand. DZ ca. 85 DM.

Privatzimmer schon ab 7 DM/Pers.; Adressen im Touristbüro.

Verbindungen:
Bus: 4 × tägl. nach Supetar.
Taxi: nahe der Tankstelle.

Personenfähre nach Split: 2 × tägl., die erste in aller Frühe zur Insel Hvar: 4 × tägl.

Ausflüge per Bus oder Schiff organisiert das Touristenbüro.
Mit dem eigenen Auto oder zu Fuß zum **Aussichtsberg Vidova Gora (778 m)**, weiter Blick, bei klarem Wetter bis zu den gefingerten Ausläufen Hvars. Schwarzkiefern und Schirmpinien enden kurz vorm Abgrund.
Zufahrt: 32 km Richtung Supetar, Abzweigung beschildert, die letzten sechs Kilometer über breiten Schotterweg.
Die einfache Wirtschaft »Vidova Gora« bei der Zufahrt lebt vom Mittagspicknick der Busladungen.

Die Drachenhöhle oberhalb Murvica, mit Drachenrelief, diente früher als Zufluchtsort.
Zufahrt: 5 km Schotterweg westlich von Bol; bequemer per Taxiboot.

Einsiedelei **Blaca** direkt an den Fels geklebt. Mit dem Boot in die Bucht Blaca und zu Fuß hoch. Bis vor zehn Jahren war sie noch von Mönchen bewohnt. Besichtigung mit Führer.
Autozufahrt wie zum Aussichtsberg 1 km nach Abzweigung Vidova Gora rechts ab über Schotterweg.

Dominikanerkloster am Ortsende, winzige Halbinsel mit Garten. Große Münzsammlung.

Insel HVAR   20 000 E; 299 qkm

Hvar – die Lavendelinsel, übersät mit duftenden Lavendelbüschen, Zypressen, Olivenhainen und Weinfeldern. Schöngelegene Campingplätze, knallblaues Wasser, steile Felsbuchten.

Ein echtes Zentrum: die Stadt Hvar, leuchtende mittelalterliche Kulisse und vergnügter Badeort. – Vorgelagert die gefingerten Hölleninseln – ein optimales Bootsrevier.
Eine Handvoll Dörfer drängt sich im Nordwesten, viele unzugängliche Buchten im Südosten. Einziges Handikap: die Inselstraße ist unheimlich schmal, und Esel gehören hier zu den aktiven Verkehrsteilnehmern. Besonders reizvoll ist Hvar zur Lavendelblüte im Juni – die ganze Insel lila überzogen – außerdem Vorsaison!

Verbindungen:

3 Trajektverbindungen:
Split–Starigrad   3 × tgl. zur Saison, ca. 2 Std.
Split–Vira   3 × tgl. zur Saison, ca. 2 Std.
Drvenik–Sućuraj, 20 × tgl. zur Saison, zwar kürzeste Verbindung (ca. ½ Std. Fährzeit), aber 50 bis 60 Autokilometer zu den Ferienorten.

Personenfähre: von Split zum Ort Hvar und von der Insel Hvar (Jelsa, Vrboska) zur Insel Brač (Bol).

Tragflügelboot verkehrt nur für Gruppen, evtl. kann man eine Extrawurst heraushandeln und sich einer Gruppe anschließen.

 **Busse:** zu jedem Inselort mehrmals am Tag, und zu jeder Fähre, außerdem gibt's Taxis!

Hvar:

ein sonnig plätschernder Touristenort, honiggelb in einer Mulde; viel geschichtlicher Hintergrund, gotisches Schmuckwerk, venezianische Löwen. In der Altstadt gemütliche Kneipen – Streß haben nur die Gepäckjungen auf ihren Lasträdern, wenn sie die Koffer der Urlauber vom Schiff zum Hotel strampeln.

Großzügige PALMENPROMENADE mit Slastičarnas und »Suveniris«; wilder Verkehr im Hafen – Jachten, Surfer, Gemüseboot und Taxis zu den FKK-Inseln.

ZENTRUM DER OFFENE PLATZ, fast eine Nummer zu groß geraten, mit Brunnen, gotischem Palast und Dom Sv. Stjepan (16. Jhd.). Daneben Bischöfliches Museum (offen 9 bis 12, 17 bis 19 Uhr). Die venezianische Loggia mit Uhrturm gehört jetzt zum Hotel Palace.

ARSENAL (16. Jhd.) am Hafen, der große Torbogen des früheren Waffenlagers hat genau die Breite einer Galeere – jetzt Kino.

TRDAVA (BURG), eine spanische Festung von 1531 mit zinnenbewehrten Mauern hoch über Hvar. – Superblick von der Restaurantterrasse im Burghof, neben Kanonen, rustikal mit Stallaternenbeleuchtung. Bis Mitternacht dröhnen die 100-W-Boxen der Disco über die Stadt. Pendelbusse schaffen die letzten Nachtschwärmer nach Hause. Auf dem Nachbarberg die Franzosenfestung – jetzt allerdings Radarstation und Sperrgebiet. Gegenüber das Franziskanerkloster mit Gemäldesammlung.

STRAND: Superbadeplätze darf man hier nicht erwarten. Bademöglichkeiten entlang der betonierten Uferpromenade und beim »Marmorbad«-Felsstrand mit Beton, hier gibt's Duschen, Restaurants und Bootsverleih, ziemlicher Rummel. Schöner und ruhiger auf den FKK-INSELN – Taxiboote fahren nach JEROLIM und STIPANSKA. Mit eigenem Boot kann man einsame Buchten der Hölleninseln ansteuern – in Hvar auch Motorbootverleih, hauptsächlich kleine Außenborder.

Am Ortseingang von Hvar alles »Praktische«.

 Tourist-Info, Bushaltestelle, Taxi und Parkplätze – denn Hvar ist ein Fußgängerort. Wichtig für Autofahrer: Autoservice für Ford, BMW etc. am Ortsende von Hvar Richtung Vira, Tankstelle im Ort.

 **Post:** (offen 7 bis 22 Uhr, Sonntag 7 bis 14 Uhr) am Kai.

Bank: (Splitska Banka 7 bis 11.30/14 bis 20 Uhr, Samstag 7 bis 12 Uhr) an der Palmenpromenade.

Restaurants: in der Altstadt eine Reihe ideenreich aufgemachter Gostionicas, so wie es die Deutschen lieben, rustikal und gepflegt.

Klein, originell **Restaurant »Leporini«,** ausrangierte Weinpressen stützen die Decke, ein paar Tische auch in der schmalen Gasse. Unbedingt die Hasenplatte probieren! (Seitenstraße vom Hauptplatz.)

Gleich ums Eck **Restaurant »Pape«,** auch urgemütlich, hauptsächlich Fischgerichte.

»Pjaca«: Kneipe auf dem Hauptplatz. Die üblichen Grills, allerdings zahlt man Flair und Atmosphäre mit.

»Gostiona 4 Palme« am Kai: eine kleine Wirtschaft mit Jachtenblick und angenehmer Meerbrise. Gute Fischauswahl zu gängigen Preisen.

Hotels:
»Amfora«: Großhotel, terrassenförmig am Hang – toller Blick auf die Hölleninseln – viele Blumen beleben das Ganze. Luftige, freundliche Zimmer mit Teppichboden. Besonders stolz ist die Direktion auf ihre Schwimmhalle von olympischen Dimensionen. Discomuffel sind hier schlecht bedient, auf der Terrasse dröhnen die Boxen bis Mitternacht. Ins Zentrum von Hvar zu Fuß eine Viertelstunde. DZ ca. 110 DM.

»Sirena«: Pavillonhotel in Grün verpackt, direkt an einer Meerbucht. Zimmer haben alle Balkon und Bad. Knapp 3 km nach Hvar. Hotelbus erspart den Fußmarsch. DZ ca. 95 DM.

»Delfin«: Langer dreiteiliger Bau am Hang unterhalb vom Park, mit Blick auf Hafen und Hvar. Freundliche Zimmer mit Teppichboden und dem üblichen Mobiliar. Balkon haben nur die Zimmer zum Meer. DZ um die 95 DM.

»Adriatic«: Ein gesichtsloser Hotelkasten mit luftiger Dachterrasse, sein Plus: der Meerwasserpool (Hallenbad). Geräumige Zimmer mit Übereckbetten. DZ ca. 110 DM.

Stadthotel »Palace«: Schön ist daran das Restaurant in der venezianischen Loggia. Auf dem ehemaligen Gerichtssaal tanzen nachts die Puppen bzw. Touristen, direkt daneben der alte Uhrturm. DZ ca. 115 DM.

Viel günstiger sind natürlich **Privatzimmer,** zwischen 10 und 15 DM pro Person.

Camping: Direkt in Hvar gibt es keine Campingmöglichkeit. Sehr schöner Platz in Vira im Norden, auf einer Landzunge mit dem typisch steinigen Untergrund, die schönsten Schattenplätze leicht abschüssig. Den Tagesrhythmus bestimmt die Fähre, die 3 × vorbeirauscht. Busverbindung nach Hvar.

Ausflüge: Wie überall in Jugoslawien gibt's organisierte Bus-/Schiffstouren, zum Beispiel nach Dubrovnik per Tragflügelboot, zu den Krka-Fällen bei Šibenik und nach Mostar. Mit etwas Eigeninitiative kommt man natürlich viel billiger dorthin. Per Bus sind alle Inselorte erreichbar, nur einen Katzensprung mit der Personenfähre rüber nach Bol auf Brač; Abfahrt in Jelsa, Vrboska s. d.

ÜBER BRUSJE NACH STARIGRAD, 16 km sehr schmale, kurvige Inselstraße, aber landschaftlich unheimlich schön. Macchiahänge, die schachbrettartig von Steinmäuerchen überzogen sind, überall Lavendel, viele Steinhütten der Hirten.

Brusje, ein typisches Inlanddorf, vom Tourismus noch nicht angetastet, mit vielen verfallenen Häusern.

An der Straße die Panorama-**Gostiona Levanda,** sagenhafter Blick über Starigrad, Meer und Landzunge – rundum Lavendeldüfte. Ursprüngliche Strohdachkneipe – auf Bestellung ein ganzes Lamm überm Grill.

Starigrad

zwar die älteste Siedlung auf der Insel, aber nicht die reizvollste. Um den lang eingeschnittenen Fjord ist ein Mischmasch-Ort entstanden mit viel Modernem. Die Hafenpromenade mit Slastičarnas und Restaurants.

Alles Wichtige am Hafenbecken:

 Tourist-Info: offen 8 bis 22 Uhr in der Saison

 Post: offen 7 bis 22 Uhr, So. 7 bis 14 Uhr, mit Telefon.

 Bank: »Splitska Banka«, offen 7 bis 11/18 bis 20 Uhr, Sa. 7 bis 11 Uhr.

Restaurant: »**Rod Barba Luke**«, von Palmen eingerahmt, mit strohgedeckter Terrasse und Reusenlampen. Große Auswahl an Meeresgetier.

Hotel »Jadran«, direkt am Hafen, ziemlich abgeblättert. Der Speiseraum gleicht einer Eßhalle. DZ ohne Bad ca. 65 DM.

Drei schön gelegene Badehotels auf der Landzunge:
»**Hotel Helios**«, 418 Betten, DZ ab ca. 85 DM; »**Hotel Adriatic**«, 170 Betten, ca. 100 DM und »**Hotel Arkada,**« mit Bogengängen, 530 Betten, ca. 125 DM das DZ.

Privatzimmer ab ca. 10 DM/Person.

Camping »Jurjevac«, von Hvar kommend links, kleiner Platz mit Olivenbäumen, schottrigem Wiesenboden und Zypressen für den Schatten. Aber nicht am Meer.

Im Hafen **Taxiboote** zur FKK-Insel.

Fährhafen Starigrad: Einige Kilometer vor dem Ort, neu angelegte Mole mit großem Parkplatz und Snackbar für die Wartenden. Fußweg nach Starigrad, Bus zu jeder Fähre und Taxis.

Über **Vrbanj:** etwas trostloser, ursprünglicher Inlandsort, im Hintergrund die 700 m hohen Berge, touristisch ist hier nichts los. Etwa 10 km nach

Jelsa:

Munterer Fischerort; am meisten lockt die prima Badebucht zwischen den beiden Camps – seichtes Wasser, windgeschützt mit Liegeterrassen.

 Jelsa **Tourist-Info:** am Hafen, offen 8 bis 13/17 bis 20 Uhr, So. 10 bis 12/18 bis 20 Uhr.

 Post: mit Telefonkabinen, offen 7 bis 22 Uhr, So. 7 bis 14 Uhr.

Tankstelle neben der Post.

Camping-Motel Holiday: Für Zelte mit individuellen Terrassen – Caravanplätze an der ruhigen Zugangsstraße, Stromanschluß – hochstämmige Kiefern und Waldboden. Gute Sanitäranlagen und Restaurant. Steilbucht mit superklarem Wasser, guten Angel- und Schnorchelplätzen. Bequeme Liegeflächen an der Spitze beim Friedhof.

Autocamp »Mina«: auf einer Landzunge bietet mehr Stellplätze für Wohnwagen.

»**Motel Mina«:** etwas langweiliger, weißgetünchter Bau mit Blätterfassade. DZ ca. 90 DM. Minigolf und Tennisplätze gegenüber.

Viele **Privatzimmer** in Neubauten, auf Deutsche eingestellt.

Restaurants:
Liberat an der Strandstraße – 50 m überm Meer, Superblick bis Brač. Hier kann man gut Muscheln essen.

Der **Platz Bratstva i Jedinstva** am Kai verwandelt sich abends in ein großes Open-air-Lokal, überall schnuppert's nach Rasnjići und gegrilltem Fisch. Knusprige, ordentli che Pizzen in der Pizzeria Fortuna am Kai.

Sport:
Bei Gringo Marine am Hafen gibt's kleine Motorboote (7 PS) zu mieten (60 DM/Tag) und Surfboards (40 DM/Tag).

Eselreiten: Vicko mit seinen Eseln ist schon fast eine Institution in Jelsa. Er organisiert Eselausritte in die Berge mit Picknick – alles inkl. ca. 30 DM. Meist sitzt er am Hafen, sonst fragen, er ist stadtbekannt.

Schmale Schlängelstraße etwa 3 km am Meer entlang nach Vrboska.

Vrboska: Verschlafen, ruhig , aber nicht triste. Die Häuser kauern unterhalb der Festungskirche: dicke Mauern und Zinnen erinnern mehr an ein Bollwerk. Der Ort liegt an einem tief eingeschnittenen Meerarm, nichts zum Baden. Taxiboote fahren zur Bade-FKK-Insel ZEĆEVO.

Tourist-Info am Kai 7 bis 13 und 18 bis 21 Uhr. Einige Slastičarnas und Gostionas sorgen fürs leibliche Wohl.

Camping »Pinus«, großes, terrassiertes Gelände unter hohen Bäumen. Auch im August bleiben einem genügend Quadratmeter. Großer Nachteil: der Platz liegt nicht am Meer.

Auf der Landspitze **Camping »Naturist«,** direkt am Wasser. Pinienplatz mit vielen Sonnenstellen, leicht abschüssig und etwas staubiger Boden. Neue, relativ saubere Sanitärhäuschen. Nur ca. 3 DM p. P. und 2,50 das Auto. Bis Vrboska 2 bis 3 km.

Daneben **Hotel »Madeira«** und **Hotel »Adriatic«** mit Surfschule und Tennisplätzen. DZ ab ca. 90 DM.

Adriamagistrale

Split - Dubrovnik   216 km

Nach einem etwas langweiligen »Einstieg« gleich südlich von Split, führt die Magistrale ab Omiš oberhalb vom Meer an den Hängen des Biokovo-Massivs entlang. Die MAKARSKA RIVIERA mit ausgezeichneten Kiesstränden. Landschaftlich einer der Höhepunkte auf der knapp 700 km langen Strecke von Rijeka bis Dubrovnik.

Die 26 km von Split nach Omiš wie ein riesiges Straßendorf, nicht gerade reizvoll. Kaum Strände. Überall werden Privatzimmer angeboten. Kleine Campingplätze quetschen sich zwischen Straße und Meer.

DUĆE – Vorort von Omiš. Der Sandkiesstrand wirkt wie ein Magnet. Ein Camping neben dem anderen trotz Straße mit donnernden Lkw.

Omiš   3500 E.

liegt phantastisch vor dem karg-grauen Bergrücken und trotzdem am Meer. Die gemütliche Altstadt drängt sich an den senkrechten Fels. Viele Snackbars und Flipperkneipen mit lauten Sommerhits.

Von der wohnzimmergroßen GOSTIONATERRASSE »STARIGRAD« Blick hoch zur beleuchteten Burgruine. Allerdings hat Omiš viel von seinem Badereiz verloren, durch die Zementwerke in der Nachbarbucht, das kann auch der seichte Sandstrand auf der vorgelagerten Landzunge nicht ausgleichen. Surfverleih und Minigolf.

Stadthotel »Palaza« dreistöckiger Bau älteren Datums am Beginn der Landzunge. Radnički Trg 3. Für die Saison '85 wird das Hotel von Grund auf modernisiert. Alle Zimmer ohne Bäder bekommen. Preise liegen dann etwas höher, jetzt knapp 50 DM. Große Halbkreisförmige Terrasse mit Tanzfläche, laut bis Mitternacht.

Am Ortsende von Omiš, **Hotel »Brzet«**, ein Doppelstöcker mit Reihenhauscharakter unterhalb der Magistrale. In Grün versteckt, Zimmer mit Balkon. Handtuchbreiter Kiesstrand, nur bei Nordwind zu empfehlen, sonst quasi neben eine das Zementwerk ein. **Campingplatz** gleich dabei.

Riesige **FKK-Anlage »Ruskamen«**. Der Flachbau erstreckt sich zwischen Magistrale und Meer. Apartments oder nüchtern eingerichtete Doppelzimmer, großes Sportangebot. 7 km von Omiš entfernt. Bushaltestelle direkt vor der Haustür.

Campingplatz »Lisičina«, gut 1 km vor Omiš Richtung Duće. Große, ebene Wiese, nur minimaler Schatten. Zwischen Straße und Meer, dafür entschädigt der Sandstrand.

Kurzabstecher die Cetina aufwärts zum Mühlenrestaurant. Gleich am Ortseingang durch ein riesiges »Felsentor« mit 200 m senkrecht aufsteigenden Wänden. Die ganze Breite wird von dem Cetinafluß eingenommen, die Straße wird durch Tunnels geführt.

Unmittelbar nach der Durchfahrt ein weiter Talkessel, verschilftes Flußufer. Vor der Mühle Radmanov wird's urwüchsig, grün und struppig. Die Mühle zu einer netten, biergartenähnlichen Ausflugswirtschaft umgebaut. An die ehemalige Mühle erinnern nur noch ein paar Mühlsteintische. Spezialität Forellen aus dem Becken (100 g ca. 3 DM) und selbstgebackenes Brot – nach Großmutterart. Die Idylle wäre voll-

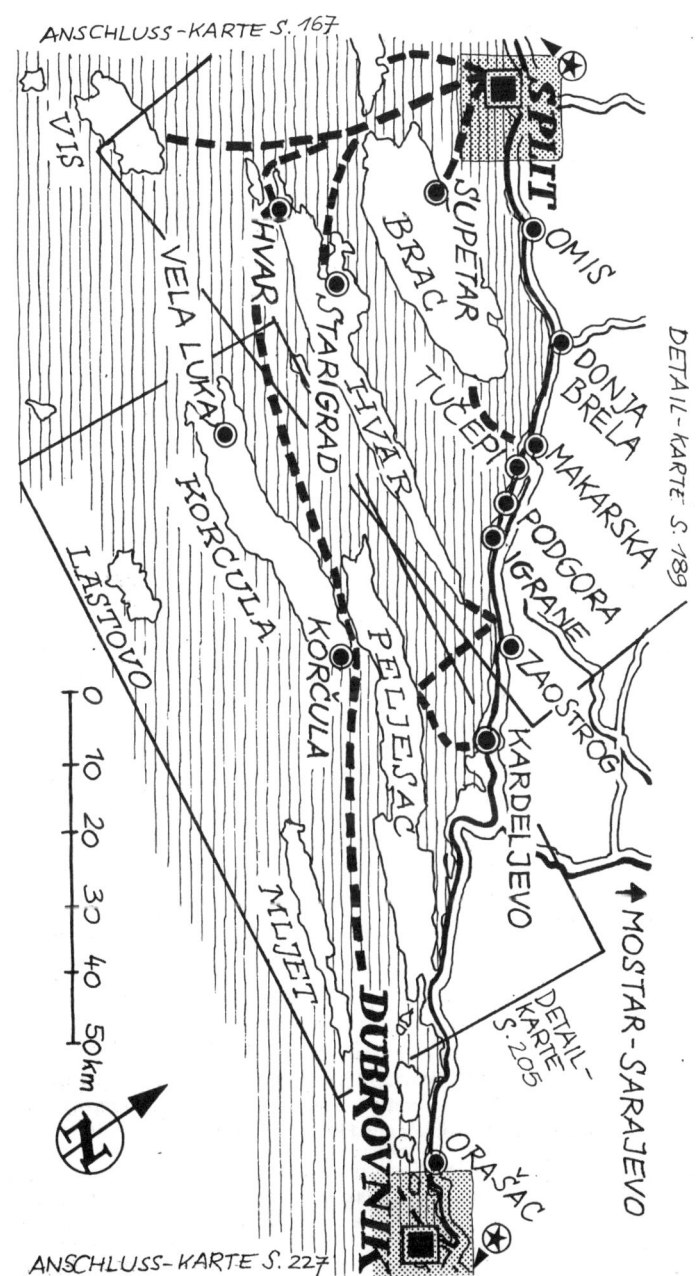

ANSCHLUSS-KARTE S. 167

ANSCHLUSS-KARTE S. 227

DETAIL-KARTE S. 189

DETAIL-KARTE S. 205

VIS

SPLIT

OMIS

SUPETAR

BRAC

DONJA BRELA

MAKARSKA

TUCEPI

PODGORA

IGRANE

ZAOSTROG

VELA LUKA

HVAR

STARIGRAD

HVAR

KORCULA

LASTOVO

KORCULA

PELJESAC

MLJET

KARDELJEVO

MOSTAR-SARAJEVO

DUBROVNIK

ORASAC

0
10
20
30
40
50km

kommen, wenn die Mühle nicht im Busausflugsprogramm der Reisebüros angeboten würde.

Zufahrt am schönsten mit eigenem Schlauchboot oder Kanu stromaufwärts,

die Cetina ist hier noch träge und breit, etwas anstrengender erst kurz vor der Mühle. Einstieg an der Brücke in Omiš, hier legen auch die Ausflugsboote ab (linkes Ufer). Per Auto direkt nach der Brücke links ab, gute Straße, nur ein paar Kilometer.

Alternative zur Adria-Magistrale: Omiš bis Gornja Brela (24 km), durchs Hinterland entlang der Cetina. Zunächst – wie oben an der Mühle vorbei, später durch einsame Weiler etwas Landwirtschaft, Wälder und steinige Hänge. Die Wasserfälle der Cetina haben durch das E-Werk allerdings an Faszination verloren.

Relativ gute Asphaltstraße, unterbrochen durch 6 km Makadam, ziemlich holprig und zeitraubend – dafür bleibt mehr Zeit zum Schauen.

Gornja Brela: In einer kargen Steinwüste. Die Siedlung entstand im Mittelalter, als die Küstenbewohner sich vor Piratenüberfällen hierhin zurückzogen. Heute leben hier nur noch wenig Leute. Über eine kurvige Straße mit tollen Ausblicken übers Meer geht's in 5 km wieder runter zur Magistrale.

Makarska Riviera

nennt sich der 55 km lange Küstenstreifen von Donja Brela bis Zaostrog. Landschaftlich grandios, aber total überlaufen.

Weißgraue Hänge des steilen Biokovo-Massivs bis 1700 m hoch, die Magistrale hineingesprengt. Als Kontrast ein schmaler, grüner Küstenstreifen, überall lange Kiesstrände, postkartenblaues Meer, Kiefernwälder, Oliven- und Feigenbäume.

Die ehemaligen kleinen Fischerdörfer sind zu Feriensiedlungen aufgequollen. Gegenüber die Inseln Brač, Hvar und Halbinsel Pelješac. Großes Plus der »Riviera«: Die Adriastraße weit oberhalb von Meer und Dörfern; so kann man die Strandgespräche seines Nachbarn ohne Autolärm mitverfolgen.

Viele Hotels und Privatzimmer. Die Campingplätze massieren sich gegen Ende der »Riviera«.

In **Donja Brela** beginnt die Makarska Riviera. Attraktiv seine Lage und Strände. Superwasser, blitzsauber und durchsichtig, gepflegte Kiesstrände mit Süßwasserduschen – aber es fehlt das Eigenleben, die Ursprünglichkeit; lauter Neubauten, viel noch im Entstehen. Sprachprobleme gibt's hier nicht, alle Schilder in fehlerfreiem Deutsch. »Unter« Brela entstand, nachdem die Seepiratengefahr gebannt war und sich die Bewohner von Gornja Brela wieder ans Meer trauten.

Baška Voda – Graue Neubausiedlung an einer sanft geschwungenen Bucht, langer Kiesstrand mit Schirmpinien, zur Saison proppevoll. Viele Privatzimmer um die 20 DM p. P. mit Frühstück. Die Walduferpromenade führt 4 km lang nach Donja Brela, schöner Spazierweg.

CAMPING Baška Polje, 2 km südlich. Riesiges, aber preiswertes Camp, leicht am Hang, zwischen Straße und Meer; steiniger Waldboden und Pinien; stark von Jugoslawen frequentiert. Mit Laden und Restaurants. P. P. 2,50 DM, Auto ca. 2,90 DM.

Bratus – kleines Nest mit beschwerlicher Zufahrt und überfülltem Kieselstrand. Bis Ende der 60er Jahre endete die Magistrale in Makarska, das brachte dem Städtchen ziemlichen Aufschwung.

Makarska
8000 E.

Touristisches Zentrum der »Riviera« mit der hübschen Altstadt. Langer Palmenkai um den hufeisenförmigen Hafen, das Biokovo-Massiv als Kulisse. Der außergewöhnliche STADTPLATZ zieht sich in Stufen bis zur Barockkirche, daneben alter Brunnen. Um den Platz Marktstände, Slastičarnas und Restaurants.

Zum BADEN schwirrt morgens alles auf die Halbinsel mit kilometerlangem, weißen Kiesstrand mit Schattenpromenade. FKK-Strand Nugal nach Hotel Osejava.

Den häßlichen Vorort mit Hochhäusern, viel Neugebautem und wieder Abgeblättertem verschweigen die Hotelprospekte.

MUSCHELMUSEUM »Malakološki Musej« im Kloster gegenüber dem Sportstadion: Ein Franziskanermönch hat eine große, sehenswerte Muschelsammlung mit Exemplaren aus aller Welt in den Klosterräumen ausgestellt. Eine Seltenheit: Die Riesenauster mit 70 cm Durchmesser. Sie können 300–400 kg schwer werden (mehrere tausend Mark wert). Offen 10–12 / 17–19 Uhr.

 Tourist-Info: am Kai, offen Mo.–Sa., 7.30–21 Uhr, So. 9.30–13.30 Uhr

 Post: mit Telefon, Rückseite des Hotels Biokovo 7–22 Uhr, So. 7–14 Uhr

 Bank: Splitska Banka, am Kai, 7–12.30 / 14–20.30 Uhr

Parken: Überall am Kai

Restaurants:

In der Altstadt »**Mornar Mali**«, billige kleine Wirtschaft, Čevapčiči für ca. 4,50 DM.

»**Susvid**«, sehr gemütliche Terrasse am Platz, direkt gegenüber der Kirche, rustikal und bequem, interessante Karte, Filet oder Zahnbrasse 100 g für ca. 3 DM.

»**Pjer**« – originelle Kneipe etwas abseits. Steingewölbe, alte ausrangierte Weinpresse und Mühlräder. Prvoma Iska nahe beim Platz.

Disco beim Sportstadion.

Unterkunft:

Hotel »Park«, 4 Stockwerke, 132 Betten. Direkt am Strand. Recht ordentliche Zimmer mit Einheitsmobiliar. Restaurantterrasse zum Meer. DZ mit Dusche ca. 80 DM. An der Ulica i Mornar. Odreda.

200 m weiter das supermoderne **Hotel »Meteor«**, der Putz noch feucht. Ein Mammutbau in aufgelockerter Architektur für mehr als 500 Menschen. Tenniscourts und Swimmingpool. DZ ca. 90–120 DM.

Restaurant, Hotel »Biokovo« am Kai, große Terrasse unter Palmen mitten im Flaniergetümmel, außen gibt's nur Pizzen und Spaghetti, wer etwas »beißigeres« möchte, muß ins Spezialitätenrestaurant nach innen. DZ mit Dusche ca. 80–100 DM.

Hotel »Osejava«, klein, freundlich renoviert an der Hafeneinfahrt. Blick auf Altstadt und Biokovo-Massiv. Zum Strand nur ein paar Minuten. DZ ca. 55 DM.

Schmuckloses **Hotel »Beograd«**, ohne Balkons, am Hafenende, ein Katzensprung zum Strand. Nicht für Discomuffel – bis nachts dröhnt die Band. DZ ca. 60 DM.

Privatzimmer kosten ca. 15 DM p. P.

Stadtcampingplatz »Rivijera« – am Ortseingang, großer Platz mit Waldboden, Pinien, Stromanschluß; ziemlich heruntergekommene spartanische Sanitäranlagen. Sein Plus: der schöne Kiesstrand.

Transport:

Großer **Busbahnhof** am Ortseingang, Busse verkehren halbstündl. entlang der Riviera, daneben **Taxistand!**
Busse nach

Dubrovnik	9 × tägl., dauert gute 3 Std.
Kotor	3 × tägl., dauert ca. 6 Std.
Bar	1 × tägl., dauert ca. 7 Std.
Split	10 × tägl., dauert ein gute Std.

Trajekt: nach Sumartin (Brač) 5 × tägl., dauert ca. 1/2 Std.

Automieten: beim Kompaß-Büro am Kai, offen 8–13 Uhr / 17–20 Uhr. Für einen Tagesausflug sind Buggys am nettesten.

Ausflugsboote nach Povljan auf Brač (ca. 9 DM) und Jelsa, Vrboska auf Hvar (15 DM).

Bergtour zum Biokovo-Gipfel Sv. Jure (1762 m) oder zum Vožak (1421 m). Bei der Hitze eine ziemliche Quälerei, deswegen vor Sonnenaufgang aufbrechen. Route über Makar, Velo Brdo, oder: von Makraska nach Alt-Tucepi auf Asphaltstraße, über Makadamstraße zum Staža-Paß und dann zum Gipfel.

Tucepi – ein Produkt des Tourismus, große Betonhotels für mehrere tausend Urlauber. Viele Flachbauten, die auf ein weiteres Stockwerk warten, wenn wieder Geld da ist – vorläufig werden auf den Dächern Feigen getrocknet. Überall Privatzimmer (um die 10 DM das Bett). Kilometerlanger Kiesstrand mit Pinien. Kein Campingplatz.

800 m höher, oben in den Bergen und mit phantastischem Rundblick über Adria und vorgelagerte Inseln, liegt das eigentliche **Alt-Tupeci.**

Podgora, 10 km südl. von Makarska. Den alten Kern muß man mit der Lupe suchen; ein Badeort ohne viel Flair. Podgora hat sich mit dem Möwenflügel selbst ein Denkmal gesetzt (Partisanendenkmal). Schöner Kiesstrand.

Igrane, 7 km weiter an einer schmetterlingsförmigen Bucht, kleines Zentrum um den Hafen, Kiesstrand, viele Privatzimmer angeboten.

FKK-Camp Velika Duba ca. 5 km südlich von Igrane, angenehm kleiner Platz, eigene Kiesbucht, taucherbrillenklares Wasser, genug Schatten, simple Sanitäranlagen. Kleines Restaurant, kein Laden – besser vorher einkaufen, ab und zu kommt ein Gemüseboot. Zufahrt: Ungünstig für Caravans. Kein Strom!

Camp »Blato« – 2 km weiter, großer Platz,

natürliche Nischen, Olivenbäume, etwas verwildert. Ziemlich ungepflegt und verschmutzt in Strandnähe, einfache Sanitäranlagen, kleiner Laden.

Großes Camp »Dole« eine Ecke weiter. Leicht abfallendes Gelände mit recht steinigem Boden. Dichtes Wäldchen. Langer Strand. Kühlfächer zu mieten.

Drvenik kleiner Ort an einer eigenen Bucht. Wichtig nur als Trajekthafen für die Fähre nach Hvar (Sućuraj zur Hauptsaison 20 × täglich). 500 m Kiesstrand direkt neben dem Hafen. Einige Lokale im Ort. Konoba »Bukave« liegt zum Warten recht günstig an der Palmenpromenade.

Pension »Ribar« weißer Flachbau direkt am Strand. Ein gutes Dutzend Zimmer. Von den Balkons hintenraus schöner Blick auf das Bergmassiv, vorne raus übers Meer nach Hvar. Etwas kalter Speiseraum mit Marmor und Kachelfußboden, besser die große Terrasse direkt neben dem Fischerhafen.

Hotel »Quercus« leuchtet gleich am Ortseingang entgegen. In die Höhe gebaut, damit wenigstens die obersten Zimmer einen Blick aufs Meer ergattern. Architektonisch schön, aber für den Ort eine Nummer zu groß. DZ um die 90 DM.

Zaostrog der letzte Ort an der Makarska-Riviera. Interessant durch den kilometerlangen Kiesstrand und durch die beiden Campingplätze.

Autocamp »Dalmacija« schräger, terrassierter Platz unter Pinien. Verteilt Stromanschlüsse. Die besten Plätze in Strandnähe sind von fest installierten Wohnwägen blockiert (auch zu mieten). Laden und Restaurant. Einfahrt von der Magistrale.

Am Ortsende von Zaostrog **Camp »Uvala Borova«** ähnlich schräg abfallendes Piniengelände, gut schattig, terrassiert. Durch die vielen Dauerwohnwagen (zu mieten) bleibt für »Mobile« nicht mehr allzuviel Platz. Restaurant und Laden. Zum Meer über die Uferstraße, dann steil runter. Einfahrt von der Magistrale ca. 1 km nach Zaostrog.

Mit dem Ende der Makarska Riviera sind auch die schönen Kiesstrände vorbei. Das Bergmassiv wird flacher, die Magistrale verläuft ein Stück im Inland.

Ca. 20 km südlich der Makarska Riviera linker Hand eine phantastisch VERSCHLUNGENE SEENLANDSCHAFT (BAČINSKO JEZERO) zwischen grauen Karsthügeln. Dunkelgrünes Wasser mit Schilfufer – Süßwasser. Prima Badestop, besonders schön auch mit eigenem Schlauchboot.

2 Campingplätze direkt am See:
Das **Autocamp »Bačinsko Jezero«**, der größere Platz. Schönes Wiesengelände mit Pappeln. Gute Zugänge zum See sogar mit Angelsteg. Das Restaurant direkt am Ufer. Die Sanitäranlagen etwas reparaturbedürftig, aber mit heißem Wasser. Für 2 Personen mit Wohnmobil ca. 10 DM. Zufahrt von der

Magistrale links ab und gleich die rechte Sackgasse nehmen.

Alternative das kleinere und **preiswertere** Privatcamp vis-à-vis. Kleine Wiese mit Pappeln und Feigen. Schilfufer, über eine Leiter ins Wasser. Von der Magistrale ab, die linke Sackgasse.

Kardeljevo

In Karten teils noch als »Ploče« eingetragen, ist der Fährhafen rüber zur Halbinsel Pelješac zum dortigen Ort Trpanj. Hier Busverbindung und anschließende Fähre zu den Inseln Korčula und Mljet. Spart den rund 100 km Umweg via Land über Ston/Pelješac.

Kardeljevo ist zugleich Bahnhof für die Zugverbindung nach Mostar. Ansonsten touristisch uninteressant. Eine junge Hafenstadt mit Werften und Wohnhäusern – definitiv nichts zum Bleiben.
Einziger Exporthafen Bosniens. Hier werden Massengüter wie Kohle, Bauxit, Holz etc. verschifft. Bis 1979 hieß Kardeljevo noch »Ploče«.

Wer auf Zug oder Fähre warten muß und eine Übernachtung braucht: HOTEL »PLOČA« (92 Betten) am Hafen gegenüber der Trajektablegestelle. 3stöckiger Flachbau mit Balkons. Keine rechte Bademöglichkeit. DZ ca. 75 DM.

Transporte:

Trajekt zur Halbinsel Pelješac (Trpanj) 6 × tgl., von dort weiter nach Korčula.
Tickets im Touristenbüro gegenüber der Fährabfahrt.

Zug- und Busbahnhof ca. 200 m vom Hafen entfernt.
Zugverbindung
von Kardeljevo nach Mostar (76 km)
13 × tgl.,   dauert ca. eine Std.
Nach Sarajevo geht
9 × tgl. ein Zug;
für die 228 km braucht man ca. 3 Std.

1 × tgl. fährt der Mostarexpreß nach Stuttgart.

Busse
nach Dubrovnik 8 × tgl., dauert ca. 2   Std.
nach Kotor   3 × tgl., dauert ca. 4,5 Std.
nach Bar   1 × tgl., dauert ca. 6   Std.
nach Split   10 × tgl., dauert ca. 3,5 Std.

Taxi beim Bahnhof.
Autoservice AMSJ am Ortseingang.

Autovermietung
Hertz im Kompas-Reisebüro an der Uferstraße.

DIE MAGISTRALE weiter Richtung Süden siehe Seite 212.

Interessante Alternative zur Magistrale:
Auch wer keinen längeren Urlaub auf der Halbinsel Pelješac und der Insel Korčula plant, kann mit der Fähre ab Kardeljevo rüber nach Pelješac (eventuell noch den 20-Min.-Fährabstecher rüber nach Ort Korčula, eines der schönsten Inselstädtchen Jugoslawiens!). Über die landschaftlich reizvolle Halbinsel Pelješac und bei Ston zur Magistrale zurück.

Halbinsel PELJEŠAC

Wird oft als Sprungbrett nach Korčula benutzt, bietet aber schönere Strände und Campingplätze: langer Kieselstrand bei Orebić. Supersandstrand nahe Ston. Der Pelješac ist ein wuchtiges Gebirge im Meer (500 bis 1000 m), grün zur Küste, sonst rauh zerzauste Hänge und kahle Waldbrandstellen. Richtung Ston karstige Gebirgslandschaft mit Macchia. Kleine Dörfer, weite Teile jedoch menschenleer.

Auf der Insel wird der »Dingač« angebaut, ein schwer-herber Rotwein,

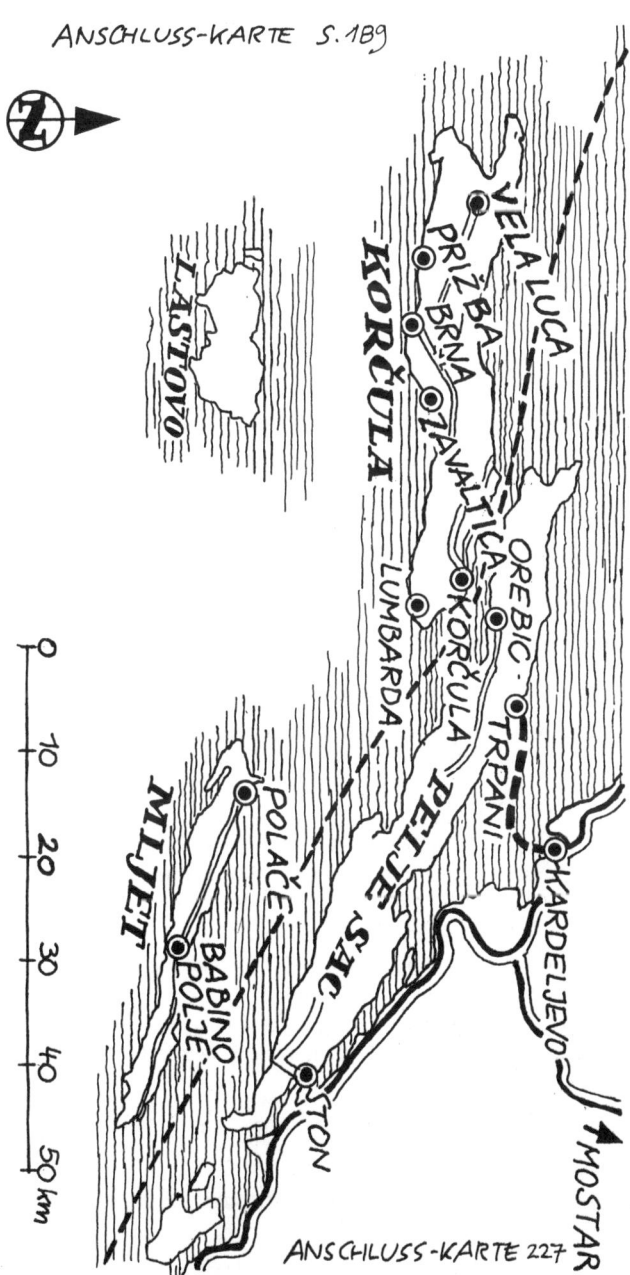

ANSCHLUSS-KARTE S.189

ANSCHLUSS-KARTE 227

nicht ganz billig. – Von Schakalen, die es hier geben soll, war nichts zu hören. Dafür gibt's aber Mungos (= marderähnliche Schleichkatze) aus der Vipernvertilgungszeit.

Verbindungen:

3 Trajektverbindungen:	zur Saison	Überfahrt
Kardeljevo–Trpanj/Pelješac	6mal tägl.	1,25 Std.
Orebić–Korčula/Insel Korčula	13mal tägl.	20 Min.
Trstenik–Polače (Insel Mljet)	3mal tägl.	40 Min.
	nur im Sommer!	

Trpanj: Kleiner Fischerort mit Fährhafen, an der Nordküste. Nette Uferpromenade, Kiesbadestreifen, aber viel Schiffsverkehr. Trajekt nach Kardeljevo.

20 km asphaltierte Straße durchs Inland nach **Orebić.** Prima Badeort an der Südküste mit langem Kiesstrand. Zum mittelalterlichen Korčula nur ein Katzensprung mit der Fähre oder eigenem Boot. Achtung, der Pelješac-Kanal wird auch von großen Pötten befahren.

Das »SCHIFFAHRTSMUSEUM« am Kai erinnert an die »guten alten Zeiten« von Orebić (offen: 8–12/16–18 Uhr).

PRIVATZIMMER vermittelt das Turist Biro am Kai (ab 8 DM/Person und somit günstiger als auf Korčula).
Kleine Camps im Ort, aber selten am Meer.

Großes AUTOCAMP »PALME«: 4 km außerhalb am Strand mit Blick auf Korčula. Ebenes Gelände, problemlos für Wohnwagen, einige Olivenbäume, Sanitärs o.k.
FKK auf den Inseln (Bootstransport).

Empfehlenswertes Autocamp »DUBROVAC«: auf halbem Weg nach Ston in einer ruhigen Kiesbucht. Sein Reiz: viele vorgelagerte Inselchen, tolles Schlauchbootrevier, relativ neuer Platz, sanfte Wiesenterrassen, Strom, ordentliche Sanitärhäuschen.

Weiteres schönes Camp mit Sandstrand AUTOCAMP »PRAPRATNO« am Anfang der Pelješac-Halbinsel, nahe bei Ston.

STON lohnt unbedingt, phantastische mittelalterliche Festungsanlage mit Wehrmauern und wuchtigen Bollwerken. Details siehe Seite 213.

Insel KORČULA

28000 E; 279 qkm

Korčula – ein Eiland mit dem schönsten Städtchen aller Inseln, entsprechend stark besucht. Badestrände nur an wenigen Stellen, im wesentlichen Fels, eine Menge einsamer Miniinselchen vorgelagert (FKK). An der Südküste schöne, ruhige Buchten, aber keine Campingplätze.

Die grüne Insel ist nicht mehr bewaldet (wie zur Griechenzeit). Statt dessen viel Macchia, schlanke Zypressen, fruchtbares Polje mit langen Weinfeldern und Höhenrücken bis 500 m.

Intakte große Orte im Inland, die ohne Tourismus leben können, in Vela Luka sogar ein Versuch von Industrie. Touristisches Zentrum um Korčula mit Hotels, Restaurants und Camps. Von Korčula bis Vela Luka ca. 50 km Asphaltstraße, teilweise katastrophale Holperei!

Verbindungen

Trajekt Dominče (Korčula)–Orebič zur Saison 13 × tgl.; Hafen ca. 5 km außerhalb Korčulas, Busverbindung!

Trajekt: Vela Luka–Split (1 × tgl.)

Eillinie der Jadrolinija: bequeme Verbindung von Rijeka aus. Entspannende Schiffsfahrt (spart 1 Urlaubstag). Siehe Seite 136.

Korčula:

Mittelalterliches Spielzeugstädtchen und Urlaubsmagnet auf einer winzigen Landzunge. Wuchtige Festungstore, großzügige Freitreppen, Patrizierpaläste, viel gotisches Maßwerk in den engen Gassen.

Klug durchdachter Grundriß: eine Hauptachse, die schnurgeraden Seitensträßchen lassen den frischen Maestral rein, die gekrümmten fangen den Scirocco ab. Ein Stadtbummel ist auch in der Mittagssonne erträglich.

Durch den Triumphbogen zum TITOPLATZ – die Venezianer errichteten den Bogen nach ihrem Seesieg bei Lepanto 1571. Im Zentrum Rest. GRADSKI PODRUM (Ratskeller), rundherum venezianische Kulisse: Loggia, Michaelskirchlein und Rathaus!

MARKUSDOM: Ungewöhnliche Architektur durch die angebaute Rochuskapelle (aus der Pestzeit, denn Rochus ist Pestheiliger), verspielt-verzierte Fassade, Nixen, Elefanten bis zur Turmspitze – viel zu entdecken – Jahrhunderte wurde am Dom gebaut (13.–16. Jhd.).
Innen: Altarbild von Tintoretto unter schönem STEINCIBORIUM. Ein lustiger Trommler und Dudelsackspieler an der Sakristeitür in Stein gehauen.

Das BISCHOFSPALAIS nebenan ist an der Bischofsmütze zu erkennen, ein Prachtpalast mit Domschatzmuseum. Der Renaissancepalast gegenüber gehört jetzt der Familie Gabrieli – STADTMUSEUM (offen 10-12/17-19 Uhr).

MARKO-POLO-TURMHAUS: Ob Marko Polo wirklich hier in der Wiege lag, darüber streiten sich Venezianer und Korčulani – auf jeden Fall lohnt der Blick von der Dachlaube! (am Dom ausgeschildert).

IKONENMUSEUM: Offen 8-12/16-19, in einer Seitengasse vom Titoplatz.

Lebendiger YACHTHAFEN mit viel Verkehr. Bei West- und Nordwinden bietet der Hafen keinen Schutz. Ausweichen in die geschützte Bucht Luka. Auf der Ostseite auch Liegeplätze, aber ziemlich Betrieb, außerdem gebührenpflichtig!

Ein interessantes Touristenspektakel ist der MOREŠKATANZ, ursprünglich ein Fest der Korčulani am 27. Juli – gehört jetzt zum touristischen Folkloreprogramm. (Donnerstags abends – Eintrittskarten nur mühsam und bei großer Hartnäckigkeit im Touristenbüro zu ergattern, ca. 9 DM).

Moreška: Ein Tanzschauspiel in historischen Kostümen zur Erinnerung an die Kämpfe zwischen Mauren und Türken. Der böse Maurenkönig Moro entführt die Verlobte des türkischen Sultan – was er natürlich nicht dulden kann –, es kommt zu einem Rivalenkampf, dem berühmten Schwertertanz, zwischen den Schwarzen (Mauren) und Roten (Türken). Am Ende unterliegt der Maurenkönig, und der Sultan führt seine schöne Verlobte unter lautem Trommelwirbel heim.

Geschichte:
Korčula hatte eine wüste Vergangenheit mit ständigem Machtwechsel. In Stichworten sieht es so aus: Nach den Griechen, Römern, Ostgoten gehörte es zu Byzanz, bis im 9. Jh. Slawenstämme einwanderten. Anschließend erste Venezianerepoche, 1180 beherrschten die kroatisch-ungarischen Könige die Insel, 1298 gab Genua ein kurzes Zwischenspiel, Ende des 14. Jh. gehörte Korčula den bosnischen Königen, die nächsten Jahrhunderte war es fest in der Hand Venedigs. Ende des 18. Jh. kam Korčula an Österreich, dann Napoleons Gastspiel, auch die Engländer mischten mit, wieder Österreich bis es schließlich zu Jugoslawien kam.

 Tourist-Info: »Marko Polo« gegenüber des Hafens, offen 7-20.30 Uhr.

 **Post:** Neben der Freitreppe: offen 7-21 Uhr, So. 9-12 Uhr.

Bank: Splitska Banka: offen 7-12 Uhr, Sa. 7-11 Uhr

Parken überall entlang des Kai!

Die besten **Badestrände** bei den Hotels und Campingplätzen oder zu einer der Inseln, z. B. nach Badija oder zur FKK-Insel »Stupa« per Taxiboot.

Restaurants:

Die urige **Konoba »Adio Mare«** – klein wie eine Schiffskombüse, ein Pršut im Schraubstock, modriger Weingeruch, niedrige Balkendecke. Mehr Luft auf der umbauten Terrasse. Hier gibt's prima Fisch! Schräg gegenüber des Marko-Polo-Turms.

Restaurant „Gradski Podrum" mit einem Hauch von Vornehmheit direkt auf dem Titoplatz – große, delikate Hummerplatte.

Grill »Planjak«, einfache Weinlaube mit den üblichen Grills. Die schönste Terrasse hat das **Hotel Korčula** mit lässig-bequemen Korbstühlen.

Unterkunft:

Hotel »Korčula«, direkt am Hafen, angenehm dem Stadtbild angepaßt. DZ ca. 100 DM.

Hotel »Marko Polo«, ca. 1 km vom Zentrum, DZ ca. 115 DM.

Gleich daneben
Hotel »Park«, DZ ab ca. 60 DM.

Hotel »Bon Repos«: Langer, teils sandiger Strand. Ferienzentrum für 700 Personen in verschiedenen Häusern und Bungalows, knapp 4 km außerhalb Korčulas, zwischen Trajektanlegestelle und Altstadt. Mehrere Restaurants und Bars in der Anlage. Freundliche Zimmer, Teppichboden, Sessel und Frisierkommode machen's gemütlich. DZ ab 60 DM.

Privatzimmer DZ um 22 DM.

Camping »Kalac«: Moderner Platz, terrassiert zum Meer, viele individuelle Parzellen, Sonnenkollektorgewärmtes Wasser (Achtung, am Spätnachmittag kochend heiß!), nicht gerade billig. Zur Saison berappt man für 2 Personen über 20 DM!

3 km außerhalb von Korčula Richtung Trajekt.

Camp »Solitudo«: Kleiner struppiger Platz, nicht am Meer! Straße Richtung Lumbarda, preiswerter.

Camp »Vrbovika«: Empfehlenswertes Privatcamp mit eigener Bucht, Stromanschluß, einfache aber saubere Sanitaranlagen, ca. 5 km Richtung Račišće.

Sport:
Beim Hotel Bon Repos gibt es 2 Tennisplätze und Ruderboote/Tretboote zu mieten. Windsurfen: Boards und Windsurfschule beim Hotel Park!

Transporte:

Inselbus: bis Vela Luka am anderen Ende der Insel und zu jeder Trajekt-Abfahrt.
Personenfähre:
zur Badeinsel Badija mehrmals täglich zur Halbinsel Peljesac: nach Viganj und Kučiste mehrmals tgl.
Taxiboote nach Orebič und Mljet.

Ausflüge:
Die STANDARD-BUS-TOUREN (Agenturen im Hauptort Korčula) bieten Tagesfahrten nach Dubrovnik und Mostar an – bzw. Inseltouren oder per Boot nach Mljet. AUF EIGENE FAUST geht's natürlich auch und ist wesentlich billiger.

7 km südöstlich am Meer liegt der verstreute Ort **Lumbarda** inmitten von Weinplantagen. – Hier wächst der GRK, ein goldgelber trockener Dessertwein.

Zum handtuchbreiten SANDSTRAND am Ortsende führt ein fester Sandweg, besser aber das Auto stehenlassen und den Scharen zu Fuß hinterher. Stillere Badeflecken auf den vorgelagerten Inselchen.

HOTEL »LUMBARDA«, aufgelockerter Hotelkomplex, ordentliche Zimmer, das übliche Holzmobiliar. Fest in deutscher Hand. DZ mit Dusche um die 60 DM. – Kleines PRIVATCAMP am Ortseingang.

AUTOSERVICE: In Lumbarda – kleine, aber fite Werkstatt am Ortseingang rechts.

Abwechslungsreiche Inlandtour von Korčula nach Vela Luka (47 km): Zypressen, verfallene Weinterrassen, lose aufgeschichtete Steinhäuschen und fruchtbare Ebene bei Blato. Überraschend gute Straße bis Čara (max. 9% Steigung): herrliche Fotoblicke bis zur Nachbarinsel Lastovo, die für Touristen gesperrt ist – nur mit Fernglas zu erkunden. In Čara 2,5 km Abstecher an die Südküste nach

Žavalatica – schöne Bucht mit glasklarem Wasser, an der Felsküste gibt's beim Schnorcheln viel zu sehen. Der Ort selbst ist wenig reizvoll. Modernes Restaurant mit Superterrasse über dem Meer! – für den Winzort etwas überdimensioniert.

Zwischen Čara und Blato (10 km) eine der miesesten Holper- und Schlaglochstraßen Jugoslawiens. Umweg über Brna, Prižba unbedingt zu empfehlen – außerdem traumhaft schöne Küste.

Brna – noch abseits vom Rummel. Glasklare, kreisrunde Bai, tiefblaues Wasser, die Häuser in dichtes Grün gehüllt. Die besten Badeplätze beim Hotel (einziges!), angenehm präparierte Liegeflächen – FKK-Fans kraxeln zu den abgelegenen Felsen. Geschützte Surfbucht.
HOTEL »FERAL«: besticht durch Toplage am Wasser, etwas nüchternes 180-Betten-Hotel, 08/15-Zimmer mit Teppichboden und kleinem Balkon; DZ ca. 65 DM. Kein Campingplatz.

Straße nach Prižba (7 km) ziemlich neu asphaltiert, aber: Vorsicht Steinschlag! Steilküste, keine gescheiten Meerzugänge, eine Handvoll Mini-Inseln vorgelagert, zum Anfassen nahe.

Prižba – ein winziger Fischerort, durchsichtiges Wasser, einsame felsige Badestellen auf der Halbinsel, betonierte Liegeflächen beim HOTEL ALFIR. Nachtleben und Restaurantauswahl gibt's allerdings nicht. Unterkunft in einfachen Privatzimmern und im Hotel.

1,5 km weiter die ruhige **Bucht von Grščica** – eine Handvoll Häuser. Fischer im Hafen, die Netze flicken. Ordentliche Straße bis **Blato:** Größter Ort Korčulas. Touristisch tut sich hier nicht viel, denn es fehlt das blaue Naß. Die schnurgerade Lindenallee, Loggia und Kirche sind Blatos Attraktionen.

Vela Luka ganz im Westen ist als Trajekthafen wichtig (Vela Luka–Split). Noch nicht überlaufen, denn es hat auch nicht viel zu bieten, Schiffswerft und ein bißchen Industrie. Kiesstrand, einige Hotels.

Insel MLJET   2000 E. – 36 km lang, ⅔ bewaldet

Der Inseltip für Leute mit etwas Eigeninitiative. Seit 81 per Autofähre erreichbar, dadurch noch interessanter, touristisch aber noch nicht überlaufen.

Geteerte Inselstraße zu allen wichtigen Orten. Einmalig auf jugoslawischen Inseln und die Hauptattraktion von Mljet ist der dichte Kiefern- und Steineichenwald.

Ein weiteres Bonbon 2 warme »Salzbadeseen« im Westen der Insel.

Kleine ursprüngliche Inseldörfer.

Verbindungen
Trajekt 3 x täglich von Trstenik auf der Halbinsel Pelješac. Die Überfahrt nach Polače dauert ca. 40 Min.

Personenfähre ab Dubrovnik über die Elaphitischen Inseln nach Mljet (Polače). 1 x täglich außer Sonntag.
Abfahrt in Dubrovnik im Hafen Gruž.
Von Mljet zurück geht's zu nachtschlafender Zeit.

Der touristische Schwerpunkt liegt im nord-westlichen Teil, im Bereich des Nationalparks. Grüne Hügelketten bis auf mehrere 100 m, üppige Vegetation.

Mittendrin die beiden **Salz»seen«** Veliko Jezero und Malo Jezero. Baden und Plantschen hier viel angenehmer als im offenen Meer, denn das Wasser ist gut 3-4° wärmer. Um die Seen km-lange Felsstrände, teils waldig bis ans Ufer, jede Menge einsamer Sonnenfelsen. Glasklares und phantastisches Schnorchelwasser. Ein nur 10 m breiter Kanal verbindet die beiden Seen miteinander – hier nur 2,5 m Wassertiefe, ein breiterer Kanal zum Meer.

Fast romantisch das **Klosterinselchen** im großen See. Im ehemaligen Benediktinerkloster jetzt das 80 Betten HOTEL »MELITA«. Idyllisches Ambiente und eigener Inselstrand.
Das Kloster recht gut erhalten mit Kreuzgang, Innenhof und Sakristei aus dem 15. Jhd., 2 barocke Kapellen, der Turm zur Verteidigung mit Schießscharten. Das geräumige Kellergewölbe zum Hotelrestaurant umgebaut. Die schlichten Zimmer in den ehemaligen Mönchszellen können ihre Vergangenheit nicht leugnen. DZ mit Frühstück 85 DM. Bootstransfer zum Festland.

Etwas teurer und lange nicht so individuell (320 Betten) HOTEL »ODISEJ«. Das Drum und Dran eine Spur moderner.
Verschachtelte Gebäude in der hoteleigenen Pomenabucht, nahe dem kleinen See. Direkt hinter dem Hotel beginnt der Wald. Perfekter Service vom Restaurant, Bar, Boutique, Sportangebot bis zum Friseursalon; kein Grund, den grünen Fleck zu verlassen. Freundliche, modern eingerichtete Zimmer teilweise mit Bildern, nur die Beleuchtung ist etwas ungemütlich. Balkons zum Meer. DZ ab ca. 110 DM.
FKK-STRAND auf der Insel Pomeštak, hoteleigener Bootstransfer.

CAMPINGPLATZ »VRBOVICA« bei Pristanište direkt am warmen Veliko Jezero.

Die große Sandbucht Saplunara ganz am anderen Ende der Insel (Osten) ist vom Hoteltourismus noch verschont.

Gutes SPORTANGEBOT beim Hotel Odisej: FAHRRADVERLEIH um die Insel zu erkunden, bei der Größe kein Problem. RUDERBOOTE für kleinere Fahrten in die Nachbarbuchten oder mit Außenbordunterstützung um die Insel rum.

Mljet ist eine der wenigen Inseln, die sich zum Spazierengehen und WANDERN eignet. Schöner Rundweg um den kleinen See, Aleppokiefern, Steineichen, Spitzkopfeichen und Pinien. Etwa ¾ Stunde.

In den Wäldern wurden zur Giftschlangenbekämpfung am Anfang des Jahrhunderts Mungos (marderähnliche Schleichkatzen) aus Indien ausgesetzt. Sie haben sich bestens akklimatisiert und waren so eifrig, daß es kaum noch Schlangen gibt.

Die Inselorte, Bauerndörfer und kleinen Fischersiedlungen liegen außerhalb des Nationalparks, überall gibt's Privatzimmer. Auf diese Weise bekommt man auch etwas vom Alltag der Leute mit.

Polače (Palast) der Fährort im Norden. Von dem ehemaligen römischen Palast sind noch Ruinen im Ort zu sehen.
Babin Polje, der größte Ort auf Mljet liegt nicht am Meer. In unmittelbarer Nähe der höchste Inselberg Velji Grad (514 m) mit interessanten Karsthöhlen zum Selberentdecken. Nur einige 100 m lang die OSTAŠEVICA-HÖHLE. Die MOVRICA-HÖHLE am Nordhang sogar mit Tropfsteinen.

Im Bereich des Nationalparks sehr gute SCHNORCHEL- und TAUCHMÖGLICHKEITEN!

Adriamagistrale

Kardeljevo – Neretvadelta – Dubrovnik   **(ca. 90 km)**

Die Magistrale über lange Strecken weit oberhalb vom Meer: Mit Badestellen direkt an der Straße schaut's schlecht aus (Steilklippen), nur in den Orten möglich. Neues Landschaftsbild, dicht mit Macchia überzogene Berge, leuchtend rote Früchte der Erdbeerbäume. Im Meer die Kuppen der kleinen Elaphitischen Inseln.

Von **Kardeljevo** geht die Magistrale in weitem Bogen ums Neretva-Delta (lohnender Abstecher über die Abzweigung rauf nach Mostar, 62 km, Details s. dort!). Nach dem Delta durch hügeliges, verkarstetes Bergland. Wegen Kurven zeitaufwendig, wenn ein Lkw vor einem raufkriecht. Zugleich auch Vorsicht vor riskanten Überholmanövern entgegenkommender Fahrzeuge!

Im Deltabereich fruchtbar, mit weiten Orangen- und Zitronen-Plantagen. Überall am Straßenrand Verkaufsstände mit Obst und Gemüse aus dem Polder. Exzellent schmeckt der regionale, gelb-klebrige Birnenlikör; unbedingt probieren!

Neretva-Delta: Jahrhundertelang ein malariaverseuchtes Sumpfgebiet. Erst die Österreicher begannen im letzten Jahrhundert mit der Entwässerung. Das Sumpfgebiet wurde mit Gräben im Abstand von 20 m durchzogen, mit der ausgehobenen Erde wurden Parzellen aufgeschüttet. Auf den trockengelegten Gebieten entstanden Häuser, Obst-, Wein- und Gemüsekulturen. Die Besiedlung stieg in der Polderlandschaft schlagartig an: von Mitte des letzten Jahrhunderts bis in die 60er Jahre um 350%. Das schilfige Ufer wird noch gemäht und als Baumaterial zum Dachdecken verwendet. Man kann jetzt noch alte Frauen in ihren Einbaumbooten Schilf transportieren sehen.

ERSTE BADEMÖGLICHKEIT bei dem Ort KLEK mit Autocamp »Klek«. Große Wiese unter Olivenbäumen, etwas Schatten. Kiesstrand im Ort.

Einige km weiter liegt **Neum,** ein Neubauort mit eigenwillig konstruierten Groß-hotels (Preisniveau um die 85 DM) an der langgezogenen Bucht, schlechte Meer-zugänge, betonierte Strandplateaus.

KLEINES CAMP direkt am Ortseingang. Terrassiert, gut schattig. Schöner Blick über die grüne Bergkette des Pelješac. Zum Baden über Treppenweg durch den Ort, gut 10 Min. Akzeptable Sanitäranlagen mit Heißwasserduschen.

Die nächsten 16 km mit Blick auf den mächtigen, grünen Pelješac-Rücken. Er bildet eine ganz geschützte tiefe Bucht, die beim Ort Mali Ston zur Muschelzucht ausgenutzt wird.

Unbedingt lohnender Abstecher nach **Ston** (5 km). Gigantische Befestigungsan-lage (14./15. Jhd.) hier an der schmalsten Stelle errichtet, war Vorposten und Ha-fen der freien Stadtrepublik Dubrovnik. Doppelter Wehrmauerring über den 200 m hohen Hügel. Zu beiden Seiten am Meer die Wehrdörfer Mali und Veliki Ston, mit Stadtmauer und Festung abgesichert.

Mali Ston ein Winzort, nur noch teilweise bewohnt, mit kleinem Fischerhafen. Verwilderter Fußweg hinter der kleinen Kirche zu den Ruinen der Befestigungs-anlage. Schöner Blick von den Ruinen, doch Vorsicht, sehr glatter Stein und kein Geländer.

RESTAURANT »KORUNA« vor den Stadtmauern. Terrasse direkt am Meer. Spezialität Muscheln aus eigener Zucht vor der Haustür.

An die besseren Zeiten von **Veliki Ston** knapp 2 km weiter erinnern gotische Fen-sterverzierungen und der Stadtbrunnen mit seinem vielbenützten Schöpflöffel. Meterdicke Schutzmauern, Reste des früheren Bollwerks. Treppenweg rauf. Herrlicher Blick über den Ort mit kleinen Gemüsegärtchen, Zitronen- und Oran-genbäumen bis zu den Salinen außerhalb der Festungsanlagen.

Gostiona »Kod Bače« direkt am Ortsein-gang, Schattige Terrasse unter der 100jähri-gen Pappel. Muschelspezialitäten.

Buffet »Corse« neben dem Brunnen. Ange-nehm schattig, zünftige Holzbänke auf der Terrasse mit offenem Grill. Mixed Grill, Leber ect.

Hotel »Adriatic« kleines (30 Zimmer) Ho-telchen am Platz. Zweistöckig mit Natur-steinen, keine Balkons, einfache Zimmer. In Brauntönen gehaltener Speiseraum mit Balkendecke. Sehr kommunikativer Fern-sehraum direkt zum Platz. DZ ca. 50 DM.

Busverbindung nach Dubrovnik und nach Orebič.

Autocamp »Prapratno« in einer Superbucht mit Sandstrand, der ganz den Campern ge-hört. Großer ebener Platz mit Schatten, Stromanschluß und zwei Sportplätzen, die Sanitärs sind für den großen Platz aller-dings zu wenig. Laden und Restaurant in schönen Natursteinhäuschen. Zufahrt: 4,5 km Richtung Orebič, dann links ab und noch 1 km runter in die Bucht.

Slano der erste größere Badeort an der Magistrale nach der Halbinsel Pelješac. Von der alten Stadt ist nur wenig erhalten. Das Wasser in der geschützten Bucht deutlich wärmer als im offenen Meer. Seichtes Ufer, etwas Kies, viele Betonliegeflächen.

FKK-Hotel »Osmine« in ruhiger Lage auf der Landzunge. Trapezförmiger Komplex direkt am Meer mit eigener Bucht. Für Sport ist bestens gesorgt. Wasserski, Bootsverleih, Surfbretter, sogar Sauna. Helle, freundliche Zimmer, die meisten mit Filzboden, nur das Bad ist etwas klein. DZ ca 80 DM. Gut 2 km außerhalb Slano.

Hotel »Admiral« sehr großer 600-Betten-Komplex im Zentrum. Gut dem Ortsbild angepaßt. Nur das Haupthaus direkt am Meer. Zimmer mit Blumenbalkons. Kiesstrand und Strandduschen. 2 Tartan Tenniscourts, Bootsverleih, Tischtennis. DZ um die 60 DM.

Zum Hotel gehört der **Stadtcampingplatz.** Großes, wiesiges Gelände im dichten Olivenhain. Stromanschlüsse, dürftige Sanitäranlagen. Etwa 200 m zum Strand.

Schöner das kleinere **Camp am Ortsrand** links. Zum Meer nur über die Uferpromenade. Die Magistrale weit oben – teilweise Schatten. Kleiner Kiesstrand.

Gute **Busverbindung** nach Dubrovnik.

Südlich von Slano tobte im Sommer '83 ein Großbrand, der verkohlte Baumgerippe und verwüstete Ölplantagen zurückließ. Die Macchia ist im Sommer knochentrocken, eine achtlos weggeworfene Zigarettenkippe kann verheerende Folgen haben.

16 km südlich Slano liegt **Trsteno,** ein kleines Nest in üppiger Vegetation. Lohnt wegen des phantastischen »Arboretum«, ein Park voller mediterraner und exotischer Pflanzen.

Arboretum ein urwüchsig zugewachsener Park, gerade im Sommer herrlich schattig mit kleinen Wegen. Bäume teilweise wie ein Waldlehrpfad beschriftet. Riesige hohe Palmen, kleine Bambuswäldchen, Akazien, Avocadobäume, Bougainvillea, Myrte, Walnußbäume, Lorbeer, Zitronen- und Orangenbäume... Mehr als 250 Baumarten.
Ein Aquädukt mit künstlicher Grotte und Goldfischteich.

Der Park – der älteste Renaissancegarten Jugoslawiens, entstand um die ehemalige Sommerresidenz einer bekannten Patrizierfamilie aus Dubrovnik (2. Hälfte des 15. Jhd.). Die ursprüngliche Villa wurde durch das große Erdbeben 1667 zerstört, später wieder aufgebaut, herrlicher Blick über den Hang zum Meer. Eine alte Olivenmühle und weitere Gebäude im Park.

2 gigantische 400 Jahre alte Platanen mit 12 m Umfang zeigen den Eingang. Offen von 6.30 – 18.30 Uhr. Geringer Eintritt.

Camping »Trsteno« neben dem Arboretum. Mehrere Terrassen mit Meerblick. Rasen unter Olivenbäumen, teils schattig. Einfache, gekachelte Sanitäranlagen, erfreulich sauber. Zum Meer gut ¼ Stunde Fußweg (links am Park vorbei) oder über die Schlängelstraße.

Einfache **Privatzimmer** (um die 10 DM pro Person) und kleine Gostionas im Ort. Stündliche **Busverbindung** nach Dubrovnik von 5 – 23 Uhr.

Kleiner **Felsstrand** mit steil abfallenden Unterwasserfelsen. Glasklares Wasser mit Superschnorchelstellen. Spitze Felsen, wo eben möglich Treppchen und kleine Badeplateaus einzementiert. Kein Strand für Nichtschwimmer.
Zum Strand über den Treppenweg am Park vorbei, oder ca. 2 km über Teerstraße. Die Straße klebt förmlich über dem Fels und endet bei dem idyllischen Fischerhafen. Kaum Parkplätze, enge Wendemöglichkeit. Dicke Wohnmobile oder Caravane haben keine Chance.

In **Orašac,** gut 20 km vor Dubrovnik, empfehlenswertes großes CAMP »RUDI-
NE« mit schönem Klippenstrand. Terrassen von der Straße bis runter zum Meer.
Schatten durch Olivenbäume, Stromanschlüsse, betonierte Liegeflächen und
klares Schnorchelwasser.

Eine Ecke weiter **Zaton Mali** an der kreisrunden Bai. Der Ort zieht sich um die
Bucht herum. Kleine Pensionen, Privatzimmer (DZ 25 – 30 DM) und kleine private Camps. Für eine Nacht o. k., für länger fehlt der Badestrand. Sonnen nur
auf dem »Bürgersteig« neben der Straße.

Die Ombla-Bucht, fjordähnlich tief eingeschnitten, liegt zwar nah zu Dubrovnik,
aber schon mit Vorstadtcharakter, moderne Wohnhochhäuser, Holzindustrie
und trübem Wasser. Privatzimmer und kleines Camp nur als Notquartier. Ganz
am Ende der Bucht liegt die Marina Dubrovniks (siehe Dubrovnik)

Durch das Vorstadtviertel Gruž mit Kleinindustrie und Hafen (wichtig, hier
Fährabfahrten und Busterminal).

DUBROVNIK

50 000 E. (davon 5000 in der Altstadt)

Dubrovnik ist einfach Spitze, noch ganz ursprünglich erhalten, allerdings im Juli/August knackvoll. Wuchtige Stadtbefestigung um die intakte Altstadt, ein pulsierender Korso, blitzblanke Gäßchen mit Flatterwäsche. Kneipen mit viel Atmosphäre locken zum gemütlich Essen gehen, Filigranläden, Boutiquen. Prachtvolle Paläste, Kirchen aus jeder Epoche, internationales Publikum – und eine interessante Vergangenheit.

Der meterdicke STADTMAUERRING steigt senkrecht aus dem Meer, 2 km sind begehbar (von 9–19 Uhr, Eintritt!). Schöne Fotomotive hinter die Kulissen. Der breite großzügige FLANIERKORSO (= Placa) war früher ein Kanal. Die Bürger brauchten ein Zentrum für Brautschau und Handel, deswegen wurde er kurzerhand zugeschüttet.

Die PALÄSTE AM KORSO stammen wohl alle aus demselben Architekturbüro – nach dem Erdbeben 1667 in einem Zuge im Barockstil aufgebaut.
Am dekorativsten der SPONZA-PALAST, ❷ früher Zollamt und Bank; gelungene Stilmischung aus dem 16. Jahrhundert (Loggia und Obergeschoß); im Arkadeninnenhof Ausstellungen moderner Maler.
Der »DIGITALUHRTURM« daneben wurde Anfang des Jahrhunderts erneuert, da er verdächtig schief stand.
Die ROLANDSÄULE gegenüber als Symbol der Unabhängigkeit. Der hutzelige Ritter Orlando bzw. sein Unterarm diente als Eichmaß der alten Elle. Wichtige Stadtinfos wurden hier verkündet.

Im ehemaligen RATHAUS ❸ großes, etwas ungemütliches CAFÉ – schöner die Loggiaterrasse hintenraus zum alten Hafen. Daneben der REKTORENPA-LAST❹ – bedeutendstes Gebäude der Stadtrepublik.

Geschichte
Ragusa (so hieß Dubrovnik damals) hatte eine demokratische Stadtverfassung, Oberhaupt war der Rektor, entsprach dem Bürgermeister; er amtierte und wohnte für jeweils 1 Monat im Rektorenpalast.
Die Adligen der Stadt wurden reihum zum Rektor gewählt und standen für diese Zeit praktisch unter Hausarrest – um sich nur dem Amt zu widmen.
Das kleine Portal nennt sich »GNADENPFORTE«, weil hier bedürftigen Bürgern „Sozialhilfe" ausgehändigt wurde, ungewöhnlich fortschrittlich für die damalige Zeit.

ALTE APOTHEKE – eine der ersten in ganz Europa, aus dem 14. Jhd. im FRANZISKANER-KLOSTER❺: gegenüber dem großen Onofrio-Brunnen, durch einen schönen Kreuzgang, elegante Doppelsäulen mit Gesichtern und Tieren (offen 9–12/14–16 Uhr).

Original Handschriften aus dem 15./16. Jhd., besonders interessant ein altes Kräuterhandbuch in deutscher Sprache. Die alte Einrichtung komplett erhalten, Feinwaagen, alte Destille, große Mörser.

Wer noch mehr Lust auf Kunst hat:
DOMINIKANERKLOSTER❼ (Kreuzgang 14. Jhd., Tiziangemälde), barocke Blasiuskirche mit dem Schutzpatron der Stadt, Kulturhistorisches Museum im Rektorenpalast, Barockdom, Marine- und Ethnografisches Museum im Fort Sv. Ivan.

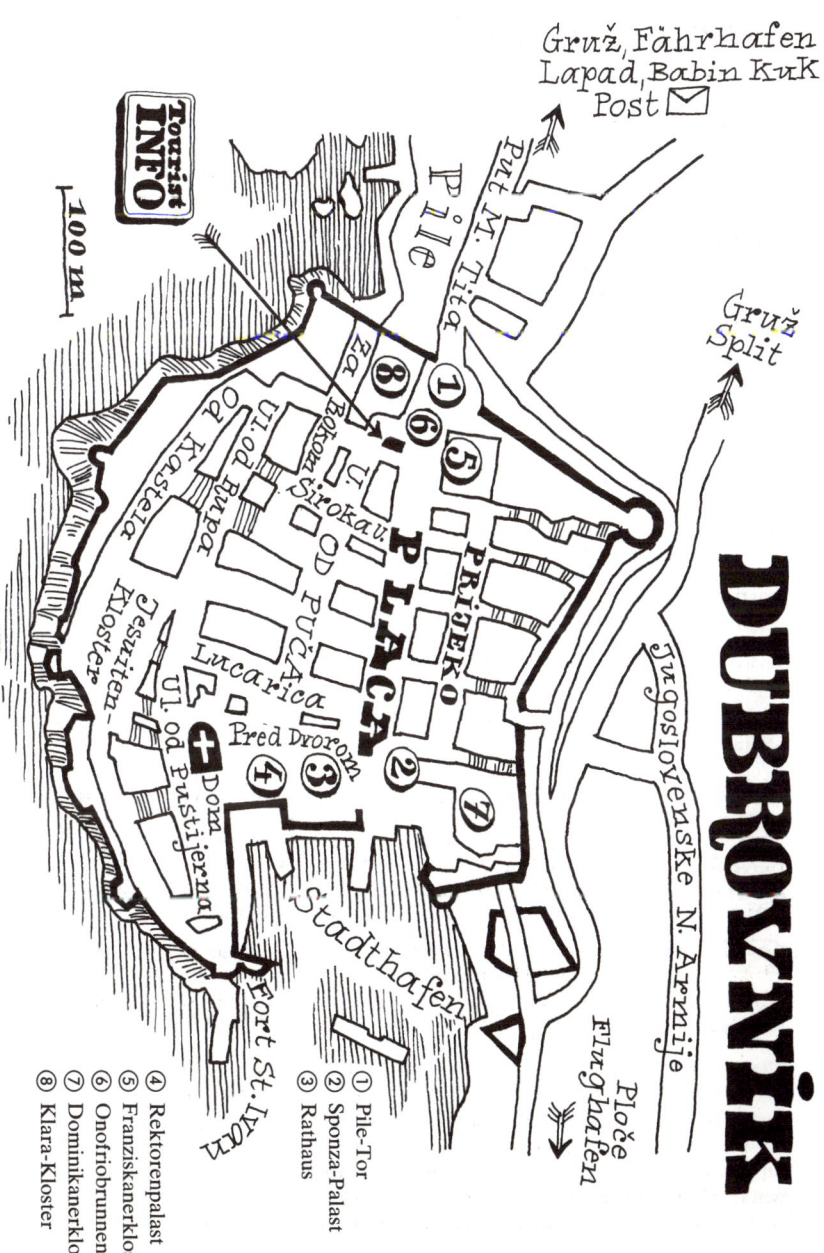

Gruž, Fährhafen
Lapad, Babin Kuk
Post ✉

100 m

Tourist INFO

DUBROVNIK

Gruž
Split

Jugoslovenske N. Armije

Ploče
Flughafen

Pile

Put M. Tita

Za Rokom

U. Široka u.

OD PUČA rica

Prijeko

PLACA

Lucarica

Pred Dvorom

Dom

Ul. od Pustijerna

Jesuiten-Kloster

Od Kaštela

Ul. od Rupa

Stadthafen

Fort St. Ivan

① Pile-Tor
② Sponza-Palast
③ Rathaus
④ Rektorenpalast
⑤ Franziskanerkloster
⑥ Onofriobrunnen
⑦ Dominikanerkloster
⑧ Klara-Kloster

Dubrovnik – eine freie Stadtrepublik
Durch kluges Taktieren konnte sich die Stadt – anders als die übrigen Küstenstädchen –
Venezianer und Türken vom Leib halten. Früher eine Felseninsel, auf der im 7. Jhd. Flüchtlinge aus CAVTAT siedelten; auf dem Festland ließen sich Slawen nieder. Der Kampf gegen
Piraten und Sarazenen brachte die beiden zusammen, im 11. Jhd. einigte man sich, den Ka-
nal zuzuschütten – jetzt Korso. Die Stadt wurde befestigt und erhielt den Namen Ragusa
(der jetzige Name Dubrovnik stammt aus dem 17. Jhd., nach dubrava = Eichenwald). Im
12. Jhd. entwickelte sich der Ministaat zu einer blühenden, steinreichen Handelsmacht
(Salzmonopol) mit großer Flotte (ca. 300 Kriegs- u. Handelsschiffen) in Mali Ston. Die
Stadtrepublik war für damalige Verhältnisse ungeheuer fortschrittlich: Sklavenhandel und
Folter waren verboten, es gab Schulen, ein Waisenhaus im ehemaligen Klarakloster und
eine Apotheke.

In ihren Statuten von 1272 stellte Dubrovnik erste Umweltschutzbestimmungen und detaillierte Bauvorschriften auf, z. B. daß kein Haus höher als das des Nachbarn sein dürfe.

Die Macht der Stadtrepublik beruhte nicht auf einer schlagkräftigen Armee, sondern auf
einer ausgeklügelten Diplomatie – Dubrovnik unterhielt zeitweise bis zu 50 Konsulate in der
ganzen Welt. Ragusa betrieb eine sehr schlaue Politik: denn es unterstellte sich formell dem
jeweiligen Herrscher; erst dem venezianischen Dogen, später dem türkischen Sultan, zahlte
gewisse Abgaben, kochte aber trotzdem sein eigenes Süppchen.
Der Anfang vom Ende Dubrovniks war das verheerende Erdbeben 1667. ⅔ der Bevölkerung
kam ums Leben, fast alle Häuser wurden zerstört. Die Venezianer lauerten schon darauf,
sich Dubrovnik endlich einzuverleiben.

In dieser brenzligen Situation nahm der einzige überlebende Senator Bunić Kontakt zu den
Venezianern auf und konnte sie geschickt bluffen: er komme im Auftrag von Stadt und Se-
nat (beides existierte nicht mehr) und lehne dankend die »Hilfe« Venedigs ab. Venedig ließ
sich tatsächlich überrumpeln, und Dubrovnik blieb unabhängig.
Nach dem Erdbeben wurde die jetzige Stadt aufgebaut.
Erst Napoleon beendete 1809 die Unabhängigkeit Dubrovniks.

Dubrovnik gehört zu den von der UNESCO als schützenswert erklärten Weltkulturdenk-
mälern.

Festspielsaison: Mitte Juli bis Ende August täglich mehrere Veranstaltungen:
Konzerte, Theater, Folklorevorführungen, viel Atmosphäre – aber brechend voll.

 am Korso, gegenüber dem großen Onafriobrunnen, offen Mo.–Sa.
7–20 Uhr, hier Privatzimmervermittlung, organisierte Ausflüge buchen etc.

 mit Telefonkabinen und Poste restante 7–21 Uhr, neben dem großen
Imperialhotel, nahe dem Pile-Tor.

Dubrovačka am Korso Mo.–Sa. 7–13/14–20 Uhr offen.

Parken ist ein mühseliges Unterfangen: die Altstadt ist Fußgängerzone. Die beiden Parkplätze vor den Stadtmauern immer gestopft voll – die meisten probieren's trotzdem und müssen eine unfreiwillige zweite Stadtrundfahrt in Kauf nehmen (Einbahnstraßen!!).
Besser im Vorort Gruž, beim Hotel Stadion parken und per Bus zum Pile-Tor
(westlicher Eingang in die Altstadt).

RESTAURANTS:

Urige, gemütliche Lokale in der **Gostiona-gasse Prijeko,** parallel zum Korso. Den Düften nach und sich zum Schlemmem verleiten lassen, zwischen den Fischplatten und Grilltellern bleibt nur ein schmaler Trottoirstreifen.

Das raffinierteste: **Rest. »Wanda«** – lukulllsche kalte Platten – außerdem die bequemsten Korbstühle.

Restaurant »Sirena« innen sehr gemütlich mit Naturstein und indirekter Beleuchtung, etwas auf rustikal gemacht.

Im **»Ragusa«** die größten Fischplatten; für schmalere Geldbeutel **Pizzeria Rotanda.**

Die **Quergassen** gespickt mit Musikkneipen und Cafés, da wo am meisten los ist, kommt man kaum die Treppen hoch!

Rest. »Jadran« – im Kreuzgang des ehemaligen Klaraklosters, stilvoll renoviert, aber eine Nummer zu groß geraten. Abends verwandelt sich der Innenhof in eine Disco – damit ist der letzte Hauch Romantik dahin. Dalmatinische Spezialitäten von A–Z, oder exquisite Kalbsmedaillons für ca. 9 DM.

Restaurant »Ribli« gleich am Korzo/Ecke Ulica Široka. Gediegenes Fischrestaurant. Kleines Aquarium in der Wand und Fischernetze schaffen die entsprechende Atmosphäre.

Steakhouse »Domino« – auf dem wohnzimmergroßen Platz, ruhig und abgelegen. Man bemüht sich um Vornehmheit mit Stoffservietten und Tischdecken. In der Altstadt Ulica od Domina.

Rest. »Cavtat«, klein, billig, mit Holzbänken, Ražnjići für 4,50 DM in der Ulica od Puča.

Rest. »Mimoza« – Natursteinterrasse, interessante Karte – Fisch und bosnische Spezialitäten, insgesamt preiswert, etwas abgelegen. Gegenüber Imperialhotel – einige Stufen runter.

Disco: Fast jedes Hotel u. Restaurant engagiert Tanzbands, oft eher laut als schön. Wer da nicht auf seine Kosten kommt – vielleicht in der Disco Arsenal – schräg gegenüber dem Pile-Tor.

UNTERKUNFT:

Zur Hochsaison Hotelzimmer kaum zu kriegen; gesalzene Preise. In der Vor- und Nachsaison erheblich billiger.

Eines der preiswerteren, außerdem total zentral **Hotel »Dubravka«** mitten in der Altstadt – Parallelstraße zum Korso – DZ ab 70 DM. In der Od Puča 1.

Hotel »Imperial« – nahe beim Pile-Tor, relativ zentral, aber laut, direkt an der Marschall-Tito-Straße. Buntes Prachthotel von 1897, inzwischen modernisiert; die Zimmer haben Teppichböden, die alten Waschschüsseln wurden gegen Tiptop-Bäder ausgetauscht – DZ ab 120 DM.

Hotel »Villa Dubrovnik« – ruhig, mit Badestrand, Altstadt in Spaziergangnähe (10 Min.). Lichte Zimmer mit bequemen Sesseln, großenteils mit Balkon. Schöne Frühstücksterrasse mit Blick auf die Insel Lokrum. DZ ab 140 DM. Etwa 1 km außerhalb Richtung Süden in der Vlaha Bukovca.

Hotel »Bellevue« – schön am Steilhang überm Meer gelegen mit Kieselstrand – DZ ab 100 DM. Etwa 1 km vor der Altstadt Richtung Lapad; P. Čingrije 7. Einige hundert Meter weiter.

Hotel »Lero« – großer Kasten, neutrale Zimmer, ziemlich laut wegen der vierspurigen Straße – DZ mit Dusche ab 100 DM, in der Iva Vojnoviča 14, nicht am Meer.

Hotel »Libertas« – 400-Betten-Betonarena überm Meer, noble Zimmer mit Couchecke; alle zum Meer mit Balkon. Stolzer Preis DZ ab 180 DM. Eigener Strand, Altstadt noch zu Fuß erreichbar; etwa 1 km außerhalb Richtung Lapad in der I. L. Lavčeviča 1.

Hotels auf der Halbinsel Lapad – mit dem Vorteil schönere Strände, sauberes Wasser, in die Altstadt ca. 3 km, gute Busverbindung, dafür keine Atmosphäre – Lapad ist ein Hotel- und Wohnvorort.

Hotel »Jadran« – aus den 30er Jahren. Zimmer mit den üblichen Einheitsmöbeln. Leute, die mit Riesengarderobe anreisen, kriegen Schwierigkeiten mit dem Stauraum. DZ ab 90 DM.

»Sumratin«, altes Hotel, jedoch mit frisch aufgemöbelten Zimmern. DZ ab 95 DM. I. L. Ribara 5.

Hotel »Splendid«, am Hang mit Privatstrand (erfreulich sauber). DZ ab 120 DM. In der Masarykov Put 11.

»Grand Hotel Park«, großes, mehr als 400-Betten-Hotel, in viel Grün – angenehme Zimmer: groß und hell – aber Riesenrestauranthalle. DZ ab 120 DM. Mit Swimmingpool, Hallenbad, Sauna. I. L. Ribara 9.

»Hotel Plakir« gehört zur Hotelkette Babinkuk – riesiges nüchternes Hotel (600 Betten) – die Zimmer gemütlicher, mit Teppichboden und sogar einigen Bildern an den Wänden, ca. 4 km außerhalb, Busverbindung. DZ ab 175 DM.

Hotel »Neptun« – ziemlich abseits bei den Hotels Babinkuk – in die Altstadt ca. 4 km. DZ um die 100 DM.

Hotel »Gruž«, kleines Hotel in Hafennähe im Vorort Gruž. Etwas versteckt in einer Seitengasse, daher ruhig. Drei Stockwerke, kleine ordentliche Zimmer mit einfachem Holzmobiliar. Balkons mit Glaswand zum Nachbarn abgeteilt. DZ mit Frühstück um die 60 DM. In der Gruška Obala 26.

Hotel »Schloß Sorkočević«, ein nicht alltägliches Hotel, in der Ombla-Bucht bei der Marina, ca. 6 km vor Dubrovnik. Die 400 Jahre alte Sommerresidenz der Raguser Patrizierfamilie Sorkočević wurde restauriert und zum Hotel umfunktioniert. Schönes Ambiente, der Speisesaal mit Freskenresten und Blick auf die Parkanlage. Große Freitreppe zum Jachthafen. Baden in der Lage nicht zu empfehlen. DZ ca. 90 DM inkl. Frühstück. Nur 30 Betten, deshalb rechtzeitig reservieren. Busverbindung in die Altstadt (alle 20 Min.)

Hotel »Belvedere«, ein weiteres Dollarhotel im Entstehen. Auf dem einzigen Fleck, der für ein Hotel mit dem Prädikat „Blick auf die Altstadt" noch übrigbleibt. Ein schönes Fleckchen Wald mußte dran glauben, fantastischer Blick.

Jugendherberge/Studentenheim im Palazzo Rašica im Vorort Lapad, Ivanjska 4.

Autocamp »Solitudo« – neues großes Stadt-

camp, mit Einsamkeit hat's nicht viel zu tun; nagelneue, ordentliche Sanitäranlagen. Erdig, steiniger Boden. Viel von der ursprünglichen Vegetation erhalten. Steineichen, Erdbeerbäume, hohe Pinien. Sehr schattig. Strandbadähnliche Kiesbucht, Wasserrutsche, Restaurant und Bootsverleih. Strom, Kühlboxen und gutsortierter Supermarkt. Busverbindung zur Altstadt. Allerdings ziemlich teuer ca. 18 DM für 2 Pers., im Hotelvorort Lapad, gut beschildert.

Autocamp »Kupari« – Alternative zum Solitudo. 8 km südlich, in Kupari, aber nicht am Meer. Große Wiese, brettl-eben. Platanen geben etwas Schatten. Großer Serviceblock mit mehreren Pizzerien, Grills, Waschmaschine etc. Weitere Sanitärhäuschen auf dem Gelände verteilt. Bushaltestelle direkt vom Camp, stdl. nach Dubrovnik.

Privatzimmer, viel günstiger als Hotels, entweder den Schildern »Sobe« (Zimmer) nach, teils wird man auf dem Parkplatz angesprochen, oder übers Touristbüro. Pro Bett ohne Frühstück ab ca. 12 DM.

TRANSPORTE:

Taxistand neben dem Pile-Tor vor der Altstadt. Tel.-Nr. 24-3 43, und am Hafen Gruž, Tel.-Nr. 28-4 99.

Busstation für Stadtbusse vorm Pile-Tor. Hier gehen die Busse in den Bade- und Hotelvorort Lapad ab; nach Cavtat Bus-Nr. 10, stdl. – und die Busse zum Busterminal für Überlandbusse.

Busterminal für Überlandbusse im Stadtteil Gruž am Hotel Stadion, Od Republike 1.

Hier gehen die Busse nach Ston, Slano, Trsteno (stündlich) ab.

Busse			Fahrzeit
nach Kotor	3 × tgl.,	ca.	2 Std.
nach Bar	1 × tgl.,	ca.	3,5 Std.
nach Split	8 × tgl.,	ca.	5 Std.
nach Rijeka	5 × tgl.,	ca.	14 Std.

Eisenbahn gibt's nicht mehr, in den 60er Jahren wurde die Linie nach Sarajevo stillgelegt.

Flughafen in Čilipi, ca. 20 km südlich, Air-

port-Busverbindung: Abfahrt vorm Hotel Petka im Stadtteil Gruž. JAT-Büro Pile, Maršala-Tita-Str. 7 (offen von 7 bis 19 Uhr). Flüge nach Skopje, 1 × /Woche, dauert knapp 1 Std.
nach Split, fast tgl., Flugzeit ca. ½ Std.
nach Zagreb, 3 × tgl., Flugzeit ca. 1 Std.
nach Beograd, mehrmals tgl., Flugzeit ca. ¾.

Fährhafen im Vorort Gruž; ca. 2 km nördlich der Altstadt, hier einschiffen zur Eilfähre nach Rijeka, Griechenland und Italien-Fähren.

Alles »Nützliche« am Hafen wie Info, Bank, Jadrolinija-Büro, Autorent, Dubrovnik Rent in der Gruška Obala 98. Gepäckaufbewahrung neben Büro Jadroagent ums Eck.

HOTEL »PETKA« als Wartequartier direkt gegenüber, DZ ab 80 DM. Preislich günstiger und ruhiger Hotel »Gruž«. Siehe Unterkunft.

Per Eilfähre
– **nach Rijeka,** 6 × /Woche, dauert ca. 21 Stunden. Preis für die einfache Deckpassage zur Hochsaison ca. 50 DM, in der Kabine ab 115 DM, Pkw bis 4,50 m ca. 150 DM.

– **nach Bar** geht zur Saison und nur dann 1 × /Woche ein Schiff, dauert ca. 4 Std.

– **nach Griechenland** (Korfu, Igoumenitsa) nur zur Saison 3 × /Woche, dauert ca. 18 Stunden.
Preis für die einfache Deckpassage ca. 100 DM, in der Kabine ab ca. 135 DM, Pkw bis 4,50 m ca. 140 DM.

Abfahrt im Hafen in Gruž, Info und Buchen im Jadrolinija-Büro Gruška Obala 23.

Italien-Fähren
Kürzeste Verbindung **nach Bari,** ca. 8 Std., ganzjährige Verbindung, zur Saison 4 × / Woche, einfache Deckpassage zur Hochsai-

son ca. 70 DM, in der Kabine ab ca. 120 DM, Pkw bis 4,25 m ca. 90 DM.

Nach Triest, nur zur Saison, alle 10 Tage, dauert 30 Stunden,

nach Venedig, nur zur Saison, alle 10 Tage, dauert 24 Std.,

nach Rimini, nur zur Saison, 1 × /Woche, dauert 21 Std.,

nach Ancona, ganzjährig, zur Saison 1 bis 2 × /Woche, dauert 14 Std.

Gleiches Preisniveau für alle vier Fährhäfen: zur Hochsaison einfache Deckpassage ca. 90 DM, in der Kabine ab ca. 135 DM, Pkw bis 4,25 m ca. 105 DM.

Fährabfahrt im Hafen Gruž. Info und Buchen bei Jadroagent (Adriatica) Gruška Obala 64.

Personenfähre zu den Elephatischen Inseln und weiter nach Mljet, 1 × tgl. außer Sonntag.

Kleiner **Jachthafen Gruž** mit allen erforderlichen Einrichtungen, Busverbindung nach Dubrovnik.

Marina zu Dubrovnik in der supergeschützten Ombla-Bucht, ca. 6 km vom Zentrum, Linienbus alle 20 Minuten zum Zentrum.
Große Marina mit ca. 300 Liegeplätzen, tiptop in Schuß. Gutes Serviceangebot vom Supermarkt, Jachtshop, Tennisfeldern bis Reparaturwerkstatt.

Einfacher Lift (max. 24 Tonnen) kostet für ein 9-m-Boot ca. 170 DM. Liegegebühren (9 m Boot) ca. 16 DM/Tag, ca. 1500 DM/Jahr. Parkplatzgebühr für Pkw ca. 3 DM/Tag.

Besonders attraktiv für die Überwinterung von Jachten. Eingezäunte, bewachte Marina mit günstigen Liegegebühren. Gute Flugverbindung von Deutschland nach Dubrovnik, Transfer zur Marina.

Interuniversität Dubrovnik
Interessante Möglichkeit, Urlaub mit anspruchsvollen Fachkursen zu kombinieren. Die »Universität« Dubrovnik hat sich zum Ziel gesetzt, die Zusammenarbeit verschiedener akademischer Institutionen auf der ganzen Welt zu fördern. Sie veranstaltet Kurse über medizinische, juristische, philosophische, linguistische etc. Themen – die von mehreren Professoren verschiedener Nationalität gehalten werden.

Die Kurse sind auf anspruchsvollem Niveau, keine Frontalvorlesungen, sondern Diskussionsrunden. Aktive Beteiligung wird erwartet. Kurssprache ist Englisch und eine weitere (je nach Kurs Deutsch, Jugoslawisch . . .) gute Sprachkenntnisse unbedingt nötig.

Ein Vordiplom, Diplom oder entsprechender Abschluß wird vorausgesetzt. Deswegen sind die Kurse sehr anregend und eine ideale Gelegenheit, mit Kapazitäten eines Fachgebiets zu diskutieren.

Die Kurse dauern meist 2 Wochen, 6 Std. am Tag. Kursgebühr nur ca. 50 DM. Kleine Gruppen, ca. 20 Teilnehmer, damit Diskussionen möglich sind. Voranmeldung bis spätestens zwei Wochen vor Kursbeginn.

Das Programm entweder direkt bei der IUC anfordern oder über den DAAD deutscher Universitäten.

Unterbringung entweder in Hotels, preiswerter privat. Die IUC hat ein Dormitory für ca. 40 Leute. Finden mehrere Kurse gleichzeitig statt, ist es schwierig, dort unterzukommen, denn Studenten aus Jugoslawien oder anderen osteuropäischen Ländern haben Vorrang.

Adresse:	Inter University Centre	in einer
	Frana Bulića 4	Seitenstraße zur Titostraße
	Dubrovnik	200 m zur Altstadt

Ausflüge:
Mit der Seilbahn auf den »**Hausberg« (Brdo Srdj)** 412 m. Sagenhafter Blick über grüne Inselberge und die Spielzeugstadt Dubrovnik. Napoleon hat hier eine Festung hinterlassen – jetzt Restaurant und Disco (Berg-/Talfahrt knapp 5 DM). Talstation mit Parkplatz am Nordtor, oberhalb der Stadtmauer.

Grüne **Badeinsel Lokrum** vor der Haustür. Vom alten Hafen gehen alle ½ Std. die Boote ab. Ruhigere Fleckchen als bei den Hotelstränden.

Zu den **Elephatischen Inseln:** Koločep, Lopud, Šipan (s. unsere Beschreibung). Organisierte Bustouren: nach Mostar, Korčula, Sv. Stefan. Aushänge beim Tourist-Info – oder auf eigene Faust.

Elephatische Inseln
7 grüne Miniinseln dicht vor Dubrovnik, keine Autos, minimaler Tourismus, viel Natur – auch Naturist, schöne Badestrände. Drei Inseln bewohnt und mit Fährbooten erreichbar.

Koločep: die kleinste der drei. Spaziergänger kommen hier voll auf ihre Kosten, markierte Wege, eine Wanderkarte gibt's gleich bei der Ankunft.
Zwei Orte mit Hotels, Donje Čelo sogar mit einem kleinen Sandstrand. Hotel Koločep mit über 300 Betten. DZ ab 90 DM. Zeltmöglichkeit bei den Dörfchen.

Wesentlich lebhafter ist **Lopud:** Der einzige Ort mit Sandstrand, Bootsverleih, Restaurants und Eisdielen an der Uferpromenade. Alle Sehenswürdigkeiten der Insel im Museum (Pfarrkirche), Hotelzimmer in Hülle und Fülle (ca. 1000 Betten). Hotel »Dubrava Pracat« mit 65 DM fürs Doppelzimmer das preiswerteste. Größer Hotel »Lapodia« DZ ab 80 DM. Im Grand Hotel kostet das Zimmer ab 110 DM. Erheblich billiger kommt man mit Privatzimmern weg. Das Doppelzimmer um die 25 DM. Keine Langeweile, für organisierte Ausflüge ist gesorgt.

Šipan: Zwar die größte Insel (mit Busverkehr), aber am wenigsten Touristen, viele Weingärten. Privatzimmer etwas günstiger als auf Lopud und Koločep. Hotel »Šipan« (160 Betten), DZ ab 65 DM.

Fähre ab Dubrovnik (Gruž), die nacheinander alle elephatischen Inseln anläuft bis Polače (Mljet). 1 × täglich außer Sonntag.

Badebuchten südlich von Dubrovnik

Der **Župski Golf** mit vielen Kies- und Felsbuchten profitiert von der Dubrovniknähe (gut 8 km). Die Orte Mlini und Cavtat sind zur Saison ziemlich überfüllt. Es wird viel geboten: gemütliche Restaurants nach deutschem Geschmack, großes Freizeitangebot bei den vielen Hotelanlagen.
Dafür muß man die Düsenjeteinflugschneise in Kauf nehmen. Dubrovniktransport per Boot oder Bus bis Mitternacht!

Kupari, 8 km südlich von Dubrovnik interessiert nur wegen des Campingplatzes (siehe Dubrovnik), der Ort selbst gibt nicht viel her.

Mlini: kleiner Badeort unterhalb der Magistrale; eng gedrängt am Pinienhang; mit schönen Privatquartieren. Kinderfreundliche, seichte Kiesbucht, sonst Fels, viel ausbetoniert.

Privatzimmer ab 10 DM pro Person.

Hotels:
»**Mlini**«: Stadthotel älteren Datums. DZ um die 110 DM.

Hallenbad, Sauna, Kegeln etc. DZ ab 120 DM am Ortsende von Mlini.

»**Astarea**«: riesiger Komplex mit großem Freizeitangebot. Helle Zimmer im Zentralgebäude, manche sogar mit Sesseln.

Campingplatz: ca. 1 km südlich Mlini von der Magistrale rechts runter. Privates Camp, auch mit Zimmervermietung.

Ca. 18 km südlich Dubrovnik, gut 2 km abseits der Magistrale, liegt Cavtat in einem dicht überwucherten Grüngürtel auf einer Landzunge mit schönen Buchten.

Cavtat

ist empfehlenswert zur Nachsaison, keine überfüllten Kiesbuchten mehr, die vielen Restaurants an der Uferpromenade noch belebt.
Am gemütlichsten ist das »RIVIERA« (neben Hotel Supetar), köstliches, selbstgebackenes Brot nach alter Tradition im Holzkohlefeuer, zünftige Holzbänke, mit Kerzenlicht. Balkanplatte für 2 Personen ca. 15 DM.

Enge TREPPENGÄSSCHEN im älteren Kern. Von der griechischen Epidaurusstadt nichts mehr zu sehen. Marktfrauen in weißer Tracht posieren für Touristenkameras.

Auf dem bewaldeten Sporn eine TROPFSTEINGROTTE und das große MAUSOLEUM, vom Bildhauer Meštrović für eine Reederfamilie in den 20er Jahren erbaut.

Tourist Büro am Kai, Titova Obala.

 Post, Bank, Parkplatz und Busstation, alles zentral am Ortseingang.

Stündliche **Verbindung** nach Dubrovnik, Linie 10. Nach Herzeg-Novi und Kotor mehrmals täglich.

Wassersport am Hotelstrand CROATIA:
Segelboote 3 Std. 30 DM, 60 DM/Tag
Motorboote 12 DM/Std., 75 DM/Tag
Ruderboote für 5 DM
Surfboards 10 DM

Die Bucht zum **Surfen** für Neulinge gut geeignet, ruhiges Wasser, doch wegen starken Boots- und Badebetrieb erst mal genau die Vorfahrtsregeln einprägen, sonst gibt's Chaos.

Unterkunft:
Viele Hotelbetten und Privatzimmer (ab 15 DM pro Person)

Hotel »Supetar«: zweistöckiges Stadthotel, ohne Balkons, am Ende (Wendeplatz) der Kaistraße. Einfache Natursteinfassade. Dependance an der Palmenpromenade mitten im Getümmel. DZ ab 55 DM.

Grandhotel »Croatia« De Luxe auf eigener Landzunge, Riesenkomplex für knapp 1000 Leute, mit »bequemen« betonierten Liegeflächen und Strandservice. Gutes Sportangebot. DZ um die 160 DM.

»Cavtat«: an der befahrenen Straße, einfache Zimmer, DZ um die 90 DM.

»Epidaurus« am Ende der Bucht. Ziemlich große Anlage, die Zimmer im Hochhaus etwas klein, empfehlenswerter die freundlichen Bungalows. DZ ab 80 DM.

Einfaches, kleines **Hotel »Adriatic«** nebenan (97 Betten). DZ ab 110 DM, nicht weit zum **FKK-Strand!**

Camping »Tiha«, nicht direkt am Meer, ziemlich überfüllt. Steiniger Wiesenboden, einige Olivenbäume, dürftige Sanitärs. Preis 2 Pers. u. Combi, ca. 10 DM. Am Ortsanfang rechts.

Ab Cavtat, die nächsten knapp 30 km nicht mehr am Meer entlang. Durch dichte Mittelmeervegetation, Zypressen wie Zinnsoldaten überragen die Büsche, hohe Bergketten im Inland, das Meer weit weg.

Eine Handvoll kleiner Orte an der Route, Straßengostionas, vor denen sich ein Lamm am Spieß dreht. Durch eine weite Ebene mit fruchtbaren Feldern, Weinplantagen und grünen Weiden rüber nach Montenegro.

Die ersten kyrillischen Schriftzüge machen deutlich, daß hier eine neue Republik und ein neues Stück Jugoslawien beginnt.

Montenegro

Die kleinste Republik Jugoslawiens hat viel zu bieten: SUPERSTRÄNDE – so die Kiesbuchten bei BUDVA –, viel Platz zum Austoben auf den langen Sandstränden bei ULCINJ (am südl. Ende der »Adria-Magistrale«, nahe der albanischen Grenze), mit dem wohl berühmtesten FKK-Eck Jugoslawiens auf der Insel Ada.

OFFENES MEER bis zum Horizont, keine Inseln mehr vorgelagert und (ausgenommen Bar) glasklares Wasser mit einer Badesaison bis Anfang Oktober.

LANDSCHAFTLICH GRANDIOS und Höhepunkt einer Jugoslawien-Reise entlang der Küste ist der tief eingeschnittene KOTOR-FJORD mit steilen Bergwänden. Aber auch der verschilfte Skutarisee, ein Eldorado für Ornithologen und Angler.

Die »SCHWARZEN BERGE« (MONTENEGRO) sieht man erst im Landesinneren. Viel Wald, schöne Wandergebiete im DURMITOR-MASSIV. Ein Paradies für Kajakfahrer, schroffe Canyons (am wildesten die Taraschlucht), Floßfahrten – aber auch lohnendes Gebiet für »Enduro-Fahrer« über steile Pässe. Aber auch für Wohnmobilisten, die abseits überfüllter Küsten großartige Landschaften und Einsamkeit suchen.

Durch Montenegro zugleich QUERVERBINDUNG um Albanien herum an die GRIECHISCHE GRENZE via Kosovo. Landschaftlich streckenweise ein Leckerbissen!

ANREISE: Ca. 1400 km (München–Ulcinj) VIA ADRIA-MAGISTRALE. Das kostet im eigenem Auto oder per jugoslawischem Küstenbus seine Zeit.

NONSTOP IM AUTO mit ca. 30 Std. rechnen. Allerdings schade, wenn man die Sache in einem »Rutsch« macht. Jede Menge lohnender Stops (z. B. die Umwegroute über die »Plitvicer Seen« – Split, Dubrovnik etc., Details siehe Vorkapitel!) Mindestens 1 Woche reservieren!

WER MEHR ZEIT HAT, kann mit eigenem Auto oder öffentl. Transportmitteln über die Inseln variieren – z. B. ab Istrien rüber nach Lošinj und nach Zadar – oder ab Split parallel zur Adriamagistrale über die vorgelagerten Inseln. Bei den günstigen innerjugoslawischen Fährpreisen keine erhebliche zusätzliche Belastung der Reisekasse – aber viel Flair!!

SCHNELLANREISE MIT PKW: ab BRD/Österreich über den Autoput (Seite 262) und Querverbindung Sarajevo–Mostar-Dubrovnik. Details Seite 273.

SCHNELLVERBINDUNG VIA KÜSTE/EILFÄHRE JADROLINIJA ab Rijeka siehe S. 123, 136. Auch Pkw-Mitnahme möglich, aber in der Sommersaison rechtzeitig vorbuchen!!

ALTERNATIVE: ANREISE via schneller, allerdings gebührenpflichtiger italienischer Autobahnen und mit Adriafähre rüber nach Jugoslawien. Alle Details siehe Anreisekapitel in Einleitungsteil dieses Bandes!

Adriamagistrale

ca. 120 km

Dubrovnik – Bucht von Kotor – Petrovac

Gut ausgebaut und asphaltiert bis Ulcinj. Dichtes Busnetz bis Bar. Die jahrhundertealte, gemütliche Stadtarchitektur von Kotor, Budva und Ulcinj wurde leider durch das schwere Erdbeben von 1979 zerstört. Flair und Atmosphäre gingen verloren. Wiederaufbau geplant, geht nur schleppend voran. Im »Alltag« merkt man jedoch heute vom Erdbeben nichts mehr.

Bucht von Kotor:

Nach dem etwas langweiligen »Einstieg« bei Herzeg Novi: grandiose Landschaft, ein tief eingeschnittener Fjord mit den Steilhängen des schroffen Lovčen-Massivs. 1700 m senkrecht aus dem Meer, die Straße quetscht sich eng ans Ufer.

Herzeg Novi (6000 E.) macht als Badeort Reklame – am Eingang des noch flacheren Fjordteiles. Aber wer schon bis Montenegro vorgedrungen ist, fährt zum Baden besser eine Ecke weiter. Mietskasernen, Kleinindustrie und Werften sorgen nicht gerade für Urlaubsambiente.

12 km bis **Bijela** zersiedelt. Viel im Bau, kleine Autocamps an der Straße, aber nur als Notquartier zu empfehlen. Keine schönen Strände. Abkürzung per TRAJEKT an der engsten Stelle der Bucht – von Kamenari rüber nach Lepetane. Spart zwar die ca. 25 km um den steilen Fjord, aber man verzichtet auf den grandiosesten Teil! Abfahrt/Trajekt tagsüber permanent.

Diese Engstelle konnte früher mit Ketten abgesperrt werden, daher der Name Verige = Ketten.
Die Bucht von Kotor ab der Meerenge landschaftlich phantastisch und Höhepunkt der Strecke.

Risan, größerer, aber nicht sehr reizvoller Ort. Touristisch durch das große HOTEL »TEUTA« von Bedeutung. Ein kantig moderner Glas-/Betonbau, trapezförmig direkt zum Meer. 210 Betten, grober Kiesstrand. Hier am Ende der Bucht ist das Meer nicht so lockend, trübes Wasser. DZ ca. 75 DM.
Der Hotelname Teuta erinnert an die illyrische Königin Teuta, die 228 vor Chr. vor den Römern hier nach Risan flüchtete.

Lohnendes Fußbodenmosaik einer RÖMISCHEN VILLA (2. Jh.): Hypnos, der Gott des Schlafes, macht sich's im Zentrum des runden Mosaiks bequem. (Von der Magistrale im Ort links ab, ca. 100 m.)

Großartiger Rundblick über den Fjord, wenn man mit eigenem Pkw die superschmale Serpentinenstraße bei Risan in die Berge rauffährt! (Abstecher, ca. 10 km retour.)

Perast, ein verträumtes Nest auf halbem Wege nach Kotor unterhalb der Straße. Mittelalterliches Ministädtchen mit gut erhaltenen Barockfassaden. Ein friedlicher Fleck in der Schmetterlingsbucht.
Bescheidenes HEIMATMUSEUM im Barockpalast der Familie Bujovic von 1694 an der Uferstraße. Kleine Kanonen, Truhen und Gegenstände, die den Peraster Seeleuten sammelnswert erschienen.

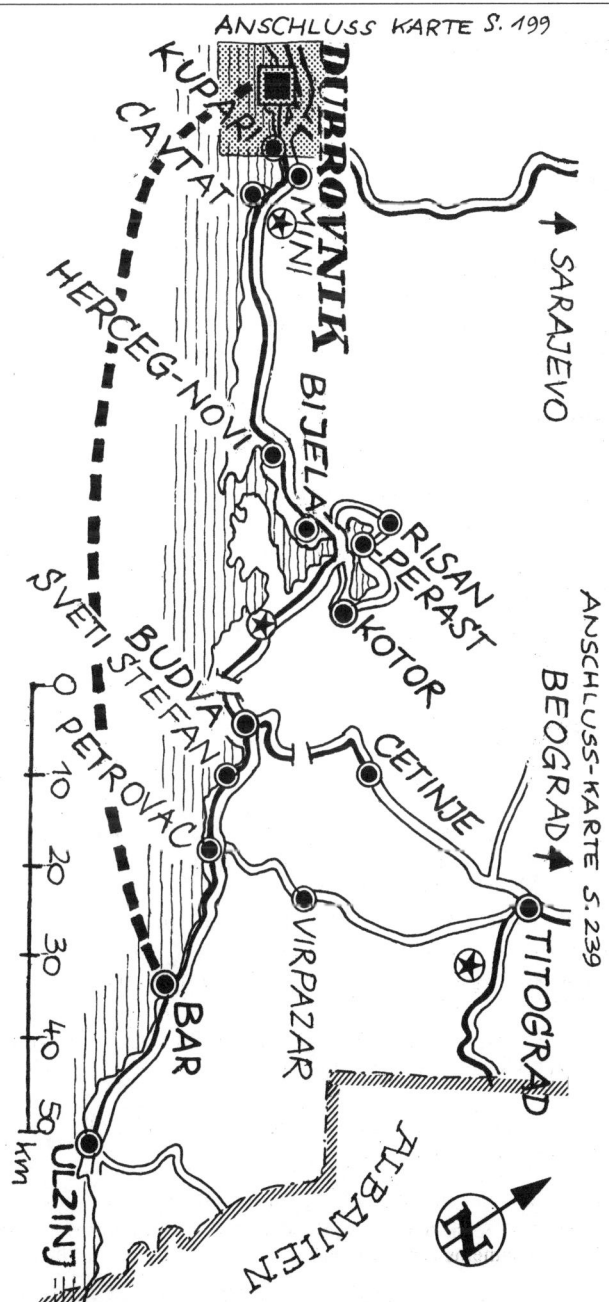

2 idyllische Kircheninselchen gegenüber. Die Gospa od Skrpjela-Kirche auf einem eigens aufgeschütteten Riff erbaut.

Übernachtungstip »Hotel Villa Perast« ein tiptop gepflegtes kleines Hotel mitten im Ort an der Uferstraße. Gut ein Dutzend Zimmer und geräumige Appartements in dunklem Mobiliar. Sitzgruppe mit Clubsesseln, TV, gut gefüllter Barkühlschrank. Große Schlafnische, durch einladende beige Volants abgeteilt. Blick über die Bucht. Dachterrasse mit Sitzgruppen. Nobles Restaurant mit Terrasse zum Meer. DZ ca. 75 DM, Appartement ca. 95 DM.

Busverbindung nach Kotor und Richtung Risan, Herzeg-Novi.

Autocamp »Fjord«, terrassiert, wiesig mit Meerzugang, ca. 3 km vor Kotor.

Durch ein ausgedehntes Vorstadtviertel nach **Kotor.** Nach dem Erdbeben vom 15. April 1979 entstanden außenrum die Neubausiedlungen.

Der mittelalterliche Kern von Kotor ist Trümmerstadt. (10 000 E.) Touristen schleichen zwischen Bauschutt und fotografieren Erdbebenruinen. Am stärksten wurde der Hauptplatz betroffen – nur der Uhrturm blieb ganz. Zögernd beginnt die Altstadt wieder zu leben. Erste Boutiquen neben klaffenden Löchern. Es wurde und wird wieder aufgebaut – ein Ende aber noch nicht absehbar.

Phantastisches FESTUNGSSYSTEM zieht sich über der Stadt 4,5 km den Berg hinauf. Wuchtiger Mauergürtel gut getarnt im Fels mit Beobachtungstürmen und Befestigungsbollwerken.

Auf dem MARKT vor den Stadtmauern gibt's Butter frisch aus dem Butterfaß und Schafskäse. – Ganz neuer KAI mit Parkplätzen vor der alten Stadt.

Großer Busbahnhof (Stanica) kurz nach der Kreuzung Tivat/Richtung Budva. **Taxistand** gleich dabei.

Busse nach Beograd 1 × täglich
Bar 8 × täglich,
nach Budva stündlich,
Titograd 7 × täglich,
nach Ulcinje 3 × täglich,

nach Cetinje 1 × ganz früh.
Sarajevo 1 × täglich,
Skopje, Zagreb, Pula jeweils 1 × täglich.
Nach Herzeg-Novi alle 1–2 Std.,
nach Dubrovnik 3 × täglich (weiter über Kardeljevo, Rijeka).

Ab Kotor gibt's 2 Möglichkeiten Richtung Süden, nach Budva, beide landschaftlich reizvoll.

KÜRZER (INSGESAMT NUR 25 KM) und schneller über den Berg. In breiten Serpentinen schraubt sich die Straße rauf, schöner Blick runter auf Kotor und die Bucht. Nach 5 km sehr lohnender Abzweig zum Lovćenpaß mit sagenhaften Ausblicken auf die Bucht von Kotor und weiter nach Cetinje (39 km), siehe Seite □ □.
Nach der Kreuzung gute Straße durchs Inland Richtung Budva, weite Ebene voller Felder und halbfertiger Betonhäuser, der Giebel schon hochgezogen, das Erdgeschoß bereits jahrelang bewohnt, nur das Dach wartet noch – bis wieder Geld da ist.

DIE ETWAS LÄNGERE VARIANTE (47 km) über die Uferstraße Richtung LEPETANE–TIVAT: Die tolle Aussicht aufs Lovćen-Massiv und Boka können nur die Beifahrer genießen, verdammt schmale Straße, nichts für breite Vehikel, kaum Ausweichbuchten. Auch hier keine Strände.

AUTOCAMP »LOVĆEN« in Lepetane – ein Verlegenheitscamp, schräger Wiesenboden, zwar Schatten, aber zum Meer über die Straße.

Tivat (7000 E.) läßt man besser rechts liegen – häßliche Industriestadt mit Flughafen – trotzdem hoffen die vielen Hotels und ein Camp auf Gäste.

Nach gut 20 km schnurgerader Straße Abzweig zum AUTOCAMP JAZ, offene Riesenbucht mit Sandstrand (800 m lang), seicht ins Meer – richtig kinderfreundlich. Extra FKK-Bucht – Großer Wiesenplatz mit jungen Pappeln, wer will, kann direkt auf dem Strand zelten. Der Superstrand entschädigt für die primitiven, abgewrackten Sanitärs. 3 km nördlich Budva. Supermarkt und Restaurant.

Budva   5000 E.

Tourismuszentrum Montenegros. Leider wurde die schöne Altstadt durch das Erdbeben von '79 zerstört. Schilder warnen vor Einsturzgefahr, aus den Häusern wuchern bereits Sträucher, während die Rekonstruktion nur schleppend vorangeht.

Das Leben läuft außerhalb der Mauern weiter. Kneipen, Restaurants und Promenade um den Hafen. Der Jachthafen vor den Stadtmauern. Großes Hafenbecken mit Liegeplätzen am Kai. Stromanschluß, Wasser und Telefon.

  an der Einfahrtsstraße, ebenso Post (offen von 7–19 Uhr)

 schräg gegenüber „Hotel Avala"

AUTOMIETEN bei »Unis Turist«. An der Einfahrtsstraße ARZT, Ambulanz im neuen Budva links der Magistrale.

Hauptattraktion von Budva sind die Kiesstrände, der Avala-Strand mit 200 m Kiesel und der Slowenische Strand – über 1000 m Kiesel-Sand.

Transporte

Busbahnhof beim Kai mit Gepäckaufbewahrung.

Busse nach	Häufigkeit
Bar	alle 1–2 Std.
nach Kotor, Petrovac Sutomore	alle 1–2 Std.
nach Dubrovnik	5 × tgl.
nach Kardeljevo	3 × tgl.
nach Split	2 × tgl.
nach Rijeka, Pula	

Beograd	jeweils 1 × tgl.
nach Risan	9 × tgl.
nach Titograd	6 × tgl.
nach Tivat	6 × tgl.
nach Ulcinje	3 × tgl.
nach Cetinje	6 × tgl.

Flughafen gut 20 km nördlich bei Tivat. 5 × /Woche geht ein Flug nach Beograd, dauert ca. ¾ Std.

Jat-Büro in Budva in der Titova Ulica, gegenüber vom Avala-Hotel. Geöffnet von 7–19 Uhr.

Unterkunft

Hotelbucht Budva-Becici ca. 4 km südlich von Budva mit guter Busverbindung, traumhafter 2 km langer Strand – feinsandig und kieselig. Isoliertes Hotelghetto – nicht jedermanns Geschmack, in gepflegten Grünanlagen. Teure Hotelbetten – einheitlich um 110 DM das DZ.

Hotel »Montenegro I u. II« 600-Betten-Komplex, hier tummeln sich hauptsächlich Pauschalreisende. Zweckmäßig eingerichtete helle Zimmer. 600-Personen-Großrestaurant für die Vollpensionsabfütterung.

Kein besseres Bild im neunstöckigen **»Merkur«**. Nach dem Erdbeben aber neue Zimmerausstattung. Geschmackvoll eingerichtet, hat uns gut gefallen.

Zimmer im **»Splendid«** mit heller Fensterfront, gepflegt, aber schon älteres Mobiliar.

»Mediteran«: nüchterne Zimmer mit Balkon. Stammplätze in der Hotelspeisehalle.

»Beograd« – kleineres Strandhotel aus den 60er Jahren. Recht ungezwungen, verschiedene Zimmer zeigen lassen – unterschiedlich guter Zustand.

Privatzimmer relativ günstig ab 9 DM/Person.

Autocamp »Avala« an der Magistrale, zum Baden über die Straße durch die Hotelanlagen. Leicht schräges Wiesengelände, gut schattig, Stromanschlüsse. Sehr gute Busverbindung nach Budva.

Lohnende Tagesrundtour zur ehemaligen Hauptstadt Montenegros nach CETINJE (Details Seite 231 und 240), Abstecher zum Njegoš-Mausoleum auf dem Lovćen-Gipfel einbauen, von dort oben phantastischer Blick. Weiter zum riesigen SKUTARI-SEE (Seite 243) mit seltenen Wasservögeln und vielen Fischern in kleinen Holzbooten. Über die Küstenberge (655 m) bei PETROVAC wieder an die Küste. Mehr darüber im Text.

Auch **organisierte Touren** möglich, nach Dubrovnik, an die albanische Grenze, zum Skutari-See und in die Tara-Schlucht.

Ca. 7 km nach Budva an der Magistrale: Die traumhafte Fast-Insel **Sv. Stefan.** Der letzte Fischer mußte in den 50er Jahren den Luxusappartements weichen. Jetzt Jugoslawiens originellste Hotelsiedlung, Tip-Top-Strand in »splendid isolation«. Von 10.30–18 Uhr darf man die Insel besuchen (Eintritt!), malerische enge Gassen und Treppen, einladendes Restaurant. Die Fischerhäuschen sehr ansprechend modernisiert, heute ein Luxushotel mit allem Komfort, außergewöhnlich gemütlich mit französischen Betten, Sitzecke, sogar eine Minibar. Von Lage und Originalität das schönste Hotel Jugoslawiens. DZ ca. 150 DM.

Wer keinen Platz mehr auf der Insel findet – komfortabel wohnt man auch gegenüber im »MAESTRAL« (großes Freizeitangebot). DZ ca. 250 DM.

Bei den Preisen nimmt man besser ein PRIVATZIMMER (DZ 20–30 DM) in den Häusern am Hang und genießt den Blick auf Sv. Stefan.

AUTOCAMP »CRVENA GLAVICA« 1 km weiter. Schöner FKK-Platz, teils Feinkies, teils Wiese, viele Olivenbäume bieten Sonnenschutz. Bei den Toiletten und Duschen ein Auge zudrücken. Zum Strand runter Fußweg. Mehrere Kiesbuchten, beim Schwimmen Superblick auf Sv. Stefan.

10 KM AUF DER MAGISTRALE WEITER NACH PETROVAC. Landschaftlich sehr reizvoller und wilder Küstenabschnitt. Die hohen Berge dicht am Meer. Schroff bis auf 800 m rauf. Anfangs mit dichtem Grün, viele karstig graue Felsabrisse. Die Magistrale geht meist weit oberhalb vom Meer an den Berghängen entlang.

Petrovac
1000 E.

gibt selbst nicht viel her, phantastisch sind aber die Landschaft und der lange Strand. In einer herrlichen Bucht unterhalb der Magistrale gelegen, 2 vorgelagerte Inselchen. Der Ort Petrovac wurde durch das Erdbeben '79 in fast seiner gesamten Bausubstanz zerstört. Nur noch eine Handvoll alter Häuser, ansonsten ein Neubauort mit großen Hotels (insges. 1000 Betten!).

Unterkunft

Hotel »Palas« ganz modernes Hotel im Zentrum. Erst eine Saison alt. Hell verklinkert, recht aufgelockert gebaut. Direkt am Meer, Swimmingpool und Hallenbad, Sauna, Kegelbahn und Trimmraum. DZ um die 100 DM.

Schräg gegenüber **»Ville Oliva«** im schönen Olivenpark versteckt. Doppelstöckig im Reihenhausstil mit Balkons. Ca. 100 m zum Meer. DZ ca. 70 DM.

Hotel »Castellastva« großer Ziegel-/Betonbau an der Straße. Gepflegte Zimmer, die üblichen Doppelbetten, Minitisch. Meerblick vom Balkon nur aus den oberen Stockwerken. Zum Strand ca. 200 m am Hotel Palas vorbei. DZ ca. 75 DM.

Privat zahlt man ca. 10 DM pro Person. Fast alles Neubauten, und bei dem kleinen Ort oft nur ein Katzensprung zum Strand.

Schöner **Ausweichstrand** in der südlichen Nachbarbucht. Ca. 200 m lange Sandbucht, zu Fuß 10 Min. an der Schule vorbei.

Kilometerlange Kieselsandbucht bei **Buljarica,** 2 km südlich mit großem AUTO-CAMP. Tolle Bergkulisse beim Morgenbad. Und der Autolärm der Magistrale weit weg. Allerdings kein Schatten, und die Klohäuschen spotten jeder Beschreibung.

Busbahnhof von Petrovac am Ortseingang. Busse nach Bar, Igalo. Nach Sv. Stefan, Budva 5× tägl., ebenso nach Buljarica (Campingplatz und schöner Strand).

Ausflüge ins Landesinnere/Montenegro:

VON PETROVAC windet sich die Straße die Berge rauf – rüber zum Skutari-See, dem größten Binnensee des Balkans und weiter nach Beograd bzw. durch Kosovo entlang der albanischen Grenze Richtung Griechenland. Details Seite 237.

AUCH WER NICHT WEITER nach Griechenland will: 2 sehr lohnende Ausflüge ins Innere Montenegros! Zeitbedarf 1–2 Tage – je nach Extras (z. B. Floßtrip auf der Tara, Wandern im Durmitor-Massiv etc.), jedoch 1–2 Wochen. Eigenes Auto insbesondere bei Abstechern nützlich zur Zeiteinsparung.

❶ Ausflug zum Skutari-See (ca. 30 km einfach)
Größter und fischreichster See des Balkans. Bootsfahrten ab VIRPARZAR über den See möglich. Es gibt Busverbindung ab Petrovac nach Virparzar, die Straße (Asphalt) in vielen Serpentinen die Küstenberge rauf, teils 10% Steigung und grandioser Panoramarundblick über Küste und Meer. Nach der Paßhöhe (655 m) flach runter zum SKUTARI-SEE. In der Ferne die Berge Albaniens. Mehr über den Skutari-See siehe Seite 243.
STATT den gleichen Weg zurück: konstrastreiche RUNDTOUR über Titograd nach CETINJE, der ehemaligen Hauptstadt Montenegros. Mit einem interessanten Museum in der Königsresidenz. Über den LOVĆEN-PASS runter nach KO·

TOR. Von der Serpentinenstraße sagenhafte Rundsicht über den tief eingeschnittenen Schmetterlings-Fjord. Ca. 140 km Asphaltstraße: Petrovac –
Skutari-See – Titograd – Cetinje – Kotor. Ohne eigenes Auto: tägl. Busverbindung, allerdings 2 Tage kalkulieren. Alle Details siehe Seite 238.

❷ **Montenegro-Rundtrip**   **(ca. 450 km)**
Mindestens 2 Tage (mit eigenem Pkw und ohne Extras wie Floßfahrt Tara, Wandern etc.) einplanen – damit die Fahrerei noch Spaß macht. Öffentlicher Transport existiert, allerdings Minimumbasis 4 Tage.

Von der KÜSTE (Petrovac) über den SKUTARI-SEE. Eventuell Übernachtung
mit Bootsausflug am nächsten Morgen über den See. Dann durch den gigantischen MORAČA-CANYON (Felswände bis zu 1000 m hoch! Am Ende der
Schlucht das hübsche Freskenkloster Morača) weiter nach Mojkovac.
Hier zweigt eine Asphaltstraße ab, durch die TARA-SCHLUCHT, Europas
längster Canyon. Der engste und wildeste Teil der Schlucht allerdings nur per
Floß befahrbar; über Serpentinen rauf ins Durmitor-Gebirge nach ŽABLJAK.
Weite Hochebenen mit Almwiesen und montenegrischen Bauernhäusern. Schöner Stop (Hotels, Restaurants) beim »SCHWARZEN SEE« in ŽABLJAK. Tief-
grüner Tannenwald und schöne Wanderungen, Details Seite 249.

Sehr kurvig weiter nach Nikšić (Übernachtungsmöglichkeit) und entlang des
Zeta nach TITOGRAD. Kurz vorher das Felsenkloster Ostrog. Ab Titograd ent-
weder nach Petrovac – oder wie in ❶ beschrieben über Cetinje nach Kotor. Alle
Details an den entsprechenden Textstellen!

Adriamagistrale

Petrovac – Bar – Ulcinj (56 km)

Die letzten 16 km sind Stichstraße an die albanische Grenze, die seit Jahren für den Transit zu ist.

10 km nach Petrovac: **Sutomore** mit den gut im Fels getarnten Festungsruinen HAJ-NEHAJ. Von den Venezianern angelegt, später von den Türken ausgebaut. Der Ort Sutomore (2500 E.) ist selber fad, lebt aber von seinem 1,3 km langen Sand/Kiesstrand. Viel Grün, Olivenhaine. Die Berge treten allmählich zurück, und die Erdölraffinerie von Bar lugt schon um die Ecke. »HOTEL KORALI«: zu nah an der Magistrale, aber nur einen Katzensprung ins Meer! Helle Zimmer, freundlich eingerichtet, DZ ab 50 DM. PRIVATZIMMER im Ort ab 10 DM/ Bett.

Bar 15 000 E.

Industriehafen mit Raffinerien. Wichtig als Fährort nach Italien, Griechenland und Rijeka. Trotz Strand bleibt hier niemand länger als unbedingt nötig. Eine sterile Stadt mit hypermodernen Rundbauten und unpersönlichen Hochhäusern. Abgasverqualmte Innenstadt und drückend heiß im Hochsommer. Aber Verkehrsknotenpunkt im Süden Jugoslawiens.

Verbindungen:

Busse: nach Kotor und Dubrovnik, Titograd und Ulcinj 2 × tägl.

Eisenbahn: Endstation des Gleises nach Beograd (524 km, streckenweise landschaftlich sehr lohnende Fahrt, 5 × tägl/ca. 7–8 Std). Passiert Skutari-See und Titograd.

Fährschiffe mit Autotransport: nach **Italien (Bar-Bari)** zur Saison 2 mal wöchentlich/ bequeme Nachtfähre. Betrieben von der »Prekookeanska Plovidba«. Großes, weißes Gebäude, offen Mo.–Fr. 7–20 Uhr, Sa. 7–14 Uhr, So. nachmittag, am Hafen. Deckspassage ca. 50 DM/Person – der Pkw bis 4,50 m ca. 60 DM.

Interessant als QUERVERBINDUNG bei Trips im MITTELMEER-RAUM für Leute mit viel Zeit: also z. B. entlang der jugoslawischen Adria-Magistrale runter nach Bar – rüber nach Bari/Italien und über die Stiefelspitze rüber nach Sizilien und retour mit der Sizilien-Fähre rauf nach Genua (eventuell Sardinien einbauen). Durchgehend gute Verkehrsverbindungen (Bus bzw. Zug), und landschaftlich als »Querschnitt« ungemein interessant.

Wer kein eigenes Auto dabei hat, dürfte an Fähr-, Bus- und Zugkosten für die GE-SAMTRUNDTOUR ca. 300 DM zahlen, Zeitbedarf 1 Monat oder mehr. Viele Tips und Kniffe, wie man Geld sparen kann durch günstiges Routenlegen, aber auch Details zu Unterkunft, Essen, Verbindungen etc. in unseren Mittelmeerbänden »KORSIKA« – »SARDINIEN« – »SIZILIEN« – »SÜDITALIEN« und »TOSCANA«.

ALS ANREISEROUTE für Montenegro-Urlaub lohnt sich die »Bari-Bar-Fähre« nur, wenn man ohne eigenes Auto reist. Fährhäfen im nördlichen Adriabereich Italiens sind für Montenegro preisgünstiger (unter Berücksichtigung ital. Autobahngebühren und Spritpreise). – Ohne eigenes Fahrzeug dagegen Rückgriff auf die superbilligen ital. Eisenbahnen bis Bari!

Eilfähre »Jadrolinija«: Rijeka/Nordjugoslawien, durch die Inselwelt der jugoslawischen Küste über Dubrovnik und weiter bis Bar. Zur Saison ca. 1mal/Woche. Details siehe »innerjugosl. Fährverbindungen«! Das Schiff fährt weiter entlang der albanischen Küste nach Igoumenitsa/Nordgriechenland.

Jat-Flughafenbüro direkt neben dem Fährbüro der »Prekookeanska Plovidba«.

Interessanter als Bar ist das hangaufwärts, ca. 5 km von der Küste entfernte **Stari Bar**. Mit Ruinenstadt und buntem Markt. Die efeuüberwucherten Ruinen stammen von 1877, als die Montenegriner Stari Bar bombardierten, um die Türken zu vertreiben. Die Stadtmauern wurden durch die Venezianer angelegt und von den Türken ausgebaut. Die Unterstadt mit ihren Minaretten hat beim '79-Erdbeben stark gelitten.

Durch weite, flache Landschaft **22 km von Bar bis Ulcinj.** Recht fruchtbar, aber nur wenig reizvoll. Die besten Sandstrände Jugoslawiens liegen bei Ulcinj; bis spät ins Jahr warmes Badewetter.

Ulcinj   9500 E.

Südlichste Küstenstadt des Landes. Lockt mit einem 12-km-Sandstrand und einem Hauch von Orient: Moscheen, verhüllte Frauen in Pluderhosen, niedrige Häuschen mit Čevapčinicas. Risse in den Hausmauern erinnern an das Erdbeben.

Die ALTSTADT auf dem Sporn verwüstet, chaotisch, kaum zu ahnen wo, die Gassen verliefen – Hühner picken zwischen Trümmern, der Moschee fehlt die Minarettspitze. Es wird viel getan, dauert aber noch Jahre, bis hier wieder Menschen leben können.

ORTSSTRAND: 500 m feiner, allerdings dunkler Sand, die schöne, aber proppevolle Bucht gilt als Einheimischenstrand.
BUSBAHNHOF, POST, BANKEN im neuen Ulcinj.

Restaurants

Den besten Blick über die Bucht und Stadt vom »**Restaurant Starigrad**«, dem ersten, wiederaufgebauten Restaurant der Altstadt. Recht preiswert.

»**Pizzeria Basar**«, auf türkisch gemachtes Eckhaus an der Straße zum Meer, gut in Schuß.

In Strandnähe »**Rest. Amfora**«, innen etwas kahl, schöner auf der Dachterrasse, große Fischauswahl.

Unterkunft:

Privatzimmer im Ort um 8 DM/Person.

Alle **großen Hotels** am berühmten »VELIKA PLAZA«-STRAND – 4 km südl. über den Meeresarm Milena. Ein endloses Sandband (Rarität in Jugoslawien), allerdings grau.

»**Bellevue**«, Mammuthotelkomplex (740 Betten) in 3 Häusern, fest in Händen deutscher Pauschaltouristen, Zimmer mit Einheitsmobiliar, so konzipiert, daß man sie nur zum Schlafen und Duschen benützt. DZ ca. 85 DM!

Bungalowanlage »Lido« – jeweils 8 Zimmer bilden einen Bungalow – kleine, zweckmäßig möblierte Zimmer – wer abends gerne noch einen Krimi liest, bringt sich besser eine Taschenlampe mit. DZ ca. 90 DM.

Gehört zum »**Grand Hotel Lido**«, DZ 100 DM.

»**Olympic**«, 250-Betten-Hotel mit Hallenbad, Sauna – Zimmer o.k. DZ ca. 100 DM.

Häufige **Busverbindungen** von den Hotels nach Ulcinj.

Das **Autocamp** direkt nach der Brücke nicht zu empfehlen – voll und schmutzig.

Besser: **Autocamp Neptun**, ein paar km weiter im Eichenwäldchen, viel Schatten, sandiger Boden, mit Strom und Mietkühlboxen, Restaurant. Zum Strand einige hundert Meter durch Dünen. Günstig für 2 Pers. ca. 6 DM.

Gute Asphaltstraße (16 km) bis in den letzten Winkel Jugoslawiens zur **FKK-Insel Ada Bojana.** Sandstrand und Blickkontakt nach Albanien. Landschaftlich flach wie in Holland, sehr fruchtbares Hinterland.

2 umgebaute Kutter transportieren die Autos über den BOJANA-FLUSS. Ada nur anzuschauen ist teuer – 6 DM/Person, Campen dafür billig – 7 DM für 2 Pers./Auto/Zelt/Fähre.

Gut 3 KM SANDSTRAND, trüb, dunkel und seicht! Zum Schwimmen muß man 100 m reinlaufen – zum Planschen für Kinder optimal – aber Vorsicht, es soll gefährliche Unterwasserströmungen geben!

Gutes SPORTANGEBOT: Windsurfen, Wasserski, Segelboote, Motorboote, Reiten und Tennis

UNTERKUNFT in sehr einfachen Steinhäusern, die eine Renovierung vertragen könnten, düsteren engen Holzpyramiden oder kleinen Wohnwagen. Preis für 2 Personen 80–100 DM.

Die FKK-Freuden werden allerdings gescheit getrübt, wenn mal wieder Mükkenschwärme aus dem nahe gelegenen Sumpfgebiet anrücken.

*Am Ende der ADRIA-MAGISTRALE – in der Bucht von Kotor, spä-
testens aber in Bar – entscheidet sich der weitere Verlauf der Reise-
route:*

❶ Südjugoslawien/Küste – retour nach Mitteleuropa:

🅐 Bequem, allerdings für den Pkw rechtzeitig vorbuchen: Mit dem in der
HS 1mal/Woche verkehrenden **Küstendampfer der »Jadrolinija«** auf der
Strecke Bar–Dubrovnik durch die jugosl. Inselwelt nach Rijeka/Nordjugo-
slawien. Details siehe Einleitungskapitel des Bandes »innerjugosl. Verbindungen«!

🅑 **Retour via Süditalien:** FÄHRE BAR–BARI/ITALIEN nehmen. Schnelle Adria-Autobahn auf der italienischen Seite sowie seitliche Abstecher,
z. B. Gargano und Apulien. Alle Details in unserem Süditalien-Band von
Hans Bausenhardt (Band Nr. 12).

Sowohl bequem für LEUTE MIT EIGENEM FAHRZEUG wegen der ital.
Autobahnen. Ca. 1300 km ab Bari bis München bei durchgehender Autobahn. Nonstop in 1 Tag + 1 Nacht zu schaffen. Besser aber die Fülle lohnender Abstecher nutzen und ein paar Tage anhängen!

Auch für Leute, die mit ÖFFENTLICHEN VERKEHRSMITTELN reisen,
sehr günstig wegen der billigen inneritalienischen Eisenbahnen. Bari–Bren-
ner/österr. Grenze nur ca. 60 DM! Abgesehen davon gibt's für die ital. Eisenbahnen eine Fülle Spezialtickets, die die Sache – insbesondere bei Ab-
stecher-Trips – noch billiger machen, z. B. das Ticket »BIGLIETTO
CHILOMETRICO«, das für beliebig zusammengestückelte Teilstrecken
auf 3000 km erhebliche Ermäßigung auf die sowieso günstigen Inneritalien-
Strecken bringt. Alle Details im »Bausenhardt«!

DENKBAR AUCH: Ab Bari/Italien mit dem billigen, innerital. 3000-km-
Eisenbahnticket nach Palermo/Sizilien und der billigen Deckpassage rüber
nach Cagliari/Sardinien. Quer über die Insel. Gute Busverbindungen und
sehr lohnende Landschaften, insbesondere an der Ostküste. Billigfähre (1
Nacht) nach Civitavecchia (nähe Rom) und Zug nach Deutschland/Öster-
reich/Schweiz. Reine Fahrzeit ohne Anschlußwarterei und Abstecher ca. 3
Tage! Alle Details in unseren entsprechenden Mittelmeerführern.

🅒 **Ab Bar (Einstieg Petrovac oder Kotor) durchs Inland** und rauf zum jugoslawischen AUTOPUT (BEOGRAD). Beschrieben im Folgekapitel. Eine
Rundtour, die ihren Vorteil in der schnellen Rückführung auf dem Autoput
hat. Landschaftlich großartig bis BELGRAD. Aber genau im Autoput liegt
der Pferdefuß: eine Horror-Route, Details Seite 262.

❷ Südjugoslawien/Küste – Griechenland:

❶ **Via Küstenfähre der »Jadrolinija«** von Bar/Jugoslawien entlang der albanischen Küste nach Igoumenitsa/Nordgriechenland. Eine Nachtfähre mit Pkw-Transport, die gegen 17 Uhr (Dubrovnik) und 21.30 Uhr (Bar) ablegt und am nächsten Mittag Igoumenitsa erreicht. VORTEIL: nach der ungemein lohnenden und reizvollen Anreise entlang der jugoslawischen Küste (öffentlicher Transport Schiff/Bus/Flug bzw. Auto) abends Einschiffen in die Fähre und am nächsten Morgen in Nordgriechenland!

Die **Deckpassage** ist bei ca. 55–65 DM (je nach Vor-/Hauptsaison) billig für die Länge der Strecke. Der Pkw kostet je Größe, Saison und Fährhafen (Dubrovnik bzw. Bar) zwischen 110 DM/bis 4 m Länge und ca. 150 DM/ über 4,5 m.

Achtung: ab Bar nur 1 × /Woche (im Winter keine Verbindung), ab Dubrovnik dagegen in der Saison 3 Fähren pro Woche. Die Pkw-Mitnahme zur Hochsaison – kurzfristig ohne Vorreservierung – kann sehr schwierig sein, da die Verbindung ungemein beliebt ist. Person an Deck sollte jedoch auch in HS ohne Probleme kurzfristig klappen!

Reservierungsmöglichkeiten: BRD: – »Deutsches Reisebüro«, Eschenheimer Landstr. 25–27, 6000 Frankfurt. Jugoslawien/Rijeka: Obala Jugoslavenske Mornarice 16.

❸ **Via Südjugoslawien/Inland.** Rund 700 bis 800 km in riesigem Bogen um Albanien rum. Allein vom Sprit sowie Autoabnutzung teurer, als die Autofähre entlang der Küste (abgesehen von einem Zeitbedarf von mindestens 2 Tagen bis zur Grenze). Einer der Gründe, warum die Küstenfähre Dubrovnik/Bar nach Igoumenitsa/Griechenland in der HS oft auf Wochen für Pkw-Transport ausgebucht ist.

ALLERDINGS VORTEIL der Inlandroute: streckenweise ungemein lohnende Landschaften. Einsamer, wilder Balkan. Beschrieben im Folgekapitel! Was das sehr lohnende »Durmitor-Massiv" und die »Tara-Schlucht« betrifft: läßt sich auch als Rundtour ab Bar oder Bucht von Kotor/Küste einbauen.

Südjugoslawien/ Inland

HAUPTVERKEHRSACHSE ist die durchgehend asphaltierte Landstra-ße von Petrovac/Küste via Titograd–Priština an die griechische Grenze. Ca. 700 bis 800 km JE VARIANTE (via Autoput und Grenzübergang bei Gevgelija – oder sehr lohnenden Ohrid-See/Grenze Bitola).

Landschaftlich großartig, durch bewaldete Bergtäler, teils schroffe Canyons. Mindestens 2 Tage ohne größere Abstecher einkalkulieren!

VIEL VOM FLAIR DES UNERSCHLOSSENEN BALKANS. Als Bonbon eine Floßfahrt auf der Tara durch einen Cañon mit 1000 m aufsteigenden bewaldeten Felswänden.

DIE ROUTE ÜBER PEĆ, PRIZREN führt tief ins Kosovo, stark albanisch beeinflußt. 2 interessante Freskenklöster direkt am Weg.

IN SKOPJE teilt sich die Strecke: unbedingt lohnend entlang der albanischen Grenze zum Ohrid-/Prespa-See, mit Verbindung nach Griechenland, oder erheblich schneller, aber langweiliger über den Autoput Skopje–Grenzübergang Gevgelija/Griechenland.

Ab Küste/Montenegro drei Möglichkeiten ins Landesinnere:
❶ Wer noch bis zur Südspitze/Ulcinj an der albanischen Grenze weiterfährt, nimmt vermutlich die **Serpentinenstraße ab Petrovac** über die Küstenberge runter zum Skutari-See.

Gut ausgebaute Paßstraße bis auf 655 m rauf. Schöner Panoramablick erst über die Küste , dann Blick über den weiten Skutari-See. Schleichende Lkw hemmen flotte Verbindung; über die Strecke verläuft die Hauptverbindung von der Küste/Hafen Bar nach Titograd!

❷ Die **landschaftlich erheblich schönere Strecke geht ab Kotor** an der gleichnamigen Bucht in schmalen und engen Serpentinen an der Fjordwand rauf. Der Straßenbelag ein einziges Flickwerk, worüber sich die Autoreifen freuen. Doch keine Bedenken: Die Bus- und Lkw-Fahrer schaffen es auch! Auf Steinschlag und Schafherden achten, der Beschilderung Cetinje folgen!

Von Meereshöhe/Ort Kotor geht's rauf in nur ca. 30 km zur Paßhöhe (Lovćen/ 1200 m). Phantastische Landschaft und immer wieder sagenhafte Fotoblicke auf die weißen, nackten Felsen des gewaltigen Lovćen-Massivs und in die blitzblaue Bucht von Kotor.

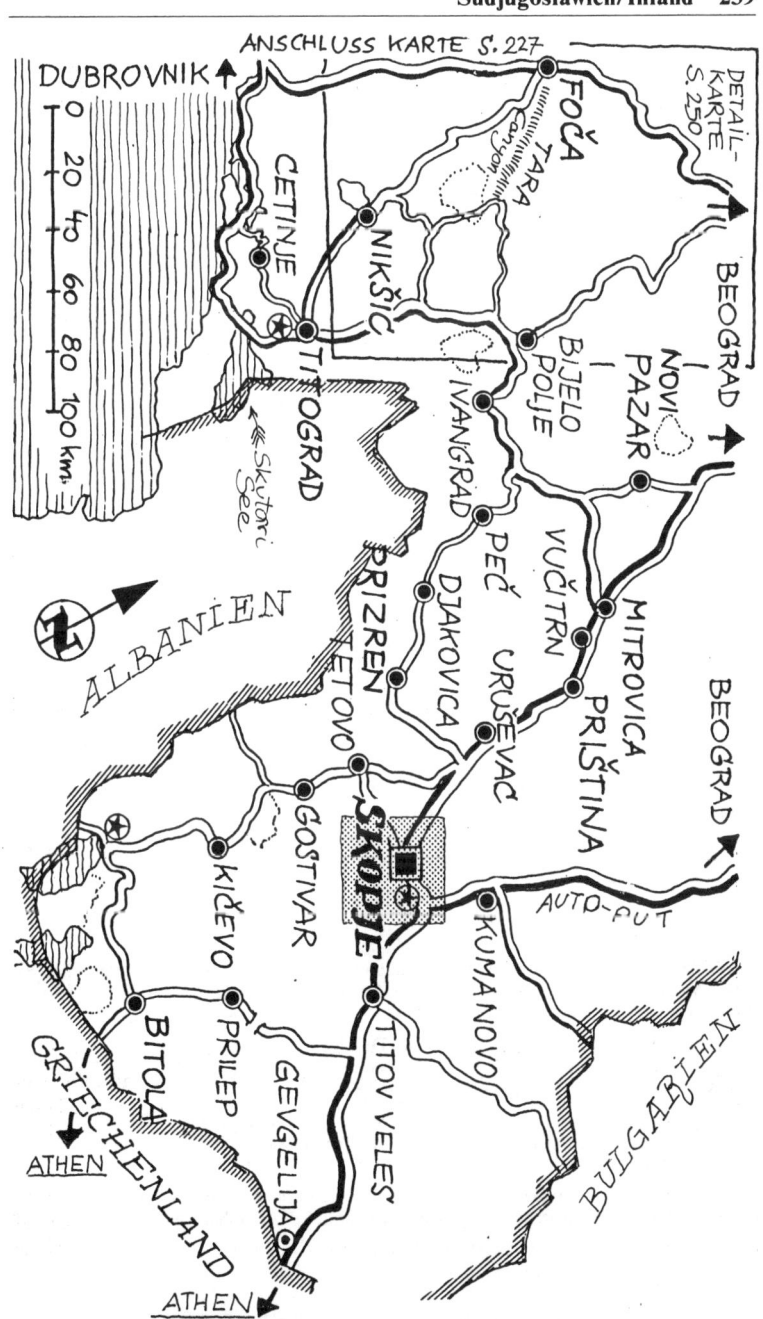

ANSCHLUSS KARTE S. 227

DUBROVNIK

DETAIL-
KARTE
S. 250

0 20 40 60 80 100 km.

FOČA

TARA Canyon

CETINJE

NIKŠIĆ

BEOGRAD

BIJELO POLJE

NOVI PAZAR

TITOGRAD

Skytori See

IVANGRAD

ALBANIEN

PRIZREN

TETOVO

PEČ

DJAKOVICA

VUČITRN

URUŠEVAC

MITROVICA

PRIŠTINA

BEOGRAD

GOSTIVAR

SKOPJE

KUMANOVO

AUTO-PUT

BULGARIEN

KIČEVO

PRILEP

GEVGELIJA

TITOV VELES

BITOLA

GRIECHENLAND

ATHEN

ATHEN

Unterhalb der Paßhöhe auf einer grünen Hochalm das Bergnest Njeguši. Geburtsort des berühmten Fürsten und Bischofs Petar Njegoš. Mehr über ihn und seine Residenzstadt »Cetinje« siehe dort! Zum Paß noch einige Kehren rauf. Auf 1247 m weiter Panoramablick über Montenegros Mondlandschaft: kahle, helle Felsen, zwischendurch grün gesprenkelt. Die »schwarzen Berge« sucht man hier vergeblich, denn es wurde kräftig abgeholzt; erst tiefer im Inland wird's waldig und »schwarz«. Die Strecke geht via Cetinje und trifft in Titograd auf Route 1.

❸ **Wesentlich bequemere Zufahrt nach Cetinje,** besonders für Wohnmobile und Caravans zu empfehlen: die Magistrale bis Budva weiterfahren, über tip-top ausgebaute Serpentinenstraße rauf auf 800 m. Wenig Kurbelei bis Cetinje. Um auf die phantastische Aussicht über die Bucht von Kotor nicht zu verzichten, eventuell die 20 km Asphaltstraße zum Njegošdenkmal (auf 1574 m).

Cetinje ca. 15 000 E./612 m hoch

38 km nach Kotor, oben in den Bergen. Eine graue Kleinstadt, die 500 Jahre lang Hauptstadt Montenegros war und Königsresidenz mit Gesandtschaftspalästen der Russen, Engländer und Franzosen. Ein Stop lohnt sich wegen der interessanten Museen.

STAATSMUSEUM (großes, rotes Gebäude am Titoplatz): im ehemaligen »Schloß« König Nikolas I. Petrović, von hier aus regierte der einzige und letzte König seinen Zwergenstaat. Gebäude toprestauriert mit Originalmöbeln. König Nikola ließ sie sich aus aller Welt zusammenschenken. Indonesisches Zimmer, venezianischer Salon, Jugendstil und tolle perlmutteingelegte Möbel, chinesische Vasen, Meissener Porzellan.

Erbeutete türkische Gewehre und Lanzen, internationale Ordenssammlung, interessante Trachten. Eine spezielle montenegrinische Militäruniform gab's nicht, gekämpft wurde in den Volkstrachten – denn in Montenegro waren Alltag und Krieg fast identisch. Die Bauchbinde mit Pistolen und Messern gespickt! (Geöffnet: 10 bis 17 Uhr.)

König Nikola – 6-Jahres-König eines Zwergenstaates
Nikola I. Petrović Njegoš (1841–1921), leicht spöttisch Nikita genannt, krönte sich 1910 – zur Feier seines 50jährigen Regierungsjubiläums (1860–1916) – zum ersten und einzigen König Montenegros. Seine 250 000 Montenegriner regierte er ziemlich selbstherrlich; es existierte zwar ein Parlament, doch als es ihm zu kritisch wurde, löste er es kurzerhand auf.

Auch in der Weltpolitik mischte er eifrig mit. Durch geschickte Heiratspolitik – bei 9 Töchtern und 3 Söhnen! – knüpfte er Verbindungen mit den wichtigsten Dynastien Europas – sein Wohnhaus ist eine einzige Geschenksammlung.

Eine Tochter wurde als Frau Viktor Emanuels III. Königin von Italien, 2 andere russische Großfürstinnen. Es gelang ihm sogar, 15 ausländische Gesandtschaften in sein kleines Königreich zu holen.

Seinen Staatshaushalt finanzierte er großteils durch Briefmarkenhandel – eine clevere, kuriose Idee –, in einem Staat, dessen Bürger im wesentlichen Analphabeten waren.

Für sein Land tat er auch einiges: Er führte Elektrizität ein, ließ Wasserleitungen legen, schaffte Gymnasien und sogar ein Mädcheninstitut.

1916 wurde König Nikola von den Österreichern vertrieben, 2 Jahre später abgesetzt und starb im Exil in Frankreich 1921.

DIE BILJARDA, gegenüber vom Staatsmuseum, aus dem letzten Jahrhundert, war Residenz des größten Fürsten, Dichters und Bischofs Montenegros, Petar II. Njegoš. Mit Mauern und Türmen erinnert sie eher an eine Festung. Zur Zeit wird die Biljarda restauricrt, cvtl. 1985 wieder zu besichtigen.

Petar II. Petrović Njegoš (1813–1851)
Der NJEGOŠ – eine umstrittene, schillernde Figur (übrigens tragen alle Mitglieder des Fürstenhauses Petrović den Beinamen Njegoš). Die einen feiern ihn als gebildeten Dichterfürsten und Bischof = VLADIKA, die anderen werfen ihm Barbarei und Kopfjagd vor. Ein Zwei-Meter-Mann mit einer Statur wie ein Kleiderschrank – die meisten Bilder zeigen ihn mit waffengespickter Leibbinde.

Er war weltliches und geistliches Oberhaupt, Fürst und Bischof zugleich. Sprach fünf Fremdsprachen und besaß eine neunsprachige Bibliothek – er gilt als einer der bedeutendsten Dichter Jugoslawiens.

Sein BERÜHMTESTES WERK »Bergkranz« hat ein blutiges historisches Ereignis zum Thema: die Montenegrinische Vesper – ein Glaubensbürgerkrieg zwischen Christen und islamischen Montenegrinern. Es geht um eine Vergeltungsaktion 1702 am Skutari-See – im Dorf Virpazar; bei der Christen die Verwüstung des Klosters von Cetinje durch Moslems rächen wollten und unter den moslemischen Montenegrinern ein Blutbad anrichteten.

In 21 Regierungsjahren (1830–1851) gelang es ihm, aus wüsten, sich gegenseitig bekriegenden Stämmen einen Staat zu schaffen. Im damaligen Montenegro herrschte noch tiefstes Mittelalter mit Blutrache, Kopfjagd, Analphabetismus – eine totale Männergesellschaft. Neben reformatorischen Initiativen – wie Gründung der ersten Schule – hat er auch große militärische Fähigkeiten als Führer im Kampf gegen die Türken gehabt.

Seine RESIDENZ in Cetinje zierten aufgespießte Schädel von besiegten Türken, muslemischen Serben und Albanern. Überreste der Tablija = Schädelturm in Cetinje (über dem Kloster). Solche Hobbys passen nicht so ganz in unser westliches Bild eines Kirchenoberhauptes. Auch ungewöhnlich für einen Fürstbischof war seine Passion fürs Billardspielen – 1830, er war gerade 17!, – ließ er sich aus Kotor einen Billardtisch per Muli über die Berge hinauftransportieren. Seine ganze Residenz in Cetinje wurde nach dem Prachtstück Biljarda benannt.

Der Njegoš – aus dem Dörfchen Njeguši – starb mit nur 38 Jahren an Tuberkulose – ohne Nachwuchs zu hinterlassen. Hoch oben auf dem Lovćen haben die Montenegriner ihm ein Denkmal gesetzt.

Neben der Biljarda unter der großen Glaskuppel ein Swimmingpool-großes RELIEF der montenegrinischen Berge (Maßstab 1:10 000). Österreichische Soldaten haben es 1916/17 geformt, um sich mit der Topographie von Montenegro vertraut zu machen oder um sich hier oben die Langeweile zu vertreiben.

KLOSTER VON CETINJE bei der Biljarda ums Eck. Es wurde im letzten Jahrhundert restauriert und erweitert. Das ursprüngliche Kloster entstand 1484, als sich die Herrscher Crnojević vor den Türken in Sicherheit bringen mußten und ihren Regierungssitz von Žabljak am Skutari-See hinauf in die geschützteren Berge verlegten.

NATIONALGALERIE, geöffnet von 10 bis 15 Uhr. Montenegrinische Kunst, u. a. moderne Malerei, Ikonensammlung. Im ockergelben Palais vor der Biljarda.

Die KIRCHE Sv. VLAHO, an der Kreuzung nach Budva, wird durch den Zaun interessant: er besteht aus mehreren hundert Gewehrläufen von erbeuteten türkischen Waffen. Die Spitze ist aufgesetzt, das Schraubgewinde rostet im Gras vor sich hin.

Die **Vergangenheit Montenegros** ist noch mehr als in anderen Regionen eine reine Kriegsgeschichte. Montenegro war jahrhundertelang der Zankapfel zweier Großmächte. Vom Meer her bedrängten die Venezianer das Bergvolk, im Osten rückten die Türken an.

Unter der **Herrscherfamilie Crnojević** (15. Jh.) kam der Name Montenegro (Crna Gora) auf. Die Crnojevićs regierten Montenegro zuerst vom Skutari-See, von der Festung Žabljak; die massierten Türkenangriffe zwangen sie, ihren Sitz nach Rijeka (jetzt Rijeka Crnojevica) zu verlegen, später dann in die unwegsameren Berge nach Cetinje. Um das Wehrkloster von Cetinje bildete sich eine kleine Siedlung, für eine richtige Stadtentwicklung ließen die permanenten Kriege keinen Raum. Über 400 Jahre lang verteidigten die Montenegriner erfolgreich ihr Land; das unwegsame Bergland Montenegro wurde nie dauerhaft von den Türken eingenommen.

Zu den ständigen Bedrohungen von außen kamen interne Stammesfehden, Blutrache und Selbstjustiz. Die Pistole in der Bauchbinde gehörte zur Alltagskleidung. Schon die Jugendlichen waren perfekte Schützen.

Mehr als 200 Jahre regierten die **Bischöfe** und **Herrscher** aus dem **Hause Petrović** das Land. Petar I. Petrović versuchte per Gesetz der Stammesfehden Herr zu werden (1. montenegrinisches Gesetz). Die Armut im Land war so schlimm, daß er plante, sein ganzes Volk nach England umzusiedeln. Viele Montenegriner wanderten aus, die ersten nach Neapel, Bulgarien und Rußland, später auch nach Amerika.

1813 begann mit seinem Neffen Petar II. die große **Njegoš-Ära.** Sein Verdienst war, die verfeindeten Stämme Montenegros zu einem Staat zusammenzuschließen (siehe auch Petar II. Petrović Njegoš).

Unter König Nikola wurde Montenegro 1878 im Berliner Kongreß international anerkannt. Die Türkenbelagerung hatte ein Ende. Damit wurden die Grundlagen für eine moderne Staatsentwicklung geschaffen.

Zu Beginn des Ersten Weltkrieges stand **Nikolas Königreich** auf Seiten der Entente, 1916 wird Montenegro von österreichischen Truppen besetzt, König Nikola flüchtet ins Exil.

Nach Kriegsende geht Montenegro im Königreich der Serben, Kroaten und Slowenen auf, hatte aber keine nationalen Rechte. Am 13. Juli 1941 Partisanenaufstand gegen die italienischen Besatzer. Nach dem Zweiten Weltkrieg wurde Montenegro die kleinste Teilrepublik der sozialistisch-föderativen Republik Jugoslawien mit der neuen Hauptstadt Titograd.

NJEGOŠ-MAUSOLEUM. Auf der Spitze des Lovćen – weithin sichtbar – thront in 1574 m Höhe das Millionenobjekt. Die Montenegriner haben ihrem Idol Petar II. Petrović Njegoš ein Mausoleum gesetzt. Der berühmteste jugoslawische Bildhauer Meštrović hat dafür die bombastische Njegoš-Bronzestatue geliefert, Fotoobjekt jeder Ausflugsbusreise in Montenegro.

Abzweigung in Cetinje: Njegoš-Mausoleum ausgeschildert, 20 km Asphaltstraße bis zum Lovćen-Gipfel. Geöffnet: 8 bis 18 Uhr.

Das Mammutprojekt war recht umstritten und mündete in eine Auseinandersetzung zwischen Kirche und Staat, wer mehr »Anspruch« auf die Njegoš-Verehrung habe. In über 20jähriger Bauzeit wurden Hunderte von Tonnen Granit und Marmor hinaufgeschafft – teils von der Insel Brač per Helikopter eingeflogen. 1972 war das teure Stück fertig. – Njegoš' Gebeine werden jetzt wohl endgültig Ruhe haben – nachdem sie mehrfach umgebettet wurden.

Restaurant »Gradski Kavana« mit großer Terrasse unter Platanen. Direkt neben dem Museum am Titoplatz. Die übliche Speisekarte, Rašnijći um die 6 DM, Schnitzel knapp 7 DM.

»Grandhotel Cetinje«, das modernste Gebäude in der ganzen Stadt. Nobles Hotel und Restaurant. DZ ca. 90 DM. Etwas verwilderte Grünanlage gegenüber. In der Ulica Njegoševa.

Wesentlich günstiger sind **Privatquartiere.** Adressen bekommt man im JAT-Büro, zugleich Tourist-Info (geöffnet 7 bis 19 Uhr), am Titoplatz.

Busbahnhof am Ortsausgang Richtung Titograd/Budva.

Busse

nach Budva	5 × tgl.
nach Kotor	3 × tgl.
nach Dubrovnik	2 × tgl.
nach Titograd	fast stündlich
nach Ulcinj	1 × am Tag
nach Virpazar am Skutari-See	1 × am Tag

CETINJE nach TITOGRAD   **ca. 40 km**

Breite Asphaltstraße, der Skutari-See rechts in der Ferne zu sehen.

Der **Abstecher** runter an den nördlichsten Zipfel des **Skutari-Sees** bei Rijeka Crnojevica lohnt wegen des Blicks auf den Rijekafluß und die verschlungenen fjordartigen Ausläufer des Sees.

Die Route ist nur fünf km länger als die Hauptstrecke, aber kurvig rauf und runter. Besonders schön im Herbst, gefärbte Hänge, hellgelb leuchtende Granatapfelbäume.

Rijeka Crnojevica ist heute ein verschlafenes Nest. Für kurze Zeit war es Regierungssitz des Herrschergeschlechts Crnojević.

Im Kloster Obod wurde 1493 die erste Druckerei Montenegros eingerichtet, doch nur so lange, bis die Lettern für Munition benötigt wurden. Das erste kyrillische Buch dieser Presse kann man heute im ca. 70 km entfernten Kloster Morača sehen (siehe Seite 246)

Skutari-See (Skadarsko Jezero)

der größte Balkan-See, ideal für Angler und Ornithologen, aber kein Badesee. Um den See Bergkuppen, weit im Hintergrund das hohe albanische Gebirge.

Der See ist unheimlich kontrastreich, erstaunlich flach, im Durchschnitt nur 6 m tief. Die seichten Stellen mit Schilf, Kraut und blühenden Seerosenteppichen zugewuchert; stellenweise trüb wie Brackwasser. Bäume und Gebüsch wachsen im See, fast wie ein Überschwemmungsgebiet. Die Fischer müssen sich für ihre kleinen, kiellosen Boote eigene Wasserstraßen durch das Schilf mähen. Seit neuestem werden die Boote mit 4-PS-Außenbordern betrieben.

Der Skutari-See ist der fischreichste See ganz Jugoslawiens, über 30 Arten, Forellen, Aale, die Ukljeva, ein kleiner, häufig vorkommender Fisch. Kapitale Karpfen von 1 m Länge sind absolut keine Seltenheit. Ein malerisches Bild geben die Einheimischen mit ihren Sinknetzen ab. Angeln ist überall möglich und fast immer erfolgreich. Um eine Angelgenehmigung schert sich hier unten niemand.

Der Skutari-See ist das größte Vogelreservat Europas. Schilf, Büsche und Karstinselchen bieten ideale Brutbedingungen für Vögel: Pelikankolonien, Fischreiher, Kormorane und verschiedene Entenarten. Der Skutari-See dient auch vielen Zugvögeln als Zwischenstop und Winterquartier.

Idyllischster Platz am See auf der Landzunge beim **Motel »Plavnica«.** Rundum Schilf, Weiden und Pappelwälder im Wasser, Wiesenbänke mit Reihern und Enten. Holzkähne vorm Motel am sumpfigen Ufer. Fischer legen hier an und tragen Waschkörbe voller Fische zum Auto. Riesige Karpfen kann man ihnen sehr günstig abkaufen.

Motel-Restaurant mit guter Karte, Forellen ca. 6 DM, gegrillter Aal ca. 7 DM oder Ukljeva, frisch aus dem See. Außer Grills auch Wildgerichte, Ente (lecker!) oder Hase. Terrasse mit Blick auf den See. Innen großer Kamin in der Mitte. Etwa ein Dutzend sehr einfache Mansardenzimmer. Morgens wird man vom Vogelgezwitscher geweckt. DZ mit Frühstück ca. 30 DM. Zufahrt zur Landzunge: im Ort Golubovći rechts ab, 8 km, der letzte Kilometer einspurig.

Steckbrief Skutari-See
Ein Drittel der Seefläche gehört zu Albanien, der Rest zu Jugoslawien. Der Wasserspiegel schwankt in seiner Höhe um 2 bis 3 Meter, je nach Jahreszeit. Im Frühjahr umfaßt er 540 qkm und reduziert sich im Sommer auf rund 380 qkm. Er wird durch mehrere Zuflüsse und Karstquellen gespeist, hat aber nur einen Abfluß, den Grenzfluß Bojana. Maximale Ausdehnung des Skutari-Sees 50 mal 15 km mit über 40 Mini-Inseln.

Die Straße PETROVAC–TITOGRAD schneidet den See an der schmalsten Stelle bei **Virpazar,** ein pittoresk verlaustes Nest mit auffallend gepflegtem HOTEL »13 JUL«, beiger Natursteinbau direkt am See. DZ ca. 35 DM. Der Name erinnert an den 13. Juli 1941, als hier am Skutari-See die ersten Schüsse der Partisanen in Montenegro gegen die italienischen Besatzer fielen.

Im BIFE PELIKAN werden Motorbootsfahrten angeboten; eine lohnende Sache, per Boot bekommt man den besten Eindruck von dem riesigen See. Der Käptn fährt einen auf Wunsch auch zu den Vogelkolonien. Bife Pelikan gleich im Ort rechts, hier gibt's auch Mittagessen und starken selbstgebrannten Traubenschnaps.

BURGRUINEN auf dem Hügel überm Ort. Virpazar war 1702 Schauplatz blutiger Glaubenskämpfe zwischen Christen und Moslems. Über die Kämpfe, die sogenannte »Montenegrinische Vesper«, schreibt der berühmte Dichterfürst Montenegros Petar Njegoš in seinem Buch »Bergkranz«. (Weitere Infos über »den Njegoš« siehe Cetinje.)

Gleich nach Virpazar die Brücke Tanki Rt., günstig für Angler ohne Boot.

In der Ferne thront auf einem Hügel die FESTUNG ŽABLJAK, einst Regierungssitz der Herrscherfamilie Crnojević. Wegen der drohenden Türkengefahr mußten sie die Festung in der Ebene aufgeben; später zogen sie sich in das besser geschützte Kloster in Cetinje zurück. Zufahrt zur Festung Žabljak kurz nach dem Ortsschild Golubovći links ab, Makadam, nichts ausgeschildert.

Gleich nach der Brücke rechter Hand liegt das **Dorf Vranjina.** Die Häuschen kleben am Hang. Durch den Auto/Bahndamm direkt vor der Nase ist aus dem Ort am See ein malerisches »Schweinevenedig« am Brackwasser geworden.

Die Straße kilometerlang auf einem Damm durch den See, bei Golubovći geht der schilfige See in sumpfiges Weideland über, Mais- und Paprikafelder. Die

Menschen leben teilweise unvorstellbar einfach, Wasserpumpe und Herd im Freien, jede Menge Pferde im Einsatz.

Titograd (100 000 E.)

30 km vom Skutari-See entfernt, noch in der Tiefebene. Wurde im Zweiten Weltkrieg total zerstört. Der Wiederaufbau in Schnellbauweise, sterile Betonriesen, zeugt nicht gerade von der Phantasie der Architekten. Auch wenn die Montenegriner stolz auf ihr Titograd sind, tun uns die Leute leid, die da leben müssen. Heute Hauptstadt Montenegros mit Uni, Aluminium-Industrie und Flughafen.

Wer ein Übernachtungsquartier braucht, sollte ins **Hotel »Podgorica«** gehen. Das Hotel in aufgelockerter Steinarchitektur mit weit ausladenden Terrassen liegt direkt am Moračafluß und wirkt nicht ganz so trist wie Titograd. DZ ca. 70 DM.

Etwas günstiger **Hotel »Zlatica«**, weißer Betonbau im Pinienwald beim Campingplatz am östlichen Stadtrand, ca. 4 km vom Zentrum. DZ ca. 60 DM.

Autocamp »Zlatica« direkt daneben, ebenes Piniengelände. Busverbindung in die Stadt.

Daneben große Autowerkstatt.

Transporte
Busterminal und Bahnhof am südlichen Ortsrand, durch die Ulica Oktobarske Revolucije. Gepäckaufbewahrung am Busterminal.

Busverbindung an die Küste

nach Budva	fast stündlich
nach Kotor	10 × täglich
nach Petrovac	7 × tgl.
nach Ulcinj	1 × tgl.
nach Dubrovnik	5 × tgl.
nach Split	2 × tgl.
nach Pula	1 × tgl.
nach Cetinje	stündlich

nach Žabljak	4 × tgl.
nach Belgrad und Skopje	4 × tgl.
nach Peć	5 × tgl.
nach Priština	3 × tgl.
nach Sarajevo	1 × tgl.
nach Foča	2 × tgl.

Entlang der Hauptroute durch die Morača-Schlucht
nach Ivangrad alle 1-2 Std.
Direktbus nach Istanbul einmal pro Woche mitten in der Nacht.

Züge – der Fahrplan nur in kyrillischer Schrift. Zur Orientierung: an die Küste über Sutomore

nach Bar	12 × tgl.
nach Nikšić	5 × tgl.
über Mojkovac nach Beograd	7 × tgl.
nach Niš	1 × tgl.

dauert ca. 9,5 Std.

Flüge
Flughafen ca. 14 km außerhalb Richtung Küste. JAT-Büro am Trg Ivana Milutinovića 20 (offen 7-19 Uhr).
Flüge
nach Beograd 1-2 × tgl., ca. ¾ Stunde
nach Zagreb 2 × /Woche, ca. 1 Stunde
nach Skopje 2 × /Woche, ca. 1 Stunde
Der einfache Flug kostet ca. 50 DM.

Am Stadtrand archäologische Funde des Vor-Vorläufers von Titograd: die ANTIKE STADT DUCLEA. Nichts Gigantisches erwarten, die Überreste aus dem 2. Jahrhundert wirken durchs Ambiente vor der Bergkulisse, die Funde selber eher spärlich. Wie ein umgeworfener Steinbaukasten auf einer Wiese, teilweise zugewuchert Säulenreste, verzierte Kapitelle und Sarkophage mit lateinischen Grabinschriften, zwischen den Ruinen wachsen Granatapfelbäume.

Duclea, eine illyrische Gründung, entwickelte sich unter der römischen Kolonisation zu einer großen Stadt (40 000 Einwohner) mit Palästen, Thermen und Aquädukten. Es blieb 5 Jahrhunderte römisch, bis im Zuge der Völkerwanderung die Slawen eindrangen.

Zufahrt überhaupt nicht beschildert, am einfachsten die Hauptroute ca. 7 km

Richtung Morača-Schlucht fahren, direkt nach der Brücke geht links eine neu geteerte schmale Schlängelstraße (Minischild Vukovici) ab, ca. 5 km fahren bis rechter Hand ca. 3 m hohe Mauerreste die Ausgrabungen markieren, kein Eingang, über eine Kuhweide und Gestrüpp zu den Funden.

TITOGRAD bis KLOSTER MORAČA   ca. 45 km

Von Titograd geht's aufwärts entlang des Flußes Morača. Zunächst haben Straße, Eisenbahn, Wiesen und Felder genügend Platz. Bald wird das Tal enger, die Morača 50 m steil unten. Ein klares grünes Gebirgswasser mit Kieselufer, Angelstellen und Stromschnellen.

Beginn der **Morača-Schlucht,** eines 40 km langen Riesencanyons. Ein wildes Gebirge, dessen Hänge an der engsten Stelle bis zu 1000 m senkrecht aufsteigen. Gewagte, federnde Holzhängebrücken führen zu Einzelgehöften. Hoch oben das Eisenbahngleis nach Beograd mit abenteuerlichen Brückenkonstruktionen.

Dann wird es wilder, steiler, eng und grau – nackter Fels links und rechts, tief unten gurgelt der Fluß. Die Straße klebt beängstigend unter überhängenden Felsen, viele Tunnels. Für die Eisenbahn ist absolut kein Platz mehr – sie umfährt den wildesten Teil in weitem Bogen. Straße recht gut ausgebaut, aber viele Lkw und Busse, die mit einem Affenzahn durchdonnern.

Wildwasserkanufahren auf der Morača
bestimmt ebenso reizvoll wie die bekannteren Trips auf der Tara und ebenso anspruchsvoll. Bequemer Einstieg beim Morača-Kloster, ca. 1 km südlich vom Kloster bei der Brücke »Krivi Vir«. Schotterweg runter zum Fluß. Alternativeinstieg 5 km nördlich dann links ab nach Ljuta (Brücke). Die ersten Kilometer WW 2 bis 3, schwieriger in der schroffen Morača-Schlucht, die 10 km (ab dem Kloster) mit 5er- und 6er-Stellen, dann ruhiger. Achtung, wegen der senkrechten Felswände kann man die Fahrt nicht unterbrechen. Ausstieg bei der Brücke bei Zlatica.

Nach dem wildesten Teil der Schlucht liegt rechter Hand das **Kloster Morača,** ein zierliches Kirchlein auf grüner Wiese, durch Mauern rundum geschützt, bis in die Kuppel mit Fresken ausgemalt und tiptop restauriert. Durch den tiefblauen Hintergrund wirken sie etwas düster.

Das Kloster wurde 1252 vom Herzog STEFAN VUKANOV gegründet – ein Enkel des berühmten Stefan Nemanja. Vom damaligen Freskenschmuck nur in der Sakristei Szenen aus dem Leben des hl. Elias erhalten – der Rabe speist Elias. Viel lebendiger, bewegter als die späteren Fresken aus dem 16./17. Jh.

Die Türken eroberten 1504 das Kirchlein – und demontierten das Dach – die meisten Fresken durch Witterung zerstört. Danach wurde das Kloster wieder hergerichtet und die jetzige Ausstattung entstand: ein Beispiel byzantinischer Freskenmalerei. Düstere, starre Szenen, schablonenhaft, keine künstlerische Raffinesse wie Perspektive oder individuelle Portraits. u. a. »Jonas im Walfisch« zu sehen in der Vorhalle (Narthex).

In der Kirche unter Glas das erste in Montenegro in kyrillischer Schrift gedruckte Buch. (Druckerei im Kloster Obod am Skutari-See!)

Direkt neben dem Kloster eine kleine CAMPINGWIESE. Nur mit Wasserstelle, keine Duschen oder Komfort erhoffen! Kleiner Kolonialladen an der Straße. – Direkt daneben ein einfaches TRANSIT-HOTEL. Übernachtung ca. 18 DM/ Pers. mit Frühstück.

KLOSTER MORAČA bis MOJKOVAC   ca. 45 km

Phantastische Gebirgsstrecke, durch grüne Laubwälder, viele Eichen und Buchen; tolle Aussicht auf kahle 2000er, wenn nicht gerade wieder dicke, graue Wolken hängen. 10% Steigung rauf zur Paßhöhe Crkvine 1040 m. Durch saftig grüne Landschaft runter, viele Pflaumenbäume. Die Häuser mit tief heruntergezogenen Schindeldächern.

Kolašin (2500 E.) schön gelegen in einer weiten Talmulde. Der Ort selbst nichts Bewegendes. Das HOTEL »BJELASICA« im Blickfang der Stadt, eine extravagante Spitzdachkonstruktion mit Rautenfenstern und Dach bis zum Boden. Sauna, Hallenbad etc. DZ ca. 50 DM. Im Sommer Bergtouren im Bjelasica-Massiv, im Winter dreht sich alles um den einen Skilift. Eisenbahn- und Busstation. Autowerkstatt am Ortseingang.

18 km weiter lohnender **Abstecher zum Biograd-See** (1094 m). Durch das kleine Camp und Hotelchen direkt am See prima Übernachtungsstop. 3,5 km Waldweg zum See in einem der schönsten Naturwaldgebiete Jugoslawiens.

Ein urwüchsiger WALDSEE, dicht eingewachsen mit bis zu 60 m hohen Montenegrobuchen und Bergahorn, die grauen Stämme mit Moos und Flechten bewachsen. Abgestorbene Bäume ragen aus dem Wasser. 2000 m hohe Bergkuppen mit Wiesenmatten umgeben den See. Schön zum Baden mit vielen Picknickplätzen. Ruderboote gibt's beim Hotel zu mieten. Angeln nur an bestimmten Stellen erlaubt. Genehmigung ca. 18 DM/Tag.

Campground direkt am See, viel Schatten durch den dichten Buchenwald. Wasserstelle, keine Duschen, dafür Supergrillplatz.

Kleines Hotel, ähnlich einer Berghütte mit separaten Miniholzhütten, spitz wie Zelte.

Gemütliche SEEUMRUNDUNG möglich, ca. 3 km angelegter Weg. Wer mehr Zeit hat: anspruchsvolle Bergtouren bis auf 2100 m. Der Biograd-See samt seinen drei Berggipfeln gehört zum BIOGRADSKA GORA NATIONALPARK. In den Wäldern hauptsächlich Rothirsche und Rehe; Gemsen, Bären, Wölfe und Steinadler bekommt man nur mit sehr viel Glück zu sehen.

Ab Kolašin der flachen, kieseligen Tara entlang nach **Mojkovac,** eine häßliche Industriestadt mit Zink- und Bleigruben. Blei wird hier im sog. Schwimmaufbereitungsverfahren gewonnen, großer »Teich« linker Hand der Straße. Wichtiger Verkehrsknotenpunkt für Leute, die ins Durmitorgebirge (nach Žabljak) wollen, und Stützpunkt für eine der interessantesten Wildwasserkanutrips von ganz Jugoslawien durch die Taraschlucht.

Direkt an der Hauptstraße **Hotel »Mojkovac«,** fällt auf durch seine Spitzdachkonstruktion. Doppelzimmer inkl. Frühstück knapp 50 DM. Im Ort Kolonialwarenläden, um sich mit dem Nötigsten einzudecken.

Mojkovac liegt an der **Eisenbahnstrecke** Beograd–Titograd–Bar.

Busstation im Zentrum. Nach Žabljak geht 2 x täglich ein Bus, nach Ivangrad mehrmals täglich, siehe auch Transporte Titograd.

Hier lohnender **Abzweig in die Taraschlucht** und hinauf nach Žabljak im Durmitormassiv. Mojkovac–Žabljak ca. 75 km.

Der TARA CANYON mit seinen 100 km der längste Jugoslawiens und zugleich

Europas. Einsamer und urwüchsiger, aber nicht so schroff wie die Morača-Schlucht. Durch den Canyon (teils gut asphaltiert, stellenweise Patchwork), weiter nur per Kajak oder Floß.

Die Straße anfangs im Talboden, durch saftig grüne Almen, helle Häusertupfen am Hang. Die Tara relativ breit mit Kieselbänken. Die Straße steigt an, Lastesel, Pferde und Kühe am Straßenrand. Erst allmählich verengt sich das Tal, die Straße windet sich an rauhen Felswänden vorbei, einige Tunnels, kaum Haltemöglichkeiten oder Ausbuchtungen. Die Tara ganz schmal 100 m tief unten. Vor der faszinierenden STELZENBRÜCKE DJURDJEVICA TARA weitet sich das Tal. Ab hier Floßfahrten.

Kleines MOTEL »TARA« bei der Brücke, modern, holzverkleidet mit tief runtergezogenem Dach. DZ ca. 45 DM.

Vor der Brücke links rauf nach ŽABLJAK (23 km), gute Serpentinenstraße 8%, letzter Blick über die Taraschlucht. Viele Lkw mit wuchtigen Holzstämmen unterwegs. Plötzlich auf 1400 m die weite, wellige Hochebene, Almhütten mit behäbigen Dächern. Vorsicht Schafe; das Gras scheint am Straßenrand immer noch am besten zu schmecken! Dichte Tannen kündigen Žabljak an. (Siehe Seite 249.)

Wildwassertrips auf der Tara
Der verlockendste Kanufluß Jugoslawiens, aber sehr anspruchsvoll, durch wilde, unberührte Natur, die nur Kanuten zugänglich ist.

Das erste Drittel des 100 km langen Canyon ab Mojkovac bringt den wildesten Teil. Absolut nur für erfahrene Wildwasserprofis. Anfangs zahm, ab Bistrica 24 km Superwildwasser in der Teufelsklamm, bis zu WW VI. Dieses Teilstück wird durch eine gute Straße bedient, die parallel zum Fluß verläuft. Ausstieg 1,5 km vor der Djurdjevica-Tara-Brücke, bei der Abfahrtstelle der Flöße.

Nach der Brücke beginnt der einsame ca. Drei-Tages-Trip durch den Tara-Canyon. Die Felswände steigen bis zu 1300 m aus dem Fluß auf, Sonne gibt's nur für kurze Augenblicke. Bewaldete Hänge, keine Straße, keine Siedlungen. Campieren am Flußufer möglich. Schwierigkeit II mit IVer-Stellen. Keine Möglichkeit abzubrechen. Gute Ausrüstung und Proviant mitnehmen.

Der Abholdienst muß den weiten Bogen über Plevlja, Goražde, Foča bis Scepan Polje fahren, wo er an der Brücke seine Kanuten hoffentlich wohlbehalten wieder aufgabeln kann. Ca. 200 Straßenkilometer. Die Alternativroute über Žabljak–Nikšić zwar 30 km kürzer, aber sehr kurvige Paßstraße und ab Nikšić über Makadamstraße bis Scepan Polje.

Tip: Außergewöhnliches Erlebnis sind die organisierten **Floßfahrten** zwischen Djurdjevica Tara und Foča. Nur während der Saison (Juli/August) und nur wenn rund 10 Leute zusammenkommen, nichts für Zimperliche, denn in den Stromschnellen wird's klatschnaß. In den Strudeln zieht es das Floß oft halb unter Wasser, und wenn es seicht wird, muß die ganze Mannschaft raus und schieben. Die riesigen Baumstämme werden von erfahrenen Flößern gesteuert. Abends zelten oder Hüttenübernachtung, Wäsche trocknen, Grillen überm Lagerfeuer, richtig urig.

Kontaktadresse: oder:
Nationalpark Durmitor Turist Biro
84220 Žabljak 71480 Foča
Crna Gora Mo̊še Pijade 3
Tel.: 0 84-88-3 46 Tel.: 57 18 66
Floßfahrten organisiert von Deutschland
aus: I. Schmid, Allerseeweg 37, 8706 Höch-
berg/Würzburg

Abfahrt der Flöße: ca, 1,5 km vor der Brük-
ke Djurdjevica Tara Richtung Mojkovac.
Picknick und Feuerstelle unter Buchen,
kleine Holzhütte. Guter Ein-/Ausstieg fürs
Kanu und Bademöglichkeit.

Durmitor-Gebirge/Žabljak

Das DURMITOR-GEBIRGE mit dem Bergort ŽABLJAK als guter Stützpunkt, um bei einem Badeurlaub an der Küste eine Aktivwoche in den Bergen einzubauen.

Schöner Bergsee CRNO JEZERO. Wanderungen durch dichte Tannen-wälder. Anspruchsvolle Bergtouren im Durmitormassiv bis zum höchsten Gipfel Babotov Kuk (2523 m).

Angenehmes Klima, der Ort liegt auf 1450 m, preiswerte Hotels. Anfahrt durch die beiden schönsten Canyon Jugoslawiens, Morača- und Tara-schlucht.

Das schroffe Durmitormassiv (bis auf 2500 m) am Ende einer kilometerlangen Hochebene mit Almwiesen, typischen Bauernhäusern und Schafherden. Das Durmitorgebirge ist Nationalpark, in den Wäldern gibt's noch Auerhähne und Birkhühner, vereinzelt auch Bären. In den Felsregionen leben Gemsen und Adler.

An dem **Bergsee Crno Jezero** ist im Sommer am meisten los, idyllisch gelegen, dicht eingewachsen von hohen Tannen, im Blick das Durmitorgebirge. Nur 3 km vom Ort. Erfreulicherweise ist die Seezufahrt für Autos gesperrt. Schattiger, an-gelegter Rundwanderweg ca. 1 Std., viele Bänke, Bootsverleih, Restaurant im Spitzdachpavillon am Ufer. Angeln im See (leckere Forellen!) nur vom rechten Ufer aus erlaubt, Genehmigung für 13 DM/Tag im Nationalparkbüro.

Žabljak

das Zentrum im Durmitor-Nationalpark. Der Ort selbst sehr einfach, aber mit allem Nützlichen. Post mit Geldwechsel, Supermarkt, Tankstelle, sogar ein Tou-ristenbüro, in dem man eher Busfahrkarten als Auskünfte bekommt. Einfache Gostiona in der Hauptstraße vis à vis Hotel Žabljak, sonst bei den Hotels.

Unterkunft

Hotel »Žabljak« direkt im Zentrum, eigen-willige Spitzdachkonstruktion schattige Laubenbalkons, wenig einladender Speise-raum. DZ ca. 50 DM.

Hotel »Planinka« am Ortsanfang, großer

Hotelkomplex. Zimmer mit Holzbalkons, schöner Blick auf die Durmitorkette. Rich-tige Seite geben lassen. Schlepplift direkt beim Hotel. DZ ca. 60 DM.

Hotel »Jezero« auf halbem Weg zum See,

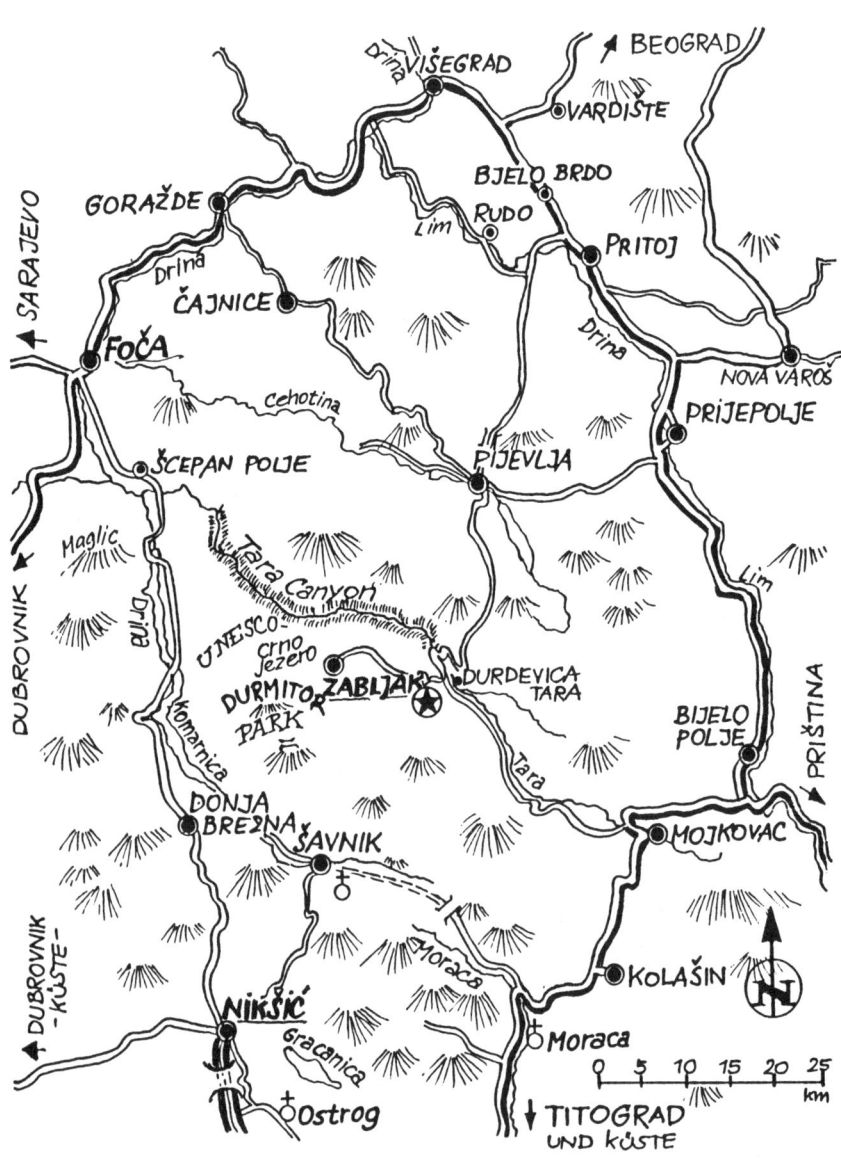

modernes 250-Betten-Hotel mit Durmitor-blick. 2 kl. Lifte beim Hotel. DZ ca. 60 DM.

200 m weiter, dem See am nächsten, **Hotel »Durmitor«**. Schöner Bergblick. Das Hotel ist weniger komfortabel, noch aus der Anfangszeit des Tourismus, hat schon Titos Partisanen als Lazarett gedient. DZ ohne Bad ca. 40 DM.

Campen direkt am See nicht möglich, **Campingplatz** am Ortsanfang.

Wanderungen
Etwa ein Dutzend lohnende Touren. Alle bestens markiert (roter Kreis/weißer Punkt). Schilder an Weggabelungen. Die Touren starten am See. Keine Übernachtungshütten im österreichischen Sinn, nur drei Hütten für einfache Unterkunft (ca. 6 DM pro Person und Nacht).

★Angenehm schattiger Waldweg zu zwei weiteren Bergseen. Dem Nachbarsee **Zminje Jezero** in ca. 50 Minuten, bequemer, ebener Weg. Oder zum **Jablan Jezero** ca. 3 Std.

★In gut 3½ Std. auf den **»Hausberg« Meded** (2287 m), der fast 700 m aus dem See aufsteigt.

★Wer mehrere Wandertage plant, kann sein Standquartier bei **Katuna** (1600 m) aufschlagen, hier campen erlaubt. Etwa 2 Std. zu Fuß vom Schwarzen See, ebener Weg durchs Tal Richtung Struga–Meded.

★Wanderung zum **Gletscher Debeli Namet**, auf dem die Einheimischen auch im Sommer Skilaufen (kein Lift, alles per pedes),

ca. 2½ – 3 Std. Biwakschachtel direkt unterhalb.

★Lohnende Tagestour zur **Höhle Ledina Pećina** in 2140 m Höhe mit interessanten Tropfsteingebilden. Dauert ca. 3 Std.

★Über die Tropfsteinhöhle zum **höchsten Gipfel Bobotov Kuk** (2523 m). Anstrengende Bergtour (ca. 1100 Höhenmeter!), vom Gipfel aber Superblick über Montenegro. Etwa 5½ Stunden einfach plus Pausen ab See.

Wanderkarten und Infos über die Hütten im Nationalparkbüro in Žabljak, lindgrünes Spitzdachhaus gleich beim Hotel Durmitor.

★Toller Ausblick in die Taraschlucht vom **Aussichtsberg Ćurovac**, nördlich von Žabljak. Zufahrt per Auto möglich, Makadamstraße, vorm Hotel Planinka bei der Ortsausfahrt links ab.

Wintersport
Schneesicheres Gebiet von Mitte Dezember bis März/April. Als Wintersportgebiet erst in den Anfängen: 2 Sessellifte, 4 Schlepplifte, gemütliche Pisten, die aber für Mitteleuropäer den weiten Weg kaum lohnen dürften. Schlittschuhlaufen auf dem Schwarzen See, Schlittenfahrten durch tief verschneite Wälder.

Busverbindung
2 × täglich nach Mojkovac, dort guter Bus-/Bahnanschluß zur Küste bzw. nach Beograd (mehrmals täglich).
Über Nikšić nach Titograd 2 × täglich.
Über Plevlja nach Beograd 2 × täglich.

Per Auto landschaftlich **lohnende Tour zurück** nach Titograd über Nikšić (135 km). Paßstraße geteert, aber schmal und kurvig. Lohnender Stopp beim Kloster Ostrog, südlich von Nikšić. Wie ein Relief in der senkrechten Felswand klebt das Kloster in 900 m Höhe. Zufahrt ab Nikšić auf der alten Straße 14 km Richtung Danilovgrad zum Kloster hoch.

HAUPTINLANDSROUTE MOJKOVAC – IVANGRAD   ca. 70 km
Durch eine almähnliche Landschaft, Straße gut ausgebaut. Harmloser Paß Krstac (980 m), 10% rauf. Pferdefuhrwerke gehören hier zum Straßenverkehr, Frauen in bunten Pluderhosen hüten Kühe am Straßenrand.

Ivangrad (13 000 E.), die Stadt lebt von der Papierfabrik. Ein Stop lohnt nur wegen des Klosters Djurdjevi Stupovi (12. Jh.), schön gelegen, etwas oberhalb von Ivangrad am Stadtrand. Sehr gut restauriert, gutes Beispiel für ein Kloster der

Raška-Schule: einschiffige Basilika mit einer Kuppel. Von Stefan Nemanja 1170 errichtet (siehe auch Nemanjiden-Dynastie Seite □ □). Innen Fresken aus dem 12. und 13. Jh. Zufahrt nicht beschildert. Von der Hauptstraße dem Abzweig Ivangrad 1 km folgen, bei der Ampel im spitzen Winkel rechts hoch, ca. 1 km am Friedhof vorbei, dann wieder rechts.

Abstecher zum Plav-See, dicht an der albanischen Grenze, ca. 45 km. Schön gelegener See mit Campingplatz und guten Angelmöglichkeiten. Das Bergdorf Plav (3500 E.) am See-Ende mit orientalischem Touch. Im Mittelalter von dicken Mauern umgeben, quadratischer Wehrturm mit Holzschindeldach am Ortsrand. – HOTEL »PLAVSKO JEZERO«, etwas oberhalb des Sees. Der moderne Hotelkomplex für den Ort fast eine Nummer zu groß. DZ um die 40 DM.

Kanufahren auf Lim und Ljuka
Die Ljuka, der Plav-See-Zufluß, ist ein sanfter Wanderfluß (nur WW I–II), durch grüne Wiesen in knapp 1000 m Höhe, 16 km lange Tour. Einstieg bei Gusinje. Der Abfluß des Plav-Sees heißt Lim. Bis Ivangrad ein reizvolles, klares Gebirgswasser inmitten schöner Berglandschaft. Nicht schwerer

als WW III. Befahrbar allerdings nur bis Juli. Ein- beziehungsweise Ausstiege in Murino und Andrijevica.

Zufahrt zum Plav-See über nagelneue Asphaltstraße. In Ivangrad den Abzweig Richtung Andrijevica nehmen. Liebliche Landschaft am Lim aufwärts, bewaldete Hänge, verstreute Einzelgehöfte, Kürbis-/Maisfelder, gute Angelzugänge. Der Ort Andrijevica lockt nicht zum Stop, obwohl es ein Hotel gibt.

In Murino zweigt die Route über den **wilden Čakorpaß** (1849 m) ab, weiter durch die schroffe Rugovoschlucht **nach Peć**. 60 km reifenfressende, schmale Schotterpiste. Bei Regenwetter Erdrutschgefahr. Für Jeeps und Allrad eine verlockende Sache, mindestens drei Stunden einplanen. Die Normalroute nach Peć zweigt in Rožaje ab.

TEILSTRECKE IVANGRAD–ROŽAJE   32 km
Hohe Nadelbäume, Zuckerrübenfelder, saftige Weiden, es fehlen nur Zwiebeltürmchen und Jausenstationen, dann wäre man in Bayern.

Übernachtungstip ca. 18 km nach Ivangrad auf der Paßhöhe Lokve (1336 m). Originell gebautes, kleines **Hotel »Lokve«**, zwei versetzte Kegelhälften. DZ mit Frühstück ca. 60 DM. Sessellift gleich beim Hotel, oben zwei weitere Schlepper für den Winter. 5 km weiter **Hotel »Turjak«** links der Straße. Schön inmitten von Almwiesen gelegen.

Großes Hotel mit kühnen Spitzgiebeln. Speiseraum mit Lederstühlen, große Terrasse. Am Eingang ein ausgestopfter Braunbär, Wolf und Adler, in natura gibt es sie in den angrenzenden Wäldern. Für den Winter vier Lifte direkt ab Hotel, gemütliche Pisten. Skiverleih im Hotel (komplette Ausrüstung ca. 6 DM/Tag), DZ ca. 55 DM.

Rožaje, kleiner Ort, liegt schön im schmalen Ibartal. Große Autowerkstatt (hauptsächlich Zastava und Fiat) und Tankstelle am Ortsende.

Busstation mitten im Ort:

nach Peć	2 × tgl.	nach Titograd, Ulcinj	1 × tgl.
nach Novi Pazar	4 × tgl.	nach Nikšić	2 × tgl.
nach Skopje	1 × tgl.	nach Ivangrad	10 × tgl.
nach Beograd	2 × tgl.		

Kurz nach Rožaje beginnt die

Autonome Provinz Kosovo

Stark albanisch beeinflußt. Im Kosovo befindet man sich in einer anderen Welt: bunter und lebendiger, viel spielt sich auf der Straße ab, Menschentrauben, krachvolle Busse. Touristen werden hier noch bestaunt und anfangs auch skeptisch beäugt. Ohne Frage zugleich aber auch eine der ärmsten Regionen Jugoslawiens – nicht nur was Matsch und Schlamm auf den nicht asphaltierten Nebenstraßen anbelangt. Viel schlimmer aber die große Armut in den Häusern, in denen die Familien erheblich unter dem Lebensstandard selbst Südeuropas leben.

Kosovo – Jugoslawiens Sorgenkind
Das Kosovo hat den Status einer autonomen Provinz in der Teilrepublik Serbien. Es ist das ärmste Gebiet in Jugoslawien.

Im Kosovo leben ca. 1 Million Albaner (Moslems, mit extrem hoher Geburtenrate) 70–80% der Bevölkerung. Albanisch ist neben Serbisch Amtssprache, alle Ortsschilder sind zweisprachig (z. B. Peć, Peje); es gibt albanische Rundfunksendungen und Zeitungen, in der Hauptstadt Priština eine albanische Universität.

Geschichte: Nach der Niederlage der Serben gegen die Türken auf dem AMSELFELD (1389) verließen zigtausend Serben das Kosovo. Um 1690 war das Gebiet praktisch entvölkert. In dieses Vakuum wanderten ALBANER ein, übernahmen die verlassenen Landwirtschaften – und den Islam der türkischen Herrscher. Die Türken blieben bis Anfang des 20. Jh., erst in den Balkankriegen 1912 konnten sie verdrängt werden.

Nach ihrem Abzug begannen die SERBEN ihr altes Land wieder zu besiedeln, und die Albaner wurden schnell zu einer Randgruppe. Das Verhältnis zwischen Serben und Albanern war schon damals ziemlich gespannt. Die Serben empfanden die Albaner als Eindringlinge in ihr Land mit Rückendeckung der Türken – und nannten die Albaner abfällig Skipetaren.

Die ALBANER hingegen betrachteten das Kosovo als ihre Heimat – jahrhundertelang bewohnten sie schließlich das Gebiet. Jetzt plötzlich fühlten sie sich von den Serben an die Wand gedrängt. Zwischen Serben und Albanern bestand ein ungeheueres Bildungsgefälle: Albaner waren großteils Analphabeten (32%/1971) – Serben übernahmen deshalb Schlüsselpositionen in der Verwaltung und Wirtschaft. Im November 1968 kam es im Kosovo zu Demonstrationen albanischer Studenten gegen die serbische Verwaltung, mit der Forderung nach einer echten Gleichberechtigung: einer eigenen Republik.
Der AUFSTAND wurde blutig unterdrückt. 1974/75 und '80 gab es weitere Unruhen. Es mußte auch damit gerechnet werden, daß sich die Unruhen auf die Nachbarprovinz Makedonien ausdehnten – denn hier leben ca. 300 000 Albaner. Solange die Sorge berechtigt erscheint, daß Kosovo in Albanien aufgeht, wird es keine eigene »Republik Kosovo« geben.
Die jugoslawische Regierung baut derzeit auf Lösung der Probleme durch eine ANHEBUNG DES LEBENSSTANDARDS . Sollte es gelingen, diesen erheblich zu verbessern, wäre – so vermutet man zumindest – der Anschluß an Albanien reichlich unattraktiv. (Albanien erhebt zwar keine Steuern, aber für einen Fernseher muß man z. B. ca.½ Jahresgehalt zahlen.)

In ROŽAJE entscheidet sich, ob man ❶ die reizvollere Route durch den Kern des Kosovo fährt, über Peć–Prizren mit interessanten Freskenklöstern, oder ❷ die flotter befahrbare Hauptstrecke durchs Ibartal nach Priština–Skopje.

❶ **In Rožaje** zweigt die Route **nach Peć** ab (ca. 45 km). Breite, gut asphaltierte Straße, maximal 10% Steigung, durch Nadelwälder zur Paßhöhe auf 1710 m rauf.

Peć liegt in einem weiten, fruchtbaren Polje. Man fühlt sich in den tiefsten Orient versetzt. Peć lohnt einen Stop wegen dem Patriarchenkloster und der wilden Rugovoschlucht. In der Stadt kleine Basarlädchen, die nur aus einem Zimmer bestehen. Frauen in bunten Pluderhosen und tief heruntergezogenem Kopftuch. Männer mit »Keče«, dem weißen Filzkäppi. Viel Matsch in den Seitenstraßen, geteert nur die Hauptstraße, im Schrittempo um die Menschentrauben, die vielen Kinder und Pferdekarren.

Auf dem **Stadt-Campingplatz** eine ganz andere Welt. Rasenähnliche Grünanlagen, nur einen Spaziergang vom Zentrum entfernt, wacklige Dusche mit Heißwasser-Boiler.

Das beste **Restaurant** der Stadt gleich dabei. 15 DM für 2 Personen incl. Auto

Hotel »Karagac« um die Ecke. DZ um die 40 DM. Beides ausgeschildert.

PATRIARCHENKLOSTER (»PATRIARŠIJA«) am Ortsrand von Peć, leider nicht ausgeschildert. Dem Wegweiser »Andrijevica« folgen!

Ein verschachtelter Klosterkomplex aus 4 kleinen Kirchen in geschützter Lage am Anfang der Rugovoschlucht. Fresken aus dem 13.–16. Jh. – leider sehr geizig beleuchtet. Jetzt noch von Nonnen geführt – die das prächtigste Neubauhaus in ganz Peć bewohnen.
Entstehung: Erzbischof Sava Nemanjić suchte nach einem geschützten, versteckten Ort als Sitz für sein Erzbistum, das bisher in Žiča im Ibartal lag, die Wahl fiel auf den Ausgang der Rugovoschlucht.

Sein Nachfolger Arsenije I. errichtete hier die Apostelkirche Anfang des 13. Jh. (jetzt die mittlere). 2 weitere wurden innerhalb der nächsten Jahrzehnte angebaut: hl. Demetriuskirche (Richtung Straße), Marienkirche Hodigitria (Richtung Eingang). 1330 baute Erzbischof Danilo II. als letztes das Nikolaus-Kirchlein dort an.

Eingang durch die klotzige Vorhalle (Narthex) – mit Fresko des Nemanjiden-Stammbaums.

Zur Zeit Restaurierungsarbeiten – Fresken teilweise verdeckt. In der Kuppel und Apsis der Apostelkirche (mittlere) die ältesten Fresken: Die Kirchenväter beten das Lamm an (das »Angebetete« ist allerdings vernichtet). Der hl. Sava ganz am Rand. Fresko der Beerdigung des hl. Sava an der rechten Seite über dem Sarkophag.

Nebenan Fresko des hl. Nikolaus links vom Eingang. In der Marienkirche auf dem rechten Pfeiler der hl. Nikolaus und Danilo II., der serbische Erzbischof.

Von Peć bis Dečani (Kloster Dečani)   **15 km**
Besonders aufpassen: Kinderhorden, Pferdefuhrwerke, krachvolle Busse und al-

tertümliche Lkws auf der Straße. Zum Kloster in Dečani rechts ab, dem Schild Hotel Visoki Dečani folgen.

Kloster Visoki Dečani (Hoch Dečani) größte Kirche mit 1000 Freskoszenen aus dem 14. Jh. lebendig und gut in Schuß. Schöne Kulisse auf einer grünen Wiese, am Fluß und Waldrand.

König Stefan Uros III., genannt Stefan Dečanski, wollte sich damit ein Mausoleum bauen, deswegen die Größe (30 m hoch) und gelb-rosa Marmorverkleidung. Bauzeit 1327–35. Ungewöhnlich für serbische Klöster die romanisch beeinflußte, verzierte Fassade. Schöne Plastiken – hl. Georg, Tierbilder, ein Gryphon: Mischung aus Adler und Löwe. Dečani ist ca. 100 Jahre jünger als Peć, dadurch gut eine Entwicklung zu erkennen – nicht mehr rein byzantinisch. Der Hauptbaumeister Fra Vita stammte von der Adriaküste aus Kotor und brachte neue westliche Impulse mit.

Halbdunkler INNENRAUM, jedes Fleckchen zugemalt. Die ganze Bibel in Bildergeschichten fürs einfache Volk, viele rollende Märtyrerköpfe. Bis 1350 wurde daran gearbeitet. Fresken sehr gut erhalten, denn die Kirche diente nicht als Moschee!

Im NARTHEX (Vorhalle) der Stammbaum der Nemanjiden, Szenen des hl. Georg, König Stefan Dečanski, Zar Dušan (sein Sohn).

Von Dečani nach Prizren 57 km durch flache Ebene, grüne Wiesen. Viele Obstplantagen und Schäfer, die mit ihrer Herde ziehen. Wasserbüffel, Pferde und Holzpflüge im Einsatz. Zigeunerzelte am Straßenrand sind selten geworden. In der Ebene von Prizren wächst der bekannte Amselfelder Wein – das eigentliche Amselfeld, 100 km nördlich, jedoch ohne Weinanbau.

Prizren (50 000 E.). Orient par excellence. Am schönsten zum Mittwochmarkt, dann wimmeln die Straßen nur so vor Menschen, alte schwarz gekleidete Frauen hocken am Boden und verkaufen gackernde Hühner, Gemüse, kratzige Strümpfe, »Second-hand«-Ware, Nützliches und Unnützes, mit viel Glück entdeckt man echte Antiquitäten. Pferdefuhrwerke »parken« am gegenüberliegenden Flußufer oder schon am Ortseingang; die Bauersfrauen in bunter Tracht – mit Stock unter der Kleidung, damit die Röcke noch mehr wackeln. Vorsicht beim Fotografieren! Die Ehemänner werden leicht rabiat. Im Zentrum das türkische BADEHAUS (Hammam) mit vielen Kuppeln. Die Sinan-Pascha-Moschee von 1615.

Interessant die christliche KIRCHE BOGORODICA LJEVIŠKA von 1307, ein niedrig verwinkelter Ziegelbau. Sie diente lange Zeit als Moschee. Die schönen Fresken wurden von den Türken übermörtelt, so über Jahrhunderte gut geschützt und erst nach dem Zweiten Weltkrieg entdeckt.

Modernes HOTEL »THERANDA« – genau im Zentrum (Theranda war der alte Römername für Prizren). – AUTOCAMP PUTNIK, mit Restaurant.

Südlich von Prizren versperrt das **Šarplanina-Gebirge** wie eine Barriere den Weg. Wer Richtung Ohrid will, muß auf die Hauptstrecke Priština–Skopje zurück. Über Suva Reka, Uroševac (62 km) zur Hauptroute nach Skopje (siehe Seite 269) bzw. nach Ohrid (siehe Seite 257). Die schmale Paßstraße über Brecovica mit 18% Steigung ist nicht zu empfehlen.

❽ HAUPTROUTE ROŽAJE – PRIŠTINA   115 km

Akzeptable Straße, relativ flott zu befahren. Das erste Drittel landschaftlich sehr schön durchs Ibartal, die weitere Strecke reizlos, am Ibarstausee vorbei durch eintönige Städte und das riesige flache Amselfeld.

Ab Rožaje schluchtig, zerklüfteter Fels wie spitze Nadeln, bewachsene Hänge. Der Ibar windet sich 100 m unterhalb der Straße um die Felszacken. Wenig besiedelt. Vorsicht, in den Tunnels wird die Straße miserabel. Das Kosovo beginnt kurz nach Bać, zweisprachige Ortsschilder.

Ribarice, ein kleines Nest an der Route, wird lebendig zum Viehmarkt, rechts unterhalb der Straße. Ein buntes quirliges Bild, der Viehmarkt ist keinesfalls nur Männerdomäne. Kälber und Schafe werden begutachtet und geprüft. Ein Gendarm mittendrin paßt auf, damit die Geschäfte ihren ordnungsgemäßen Gang gehen.

Ab hier wird der Ibar gestaut, viele Brücken über die Seitenarme. Titova Mitrovica, eine Industriestadt mit eintönigen Einfamilienhäusern, läßt man besser links liegen.

Durchs **Amselfeld,** ewig weite Ebene (70 km lang, etwa 15 km breit), sehr fruchtbar, viel Lkw-Verkehr, dazwischen Pferdefuhrwerke und Traktoren, schnurgerade Straße, man kommt erfreulich schnell voran. Dörfer und Felder gehen ineinander über, ab und zu stakt ein Minarett aus den Feldern. Einige Industrieschlöte, als Industriegebiet steckt das Amselfeld noch in den Anfängen. Nach Einbruch der Dunkelheit Vorsicht, viele unbeleuchtete Pferdefuhrwerke auf der Straße.

Das Amselfeld – Kosovo Polje
Wird oft mit dem schwer süffigen »AMSELFELDER-WEIN« assoziiert, der jedoch nicht hier, sondern ca. 100 km südlich im Polje von Prizren wächst. – Das heutige Amselfeld ist dabei, ein Industriezentrum zu werden, reich an Bodenschätzen wie Zink, Blei und Lignitkohle.

Das Amselfeld ist zugleich geschichtsträchtiger Boden: Am Veitstag 1389 fand hier die legendäre RIESENSCHLACHT zwischen den TÜRKEN UND SERBEN statt, die von den Türken gewonnen wurde. Ein folgenschweres, historisches Ereignis. Wäre sie anders ausgegangen, hätten die Osmanen nie Wien gesehen, und der Balkan hätte keinen orientalischen Touch.
Der türkische SULTAN MURAT I. besiegte in dieser weiten Ebene am 28. Juni 1389 das serbische Heer unter FÜRST LAZAR – der die vordringenden Türken stoppen wollte. Ein fürchterlich blutiges Gemetzel – neben zigtausend Soldaten starben beide Anführer, aber den Türken war der Weg nach Mitteleuropa geöffnet. Sie blieben im Balkan bis Anfang des 20. Jhs. – erst in den Balkankriegen von 1912/13 wurden die letzten Osmanen vertrieben.
Das MAUSOLEUM des Sultans Murat I. erinnert an die Schlacht. – 3 km nach Miloševo, rechts ab.

Priština (100 000 E.), Hauptstadt des Kosovo. Eine moderne und laute Hochhausstadt mit albanischer Uni. Großes Busterminal am Ortsrand. Die Busse so vollgestopft, daß man sich wundert, daß sie nicht jeden Moment auseinanderbrechen. Große Autowerkstatt 200 m weiter.

Bei Priština lohnt sich die Fahrt zum **Kloster Gračanica,** ca. 10 km außerhalb, mit rein byzantinischen Fresken. Besonders interessant der Stammbaum des Königshauses der Nemanjiden in der Vorhalle. Gründer und Stifter war König Milutin 1321, ein Nemanja-Sproß.

Von Priština geht's recht schnell ca. 90 km nach **Skopje,** hübsches Basarviertel, ganz ursprünglich, mit vielen kleinen Čevapčinicas. Stadtbeschreibung Skopje siehe Seite 269.

Von Skopje noch 170 km nach **Gevgelija** über den zügig befahrbaren Autoput an die griechische Grenze. Landschaftlich viel lohnender, aber der Umweg über den **Ohridsee.**

Ohrid- und Prespasee

Eine vielseitige URLAUBSECKE im südlichen Dreiländereck. Baden, Surfen und Bootfahren auf den beiden großen Seen. Schöne Bergkulisse mit 2000ern und »Neugierblick« ins touristenfeindliche Albanien . . .

Große Camps und Hotels direkt am OHRIDSEE, Kiesel- und Sandstrand; viel Flair im alten Städtchen Ohrid mit lebhaftem Korso, weißen Erkerhäusern und vielen Freskenkirchen.

Der PRESPASEE für Leute, die wirklich nur Natur suchen.

Zufahrt ab Skopje über Tetovo, Kičevo (ca. 175 km). Sehr gute Straße, kaum Verkehr. In Tetovo lohnt ein Stop wegen der bunten Moschee, die schönste Jugoslawiens. Die Außenfront mit farbigen Ornamenten und Bildern.

Landschaftlich schönere **Alternative:** 8 km nach Gostivar rechts ab, am Mavravskosee vorbei, über Debar dicht an der albanischen Grenze entlang nach Struga/Ohridsee. 20 km Umweg, aber besonders reizvoll, rechter Hand steile 2000er Gipfel.

Das Gebiet um den See ist zum **Mavrovo-Nationalpark** erklärt worden, mit dem Erfolg, daß sich hier Braunbären sehr gut vermehren konnten. Ca. 120 soll es noch geben. Außergewöhnlich viele Greifvogelarten leben im Nationalpark. Allein 5 Adlerarten: z. B. Kaiseradler, Steinadler, Zwergadler. 2 Geierarten (Gänsegeier und Schmutzgeier). Rot- und Schwarzmilane, von den übrigen Greifern durch gegabelte Schwänze deutlich zu unterscheiden.

Ohridsee

Größter See Südjugoslawiens (31 km lang, 15 km breit). Oft Wellen wie im Meer. Durch die Höhenlage (700 m) erträgliche Temperaturen: tagsüber intensive Sonne zum Bräunen – nachts angenehme Schlaftemperatur. Im Spätsommer allerdings kühl.

Eine weite Ebene mit seichtem Schilfufer im Norden bei Struga – im Süden steile Bergwände bis zu 2255 m (Skiberg und Paßstraße Richtung Prespasee).

Im See eine spezielle **Forellenart;** schmeckt vorzüglich. Die türkischen Sultane sollen einen eigenen Kurierdienst eingerichtet haben, um die begehrten Forellen möglichst frisch nach Istanbul zu bringen. Hobbyangler können sich Anglergenehmigung vom Tourist-Büro im Ort Ohrid besorgen.

Zubereitungstip der Forelle:
Für die Füllung Zwiebeln nach »gusto« schneiden und in Öl garen. Mit Salz und Pfeffer würzen sowie Zitrone drüberträufeln. Gewürfelte Tomaten und Paprika hinzugeben und mit Weißwein abschmecken. Die gebratene Forelle entgräten, die Masse in den Bauch füllen und kurz überbacken. Eine Pfanne mit Deckel tut's auch. Dobar-tek!

Vorsicht beim Bootfahren und Surfen: Bojen markieren den Grenzverlauf mit Albanien. Bei Überschreitung gibt es erheblichen Ärger!!

Ohrid   ca. 30 000 E.

Eine wohlhabende Stadt mit viel Atmosphäre, direkt am See. Abends dichtes Gedränge von Menschen. Ein Souvenirladen neben dem anderen. Überall gibt's die Anhänger aus der »Ohrid-Perle« – Opankenschuster in der Seitengasse. Typisch für Ohrid sind die weißen Fachwerkhäuser, die in ihrem 1. Stock weit über die Gassen ragen. Das größte wird derzeit zum Museum restauriert.

 Tourist-Infos: 7–20 Uhr

 Bank: am Korso BUSTERMINAL und POST (7–20 Uhr/Mo.–Sa.) am Bv. boris Kirdrjč. FLUGHAFEN: zwischen Ohrid und Struga (1 × tägl. nach Beograd), Jat-Büro am Korso.

Schmale Badeplätze am Sporn unterhalb von Sv. JOVAN (Taxiboote).

UNTERKUNFT
Grandhotel »Palas«, langgezogener 6-Stökker direkt am Titokai. Drumherum Grünanlage, ein Katzensprung zum Wasser. DZ um die 100 DM. Zimmer in der Dependance etwas billiger.

Hotels südlich von Ohrid am See:

»Gorica«, 3 km südlich von Ohrid. 120 Betten. Hotelkomplex am Hang mit eigener kleiner Kiesbucht. Balkons mit Seeblick. DZ ca. 105 DM.

Hotel »SLAVIJA« im Hotelort Sv. Stefan, 4 km südlich. Abseits der Hauptstraße, große Terrasse zum Strand. 107 Betten, DZ ca. 90 DM.

Neben Hotel Slavija direkt am Meer **Hotel »ORCE NIKOLOV«,** 242 Betten. Zimmer mit Meerblick, eigener Strand. DZ ca. 85 DM.

Hotel »Desaret«, sehr schöne Anlage aus einzelnen Bungalows, kein Autolärm. Hoteleigener Strand, ca. 12 km südlich von Ohrid in Peštani. DZ ca. 100 DM.

Privatzimmer ab 10 DM.

Strände bei Campingplätzen und Hotels:
Am schönsten liegt das **Autocamp »GRADISTE«,** *15 km südlich abseits auf einer Landnase direkt am See. Heckenabgeteilte Stellplätze und Kiesstrand. Viele jugoslawische Dauerwohnwagen. Altmodische Sanitärhäuschen, aber warme Duschen. Für 2 Personen samt Wohnmobil ca. 15 DM.*

Camping »ANDON DUKOV«, zwar Ohrid nächster Platz, trotzdem muß man für einen

Stadtbummel das Auto anspannen. Weitläufig, große Pappeln, viele Dauercamper, schilfiges Kiesufer mit seichtem Wasser. 2 km nördlich von Ohrid.

Ausweichcamp »ELEŠEC«, nicht direkt am See, zum Kiesstrand Straße queren. 11 km südlich.

Camp »SV. NAUM«, schattenloses Wiesengelände am langen Kiesstrand ganz im Süden. Albanische Grenzbojen in Sichtweite. Der Platz liegt ca. 30 km südlich von Ohrid.

Restaurant-Tip: in Ohrid. Die besten Forellen gibt's im **Restaurant »RIBLJI«** im 1. Stock. Gepflegt und stilvoll eingerichtet, mit Caféterrasse am Kai. Ganz prima schmeckt die Forelle Pećer Art mit pikanter Knoblauchsauce, ca. 9 DM, außerdem leckere, preiswerte Medaillons.

Schöner Spaziergang durch den Stadtwald von Ohrid zu den Ruinen der »SV.-PANTELEJMON«-KIRCHE (eigentlich »Sv. Kliment«, denn er gründete an dieser Stelle 893 die erste kleine Kapelle). Kliment und später Pantelejmon lehrten hier in der ersten slawischen »Uni«. Zur Türkenherrschaft wurde die Kirche zur »Imaret-Moschee« entfremdet. Der freundliche Kustode versucht auch den Ausländern die verschachtelten Grundrisse und Mosaiken zu erklären.

Idyllischer Platz bei der SV.-JOVAN-KAPELLE auf dem Sporn mit Top-Aussicht.

SV. SOFIJA: Die älteste Kathedrale Ohrids im Basilikastil. In der großen Apsis ein moslemischer Gebetsaufgang vor Marien- und Heiligenfresken! (11.–14. Jh.) Spärliche Reste einer ersten Basilika (5. Jh.) Wegen der guten Akustik finden im Juli/August internationale Konzerte statt. Offen von 8–12/16–18 Uhr.

SV. KLIMENT (1295): Geduckte, verschachtelte Kirche in byzantinischer Ziegelbauweise. Exzellenter Stadtblick über die Festung bis Albanien. Die Fresken wurden z. T. restauriert, fast etwas zu »knallig« geraten. Interessant: keine schemenhafte Darstellung, sondern individuelle Porträts.

DIE HAUPTPERSON, SV. KLIMENT, auf der linken Wand des Hauptraumes (rechts neben der Holztür), mit weißem Bart, schaut reichlich düster . . . An den Säulen die HEILIGEN – Sv. Merkurije, Sv. George, Sv. Dimitrius . . . in Rittergestalten. – Die HIMMELSLEITER im »Narthex« (Vorraum) links.

Kirche und Ikonensammlung offen von 8–12/15–18 Uhr, außer montags.

IKONENMUSEUM, gegenüber. Modern und dekorativ präsentiert, mit guter Beleuchtung. Sehr frühe Kirchenbilder (ab 1108), teilweise mit silber- und edelsteinverzierten Heiligenscheinen. Die Ikonen wirken aber im Museum isoliert; in der Kirche hätten sie mehr Bezug.

Ausflüge ab Ohrid:
Struga, am nördlichen Seeufer. Lohnt nur am Samstag zum lebendigen Wochenmarkt. Bauern in Trachten kommen in Pferdefuhrwerken aus der Umgebung.

Sv. Naum, sowohl per Auto zu erreichen, schöner aber mit dem Boot ab Ohrid über den See zu seinem südlichsten Ende. (Organisierte Exkursionen ca. 10 DM/Person).

Blick rüber nach Albanien (Wachposten, 300 m entfernt) und kleine FRESKEN-KIRCHE (17. Jh.). Interessantes Gruppenbild der Slawen-Apostel im Vorraum links: Method trägt das Kirchenmodell, ganz links der heilige Naum (mit braunem Bart). Weitere Darstellung des hl. Naum (mit Kirchenmodell) in der Ikonostase ganz rechts. (Offen 8–12/14–18 Uhr).

Die UMLIEGENDE KLOSTERANLAGE wurde zu einem gemütlichen und originellen HOTEL umgebaut. Fantastische Lage, die Zimmer renovierte Mönchszellen. Allerdings nur wenig Komfort (kaltes Wasser im Zimmer sowie Gemeinschaftsduschen), dafür aber großartige Umgebung und billig. Ca. 15 DM/Person (90 Betten).

Exzellentes RESTAURANT auf einer grünen Insel im Teufelsbach (»Črni Drim«) gleich am See.

Vom südlichsten Zipfel des Ohridsees 53 km zum **Prespasee.** Gute Paßstraße über das Galičika-Gebirge mit Blick nach Albanien hinein. Große Teile des Gebirges Nationalpark. 150 verschiedene Pflanzenarten kommen hier vor, der Wacholder erreicht gut Baumgröße. Typisch für dieses Gebiet ist die mazedonische Eiche.

Prespasee

Drittgrößter See Jugoslawiens, liegt etwas im Schatten seines Nachbarn. Landschaftlich ebenso reizvoll, zu beiden Seiten 2000 m hohe Gebirge. Großteils bewaldet, schöne Wandertouren möglich.

Inselchen Golem Grad, ein beliebtes Ausflugsziel im Dreiländereck, gehört aber noch zu Jugoslawien. In den Wacholderbüschen auf der Insel brüten Kormorane. Durch die geringe Schadstoffbelastung des Sees können sich hier sogar Krauskopfpelikane halten. Mit Glück entdeckt man beim Spazierengehen Schildkröten, sie fühlen sich hier aber viel wohler als zu Hause im Schuhkarton bei Kopfsalat! Unterirdischer Seeabfluß, der bei Sv. Naum als Črni Drim in den Ohridsee mündet.

In den Genuß der viel gelobten Sandstrände kommt man nur bei Niedrigwasser, sonst spitzes Steinufer. Der **längste Sandstrand bei Stenje,** dicht an der albanischen Grenze. Sonst ist im kleinen Ort nicht viel los.

Gepflegter Strand in **Oteševo** am Westufer. Großer 500-Betten-HOTELKOMPLEX OTEŠEVO am See. DZ um die 80 DM. CAMPINGPLATZ gleich daneben. Wiesengelände und schattige Bäume.

Weiteres EINFACHES CAMP bei Pretor am Ostufer. Durch die Arbeitererholungsheime bekommt man schnell Kontakt zu Jugoslawen. Das verschilfte Nordufer ist wenig attraktiv, viele Obstplantagen in der Ebene. Die kleinen Ortschaften kündigen sich durch leuchtend weiße Minarettspitzen an.

Der östlich aufsteigende **Barbargebirgsrücken** über 2000 m, Großteil ist Nationalpark, der südlichste Jugoslawiens. Der »Pelister« mit 2600 m ist höchster Gipfel. Drei schöne Wanderwege führen quer durch das Gebirge. Weite Stellen bewaldet. In den unteren Lagen die seltene mazedonische Kiefer mit schmalen, langen Zapfen und weicher als gewöhnliche Kieferzapfen. In den Wäldern leben

Braunbären, seltener Wölfe. Oberhalb der Waldgrenze strauchartige Kiefern und weite Almwiesen.

Guter Zugang von Kažani (auf der Route nach Bitola) rechts ab, etwa 3 km Forstweg bis Moloviste, dann Wanderweg.

Die Hauptstraße geht vom Ohridsee/Struga-Ohrid in 87 km über die Bergkette rüber nach

Bitola   65 000 E.

Zweitgrößte Stadt der jugoslawischen Provinz Makedonien nahe der griechischen Grenze. Zwischenstop lohnt sich nicht; einiges an Industrie.

Allenfalls interessant der Besuch der 2½ km entfernten **Römerstadt »Heraclea Lyncestis«** mit Mosaiken in leuchtenden Farben. Auch wenn die Ausgrabungen noch in vollem Gange sind: auch für Nichtarchäologen viel fürs Auge! Amphitheater, Bäder und Säulenhalle bereits freigelegt.

Heraclea war zur Römerzeit eine große Stadt, Verwaltungssitz der röm. Provinz Lyncestis, wichtiges Wirtschaftszentrum an der Via Egnatia – eine Handelsstraße, die die Adria (bei Durres im heutigen Albanien) mit der Ägais (Konstantinopel) verband. Im 4. Jh. n. Chr. wurde es Bischofsstadt, die 2 Basiliken und Mosaikfußböden entstanden. Danach ging's mit Heraclea bergab, Plünderungen und Slaweneinfälle zerstörten die Stadt.

Zufahrt: 2,5 km außerhalb Richtung griech. Grenze, Heraclea ausgeschildert.

❶ Von Bitola entweder retour **zum Autoput** und in die Heimat . . . Gut ausgebaute Strecke via Prilep-Titov Veles nach **Skopje** (170 km). Anfangs durch fruchtbare Ebenen, vorbei an kahlen Bergkuppen. Prilep ist eine Industriestadt, Abschluß bildet eine interessante Felskulisse. – Über einen „zahmen" Paß (990 m) und teils gepflasterter Straße, die das Auto zum Dröhnen bringt, und Steigungen bis zu 9% rüber zum Autoput. Zunächst einsame Berglandschaften, angenehm zu fahren, da relativ wenig Verkehr. Im Tal wird's felsig, schluchtig. Dann geht's in die kilometerlange Ebene mit Obst- und Weinplantagen. Bei Gradsko auf den Autoput in Richtung Skopje.

❷ Oder ab Bitola über die Grenze (16 km bis Niki) **nach Griechenland.** Alternativroute zum Hauptübergang bei Gevgelija/Autoput. Eine landschaftlich lohnende Strecke nach dem Grenzübergang Florina: Durch karge Hochebenen. Griechische Schäfer weiden ihre Herden an der Straße. Kurvige Schlängelstrecke durch die Berglandschaften. Aber guter Zustand. Trifft in Nordgriechenland auf das lohnende Gebiet Kastoriasee. Aber auch Westseite des Olympos (siehe Wanderungen- und Besteigungstips in unserem dicken Reiseführer „Griechenland"/M. Velbinger" – derzeit 11. Auflage).

Autoput

die HAUPT-VERKEHRSACHSE Jugoslawiens – von der österreichischen Grenze über Ljubljana durch weite Tiefebenen bis Beograd (Hauptstadt des Landes) und Täler an die bulgarische Grenze – bzw. griechische.

Immer noch sind weite Teile LANDSTRASSE, zweispurig. Riskante Überholmanöver türkischer und griechischer Gastarbeiter, die in überladenen Pkws retour, nonstop in die Heimat wollen, bzw. zur Fabrik in Mitteleuropa zurückkehren (Streichholz zwischen die Augen geklemmt und den Kaffee zwischen den Schenkeln).

Dicker INNERJUGOSLAWISCHER LKW-VERKEHR – wie auch in den Orient und nach Griechenland. Eine der unfallträchtigsten Straßen Europas. Bis heute sind nur ca. ⅕ der gesamten 1180 km zwischen Ljubljana und griechischer Grenze/Gevjelija als Autobahn ausgebaut.

Der Rest ist Landstraße, Tempo 100. Abgesehen vom Risiko: landschaftlich vorwiegend langweilig. Erst in den Tälern um Skopje zur griechischen Grenze wird's interessanter. Die Strecke dort auch besser ausgebaut und weniger Verkehr, da ein Großteil Richtung Sofia/Bulgarien abzweigt.

Autoput-Steckbrief
Der Autoput »Bratstva i jedvinstva« (Brüderlichkeit und Einheit) wurde nach dem 2. Weltkrieg von Freiwilligen, Jugendbrigaden aus aller Herren Länder aus dem Sumpf gestampft. 1950 war der Abschnitt Zagreb–Belgrad fertig, 1966 bis zur griechischen Grenze. Gesamtlänge ca. 1100 km.

Für den damaligen Verkehr reichten 2 Spuren ohne Mittelstreifen aus, heutiges Verkehrsaufkommen: bis zu 10000 Fahrzeuge/Tag!

Kreuzungen von Neben- und Feldwegen wurden nicht vermieden, deshalb queren ab und zu Traktoren, Viehherden und Pferdefuhrwerke . . .

Die Zubringerstrecken sind fast alle autobahnmäßig ausgebaut (Österreich, Italien, Ungarn, Bulgarien, Griechenland). Der Autoput mit seiner Landstraße ist deshalb den Blechlawinen überhaupt nicht mehr gewachsen. Der autobahnmäßige Ausbau ist ein teures Unterfangen und wird noch Jahrzehnte dauern.

Für den JUGOSLAWIEN-URLAUBER ist er Schnellzubringer ab BRD und Österreich in die Küstenregionen südlich von Zadar. Aber auch in die Bergregionen des Durmitor (Tara-Canyon) sowie zum Ohridsee.

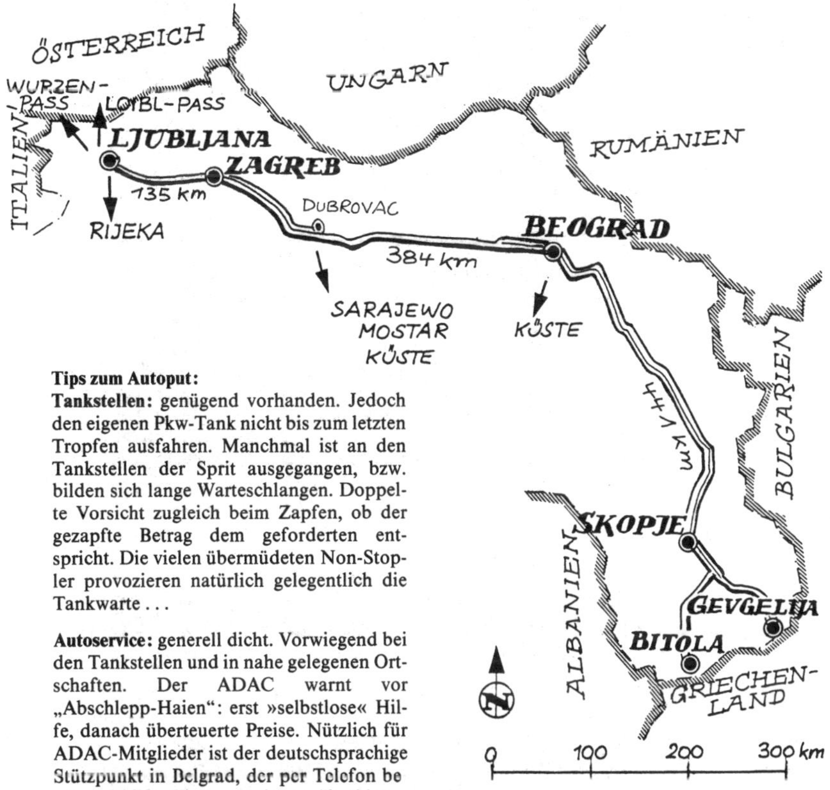

ÖSTERREICH

WURZEN-
PASS   LOIBL-PASS

UNGARN

ITALIEN

LJUBLJANA

ZAGREB

135 km

RIJEKA

DUBROVAC

BEOGRAD

384 km

RUMÄNIEN

SARAJEWO
MOSTAR
KÜSTE

KÜSTE

444 km

SKOPJE

GEVGELIJA

BITOLA

ALBANIEN

BULGARIEN

GRIECHEN-
LAND

0   100   200   300 km

Tips zum Autoput:

Tankstellen: genügend vorhanden. Jedoch den eigenen Pkw-Tank nicht bis zum letzten Tropfen ausfahren. Manchmal ist an den Tankstellen der Sprit ausgegangen, bzw. bilden sich lange Warteschlangen. Doppelte Vorsicht zugleich beim Zapfen, ob der gezapfte Betrag dem geforderten entspricht. Die vielen übermüdeten Non-Stopler provozieren natürlich gelegentlich die Tankwarte ...

Autoservice: generell dicht. Vorwiegend bei den Tankstellen und in nahe gelegenen Ortschaften. Der ADAC warnt vor „Abschlepp-Haien": erst »selbstlose« Hilfe, danach überteuerte Preise. Nützlich für ADAC-Mitglieder ist der deutschsprachige Stützpunkt in Belgrad, der per Telefon berät und hilft. (Tips zu seriösen Abschleppunternehmen, Tel.-Nummern etc.)

Fahrtechnik/Autoput: supervorsichtig, wenn eine komplette Kolonne à 10 oder mehr Fahrzeugen zum Überholen ausschert. Den letzten beißen die Hunde, wenn sich die komplette Mannschaft wieder rechts reinzwängen will, weil was »entgegenkommt«.

Polizei existiert und kassiert sofort in »bar« in bezug Raserei.

Tips für die Zeitplanung: Ein Fahrverbot besteht in SLOWENIEN für Lkw (über 5 t) an Sonn- und Feiertagen von 16 bis 22 Uhr sowie freitags und am Tag vor Feiertagen zwischen 14 bis 19 Uhr. In den ANDEREN REPUBLIKEN nur feiertags von 15 bis 20 Uhr. Allerdings schien niemand so recht vom Fahrverbot Bescheid zu wissen, inkl. der Polizei.

Nachts muß man generell mit jeder Art nicht funktionierender Beleuchtung an Fahrzeugen rechnen: ein solo-funktionierender Frontscheinwerfer (statt zwei) führt zweifelsfrei zu ebenso fatalen Folgen wie ein komplett ausgefallenes Rücklicht. So flott der Autoput geht, ist er zugleich fahrtechnisch anstrengend . . .

Sicherheitsabstand ist auf dem Autoput ein Fremdwort. Die nötigen 120 m werden sofort von Lückenspringern geschnappt . . .

Übernachtung: Wird am Straßenrand von der Polizei toleriert, ist aber sicher keine Entspannung. Motels und Camps bei den Raststätten ebenfalls superlaut, insbesondere, wenn die Lkw ihre 300 oder mehr PS »anwerfen«. Ständiges »Kommen« und »Gehen«.

Besser seitlich ab in die Dörfer. Ruhiger und erheblich billiger. Insbesondere in den vielen Privatzimmern (nennt sich in Slowenien »sobe« und ist per Wegweiser ausgeschildert).

Essensnachschub (für Fahrer und Beifahrer): Melonenberge und viele Obststände am Straßenrand. Im Gegensatz zu deutschen Autobahnen darf man seitlich ranfahren.

Alternative zum Autoput: Parallelroute entlang der ungarischen Grenze. Maribor – Ptuj – Virovitica – Osijek – Novi Sad – Beograd. Zwar nicht schneller, so doch kein Amokverkehr und kaum Lkw. Auch landschaftlich reizvoll. Erreicht den Autoput bei Beograd, genau dann, wenn wieder Autobahnteilstücke kommen und vor allem ab Niš die Sache freier wird, weil der Großteil Richtung Bulgarien abzweigt . . .

LJUBLJANA – ZAGREB   135 km

Eine landschaftlich schöne Strecke (Landstraße), die in weiten Biegungen durch grünes Hügelland geht. Bei Novo Mesto zweigt die Route zu den Plitwitzer Seen ab sowie nach Zadar. Kurz danach am Autoput Raststätte und Autoservice AMZS sowie Abschleppdienst.

Übernachtungstip: Wasserschlößchen Oto-čec (13. Jh.), von der Krka umspült, sehr idyllisch am Wald, mit vorzüglicher Küche. Restaurant im Schloßhof oder im geschmackvoll eingerichteten Speiseraum. Eine Augenweide ist der Ritterspieß für zwei Personen (18 DM). Frische Forellen, im Herbst auch Pilzgerichte. DZ ab 65 DM, unmittelbar an der Strecke, aber trotzdem ruhig. Abzweig bei der obigen Raststätte.

Camping auf dem großen Schloßgelände am Fluß. Baden, Angeln, Reiten etc.

Ausweichquartier: **Hotel »Garni«** mit beheiztem Pool und Sauna an der Raststätte. DZ ca. 60 DM.

Thermalbad Čatež an der Save, 30 km vor Zagreb.

Schwefelhaltige Quellen im **Hotel »Terme«**, DZ 85 DM. **Autocamp** gleich dabei, 8 DM/ Person, dafür darf man das Thermalbecken mitbenutzen.

Im Ort **Brežiće** altes Schloß mit mächtigen Rundtürmen, dicken Mauern, Fresken im Rittersaal, kleines Museum (2 km von Čatež).

Lohnender Abstecher, wenige Kilometer abseits vom Autoput: **Schloßhotel Mokrice**, mit dicken Ecktürmen, Zugbrücke und Reitstall. Auf einer Anhöhe im Wald. Renovierte Zimmer, DZ zwischen 50 und 75 DM. Gute Schloßküche, deshalb am Wochenende beliebtes Ausflugsziel. – REITEN 13 DM/Std., KUTSCHFAHRTEN 35 DM/ Std. (beschilderte Ausfahrt).

Motel Bregana – letztes vor Zagreb am Autoput.

Zagreb mit Autobahnumgehung. Wer nicht auf »nonstop« eingetrimmt ist, sollte zur Abwechslung kurz nach Zagreb reinfahren; lohnt sich!

Zagreb
500 000 E.

Eine angenehme Großstadt und Hauptstadt Kroatiens. Das kulturelle Zentrum Jugoslawiens, Museen, Uni ...

Mit dem Pkw leicht zurechtzufinden: Man landet automatisch bei den Grünanlagen im ZENTRUM DER UNTERSTADT (erstrecken sich vom Bahnhof bis Nationalplatz). Straßenzüge aus dem 19. Jh. Im Krieg wurde Zagreb kaum zerstört, denn es war die Hauptstadt der faschistischen Ustaša-Regierung unter Pavelić (1941–45).

Die HAUPTSTRASSE ILICA trennt Unter- und Oberstadt. Per Standseilbahn 40 m rauf oder zu Fuß. Schöner und farbenprächtiger Markt auf dem Dolac-Platz.

Das ZENTRUM DER OBERSTADT (»GRADEC«) um die gotische Markuskirche (13. Jh.) mit den riesigen, bunten Wappen von Kroatien und Zagreb auf dem Ziegeldach. Gegenüber das Kaptol: der große Stephansdom mit Kloster.

Zagreb entstand aus zwei Zentren: dem Kaptol als geistlichem Mittelpunkt (Bistum) und gegenüber: Gradec, das weltliche Zentrum, die bürgerliche Oberstadt. Sie bekriegten sich ständig, 1527–29 wurden sogar beide zerstört. Erst die Türkengefahr brachte die verfeindeten Städte zusammen, so daß sich schließlich eine gemeinsame Stadt bildete.

 Tourist-Info: am Trg Zrinjskoga, bei den Grünanlagen. Offen Mo.–Fr. 8–20 Uhr, Sa. und So. 9–18 Uhr mit Geldwechsel und Zimmervermittlung.

 Post: direkt neben dem Bahnhof.

Hotels: DZ mit Du. von 60 DM (Hotel Siget) bis 250 DM (Intercontinental).
Privat zahlt man um die 20 DM fürs DZ.
Jugendherberge Omladinski-Hotel, nahe beim Bahnhof, Petrinjska Rog 77.
Camping Mladost, ausgeschildert, in Flußnähe (Sava), Richtung Rijeka, Karlovac. Ein reiner Übernachtungsplatz.

Restaurant-Tip: Auch wenn man eigentlich nicht vorhatte, nach Zagreb reinzufahren, lohnt ein Abstecher ins **»Lovački Rog«.** Vorzüglich zubereitete Wildgerichte, große Portionen zum Sattwerden bei fairen Preisen. Portion Fasan kostet z. B. 8 DM, allerdings 20% Service mitkalkulieren. Ambiente Jagdtrophäen, Geweihe. Das Restaurant liegt an der Hauptstraße Ilica.
Fisch-Spezialitäten im **»Kornat«,** große Auswahl, akzeptable Preise in der Gajeva Ulica.

Transporte
Zugbahnhof im Zentrum am Tomislav Trg.

Züge nach
Ljubljana (160 km) ca. 16 × tgl. ca. 2½ Std.
Beograd (433 km) ca. 16 × tgl. ca. 6 Std.
Split (449 km) ca. 8 × tgl. 8–9 Std.
Autoreisezüge von Zagreb–Split (Zadar), ganz früh morgens, dauert ca. 7 Std.

Busbahnhof neben dem Zugbahnhof.

Flughafen: ca. 17 km entfernt, Busverbindung, JAT-Büro in der Zrinjevac 17.
Nach

Beograd	2–3 × tgl.	ca. ¾ Std.
Sarajevo	1–2 × tgl.	40 Min.
Skopje	fast tgl.	2 Std.
Zadar	fast tgl.	40 Min.
Dubrovnik	2 × tgl.	50 Min.
Split	2 × tgl.	40 Min.

Zagreb – die Stadt der Museen, von den 24 die interessantesten. Archäologisches Museum am Zrinski Trg 19, nahe Tourist-Info. Hauptattraktion: Mumie mit dem längsten erhaltenen Text in etruskischer Sprache; in der ägypt. Abt. (9–13 Uhr, außer Sa.).

Atelier des Bildhauers. Meštrović, Mletačka 8. (Die.–Sa. 10–13 und 17–19 Uhr.)

Galerie der Modernen Kunst, Katarinin Trg 2. Moderne jugoslawische Maler und andere, z. B. Picasso, Vasarely (tgl. von 11–13 und 17–20 Uhr).

Glyptothek (antike und mittelalterliche Skulpturen, Bogumilengrabsteine etc.) Medvedgradska 2 (8–13, So. 10–13, Di. 8–18, Sa. geschl.)

Strossmeyer-Galerie, Gemäldesammlung der alten Meister (14. bis 19. Jh.) Zrinski Trg 11 (10–12, So. und. Do. 10–13, Sa. geschl.)

Zagreb – Beograd (Belgrad) 384 km

Flache Landschaft, ewig weite Felder, viel Maisanbau. Einzige Abwechslung die kilometerlangen Waldstrecken vor Beograd. Achtung, Wildwechsel!

Die ersten 100 km sind Autobahn (Pkw 4,50 DM, Wohnmobil 7 DM), danach folgen dann 35 km miese, holprige Ausbaustrecke. Ende der Bauarbeiten noch nicht abzusehen. Viele einfache Motels, Camps und Tankstellen.

In **Dubovac** zweigt die wichtigste innerjugoslawische Querverbindung an die Küste ab (Bereich Split–Dubrovnik). Die Route erreicht die Küste bei Kardeljevo (Details Seite 204 und 212.)

Srem. Mitrovica: Ca. 60 km vor Beograd weist ein römischer Soldat aus Pappmachee den Weg nach Sirmium. Römische Ausgrabungen (Kurzabstecher, 4 km). Schöner Spaziergang durch Palastruinen, Römerstraße, Thermen mit Bodenmosaiken. MOTEL »Srem«, etwas abseits vom Autoput.

CAMP, 33 km vor Beograd in **Pecinci** am Autoput. Erfreulicherweise beginnt **ca. 15 km vor Beograd** wieder ein Stück Autobahn (Gebühr bis Lapovo für Pkw 3 DM, Wohnmobile 4,50 DM) und umgeht die Metropole.

Um sich unnötige Suchereien in Beograd für Übernachtung zu sparen: »CAMPING NACIONAL« in Novi Beograd, ca. 8 km vom Zentrum, nahe am Autoput. Das Camp ist ausgeschildert.

Beograd (Belgrad) knapp 1,4 Mill. E.

Hauptstadt Jugoslawiens, ein Häusermeer an der Donau und Save. Hat touristisch nichts Spektakuläres zu bieten, denn Beograd wurde oft und gründlich zerstört.

Als Kneipengegend gilt SKADARLIJA, zwischen dem Hauptplatz Trg Republike und Bahnhof. Mit Restaurants und Tischen im Freien in der Fußgängerzone, die von Straßenmusikanten und jungen Leuten wimmelt.

Hauptattraktion von Beograd ist die imposante FESTUNG KALEMEGDAN an der Mündung der Save in die Donau. Von den Österreichern im 18. Jh. erbaut, jetzt in einer Grünanlage.

Das NATIONALMUSEUM lohnt sich (Trg Republike, direkt im Zentrum, geöffnet Di.–So.). Die wertvollsten Stücke der jugoslawischen Ausgrabungsstätten sind hier ausgestellt. 2 Bronzesatyrn aus Stobi, wertvolle illyrische Grabbeigaben aus Trebinište (Gegend um Ohrid), Fresken aus Klöstern Serbiens.

Recht interessanter Tagesausflug per Tragflügelboot über die Donau zum »Eisernen Tor«, eine kilometerlange Engstrecke mit steilen Felswänden. Diese Engstelle wurde erst in diesem Jahrhundert für große Schiffe passierbar gemacht, indem die Donau gestaut und der Wasserlauf dadurch entschärft wurde. Der 1,3 km lange Damm war ein Gemeinschaftswerk von Jugoslawen und Rumänen. Anlegestelle der Ausflugsboote kurz vorm Damm. Abfahrt in Belgrad am Saveufer. Tickets beim Reisebüro Beogradbrod, Karadjordjevo 8 (die Boote fahren nur zur Saison).

 Wer sich intensiver für Beograd interessiert, wendet sich ans Tourist-Büro entweder am Bahnhof (Mo.–Fr. 7–19 Uhr, Sa. 9–16 Uhr) oder in der Fußgängerunterführung beim Albania-Hochhaus (8–20 Uhr).

Hier kann man auch für 15 DM eine Sightseeingtour buchen, um die Schönheiten Beograds per Bus kennenzulernen. Wer mit eigenem Pkw in Beograd ist, folgt den gelben Schildern der Tourist-Route.

Unterkunft:
viele Hotels, aber teures Pflaster in Beograd. Preise um 60 DM aufwärts, meist aber Region ab 90 bis 100 DM aufwärts fürs Doppel. Vermittlung durchs Tourist-Büro, auch für billigere Privat-Zimmer (Doppel um 30 DM).

Jugendherberge: Dom »Mladost« Bulevar I.N.A. 56 a, zu erreichen mit der Tram Nr. 9 (ca. 18 DM)

Transporte
Zugbahnhof am Trg Bratstva i Jedinstva nahe dem Saveufer.

Züge nach			Fahrzeit
Zagreb	ca. 17 × tgl.	(433 km)	6 Std.
Niš	ca. 8 × tgl.	(244 km)	ca. 3–4 Std. (Expreß)
Skopje	ca. 6 × tgl.	(472 km)	ca. 7 Std. (Expreß)
Bar	ca. 5 × tgl.	(524 km)	ca. 7–8 Std.

Busbahnhof nebenan um die Ecke

Flughafen ca. 20 km vom Zentrum entfernt. Busverbindung. Jat-Büro Bulevar Revolucije 17

Flüge nach		Flugzeit
Zagreb	2–3 × tgl.	ca. 50 Min.
Ljubljana	2–3 × tgl.	1 Std.
Sarajevo	1–2 × tgl.	40 Min.
Ohrid	5 × / Woche	55 Min.
Skopje	2 × tgl.	50 Min.
Rijeka	ca. 1 × tgl.	60 Min.
Pula	ca. 1 × tgl.,	1 Std.
Zadar	ca. 1 × tgl.	eine knappe Std.
Split	ca. 3 × tgl.	50 Min.
Dubrovnik	ca. 4 × tgl.	45 Min.
Titograd	ca. 2 × tgl.	45 Min.

Beograd – Niš – Skopje   441 km

Lange Strecken Autobahn; ab Niš spürbar ruhiger, denn hier zweigt die Transbalkanroute über Sofia in die Türkei ab. Richtung Grenze durchs Morava-Tal. Ab Niš wird's bergig, streckenweise durch Schluchten. INTERESSANTE ABSTECHER sind die Morava-Klöster mit alten Fresken, der Schädelturm in Niš und das lebendige Basar-Viertel in Skopje.

Ab Beograd zunächst Autobahn. Lohnender Abstecher nach rund 45 km (Ausfahrt »Smederevo«) zu den gleichnamigen, riesigen **Festungsruinen**. Größtes

Bollwerk Europas, mit über 20 Wehrtürmen, die Mauern bis zu 5 m dick. Smede-revo war 1427 Hauptstadt Serbiens. In Panik vor den Türken, die von Süden her anrückten, wurde das Festungswerk innerhalb nur eines Jahres mittels Zwangs-arbeit der Bauern hochgezogen. 20 Jahre brauchten die Türken, um die Festung einzunehmen. Erst 1867 zogen sie wieder ab.

100 km südlich von Beograd (Ausfahrt »Marcovac«) Abstecher vom Autoput zum **Kloster Manasija.** Eines der interessantesten serbischen Klöster, mit Fe-stungsmauer und 11 Wehrtürmen zum Schutz gegen Türkenangriffe. Gebaut im 15. Jhd., die Fresken leider nur teilweise erhalten.

Zum Kloster ab Autoput sind es 33 km, der Ausschilderung »Despotovac« fol-gen. Direkt bei der Abzweigung vom Autoput Übernachtungsmöglichkeit im »HOTEL MARCOVAC«.

Die Autobahn ist leider in Ćuprija zu Ende. Es wird aber in Richtung Süden wei-tergebaut, was zu Staus und Engpässen führen kann.

Ćuprija (mit Motel und Auto-Servicestation). Abzweigung zum **Kloster Ravanica,** das besser erhaltene Fresken als das »Manasija-Kloster« besitzt, aber nur per 10 km schlechte Straße zu erreichen ist.

Ab Ražanj wieder 60 km Autobahn bis Niš (ca. 3 DM Gebühr). Übernachtungs-Tip: Kurz vor Nis ist das relativ neue Motel/Camp »Nais«, ganz gut in Schuß. Die Autobahn umgeht Niš.

Niš
                                                                    150 000 E.

Eine Stadt mit häßlichen Hochhäusern und viel Industrie. Interessant allerdings der ĆELE KULA, ein Turm, außen gespickt mit einzementierten Totenschädeln.

Um die ständigen Widerstände der Serben gegen die türkischen Besatzer zu bre-chen, setzte der Pascha von Niš ein Zeichen und ließ die 1809 gefallenen Serben enthaupten, häuten und ausstopfen. Die Trophäen schickte er nach Konstanti-nopel. In Niš staffierte er einen quadratischen 5-m-Turm mit den gut 1000 Toten-schädeln – 14 Reihen auf jeder Seite – aus. Ein Großteil der Schädel wurde je-doch geraubt. Der Turm sollte die Serben vor weiteren Aufständen abschrecken, erreichte aber genau das Gegenteil.

Zum Schutz des Turmes wurde ein gelbes mausoleumähnliches Gebäude drum-herumgebaut. Der Ćele Kula steht an der Ausfallstraße Richtung Sofia, rechts vor dem großen Busparkplatz.

Mächtige FESTUNGSANLAGE über dem Fluß Nišava noch zu sehen (bei der Einfahrt nach Niš von Norden kommend). Sie wurde von den Türken im 17. Jh. angelegt, 1878 aber geräumt.

CAMPING/MOTEL »MEDIANA«, Richtung Sofia. Sehr einfacher Platz mit Restaurant, für eine Nacht o. k.

Ca. 40 km südlich von Niš liegt **Leskovac**, eine Industriestadt, die sich durch ihr »Leskovacer Mučkalitza« auf allen jugoslawischen Speisekarten verewigt hat. Direkt am Autoput das große moderne MOTEL ATINA LESKOVAC mit Tankstelle und großem Autoservice.

ABSTECHER zur **Ruinenstadt Caričin Grad** aus byzantinischer Zeit (6. Jh.), Basiliken, Wohnhäuser, Mosaike, Stadttore und Aquädukte. Ausfahrt Leskovac weiter ca. 30 km über Lebane nach Caričin Grad.

Südlich von Leskovac wird es landschaftlich wieder abwechslungsreicher, die Route verläuft im hübschen, bewaldeten TAL DER MORAVA entlang, recht kurvig, leider wenig Rastmöglichkeiten.

MOTEL CAMP PREDEJANE 50 m oberhalb vom Autoput.

Autoservice in **Vladicin Han,** einer Stadt osmanischen Ursprungs. Die Endung »Han« ist die türkische Bezeichnung für Karawanserei: eine Unterkunft für Reisende, denn hier verlief früher die wichtige Handelsstraße über Skopje in den Süden.

Wenige Kilometer vor Kumanovo beginnt die TEILREPUBLIK MAKEDONIEN und zugleich ein knapp 60 km langes Autobahnteilstück an Skopje vorbei bis Titov Veles.

Es gibt zwar eine AUTOBAHNUMGEHUNG UM SKOPJE (56 km), es lohnt sich aber den 20-km-Abstecher nach Skopje reinzufahren.

Skopje   420 000 E.

Hauptstadt Mazedoniens – bietet mehr, als ein flüchtiger Hochhausblick vermuten läßt. Minarettspitzen neben Wohnhäusern, stark türkisch beeinflußtes Zentrum: Lebendiges, großes Basarviertel mit kleinen Einheimischen-Kneipen. Das größte türkische Badehaus (Hammam).

Ins Zentrum: Dem Schild »Information« nachfahren. Zur Orientierung: an der breiten Fußgängerbrücke ist man goldrichtig. Das BASARVIERTEL entstand um den Kuršumli Han – früher beliebtes »Hotel« der Kaufleute, jetzt archäologisches Museum. Im Basar kleine Gassen, windschiefe Lädchen – von Lederopanken, moslem. Filzkäppis bis Blechöfen und Silberschmuck gibt's alles in Handarbeit. Kleine Čevapčinićas, Spezialität – dicker Bohneneintopf auf dem Rost überbacken. Am schönsten abends bei Schummerbeleuchtung.

Im ehemaligen TÜRKISCHEN BADEHAUS mit vielen Kuppeln (aus 15. Jh.) die Kunstgalerie, schön vom Raum her, die Kuppelansätze noch zu sehen, sonst weiß verputzt. Ganz moderne Skulpturen und Bilder ausgestellt.

Schöner STADTBLICK von der FESTUNG KALE. Daneben in einer Grünanlage das kleine Sv.-Spas-Kirchlein halb in den Boden versenkt. Am 26. Juli 1963 verwüstete um 5.16 Uhr ein verheerendes Erdbeben Skopje. Die Bahnhofsuhr erinnert daran. Mit weltweiten Hilfsaktionen wurde Skopje wiederaufgebaut.

 Tourist-Info zwischen den beiden Fußgängerbrücken beim türkischen Badehaus. Bis spät in die Nacht offen.

Großer PARKPLATZ (minimale Gebühr) am Vardarfluß, vor dem großen grauen Grand-Hotel.

Unterkunft
Die Hotels in Skopje sind nicht schön, dafür gescheit teuer.

»Grand Hotel«, 300 Betten, 9 Stockwerke, grauer Kasten, aber zentral in der Moše Pijade 2. DZ ca. 80 DM.

»Panorama«, 200 Betten, Triglavska Ulica. DZ ab 95 DM.

»Jadran«, 45 Betten, 27. Mart Straße, DZ ca. 75 DM.

Motel Camp »Turist« am Ortseingang, zwischen Fabrik und der 4spurigen Einfahrtstraße, ca. 4 km vorm Zentrum (Richtung Autoput); Busverbindung in die Stadt. Sehr einfaches Camp, barackenähnliches Motel – DZ ca. 50 DM, Camp 15 DM/2 Pers.

Empfehlenswerter, aber weiter vom Zentrum entfernt (ca. 7 km) **Motel, Camp »Bellevue«,** modernes Motelhochhaus, Restaurant, Tankstelle, näher am Autoput. DZ ca. 75 DM.

Wesentlich preisgünstiger in der **Jugendherberge/Studentenwohnheim.** Nur im Juli, August. Pro Person ca. 10 DM. **»Goče Delčev«** in der Taftalidže II oder **»K. J. Pitu«** in der I. Lole Ribara 58.

Camping Park, von der Lage her bester Platz, direkt beim Zentrum neben dem Stadion, trotzdem kein Autolärm. Großer Platz mit Bäumen, Stromanschlüsse. Sanitäranlagen genauso dürftig und ungepflegt wie beim Camp Turist. Preiswerte Übernachtungsmöglichkeiten im Mietcaravan, ca. 1,5 km zur Altstadt.

Transporte
Busterminal im Zentrum, nahe Turistbüro.

Nach Ohrid geht's	9 × tgl.
nach Titograd	2 × tgl.
nach Beograd	12 × tgl.
nach Priština	mehrmals tgl.

Bahnhof im Südosten der Stadt.
Züge nach

Niš–Beograd	9 × tgl.
Bitola	7 × tgl.
nach Griechenland (Thessaloniki, Athen)	3 × tgl.

Flüge
Flughafen ca. 23 km südöstlich der Stadt. JAT-Büro im Bulevar Partizanskih odreda 17.

Nach Beograd	1–2 × tgl.	ca. 50 Min.
Titograd	2 × /Woche	ca. ¾ Stunde
Sarajevo	4 × /Woche	ca. 50 Min.
Zagreb	5 × /Woche	ca. 2 Std. (mit Zwischenlandung)
Split	3 × /Woche	ca. 1 Stunde
Dubrovnik	1 × /Woche n. zur Saison knappe Std. ca. 60 DM	
Ljubljana	4 × /Woche	gute 2 Std. (mit Zwischenlandung)

Taxistände am Bahnhof, am Busterminal und Titoplatz.

Car Rent in den Hotels Continental und Grand-Hotel.

Querverbindung ab Skopje über die Berge (42 km) über Tetovo und runter **zum Ohridsee** (weitere 135 km), mit Grenzverbindung nach Griechenland. Details siehe Seite . . .

Skopje – Titov Veles – Gevgelija griech. Grenze/135 km

Die Hauptgrenzverbindung mit Griechenland, via Autoput. Autobahn bis Titov Veles. ÜBERNACHTUNG (kurz nach Skopje): Ausfahrt beim Dorf Katlanovo zum Motel »Katlanovo«, kleiner Flachbau (DZ ca. 50 DM), Autocamp direkt daneben. Große, ebene Wiese, der Autoput allerdings »im Ohr«.

Die Autobahn nach Süden führt durchs landschaftlich schöne Vardartal, Straße auf halber Höhe, und 50 m unterhalb der Fluß. – Die Gegenrichtung wird im Bogen weit vom Fluß entfernt geführt.

Schöner Bade- und Übernachtungsstop am **See Otavica**, etwa 35 km südlich von Skopje, und nur wenige km abseits der Autobahn. Kleiner See, seichtes Ufer, stellenweise Schilf. Picknickplätze.

Motel »Mladost«, einfaches, wenig komfortables Motel, aber von der Lage her viel schöner als die übrigen Autoput-Motels. DZ inkl. Frühstück ca. 60 DM.

Campmöglichkeit am See.

Ordentliches **Grillrestaurant Caat** an der Kreuzung bei der Zufahrtsstraße zum See.

Zufahrt: von Norden kommend die allererste Abfahrt Titov Veles nehmen, im spitzen Winkel links ca. 3 km Teerstraße zum See. Oder über Autobahnausfahrt Mladost. bzw. von Süden kommend: bei Titov Veles abfahren, ca. 8 km zum See.

Nach **Titov Veles** über Landstraße, abwechslungsreiche Landschaft, hügelig, am Vardar entlang, ein beliebtes Angelgewässer. Die Siedlung **Gradsko** mit Wechselstube. LAUTES MOTEL UND CAMP am **Kreuzungsdreieck nach Ohrid.** (Ab Kreuzungsabzw. vom Autoput ca. 170 km bis Ohrid.)

Ca. 2 km südlich der Kreuzung, vor der rostigen Straßenbrücke lohnt unbedingt ein Stop für einen Spaziergang durch die **antike Ausgrabungsstätte Stobi,** direkt an der Route.

AMPHITHEATER und FUSSBODENBEHEIZTE BÄDER aus der Römerzeit. Das Prinzip ist gut zu erkennen: 100° heißer Wasserdampf wurde unter Marmorböden geleitet. Die vorderen Ausgrabungen schon teilweise wieder überwuchert.

Interessanter die ÜBERDACHTEN FUNDE: Kleeblattförmiges Baptisterium mit Bodenmosaiken (Hirsch . . .) aus 6. Jh., mitten drin die Reste des Taufbekkens aus dem 4. Jh. Die große Basilika wird noch ausgegraben. Mosaikfußboden fast komplett erhalten. Seitenwände mit bunten Motiven (Fresken). In die Apsis wurden Steine des Ampitheaters mit eingebaut. Eingang und Parkplatz beim Café Stobi, unmittelbar am Autoput.

Beim nächsten Ort: **Negotino:** Motel und Camping neben der Tankstelle. Noch 67 km bis zum **Grenzort Gevgelija:** auf der griechischen Seite Tankstelle (Diesel wesentlich billiger), Duty Free Shop, Geldwechsel. Achtung: In Jugoslawien werden keine Drachmen eingetauscht.

Abzweigungen vom Autoput an die Küste

Wichtigster Abzweigpunkt vom Autoput ist DUBROVAC, rund 130 km südl. von Zagreb. Die SCHNELLVERBINDUNG an die jugoslaw. Küste/Höhe Split-Dubrovnik und südlich, wer nicht auf die Autofähren ab Italien zurückgreift.

BEIDE STRECKEN beginnen in Dubrovac ① und ② – wobei die Variante ② via SARAJEVO landschaftlich interessanter und zeitlich nur wenig aufwendiger ist.

Wer OHNE EIGENES FAHRZEUG unterwegs ist, in der Regel gute und tägl. Busverbindung.

❶ Autoput/Abzw. Dubrovac – Banja Luka – Mostar – Küste   366 km

Wichtigster und schnellster Zubringer für Jugoslawien-Urlauber, die schnell an die Küste Höhe Split – Dubrovnik wollen. Durch ein weites Tal mit vielen Maisfeldern, Melonen und Kürbisanbau nach

Banja Luka   60 000 E.
eine moderne Industriestadt, die in den 60er Jahren durch ein schweres Erdbeben viel ihrer ursprünglichen Bausubstanz verloren hat. Heute Möbel- und Zelluloseindustrie. Mit einem interessanten türkischen Viertel, einer Moschee und Koranschule.

76 km bis Jajce durch die klammähnliche Schlucht des Vrbas. Ein menschenleeres Engtal mit Burgruinen aus dem 14./15. Jhd., noch vor der Türkenzeit, um die wichtige Handelsverbindung zu sichern.

Jajce   12 000 E.
Hübsche bosnische Kleinstadt, wenn man dicke qualmende Schlote des Silicium-Werkes am Ortseingang übersehen kann.

Beliebtes Fotomotiv: die tosenden WASSERFÄLLE, Mündung der Pliva in den Vrbas, 20 m donnert die Pliva in die Tiefe, Wasserschwaden steigen aus dem Gebrodel hoch.

Typisch BOSNISCHE HÄUSER bis hinauf zur Festung, weiß gekalkt. Mit tief heruntergezogenem Dach aus schwarzen Schindeln. Auch die neueren Häuser im Zentrum gekonnt dem traditionellen Stil angepaßt.

MITTELALTERLICHE FESTUNG (ca. 15. Jh./schöner Rundblick!). Die Mauern des mächtigen Bollwerks ziehen sich bis in die Stadt. Nur 2 Tore (»TRAVNIK-TOR« und »BANJA LUKA-TOR«) unterbrechen die Mauern. Neben dem runden »Bärenturm« die Ruinen der »KATHARINENKIRCHE«, Krönungsstätte des letzten bosnischen Königs.

MITHRAS-HEILIGTUM: römische Tempelreste und Relief des Gottes Mithras – östlicher Kult, der von römischen Legionären mitgebracht wurde. Nur übers Touristenbüro mit Führer zu besichtigen. Ca. 200 m vom runden Bärenturm entfernt.

Geschichte:
Von der Römerzeit bis zur Tito-Ära war in Jajce etwas los. Römergründung aus dem 4. Jhd. Um 1400 kam die Blütezeit, als der bosnische Graf v. Jajce die Stadt befestigte.

1462 fand hier die letzte Krönung eines bosnischen Königs statt. Im Jahr darauf eroberte MEHMED II Jajce, ein weiteres Jahr später die Ungarn. Nach 3 glücklich überstandenen Türkenbelagerungen bemächtigten sich die Türken 1526 endgültig der Stadt – bis die Österreicher 1878 einrückten.

Im 2. Weltkrieg in der Nacht vom 29.–30. November 1943 fand in Jajce die 2. Tagung des antifaschistischen Befreiungsrates Jugoslawiens statt – die Geburtsstunde des heutigen Jugoslawien (s. Tito-Ära).

 gegenüber der Brücke über die Pliva, offen 7–20 Uhr.

Restaurant »VODOPAD« direkt am Wasserfall – super Lage im Park, gekonnte Architektur mit derben Balken und Natursteinen.

Restaurant »BOSANSKA KUČA« mit Terrasse direkt auf der Stadtmauer, gute bosnische Küche.

Hotel »TURIST«, zentraler, weißer Neubau, ganz ordentlich, aber an der Kreuzung und laut. DZ ab 50 DM.

Privatzimmer um die 10 DM.

Ruhigere und landschaftlich schöner gelegene **Hotels** an den Pliva-Seen – hier auch **Campingplätze** – (4,5 km entfernt; in Jajce ausgeschildert)

Unbedingt lohnend, die paar km zu den **Pliva-Seen** mit alten Wassermühlen. Urwüchsige Landschaft mit 2 Seen. Optimal zum Angeln, Campen, Picknickstellen. Die Angelerlaubnis im »Tourist Büro« Jajce für ca. 6 DM.
Schönes Fotomotiv die Pliva-Mühlen. Ein Dutzend alter Getreidemühlen, dicht beieinander. Springendes, glucksendes Wasser und brüchige Stege. Eine verfallende Romantik. Das Holz ist schon farblos geworden, manche Mühlen nur noch ein Gerippe. Rundum wildes Gestrüpp.

Die »Pliva-Löffelmühlen« sind typisch für Südost-Europa. Das Wasser wird über eine Holzrinne geleitet und treibt das quirlförmige Mühlrad an. Eine Holzachse überträgt die Drehbewegung auf die Mühlsteine.

200 m neben den Mühlen **Camping PELVA,** ganz neu angelegt, die Eichenbäumchen stecken noch in den Kinderschuhen, Rasenfläche, 1a Sanitäranlagen mit heißem (!!!) Wasser, Restaurant – Kein Laden. 15 DM für 2 Pers. incl. Auto, Zelt etc.

Gegenüber: **CAMP UNISTURIST,** natürlicheres Gelände, hohe Bäume, aber nicht so gepflegt. Direkt am See, allerdings morastiges Ufer. Baden macht keinen Spaß – 4,5 km bis Jajce.

Hotel »JAJCE«, leicht oberhalb des Sees, zweistöckige, weiß leuchtende Häuser in viel Grün verpackt. DZ ca. 65 DM.

Älter und kleiner **Hotel »PLIVSKA JEZERA«** daneben. DZ ca. 55 DM. Beide mit grünen Badewiesen.

Von Jajce über den **Makljen-Paß** (1123 m) durchs wilde Ramatal am Jablanica-Stausee entlang nach Mostar. (166 km)

Eine reizvolle Strecke, die ständig am seichten, breiten **Vrbas-Fluß** entlangführt. Das dichtbewaldete Tal ist eine Augenweide.

Bei Donji Vakuf zersiedelte Tiefebene mit weiten Feldern. Hier zweigt die Strecke nach SARAJEVO ab. (Details Seite . . .)

Hinauf zum 1123 m hohen Makljen-Paß. Hochalmähnliche Landschaft mit idealen Picknickplätzen und Superblick übers Tal.

Von der Paßhöhe führt eine breite Serpentinenstraße runter nach Prozor. Schöne Ausblicke über die Burgruine und den weiten Talkessel. Nach dem Ort wird das Tal enger, die Wände steiler. Neben der Straße der Rama-Wildbach, der leider bis zum Jablanica-Stausee immer zahmer wird.

Jablanica, eine Neubaustadt Nähe Stausee. Mit »MOTEL JABLANICA« (88 Betten, DZ ca. 55 DM). Um Jablanica viele Straßen-Gostionas, vor denen sich der Lammbraten am Spieß dreht.

DER STAUSEE (Länge 36 km) liegt sagenhaft in der Landschaft. Rundum Berge, grünes Wasser. Im Sommer allerdings bei Niedrigwasser ein steiler Ufereinstieg durch lehmige Uferküste. Der ehemalige Ort »Ostrozac« mußte wegen Stausee verlegt und neu aufgebaut werden.

CAMPING am Seeufer bei »MOTEL VILA OSTROZAC« (Richtung Ostrozac). Zum Baden im Sommer steil runterkraxeln. Sanitäres sehr einfach. Das Motel strahlt trotz Holz und Natursteinbauweise keine rechte Gemütlichkeit aus.

Bei Jablanica biegt die **Parallelroute via Sarajevo ab.** (Details Seite 279.) DIE DIREKTROUTE ans Meer von Jablanica: ca. 50 km bis Mostar. Landschaftlich grandios durch den wildesten Teil des Neretvatals. Die kalkig grüne »Neretva« (Abfluß des Stausees) teilt sich das Tal mit der Straße und der Eisenbahnstrecke.

Zerklüftete Felswände, bis zu 2000 m Höhe, steigen vom Fluß rauf. Die Straße in die Felswände gesprengt.

Geschichte:
Da den Römern spätmittelalterliche Sprengtechnologie fehlte, verlief deren Straße hoch über dem Bergrücken des Prenj-Gebirges (2100 m). Die Neretva ist einer der wenigen, innerjugoslawischen Flüsse, die das Meer erreichen. Sie entspringt relativ hoch, in 1200 m. Durch den vielen Schotter, den sie mit sich führt, dichtet sie sich den Untergrund ab. Wasser kann nicht in dem Umfang versickern wie in anderen innerjugoslawischen Flüssen.

Mostar

100 000 E

Freundliche Stadt an der Neretva in einem weiten Talkessel, Hauptattraktion die elegante Türkenbrücke und das Basarviertel. Man darf in der Koski Mehmed Pascha Moschee zwar nicht Muezzin spielen, aber die Stadt aus seiner Perspektive betrachten. Moderne Hochhaussiedlung am Stadtrand, eine Aluminiumfabrik zur Begrüßung.

Fotomodell STARI MOST = alte Brücke. Spitz zulaufende, einbogige Brücke, 20 m hoch, mit spiegelglatten, durchgetretenen Treppenstufen, ziemlich steil, nichts für Stöckelschuhe. Links und rechts der Brücke die runden Befestigungstürme – Tara und Halebija – jetzt Miniturmcafé.

Für ein paar rote Scheine springt einer der »männlich-mutigen Helden« von der Brückenspitze 20 m tief ins Wasser.

Die **Brücke** stammt aus dem Jahr 1566 – damals eine gewagte Konstruktion von Hajrudin, dem Schüler des berühmten türkischen Architekten Sinan (Drinabrücke).

Über den Bau kursiert eine nette Legende: Nachdem Hajrudins erster Brückenversuch zusammengebrochen war, setzte ihn der Sultan unter Druck: entweder die nächste Brücke hält, oder Kopf ab. Der arme Hajrudin wollte sich das Gerüstabnehmen gar nicht anschauen – in dem sicheren Glauben, sie stürzt wieder ein, verkroch er sich und war gerade dabei, sein eigenes Grab zu schaufeln, als der Sultan ihn beglückwünschen wollte.

Um die Brücke, das »TÜRKEN«-VIERTEL, gut in Schuß, bunte Steinhäuser mit Handwerksräumen im Erdgeschoß, interessante Steinplattendächer, jedes Handwerk hatte seinen eigenen Bereich. Im 17. Jhd. waren es 340 Betriebe – jetzt noch die KUPFERSCHMIEDGASSE: KUJUNDŽILUK – erhalten. In den kleinen Werkstätten wird für die Touristen gearbeitet: Schuster fertigen Schnabelschuhe, Kupferschmiede hämmern »antike Kessel«, bunte Strümpfe aus kratziger Wolle, Kafanas und Kneipen. Im Kurluk-Sträßchen zwei schön renovierte Häuser im alten Stil, jetzt Čevapčinića und Bar. Für einen typisch orientalischen Basar fehlten allerdings die Überdachung und die beiden abschließbaren Tore.

KOSKI MEHMED PASCHA MOSCHEE von 1617. Zugang von der Basarstraße. Gegen Eintritt Besichtigung – innen Reste der Bemalung. Eine Kanzel für den Priester (Imam), der nur freitags predigt. Lohnender Aufstieg – schmale Wendeltreppe zum Minarett, Blick über die ganze Stadt. Frauen dürfen nur im hinteren Teil der Moschee beten. Interessanter Friedhof: die muselmanischen Gräber besitzen 2 Steine, einen am Kopf-, den anderen am Fußende.

Während das Grab eines Mannes durch Turbansteine erkenntlich ist, geht die Frau leer aus.

Prächtiger die Karadžoz-Beg Moschee, verziertes Minarett (Ende des 16. Jhd.) in der Ulica Braće Fejića.

Museum: Am linken Ufer neben dem Taraturm.

Geschichte:
Schon zur Römerzeit gab es hier eine Brücke mit Siedlung. Die heutige Altstadt entstand im 15. Jhd. – die Türken hatten 1466 die Stadt eingenommen.

Der Name Mostar leitet sich von der Brücke = most ab, nach einer anderen Version von dem mostari = Brückenwächter. Mostar war Sitz des türkischen Statthalters für die Herzegowina. Bauten im maurischen Stil erinnern an die Österreicher, die seit 1878 Bosnien und Herzegowina beherrschten. 1918 kam Mostar zum neugegründeten Königreich Jugoslawien.

 Tourist Info im Hotel Neretva mit Privatzimmervermittlung (um die 25 DM das Dz.).

 Post: In der Marschall-Tito-Straße Nr. 153.

 Bank: Eine Ecke weiter, Marschall-Tito-Straße Nr. 110.

PARKEN: Großer Parkplatz beim Bus- und Zugbahnhof, allerdings zum Zentrum ein ganzes Stück zu laufen.

ANGELCLUB: Dom Ribara mit vielen Infos für Angelinteressierte im Basarviertel. Mala-Tepa-Straße (offen 8–12/17–20 Uhr).

Hotels:

Am schönsten **Hotel »Neretva«,** mit origineller Balkonterrasse direkt über der Neretva. Das große bunte Gebäude ist leicht zu finden. DZ ca. 55 DM incl. Frühstück.

Hotel »Bristol« (84 Betten), gegenüberliegendes Ufer, grau und triste, DZ ca. 55 DM.

Hotel »Mostar«, dreistöckiges Stadthotel (55 Betten), DZ mit Dusche ab 65 DM incl. Frühstück.

Campingplatz »Buna«, 12 km außerhalb s. Buna.

Restaurants:

Die gemütlichsten im alten »türkischen« Basarviertel. **Restaurant »Labirint«.** Stilvoll, mit Terrasse über der Neretva. Wer die Speisekarte nicht versteht, schaut einfach in die Töpfe der offenen Küche. Bosnische Spezialitäten, gefüllte Paprika und Tomaten.

Direkt neben der **Koski Mehmed Pascha Moschee** ordentliches, offenes Lokal im Basarstil. Hier gibt's Grills und Snacks.

Gute »Bureks« im **Ascinica,** am Markt an der Ecke. Hier sitzen meist die Einheimischen.

Bus- und Zugbahnhof liegen dicht nebeneinander: am Trg Krndeljek.

Züge nach			Fahrzeit
Sarajevo	152 km	8 × tägl.	ca. 1,5 Std.
Kardeljevo/ Küste	76 km	13 × tägl.	ca. 1 Std.
Beograd/ Ljubljana		1 × tägl.	

Busse nach Kardeljevo, Sarajevo, Jajce mehrmals täglich.

12 km nach Mostar liegt der winzige Ort **Buna.** Wichtig wegen dem zu Mostar nächstgelegenen **Campingplatz »Camping Buna«,** gegenüber der Dorfschule. Ein einfacher Wiesenplatz mit schattigen Bäumen. Sowie Hotel »Buna« mit großer Terrasse zum Fluß. Hat auch bessere Zeiten gesehen, aber schön ruhig. DZ ca. 45 DM.

Lohnender Abstecher zur Bunaquelle mit Forellenrestaurant (etwa 7 km). Aus einer Grotte zu Füßen der 300 m hohen Felswand entspringt mehrere Meter breit die Buna, ein eisig kalter Badepool. Die Buna ist ein typischer Karstfluß, die Fortsetzung des Zalomka-Gebirgsbaches, der urplötzlich versickert, mehr als 20 km unterirdisch fließt und als Bunaquelle wieder ans Tageslicht kommt.

Daneben ein altes Derwisch-Kloster muselmanischer Mönche – eine Seltenheit – es klebt leuchtend weiß an der Steilwand.

Links und rechts am Ufer zwei alte wasserbetriebene Getreidemühlen – jetzt noch in Betrieb. Hier kann man ganz frisch geschrotetes Getreide kaufen – und ein bißchen zuschauen.

Im Ribli Restaurant, direkt an der sprudelnd-glucksenden Buna, gibt's frische Forellen aus eigener Zucht – eine Delikatesse.

Zufahrt zur Buna-Quelle: Bei Buna ab, schmale Schlängelstraße, 7 km bis zum Ort Blagaj, am Restaurant parken – ein paar Schritte zu Fuß.

Von Mostar sind's nur noch 60 km an die Küste. Die Straße ist gut ausgebaut und verläuft weitgehend direkt an der breiten Neretva entlang. Allerdings vorsichtig fahren; wegen dem relativ zügigen Ausbau der Strecke oft riskante Überholmanöver anderer Verkehrsteilnehmer bei überhöhten Geschwindigkeiten.

34 km nach Mostar der malerische Ort **Počitelj** mit orientalischem Flair. »Ibrahim Pascha«-Moschee, ein türkisches Bad (Hammam) und Koranschule (Medresse). Darüber liegt die alte Burg. Zwar mühsam zu besteigen, aber lohnend. Durch Počitelj verlief zur Zeit der türkischen Besetzung die Karawanenstraße von Sarajevo zur Küste.

Bei **Čapljina** eine 24 km-Abzweigung (Ri. Stolač, bei Radimlje) zum bedeutendsten Bogumilenfriedhof Jugoslawiens. Über 100 Sarkophage und reliefierte Grabsteine (Stecci), einzige Hinterlassenschaft einer geheimnisumwitterten Sekte aus dem Mittelalter. Viel Symbolik auf den naiven, einfachen Steinmetzarbeiten, Sonne und Mond als Hauptsymbol ihrer Lehre.

Die Hauptstraße erreicht bei Kardeljevo/Neretva-Delta die jugoslawische Küste. (Anschluß Seite 204 und 212.)

❷ Autoput – Sarajevo – Dubrovnik   480 km

Abzweigung vom Autoput in Dubrovac. Anfangs die gleiche Route wie bei ❶.
Dann 34 km südlich von Jajce (im Ort Donji Vakuf) die Querverbindung rüber
nach SARAJEVO nehmen. Insgesamt an die Küste ein Plus von nur rund 115
km, das sich jedoch allein schon wegen Sarajevo unbedingt lohnt.

Das erste Teilstück bis Sarajevo durch die hügelige, grüne bosnische Landschaft.
Stark zersiedelt, jede Menge Neubauten. Viele Menschen auf der Straße, die
Frauen mit den typischen Pumphosen. Eine ziemlich holprige Fahrbahn mit
schlecht ausgebesserten Schlaglöchern, kein reines Vergnügen.

Travnik   13 000 E.
Neubaustadt mit vielen Minarettspitzen, denn 1903 zerstörte ein großer Brand
Travnik. Vom alten Kern kaum noch etwas erhalten.

2 außergewöhnliche Grabmäler aus der Türkenbesetzung vorm Tourist-Büro.
Zur Türkenzeit war Travnik wichtiges Zentrum, hier residierte der Pascha von
Bosnien.

Burgruine des letzten bosnischen Königs (15. Jhd.). Travnik ist der Geburtsort
Ivo Andrić (Museum!) (1892–1975). Sein Roman: »Travniker Chronik, Wesire
und Konsuln« machte seinen Heimatort weltberühmt, eine interessante Schilde-
rung der Situation Bosniens zur Türkenherrschaft.

Um Travnik wird's reizvoll: grüne Hügelketten, Teppichwiesen, Felder, angenehme Schlängelstraße, viele Pferde im Einsatz! Vorsicht auf der Straße, besonders bei Dämmerung!!!

Von Travnik ca. 100 km bis Sarajevo.

SARAJEVO   350 000 E.
Die Olympiastadt voller Kontraste: orientalisches Zentrum am Fluß, Muslima-
nen mit Fez und Stiefelhose, verhüllte Frauen in Pluderhosen, daneben Mädchen in Mini-Kleidern.

Fast 100 Moscheen mit bleistiftspitzen Minaretten. Sowie schüchterne Prunkver-
suche österreichischer k.u.k. Bauten. Kilometerlange Hochhausvorstädte.

Lohnende Seilbahnfahrt (Gondelbahn, Fahrzeit ca. 10 Min.) auf den Hausberg
TREBEVIĆ (1629 m) mit schöner Aussicht.

Das BASARVIERTEL (»Baščaršija«) ist das alte Zentrum von Sarajevo. Kleine
geduckte Verkaufshäuschen mit roten, weit vorgezogenen Dächern, patinagrüne
Moscheekuppeln, dazu der unverkennbare Knoblauch & Čevapčiciduft.

Besonders abends quirliges Gedränge um den türkischen Brunnen auf dem Bašč-
aršija-Platz. Viele junge Leute, denn Sarajevo ist Universitätsstadt.

Die Basarhäuschen wurden im alten Stil restauriert. In der Kesselschmied-Gasse KAZANDŽILUK wird für die Touristen noch gehämmert. Orientalische Cafés, bunte Souvenirs, Folklore, Opanken etc. beleben das Viertel. Die ehemalige MARKTHALLE BRUSA BEZISTAN (16. Jhd.) dient als Ladenzentrum für bosnische Volkskunst.

An der Haupt-Basargasse SARAČI die größte Moschee GAZI HUSREV BEG, des einflußreichen Statthalters (1531). Die 5 Kuppelwölbungen der Vorhalle völlig mit bunten orientalischen Fresken ausgemalt. Ein paar Männer bei der Waschzeremonie am Brunnen. Der schlanke Uhrturm geht nicht etwa vor – das arabische Zifferblatt gibt die islamische Zeit an. Gedämpftes Licht im Innenraum, unschätzbar wertvolle Gebetsteppiche, ein besonders schönes Stück vom persischen Schah. Die verzierte Empore für die Freitagspredigt. Baumeister war der berühmte SINAN (Drinabrücke Višegrad). – Besucher (auch Frauen!) durch den Seiteneingang. Gegenüber zwei sechseckige TURBEHS, im größeren der Sarkophag des Gazi Husrev Beg.

Die KORANSCHULE vis-à-vis stammt ebenfalls von Gazi Husrev, interessante Dachkonstruktion: unter den 12 kleinen Dachwölbungen mit langen Schloten befanden sich die Studentenräume. Die große Kuppel gehört zum Vorlesungssaal.

Stadtgeschichte:

Türken aus Anatolien gründeten 1462 SARAJEVO an der Handelsstraße von RAGUSA (Dubrovnik) – Skopje. Der Name vom türkischen Saray = Palast des Statthalters.

Die größte Blüte erlebte Sarajevo unter GAZI HUSREV BEG im 16. Jhd., einem aufgeklärten und gebildeten Statthalter (Beg = Statthalter, später Allerweltsbezeichnung für einen Großgrundbesitzer). Durch Prinz Eugen wurde die Stadt 1697 im Kampf gegen das Osmanenreich fast vollständig niedergebrannt.

Hintergründe für das Attentat von Sarajevo

(Ausbruch des 1. Weltkriegs): Serbien strebte einen Zusammenschluß mit Bosnien an, erklärte 1875 dort den Türken den Krieg, wurde aber geschlagen. Österreich-Ungarn empfand einen solchen Zusammenschluß als Bedrohung. Aus taktischen Gründen stellte deshalb BISMARCK im Berliner Kongreß (1878) Bosnien für 30 Jahre unter österreichische Verwaltung – große Verbitterung bei den Serben und in Bosnien. Die Unterdrückung geht etwas abgeschwächt weiter.

Die ÖSTERREICHER lieferten zwar einen Hauch von Infrastruktur, nutzten aber Bosnien im wesentlichen als Rohstofflieferanten aus. Verwaltungsbauten des 19. Jhd. entstehen vor dem Basarviertel – jetzt Geschäftsbereich.

Der Widerstand wächst, nachdem Österreich 1908 vertragswidrig Bosnien annektiert. Der demonstrative Besuch des THRONFOLGERS FRANZ-FERDINAND ausgerechnet am 28. Juni 1914, dem 525. Gedenktag der Schlacht auf dem Amselfeld (Niederlage Serbiens gegen die Türken) heizte die Widerstandsbewegungen »Junges Bosnien« und »Schwarze Hand« an, die dessen Besuch als eine Provokation empfanden. Auf ihr Konto geht auch das Attentat von Sarajevo. Die erste Bombe verfehlte ihr Ziel. Wenig später starben der Erzherzog und seine Frau im Auto durch die Kugel von Gavrilo Princip. Die Principbrücke, das Principmuseum an der Ecke und die Fußabdrücke im Gehsteig kennzeichnen die Stelle.

Neben dem alten Stadtkern eine SATELLITENWOHNSTADT. Durch die vielen Fabriken, Elektro-, Rüstungs, und Maschinenindustrie, sowie ein VW-Montagewerk hat Sarajevo ein großes Pendler-Einzugsgebiet.

SARAJEVO

Baščaršija
(BAZAR-VIERTEL)

Višegrad
Rogatica

Petra Kočiča

Baščaršijad Kovači

Miloša Obilć

D.Tukovića

TAXI

Nurije Pozderka

Kazandžiluk

Halači

H.Tabaci

Brakovića

Dulagina

Sarači

Čurčiluk veliki

Kundurdžiluk

Ašćiluk

Gazi-Husrev-Begova

MISKINA

V.Pelagica

V.Masleše

Zrinjskog

Vase

TAXI

MARŠALA TITA

Jugoslov. narodne armije

Stepe Stepanovića

6.Novembra

Skenderija

OBALA VOJVODE

MILJACKA

Mostar

Obala

Vrjednića

Bahnhof
Zenica, Tuzla

Post

Tourist INFO

PARISKE KOMUNE

① Moschee Gazi Husrev Beg
② Kathedrale
③ Prinčipov-Brücke
④ Kaiser-Moschee

0   100   200 m

Unis Tourist in der Fußgängerzone Vasa Miskina 16, gegenüber der Kathedrale. Offen von Mo.–Sa. 7–19 Uhr, So. 7–12 Uhr.

Weiteres Tourist-Büro in der JNA 50, offen von Mo.–Sa. 8–18 Uhr und So. vormittag. Hier gibt's Wanderinfos und beim Wanderverein Bjelašnica nahe beim Hotel Europa.

 Post: in der Fußgängerzone Vasa Miskina, offen Mo.–Sa. 8–20 Uhr.

 Bank: Ljubljanska Banka in der JNA 16, offen von Mo.–Fr. 7–19 Uhr, Sa. 7–13 Uhr.

SPORTFISCHEN: Gute Infos und Angelerlaubnis im Vereinshaus, Restaurant-Bistro in Veselina Masleše.

ACHTUNG, AUTOFAHRER: Um die Altstadt eigenwilliges Einbahnstraßensystem. Viel zuwenig Parkplätze. Zwei bewachte Parkplätze an der Uferstraße. Besser, das Auto beim Hotel oder Camp stehen lassen und mit der Tram fahren.

RESTAURANTS:

Im Basarviertel, Spezialität: die bosnischen Eintöpfe.

»Ašcinica« Bašcaršija: Gleich am Platz, rustikal, mit Familientischen, deftige bosnische Spezialitäten. Keine Probleme mit der Speisekarte; in die großen Töpfe schauen und bestellen.

Einfacher das Einheimischenlokal »Ašcinica« gegenüber.

»Daira«, in der Halaci Br. 5, ein ehemaliges Magazin aus der Türkenzeit, schön restauriert, auf orientalisch gemacht.

»Morica Han« – ein Lokal zum Schlemmen in der ehemaligen Karawanserei, rustikal renoviert mit viel Holz, gepflegt-stilvolle Atmosphäre – das beste in der Altstadt. In der Bar im Hof treffen sich die Studenten. Helle Fassade mit Torbogen in der Basarstraße Saraci.

Gutes, einfaches **Fischlokal Bistro** in der Veselina Masleše – das Vereinslokal des Anglerklubs spricht für Qualität.

Studententreffpunkt A. D. A. – immer laute Musik und knallvoll. Ecke Zrinjskog/Uferstraße.

Hammam-Bar –zur Türkenzeit ein Badehaus, jetzt Nachtlokal mit Musik.

UNTERKUNFT:

Privat für ca. 10 DM pro Person, vermittelt Unis Turist.

Jugendherbergen: ca. 8 DM pro Person, Dom Ferialaca in der Zadrugina Str. 7, Tel. 3 61 63, Studentski Dom – »Index« – Nedzarici, Tel. 6 12-1 86. Nachfragen, ob Platz ist.

Hotel »Europa«, groß, im Zentrum, Jna-Ecke Vase Pelagica. Um Komfort bemüht, große Terrasse, netter Speiseraum und Nachtlokal mit Musik. Die besten Zimmer mit Moscheeblick, ordentlich, gepflegt, mit Telefon und Schreibtisch, DZ ca. 115 DM.

»National«: Obala Pariske Komune – abgebröckelte Fassade, teilweise noch aus der k. u. k. Zeit. Gartenterrasse an der Straßenecke, einfache Zimmer. DZ ohne Frühstück ca. 85 DM.

Hotel »Central« – 65 Betten, DZ ca. 100 DM. Wartesaalatmosphäre im Speiseraum.

»Bistrol«: Modernes Hochhaushotel an der dreispurigen Einfahrtsstraße. 2–3 km vom Zentrum (Straßenbahnverb.). DZ ca. 115 DM.

Hotel »Starigrad« –M.-Tita-Str., laut, aber total zentral, das Basarviertel gleich um die Ecke. DZ ca. 65 DM inkl. Frühstück.

Camping: In Ilidža, 12 km außerhalb (Straßenbahn Nr. 3). Grünes Wiesenterrain, Stellplätze zwischen Einheitsdauercampern. Flughafennähe und Straßenlärm sind nicht einmal so schlimm. Stromanschluß, aber keine heißen Duschen. Preis für 2 Personen und Wohnmobil 6,50 DM. Zufahrt schlecht beschildert. Bei Weggabelung Ilidža – Mostar ca. 1 km Richtung Mostar weiter, linker Hand beim Restaurant »Idu Dani« rein.

TRANSPORTE:

Gutes Nahverkehrsnetz mit Straßenbahn und Bussen. Vom Bahnhof zum Basar (Zentrum) fährt die Straßenbahnlinie 1. Vom Bahnhof zum Campingplatz Ilidža Linie 4. Vom Basar nach Ilidža (Campingplatz) Linie 3.

Taxistände über die ganze Stadt verteilt und am Bahnhof.

Bus- und Zugbahnhof am Platz, an der Kranjčevića, Ecke Borisa Kidriča.

Busse nach Sarajevo, Jajce, Zagreb, Ljubljana, Split, Mostar und Dubrovnik.

Busse in die Umgebung, z. B. zum Ski- und Wandergebiet Jahorina.

Züge nach			Fahrzeit
Beograd	5 × tgl.	(500 km)	ca. 6–7 Std.
Zagreb	5 × tgl.		ca. 6–7 Std.
Kardeljevo	9 × tgl.	(228 km)	ca. 3 Std.
Mostar	9 × tgl.	(152 km)	ca. 2 Std.

Flughafen ca. 12 km entfernt, Richtung Ilidža. Busverbindung. JAT-Büro in der Vasa Miskina 4, offen von Mo.–Fr., 7–19.30 Uhr, Sa. 8–16 Uhr.

Flüge nach		
Zagreb	2 × tgl.	ca. 40 Min.
Beograd	1–2 × tgl.	ca. 35 Min.
Skopje	3 × /Woche	ca. 1 Std.

Car rent: Avis in der Obala Pariske Komune 8, Hertz in der Maršala Tita 8.

Autowerkstätten: IMV, Velesici 2, und

»**Autoservice**« in der Moše Pijade 13.

SPORT:

Wintersport: Die Berge um Sarajevo von Dezember bis April/Mai schneesicher. Für die Olympiade '84 wurden Lifte und Unterkünfte stark ausgebaut. Bobbahn, Schlittschuhbahn und Langlaufloipen etc.

Jahorina-Gebirge, 2000 m, noch ca. 30 km entfernt, gute Zufahrt. 9 Skilifte und 12 Abfahrten aller Schwierigkeiten.

HOTEL »JAHORINA«, DZ mit Frühstück ca. 100 DM.

Gebirge Bjelašnica: Mehrere Lifte und gute Abfahrten, Langlauf!

Wandern: Im Jahorinagebiet mit vielen Liftanlagen – nicht jedermanns Geschmack. Schöne almähnliche Landschaft um Pale für gemütliche Spaziergänge. Vielseitige Wanderungen im Bjelašnica-Gebirge mit Sommerweiden, manchmal sind auch Gemsen zu entdecken.

Sportfischen: Gute Infos und Anglererlaubnis im Vereinshaus, Restaurant-Bistro in der Veselina Maslese in Sarajevo.

MUSEEN/SARAJEVO:

Landesmuseum an der dreispurigen Stadtzufahrt, Vojvode Putnika 7. Die schönsten Bogomilengrabsteine dekorativ vor dem gelben Gebäude in k. u. k. Architektur. Funde aus der Römerzeit, Volkstrachten etc., wirklich lohnend, geöffnet Mi.–Fr. 9–13 und 16–19 Uhr, Di., Sa., So. 9–13 Uhr.

Revolutionsmuseum – moderner, weißer Bau daneben.

Principmuseum – im Zentrum, gegenüber der Principbrücke, geöffnet Mo.–Sa. 9–17 Uhr, So. 9–13 Uhr.

Gazi-Husrev-Beg-Bibliothek in der Obala Pariske Komune 4: Auf Anregung des Statthalters 1537 gegründet, ca. 5000 Bücher, überwiegend in arabischer Schrift.

AB SARAJEVO gibt's mehrere Möglichkeiten runter an die Küste:

Ⓐ Über den **Jablanica-Stausee** und **Mostar** bis zur **Küste** bei Kardeljevo **(ca. 190 km).** Vorteil: man braucht auf Mostar nicht zu verzichten, das zumindest den ½tägigen Zwischenstopp lohnt.

Anfangs nach Sarajevo geht's durchs Gebirge, vorbei am Bjelašnica-Massiv (2000 m), viel Grün. Die gut ausgebaute, aber sehr schlängelige Straße passiert den Ivan-Sattel (970 m). Über Konjic, eine Kleinstadt mit etwas Industrie (4500 E.), zum Jablanica-Stausee. Weiter durchs Neretva-Tal nach Mostar und die Küste (Details Seite 278).

Ⓑ **Landschaftlich ebenso reizvoll** ist die Route **Sarajevo–Foča** und weiter an die **Küste,** die bei Dubrovnik erreicht wird **(240 km).**

Anfangs schluchtig wie in den Alpen. Gute Straße, immer an gurgelnden Wildbächen vorbei. Dobro Polje, ein almähliches Tal mit Zugang zum Bach für Picknickpausen oder um die Angel auszuwerfen. Schöne weiße Häuschen mit roten, tief heruntergezogenen Spitzdächern. Bogumilen-friedhof direkt neben der Straße (gegenüber dem Steinbruch).

Ⓒ **Alternative** zur direkten und schnelleren Verbindung Sarajevo–Foča ist die Strecke **über Prodamanija und Goražde nach Foča.** Ein Umwegbogen mit einem km-Plus von insgesamt rund **70 km.**

Landschaftlich besonders wild, schroffe Canyons, und die Straße immer wieder durch Tunnels. Bewaldete Hochebenen im Romanija-Gebirge.

Von Goražde 39 km drinaabwärts nach Višegrad. Seine Bogenbrücke wurde durch Ivo Andrić's Nobelpreisbuch »Die Brücke über die Drina« berühmt. Der türkische Großwesir Mehmed Soklovic Pascha ließ sie 1571 durch den bedeutendsten türkischen Baumeister Sinan errichten.

Foča

22 500 E.

Profillose, graue Stadt an der Drina, die außer der Aladža-Moschee nicht viel Interessantes bringt, aber wichtiger Ausgangspunkt für Kanu- und Floßfahrten sowie schöne Wanderungen in der Umgebung ist. Übernachtungsmöglichkeit in Foča, Restaurants.
Bis Foča werden heute noch die Baumstämme gedriftet und im Ort gleich weiterverarbeitet. Intensiver Holzgeruch schon am Ortseingang!

Kanuwandern: Um die fantastische Landschaft der Drina zu erleben, braucht man kein Wildwasserexperte zu sein. Sie ist an der schönsten Stelle von Foča bis Višegrad ein zahmer Wanderfluß in steilem Canyon. Auch mit Faltbooten machbar. Gute Straßenverbindung für den Rückholdienst.

Schwierigstes Stück die oberen 20 km von Hum bis Brod (Nähe Foča): stellenweise WW III, von Foča bis zum Stausee (unterhalb von Višegrad) WW I-II. Danach wird das Paddeln uninteressant.

Schöne Zeltmöglichkeiten an den Ufern, aber Achtung! Der Wasserstand ändert sich am Oberlauf durch den Piva-Stausee. Befahrbar das ganze Jahr über.

Floßfahrten auf der Drina und Tara: Die langen Baumstämme nach alter Tradition zusammengebunden. Mit langen Holzrudern von routinierten Flößern gesteuert. Zwei organisierte Touren werden von Foča aus angeboten:

a) **auf der Drina (von Foča nach Višegrad):** Mit 25 Leuten geht's gemütlich über die breite Drina. Langsam wechselnde Landschaft, der interessanteste Teil mit senkrecht aufsteigenden Ufern. Endstation an der 11-Bogen-Brücke in VIŠEGRAD. Samstagmittag geht es los, die Flöße parken schon beim Restaurant an der großen Drinabrücke in Foča.

1. Etappe (32 km) mit Hotelübernachtung in GORAŽDE.
2. Etappe (37 km) bis VIŠEGRAD.

Zwischen Juni und September jedes Wochenende nach Voranmeldung in FOČA. Die reine Floßfahrt ca. 80 DM (Übernachtungen, Mahlzeiten extra). Organisator und Voranmeldung: UNIS TURIST – FOČA – MOŠE PIJADE 3, Tel.: 0 73/57 18 66.

b) Abenteuerlicher ist der **4-Tages-Trip auf der Tara**, aber nichts für Zimperliche! Organisierter Transfer zum Ausgangspunkt in Djurdjevica Tara (zu erreichen über Plevlja oder Žabeljac). Details siehe dort!

Abstecher von Foča mit dem Auto zum 240 m tiefen **Stausee Pivsko Jezero,** im steilen Canyon der 2000er. Das ehemalige Pivski-Kloster mußte wegen des Stausees verlegt werden, die Fresken haben es aber gut überstanden. Die Zufahrtsstraße führt 33 km im Drinatal entlang, Asphaltstraße, zwischendurch 10 km Makadam.

Die Piva: Kurzes, aber schönes Kanugewässer ab MARINJE (Staudamm) 5 km in steiler Karstschlucht, dann geht's in die Drina bis Brod. Schwierigkeit bis WW IV, je nachdem, wie das Kraftwerk arbeitet. Gute Autozufahrt.

Von Foča auf der Landstraße Nr. 20 weiter **Richtung Küste.** Im Tal bei der Sutješka wird das Gebiet zum **Nationalpark** (ca. 17 000 ha). Der Park rühmt sich, den einzigen Urwald Europas zu haben – angeblich leben hier auch noch Bären. Schöne Wanderungen im Zelengora-Massiv mit Bergseen.

Tjentište – der Kern des Nationalparks im grünen Talkessel mit Campground direkt am Sutješka-Bach, Wasseranschluß und stinkende Waldlatrine am Bach! Großes Hotel »SUTJEŠKA« auf der anderen Straßenseite neben dem riesigen Partisanen-Denkmal und Gedächtnisgruft.

Die zwei bombastischen »Flügel« des Partisanen-Denkmals erinnern an die blutige Schlacht zwischen deutsch/italienischen Besatzungstruppen und eingeschlossenen Tito-Partisanen (120 000 gegen 20 000) vom 15. Mai bis 15. Juni 1943. Tito konnte damals seine Leute unter hohen Verlusten aus der Umzingelung befreien. Täglich unzählige Bus-Ladungen von Schülern und Arbeitern zur Gedenkstätte. Uns hat bei der Totengruft ein sehr zwiespältiges Gefühl beschlichen.

KANU: DIE SUTJESKA ist ein interessanter Wildwasserfluß durch waldige Schluchten und einsame Stellen. Glasklares Wasser, ideal auch zum Forellenangeln.

GUTER EINSTIEG 4 km vor Tjentište flußaufwärts. Durchschnittlich WW III, mit einer uneinsehbaren IVer-Stelle. Ausstiegsmöglichkeit erst bei Brod (nach 13 km auf der Drina).

Die Straße schraubt sich rauf nach **Cermerno** (10% Steigung) mit Superrundblick!

Durchs **Gatačko Polje,** grüne, weite Ebene. Eine Wohltat für die Augen! Kurzgefressene Weiden, schwarzgekleidete Frauen hüten ihre Schafe und verspinnen dabei die Wolle im Stehen.

Weiter zum **Bilečko Jezero** (Stausee, leider schlechte Bademöglichkeit). Im Sommer wenig Wasser, dann ragen die Häuserruinen aus dem Stausee. Kaum Zugänge zum See.

Weitere 27 km nach **Trebinje,** eine Neustadt an der Trebisnjica mit einigen Moscheen. In knapp 30 km lockt wieder das Meer um **Dubrovnik** (Anschlußtexte Seite 216.)

Kleiner Wortschatz

da	ja
ne	nein
gospodine	Herr
gospođo	Dame
dobro jutro	guten Morgen
dobro veče	guten Abend
laku noć	gute Nacht
dobar dan	guten Tag
kako ste	wie geht es Ihnen
hvala lijepa	vielen Dank
oprostite molim	entschuldigen Sie bitte
molim	bitte
do viđenja	auf Wiedersehen
govorite li njemački?	sprechen Sie Deutsch?
engleski	Englisch
srpski	Serbisch
hrvatski	Kroatisch
govorite polako, molim	sprechen Sie bitte langsam
ne razumijem ⎫ nisam razumio ⎭	ich verstehe nicht
moje je ime ...	mein Name ist ...
izvolite sjednite	nehmen Sie bitte Platz
naravno	selbstverständlich
kada je otvoreno?	wann ist ... geöffnet?
kada se zatvara?	wann wird geschlossen?
koliko to stoji pošto je	wieviel kostet das?
ovo mi se sviđa	das gefällt mir
koliko je sati?	wieviel Uhr ist es?
kada	wann
sutra	morgen
preko sutra	übermorgen
jučer	gestern
danas	heute
nema	es gibt nicht, es ist nicht da, haben wir nicht
ima	es gibt

imate li slobodnih soba?	haben Sie Zimmer frei?
želio bih dvokrevetnu sobu	ich hätte gern ein Doppelzimmer
jednokrevetnu	Einzelzimmer
koliko košta soba	wieviel kostet das Zimmer mit
sadoručakom	Frühstück?
boravišna taksa	Kurtaxe
ključ od sobe	Zimmerschlüssel
soba sa doručakom	Frühstückszimmer
vrt	Garten
prtljag	Gepäck
peškir — ručnik	Handtuch
mjesto za parkiranje	Parkplatz
račun	Rechnung
sobarica	Zimmermädchen
voda	Wasser
toplo	warm
hladno	kalt

Essen und Trinken

gostiona, gostionica, gostilna (slow.)	Restaurant
je li ovaj stol slobodan	ist dieser Tisch frei
nije rezerviran je	nein, er ist reserviert
jelovnik, molim	die Speisekarte bitte
je li jelo jako začinjeno	sind die Gerichte scharf gewürzt?
nešto bih malo jeo	ich möchte nur eine Kleinigkeit essen
želio bih jelo od ribe	ich hätte gerne ein Fischgericht
imate li vino u čašama	haben Sie offenen Wein

gdje je toaleta	wo ist die Toilette
molim račun	die Rechnung bitte
kruh	Brot
maslac	Butter
mlijeko	Milch
šećer	Zucker
povrće	Gemüse
krumpiri	Kartoffeln
kolać	Kuchen
riblja juha	Fischsuppe
juha od graha	Bohnensuppe
meso	Fleisch
jetra	Leber
odrezak	Schnitzel
kobasice	Würstchen
skuša	Makrele
sipa	Tintenfisch
pastrma (pastrva)	Forelle
ribe	Fische

ZOLL:

kontrola pasoša	Paßkontrolle
pasoš	Paß
žig	Stempel
osloboden od carine	zollfrei

BEHÖRDEN:

molim vas obavijestite konzularno predštavnistvo moje zemlje	ich möchte bitte die konsularische Vertretung meines Landes verständigen
legitimaciju molim	können Sie sich ausweisen?
milicija	Polizei
ukrali su mi	mir ist ... gestohlen worden

koliko košta ovo pismo za ...	wieviel kostet dieser Brief nach ...
pismo svionom –	
avionsko pismo	Luftpostbrief
postanska marka	Briefmarke
koverat	Briefumschlag
razglednica	Ansichtskarte
prijavio bih medugradski razgovor	ich möchte ein Ferngespräch anmelden
telefonska govornica	Telefonzelle
pošiljalac	Absender
poštanski sandučić	Briefkasten

ja bih unovčila putni ček	ich möchte einen Reisescheck einlösen
mjenjačnica	Wechselstube
dnevni kurs	Tageskurs
potvrda	Quittung

(1.) Auto TRANSPORT

gdje je najbliža benzinska stancia?	wo ist die nächste Tankstelle?
dajte mi ... litara benzina	geben Sie mir ... Liter Benzin
kola imaju kvar	ich habe eine Panne
da li me možete povnči	können Sie mich abschleppen
hladnjak	Kühler
starter	Anlasser
štitnik od vjetra	Windschutzscheibe
svjecica	Zündkerze
baterija	Batterie
vozna isprava	Führerschein
reflektor	Scheinwerfer
brisač stakla	Scheibenwischer
zobilazni put	Umgehungsstraße

kociti	bremsen
preticati	überholen
ulje, mijenjati ulje	Öl, Ölwechsel
pedal za gas	Gaspedal
Brzina	Geschwindigkeit
spojka	Kupplung
parkiranje zabranjeno	Parken verboten
nezgoda	Unfall
vanjski plašt	Reifen

(2.) Bus

autobus	Autobus
stanica	Haltestelle
mjesto za sjedenje	Sitzplatz
kada polazi autobus za ...?	wann fährt ein Bus in Richtung ...
na kojim mjestima staje autobus?	an welchen Orten hält der Bus?
gdje treba da pređem?	wo muß ich umsteigen?
svaki dan	täglich
od ... do	von ... bis
delavniki	werktags
peron	Bahnsteig (bei Busterminals)

3. Zug

kolodvor, stanica	Bahnhof
odlazak	Abfahrt
dolazak	Ankunft
brzi vlak	Schnellzug
kupe za pušače	Raucherabteil
kupe za nepusace	Nichtraucherabteil
ulazite	Einsteigen
ima li koji vlak ...?	fährt ein Zug nach ...?
moram li presjedati?	muß ich umsteigen?
kada stižem?	wann komme ich an?
ima li vlak kola za ...	hat dieser Zug einen ...
... Ručavanje?	... Speisewagen?
... direktna kola	... Kurswagen
... spavaća kola	... Schlafwagen
peron	Bahnsteig
srećan put	angenehme Reise
gdje je kolodvor?	wo liegt der Bahnhof?
vozarina	Fahrgeld
polazak / odlazak	Abfahrt

4. Flug

gdje je agenaija ...?	wo ist das Büro ...?
koliko kosta let za ...?	wieviel kostet ein Flug nach ...?
u koliko sati polazi slijedeći avion?	um wieviel Uhr startet das nächste Flugzeug?
međuspuštanje	Zwischenlandung
uzlet	Abflug
uzletjeti	starten
aterirati Apuštanje (spustati)	landen
na aerodromu	auf dem Flugplatz

5. Schiff

koliko dugo traje prijevoz?	wie lange dauert die Überfahrt?
odakle dolazi ovaj brod?	woher kommt dieser Dampfer?
na kome je molu prevozni brod za ...?	an welchem Kai legt die Fähre nach ... an?
paluba	Deck
obala	Küste
otok	Insel
luka	Hafen
putna karta	Fahrkarte
vozni red	Fahrplan
pomorski	Schiff — See
obala	Küste, Kai

GEOGRAPHISCHE BEZEICHNUNGEN

boka	Flußmündung	bijelo	weiß
brdo	Berg	cesta	Straße
crveno	rot	dolina	Tal
donji	unter	draga	Tal, Bucht
glavica	Hügel, Grat	gornji	ober
grad	Stadt	granica	Grenze
jezero	See	kupalište	Schwimmbad
lučki basen	Hafenbecken	mali	klein
more	Meer	jadran	Adria
most	Brücke	novi	neu
planina	Gebirge	paluotok	Halbinsel
put	Weg, Kai	rat	Kap, Huk
riba	Fisch	rijeka	Fluß
star	alt	veliko	groß
zaton	Golf	zeleno	grün
lijevo	links	desno	rechts
pravo	geradeaus	sapun	Seife
robna kuća	Kaufhaus	ljekarna	Apotheke
liječnik	Arzt	zubar	Zahnarzt
bolnica	Krankenhaus	pasta za zube	Zahnpasta

Slastičarna	Eisdiele, Konditorei	Ulica / Cesta	Straße
Gostiona / Gostilna	Gaststätte	Rijeka / Reka	Fluß
Sobe	Privatzimmer	Jezero	See
Autocamp, / Kamp	Campingplatz	Polje	Ebene
		Magistrale	Küstenstraße
Dom / Koča	Berghütte	Jadran	Adria
		Stanica	Bushaltestelle
Trajekt	Autofähre	praznik	Feiertag
Trg	Platz		

SEHENSWÜRDIGKEITEN

třđava tvrđava	Burg	ima li još	gibt's noch
crkva	Kirche	karata?	Karten?
džamija	Moschee	sve je	es ist alles
manastir	Kloster	rasprodano	ausverkauft
zatvoreno	geschlossen	izlet	Ausflug
otvoreno	geöffnet		

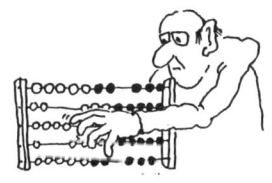

ZAHLEN

ništica, nula	0	petnaest	15
jedan	1	šesnaest	16
dva	2	sedamnaest	17
tri	3	osamnaest	18
četiri	4	devetnaest	19
pet	5	dvadeset	20
šest	6	trideset	30
sedam	7	četrdeset	40
osam	8	pedeset	50
devet	9	šesdeset	60
deset	10	sedamdeset	70
jedanaest	11	osamdeset	80
dvanaest	12	devedeset	90
trinaest	13	sto	100
četrnaest	14		

WOCHENTAGE

nedjelja	Sonntag
ponedjeljak	Montag
utorak	Dienstag
srijeda	Mittwoch
četvrtak	Donnerstag
petak	Freitag
subota	Sonnabend

MONATE

januar	Januar
februar	Februar
mart	März
april	April
maj	Mai
juni	Juni
juli	Juli
avgust	August
septembar	September
oktobar	Oktober
novembar	November
decembar	Dezember

INDEX:

W

Z

NOTIZEN

NOTIZEN

In eigener Sache :

Es liegt in der Natur der Dinge, daß bei der Fülle an konkreter Information, die dieses Buch enthält, sich im Laufe eines Jahres einiges ändern kann.

Deshalb bitten wir um Mitteilung von Abweichungen. Wer uns ansonsten irgendwelche ausgefallenen Tips wie neue Routen, schöne Hotels mit viel Atmosphäre oder ähnliches schickt, wird bei der Neuausgabe dieses Buches namentlich zitiert.

Bitte schreibt uns, wir freuen uns über jeden brauchbaren Tip, weil wir es wichtig finden, daß man nicht irgend ein blödes Laberbuch, wie leider viele Reiseführer mit sich schleppt, sondern etwas, was wirklich nützlich und hilfreich ist! —

VERLAG
MARTIN
VELBINGER

Bahnhofstr. 1o6
8o32 Gräfelfing/München

VERLAGS PROGRAMM

Reihe unkonventioneller Reiseführer im Verlag Martin Velbinger, München. Mit vielen Tips vollgepackt, – alles, was man zur Planung und für unterwegs braucht. Die Fülle hilfreicher Details und Infos zu – Hotels – Restaurants – Verbindungen – Sport – Stränden etc. besticht, der locker- lebendige Stil macht Freude zum Lesen und motiviert zum Selbst- entdecken und Ausprobieren. – "Eine Reihe von ungemein hohem Gebrauchswert" –

"ein oder zwei Tips können schon den Kaufpreis des Buches wieder einsparen!"

VERLAG MARTIN VELBINGER

Bahnhofstr. 1o6 – 8o32 Gräfelfing/München
TEL (o89) – 85 1o 19   TELEX 52 14 86o

BESTELL-COUPON:

VERLAG MARTIN VELBINGER
Bahnhofstr. 1o6 D-8o32 Gräfelfing/München

JU 4

BEZUG: gegen Voreinsendung des Betrages auf Postscheckkonto München, 2o 65 6o - 8o8, oder Zusendung eines Verrechnungsschecks an den Verlag.
PORTO ist bei Versand in Deutschland, Österreich und der Schweiz inklusiv.

Meine Adresse: _____
_____
_____
_____

☐ Betrag liegt als Verrechnungsscheck bei
☐ wurde auf Ihr Postscheckkonto (München 2o 65 6o-8o8) überwiesen

☐ SÜDAMERIKA, 1584 Seiten, 68,- DM
☐ SÜDL. KARIBIK, 512 Seiten, 39,8o DM
☐ BAHAMAS & FLORIDA, 288 Seiten, 26,8o DM
☐ GRIECHENLAND, 64o Seiten, 36,- DM
☐ GRIECHENLAND/KYKLADEN, ca. 4oo S., 29,8o DM
☐ KRETA, ca. 45o Seiten, 32,-- DM
☐ PORTUGAL, 334 Seiten, 29,8o DM
☐ PARIS, 352 Seiten, 29,8o DM
☐ SÜDFRANKREICH, 3o4 Seiten, 26,8o DM
☐ KORSIKA, 416 Seiten, 26,8o DM
☐ BRETAGNE & NORMANDIE, 48o Seiten, 32,-- DM
☐ FR. ATLANTIKKÜSTE/LOIRE, 272 Seiten, 24,8o DM
☐ SÜDITALIEN, ca. 5oo Seiten, 36,-- DM

☐ SARDINIEN, ca. 5oo Seiten, 32,-- DM
☐ GOLF VON NEAPEL/CILENTO, 380 Seiten, 26,80 DM
☐ SIZILIEN & EOL. INSELN, ca. 5oo Seiten, 32,-- DM
☐ TOSKANA & ELBA, 288 Seiten, 24,8o DM
☐ WIEN, 48o Seiten, 24,8o DM
☐ JUGOSLAWIEN/GESAMT, 32o Seiten, 29,8o DM
☐ JUGOSLAWIEN/INSELN-KÜSTE, ca. 45o S., 32,-- DM
☐ SCHOTTLAND, ca. 45o Seiten, 32,-- DM
☐ IRLAND, 4oo Seiten, 26,8o DM
☐ SÜDENGLAND, ca. 4oo Seiten, 32,-- DM
☐ SCHWEDEN, ca. 53o Seiten, 36,- DM
☐ NORWEGEN SÜD/MITTE, 672 Seiten, 36,- DM
☐ SKANDINAVIEN-NORD, ca 45o Seiten, 32,-- DM

USA FÜHRER

Band 8: Bahamas/Florida

Umfangreiche Tips zu Florida/USA sowie der Inselgruppe der Bahamas, deren Gewässer zu den klarsten und besten Tauch- und Badegebieten der Welt zählen! Alles über Sport, Unterkunft, Essen, Verbindungen.

288 Seiten   26,8o DM

VELBINGER VERLAG

TOLLE TIPS!

VERLAG MARTIN VELBINGER

Bahnhofstraße 106 – 8032 Gräfelfing

Weitere Titel in Vorbereitung. Anfrage an den Verlag!

Südamerika
— FÜHRER —

Band 3: Zentralamerika/Mexico

Mexico, Guatemala, Honduras, Nicaragua, San Salvador, Costa Rica und Panama

Rund 4oo Seiten   39,8o DM

in Vorbereitung

VELBINGER-VERLAG

Band 1: Südamerika

Guyana, Surinam, Franz. Guyana, Kolumbien, Venezuela, Ecuador, Peru, Bolivien, Brasilien, Paraguay, Uruguay, Argentinien, Chile, Osterinseln und Galapagos.

Völlig überarbeitete Neuausgabe.

1.584 Seiten   68,— DM

VELBINGER-VERLAG

Band 2: Südliche Karibik

Detaillierte Konkretinfos zu den schönsten Inseln der Karibik: Guadeloupe, Les Saintes, Marie Galante, Desirade, Dominica, Martinique, Barbados, St. Lucia, St. Vincent, Grenadinen, Grenada, Trinidad, Tobago

512 Seiten   39,8o DM

VELBINGER-VERLAG

Nord–Europa
—FÜHRER—

Band 19: Norwegen/Süd-Mitte

Detailliert recherchierte Tips zu Anreise, Wintersport, Wandern, Unterkunft, den schönsten Fjorden...

Unser Handbuch für eine der faszinierendsten Landschaften Europas.

672 Seiten   36,- DM

VELBINGER-VERLAG

Band 18: Schweden

Im bewährten Velbinger-Stil: Alles zu Kanuabenteuer, Wandern und Unterkunfts- und Essensmöglichkeiten.

Jede Menge "Natur-pur": Elche, Bären, Rentiere, Lachse ... Unentbehrlich für jeden Individual-Reisenden.

Ca. 53o Seiten   36,-- DM

VELBINGER-VERLAG

Band 28: Skandinavien-Nord

Detaillierte Konkretinfos zu Nord-Norwegen, Nordschweden und Nordfinnland.

Mit ausführlichem Anreisekapitel und jeder Menge Tips zu den schönsten Routen durch die Wildnis Lapplands.

Ca. 45o Seiten   32,-- DM

VELBINGER-VERLAG

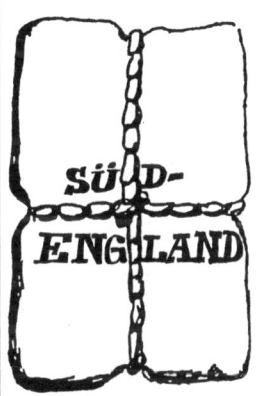

Süd/West – Europa Führer

Süd/West-Europa FÜHRER

Band 7: Paris

Das Leben genießen.

Für Leute, die mal ein Wochenende ausspannen wollen, oder länger. Viele Tips zu Hotels, Restaurants. Sight-Seeing in den einzelnen Arrondissements.

352 Seiten   29,8o DM

VELBINGER-VERLAG

Band 6: Südfrankreich

Der unentbehrliche Begleiter für jede Südfrankreich-Reise: Provence, Camargue, Languedoc, Roussillion, Tarn, Ardèche.

Alles über Kanuabenteuer, Unterkunft, Wanderungen.

3o4 Seiten   26,8o DM

VELBINGER-VERLAG

Band 13: Korsika

Kreativ-Ferien auf einer der schönsten Inseln des Mittelmeers.

Wandern, Baden, Segeln, Tauchen, Hotels, Camping, Verbindungen, Essenstips. Ausführliches Anreisekapitel mit umfangreichen Fähr-Infos.

416 Seiten   26,8o DM

VELBINGER-VERLAG

Süd-Europa
— FÜHRER —